설득의
정치

마르쿠스 툴리우스 키케로
김남우 외 옮김

생각
01

설득의
정치

민음사

키케로, 우리 사회의 정치 교과서

"On ne peut jamais quitter les Romains."
우리는 결코 로마인에게서 벗어날 수 없다
— 몽테스키외, 『법의 정신』에서

토론과 연설의 문화

독립 후 한국이 경제적으로 세월을 허송하지 아니했음은 누구나 인정한다. 하지만 경제 성장 과정에서 훗날을 기약하며 덮어 두었던 부조리와 불합리는 이제 오히려 경제 도약에 걸림돌이 되고 있는 것도 분명하다. 정의와 평등은 확대되어야 하고, 이를 기반으로 성장은 계속되어야 한다. 그래서 이를 뒷받침할 정치 발전도 시급하다. 정치 발전을 위해 우리 사회에 필요한 당위적 가치가 몇 가지 있다. 그중 가장 시급하고도 본령이 되는 것는 토론과 연설 문화의 성숙이다.

토론과 연설은 인간 본성의 탁월함 중 하나다. 연설과 토론의 과정은 사태를 면밀히 관찰하고 파악하게 하며, 복잡한 상황을 정리하여 문제 해결에 집중할 수 있도록 돕는다. 토론과 연설 문화의 성숙과 함께 공동체 구성원들은 공속감을 가지며 신뢰를 키우고 서로를 배려하고 협력하게 된다.

서양의 토론과 연설 문화는 서양 최초의 문학인 『일리아스』나 『오뒷세이아』에서도 확인할 수 있을 정도로 오랜 역사를 갖고 있다. 고대 희랍과 로마를 비롯하여 오늘날까지 서구 사회가 연설을 높이 평가하고 훌륭한 연설가를 교육하려 애쓴 이유는, 정치 발전을 통해 공동체의 안녕을 도모하려는 것이었다. 그래서 서양인들은 훌륭한 연설가가 되는 방법을 오랫동안 찾아 왔다. 훌륭한 연설가는 각 분과 학문에 대한 지식을 두루 갖추어 어떤 분야라도 통찰할 수 있어야 하고, 윤리적으로 뛰어난 감각을 갖추어 자신이 속한 공동체에 대한 경건한 의무를 실천할 수 있어야 하며, 전체적으로 균형을 잃지 않는 판단 능력 및 조정 능력을 갖추어야 한다.

로마의 탁월한 정치가 키케로는 연설과 토론으로 정치 무대에 뛰어든 연설가였다. 서양에서 키케로는 토론과 연설 문화의 정점에 서 있어서 그에게 필적할 만한 이는 없다. 플라톤이 조국 아테나이를 위해 철인정치 이념과 철인 교육론을 제시했듯, 키케로는 철인정치 이념을 로마식으로 재해석하여 '연설가 정치론'을 제시했고 이에 부합하는 연설가 교육론을 전개했다.

정치는 타협의 기술이며, 타협은 토론의 결과다

로마에서는 이미 한니발 전쟁 이전부터 보수 세력과 개혁 세력이 계속해서 충돌했고, 갈등의 역사가 길어지면서 계급 갈등은 '반대를 위한 반대'라는 맹목적 양상을 띠게 되었다. 평민을 지지 기반으로 정권을 창출하고 유지하려는 민중파는 대중 영합적 정책을 주장했으며, 반대로 원로원 계급 등 귀족을 중심으로 하는 완고한 원로원파는 계급 이기주의적 성향을 보였다.

몸젠이 그의 저서 『몸젠의 로마사』에서도 기술했듯이, 극한의 갈등은 한니발 전쟁을 겪으며 국가적 위기로 이어졌다. 민중파는 서둘러 전쟁을 끝내려고 한니발에게 무모하게 덤비는 모험주의 노선을 택하여 로마 민중에게 결국 엄청난 희생을 안기고 말았다. 전쟁을 끝낼 마땅한 방법을 찾지 못한 무능한 원로원파는 전쟁의 직접적인 피해자인 평민들의 삶은 아랑곳없이 한니발이 이탈리아를 유린하도록 수수방관하고 시간을 끌다가 결국 이탈리아 동맹의 위기를 초래하고 말았다.

한니발 전쟁 이후의 상황도 마찬가지였다. 민중파와 원로원파는 달라지지 않았다. 영원한 숙적 카르타고를 제압함으로써 해상무역권을 장악한 로마인들은 기원전 1세기부터 지중해 세계에 그야말로 번영의 대로를 펼치며 엄청난 국력을 쌓았지만, 좀처럼 민중파와 원로원파의 갈등은 끝나지 않았다. 누가 옳은가의 문제가 아니라, 무엇이 이익인가의 문제임이 분명해졌다.

이에 키케로는 두 세력 간 합리성에 기초한 토론과 연설, 그리고 그에 따른 화해와 타협을 촉구했다. 키케로는 원로원 중심의 공화정이 토론과 연설, 화해와 타협의 문화가 성장할 토대가 될 것이라고 믿었다. 로마가 왕정을 폐하고 공화정을 선택한 이래, 로마 발전의 원동력은 원로원 중심의 공화정 체제였기 때문이다. 키케로의 생각에 로마가 살 길은 원로원, 민회, 집정관의 세 축이 균형을 이루는 공화정 체제의 발전이었다. 키케로는, 정확히 말하자면 키케로가 정치 현장에서 행했던 연설문들은, 비이성적 정치 폭력이 난무하던 상황에서 토론과 타협을 지향한 인물이 헤쳐나간 정치적 역정을 절실하게 보여 주고 있다.

가장 훌륭한 정치 교과서

이런 의미에서 키케로의 연설문은 가장 훌륭한 정치 교과서다. 21세기의 한국에 사는 우리에게 키케로의 작품은 멀리 다른 나라에서 만들어진, 2000년 세월의 더께가 내려앉은 케케묵은 기록물이 아니다.

우리는 지금 전해지는 쉰네 개의 연설문 중 우선 일곱 개를 뽑았고, 그 기준은 실제로 키케로가 연설했느냐에 두었다. 자기 주장을 조리 있게 내세우는 이성의 힘만으로, 혹은 감정에 기대어 울고 짜는 억지스러운 하소연만으로, 혹은 훌륭한 사람이니 믿어 달라는 일방적인 호소만으로 연설은 소기의 목적을 달성할 수 없다. 연설의 목적이 대화와 타협인 이상, 연설은 심판인들을 납득시키고 감동시켜야 하며 심판인들에게 믿음을 주어야 한다. 이러한 삼박자가 적절히 조화된 최고의 연설문을 우리는 키케로가 실제로 행한 연설문 가운데 찾았다.

흥미롭게도 키케로의 연설문들은 신랄한 비판과 가혹한 조롱으로 가득하다. 하지만 혹독하다 싶을 정도의 성토는 악행에 대한 공분을 자아낸다. 또 키케로의 연설문들은 국가 발전을 위해 헌신했다는 자의식을 거듭해서 드러낸다. 하지만 지나치다 싶을 정도의 자화자찬은 정치가들에게 도덕적 목표를 제시하려는 염원의 발로였으며, 분열과 반목을 하나로 묶으려는 노력의 일환으로 평가할 수 있다. 실제로 행한 연설, 즉 훌륭한 연설가가 실제로 생각하고 느끼며, 듣고 들려주며, 보고 보여 준 연설문들은 키케로 연설의 숨결을 더욱 오롯이 간직하고 있다.

키케로의 인문주의

원로원 중심의 공화정 체제, 토론과 연설, 대화와 타협의 문화를 지키려 했던 키케로의 분투는 공동체의 '이익(utilitas)'이라는 목표를 지향한다. 또한 키케로의 로마는 '도덕적 아름다움(honestum)'으로 완성되어야 했다. 상충하기 마련인 이익의 문제, 상충하는 쌍방이 서로를 설득하지 못하는 이익의 합리성을 넘어선 것, 모두를 한자리에 불러 토론하고 타협하고 단합하고 발전하게 하는 것은 바로 '도덕적 아름다움'이며, 궁극적으로 그것이 좀 더 높은 수준에서 공동체의 이익을 가져오기 때문이었다.

키케로는 말한다. 자기 이익을 위해 상대방을 불행으로 내모는 현실은, 온정적이던 사람들마저 더는 온정적일 수 없는 불행의 일상화를 초래할 것이며, 이런 현실은 불행 자체보다 훨씬 더 큰 불행이 아닐 수 없을 것이라고.

> 심판인 여러분, 이 나라에서 이런 잔인함을 몰아내십시오. 이 나라에서 이제 이런 잔인함을 용납하지 마십시오. (……) 매 순간 잔인한 행위를 보고 듣는다면, 본성상 아무리 온순할지라도 우리는 끊임없는 고통 가운데 인간성을 완전히 상실하고 말 것입니다.
> ─「로스키우스 변호연설」에서

차례

일러두기

1   이 책은 뒤에 언급된 참고 문헌에서
    해당 연설문을 발췌하거나 참조하여
    번역했다.

2   고유명사는 원음대로 표기하는 것
    을 원칙으로 했다. 따라서 현행 외
    래어 표기법과 다를 수 있다.

I 신참 키케로,
정의의 이름으로
권력에 도전하다

존속살해:
로스키우스 변호연설

이 연설은 기원전 80년 부친 살해 혐의로 고발된 섹스투스 로스키우스를 위한 변호연설이다.

기원전 88~82년 로마에서는 술라파와 마리우스파 사이에 내전이 벌어졌는데, 승리한 술라파는 반대파 사람들을 죽이고 추방하거나 그들의 재산을 몰수했다. 재산 몰수 기한은 공식적으로 기원전 81년 6월 1일이었다. 그 후 몇 달 뒤, 피고인과 이름이 같은 아버지 섹스투스 로스키우스가 로마에서 저녁을 먹고 집으로 돌아가던 중 살해당하는 사건이 일어났다. 그는 아메리아 자치 시민이자 열세 개의 농장을 가진 부자였다. 특히 내전 당시 술라 편을 들었으며, 당대 명문가인 메텔루스, 세르빌리우스, 스키피오 가문 등과도 친교가 있던 인물이다.

평소 아메리아 사람 섹스투스 로스키우스와 사이가 나빴던 친척들(티투스 로스키우스 마그누스와 티투스 로스키우스 카피토)이 그의 재산을 가로채기로 공모하고는, 이를 위해 술라 밑에서 막강한 권력을 휘두르는 크뤼소고누스의 협력을 구했다. 그리하여 크뤼소고누스는 죽은 섹스투스 로스키우스를 재산 몰수자 명단에 넣고 그 몰수 재산을 자신이 사들였는데, 그 가운데 세 개의 농장은 카피토가, 열 개의 농장은 마그누스가 차지하게 된다. 그런데 이 범인들은 그의 아들 로스키우스가 살아 있는 한 자신들이 차지한 재산을 안전하게 확보할 수 없다고 판단하여 아들 로스키우스를 부친 살해 혐의로 고발한 것이다.

술라의 총애를 받고 있던 크뤼소고누스가 고발자들 편에 있었기 때문에, 키케로를 제외한 어느 누구도 술라의 심기를 건들까 두려워 로스키우스를 변호하지 못했다. 이 재판이 벌어진 기원전 80년 당시 키케로는 스물여섯 살의 젊은이로 변호 경험이 거의 전무했지만, 이 연설에서 세 부분에 걸쳐 로스키우스의 무죄가 입증된다고 주장했다. 첫 번째는 에루키우스의 고발이 부당하며, 두 번째는 마그누스와 카피토가 아버지 로스키우스를 살해하는 데 중요한 역할을 했으며, 세 번째는 크뤼소고누스가 로스키우스의 재산을 몰수할 때 권력을 부당하게 행사했다는 점을 역설했다.

로스키우스 변호연설

1 심판인 여러분, 여러분은 수많은 대단한 연설가와 고귀한 분들이 앉아 있는데도 불구하고, 하필 제가 변론을 맡아 일어선 이유가 무엇인지 의아해하시는 것 같습니다. 저는 앉아 있는 분들보다 나이, 능력, 영향력 면에서 모두 부족하기 때문입니다. 피고인을 편드는 그분들은 모두 이 소송에서 유례없는 범행과 불의를 막아야 한다고 생각하지만, 시절이 험난한 탓에 직접 나서지 않습니다.

그분들은 의무를 다하기 위해 재판에 참석은 했지만, 위험을 피하고자 침묵합니다.

2 그렇다면 어떻습니까? 모든 사람 중에 제가 제일 대담합니까? 전혀 아닙니다. 제가 다른 사람들보다 책임감이 투철합니까? 다른 분들에게 그런 칭송을 빼앗으면서까지 칭찬받고 싶지는 않습니다. 그렇다면 왜 다른 사람들이 아니라 바로 제가 섹스투스 로스키우스의 소송을 맡게 되었을까요? 첫 번째 이유는

이렇습니다. 최고의 영향력과 위엄을 가진 분이 여러분 앞에서 피고인을 변론한다면, 그리하여 소송과 관련하여 언급하지 않을 수 없는 국사(國事)를 언급한다면, 실제보다 과도하게 변론한다고 보일 수 있기 때문입니다.**3** 반면, 제가 할 말을 다 한다 할지라도, 제 연설이 법정 밖을 벗어나 대중에게 알려지는 일은 생기지 않을 것이기 때문입니다.

두 번째 이유는 이렇습니다. 다른 분들은 신분과 위엄 때문에 발언이 공개되고, 나이와 지혜 때문에 함부로 발언하지 못합니다. 반면 저는 할 말을 다 할지라도 공직 생활을 한 적이 없기 때문에 무시되거나, 젊은이의 치기를 이유로 제 발언은 용서받을 것입니다. 하긴 오늘날 이 나라에는 용서뿐 아니라 재판의 전통조차 사라져 버렸지만 말입니다.

4 세 번째 이유는 이렇습니다. 변호를 요청받았을 때, 아마 다른 분들은 의무를 저버리지 않으면서도 변호를 맡을 수도 거절할 수도 있다고 생각했을 것입니다. 반면, 저는 우정, 선행, 지위로 저에게 엄청난 영향력을 행사하는 분들에게서 변호를 요청받았는데, 그분들이 저에게 베푼 호의를 모른 체해서도, 그분들의 권위를 무시해서도 안 되며, 그분들의 소망을 등한시할 수도 없었기 때문입니다.

II 5 이런 이유들로 이 소송에서 제가 변호를 맡게 되었습니다. 최고의 변론 능력을 갖추고 있어서가 아니며, 다만 별다른 위험 없이 변호할 수 있는 자는 오직 저였습니다. 섹스투스 로스키우스에게 충분한 변호를 제공하기 위해서가 아니라, 다만 그가 완전히 버림받지 않도록 하기 위함입니다.

수많은 뛰어난 사람으로 하여금, 평소와 달리 타인의 목숨과 재산을 변호하지 못하게 하는 그런 공포와 두려움이란 도대체 무엇인지, 여러분은 아마 질문할지 모르겠습니다. 여러분이 아직까지 이를 모르는 것은 당연한 일입니다. 고발자들은 이 재판의 실제 이유를 의도적으로 언급하지 않았기 때문입니다. 6 이유는 무엇입니까? 600만 세스테르티우스(sestertius)에 달하는 피고인 부친의 재산을, 존경하는 용감하고 저명한 루키우스 술라로부터, 현재 이 나라의 막강한 실세, 젊은 루키우스 코르넬리우스 크뤼소고누스가 2000세스테르티우스에 사들였습니다. 심판인 여러분, 크뤼소고누스는 타인의 엄청난 재산을 불법으로 강탈하고 나서, 섹스투스 로스키우스가 살아 있으면 재산 착복에 방해가 된다고 생각하여, 마음속의 불안과 두려움을 완전히 제거해 달라고 여러분에게 요청한 셈입니다. 로스키우스가 무사히 생존할 경우 크뤼소고누스는 무고한 피고인의 엄청난 재산을 차지할 수 없지만, 로스키우스가 유죄판결을 받아 축출되기만 하면 그는 범죄로 획득한 것을 사치로 낭비하고 탕진할 수 있다고 기대합니다.

그는 자신을 밤낮으로 찌르고 괴롭히는 근심거리를 없애 달라고 간청하고 있으며, 여러분이 부당한 전리품을 얻는 협조자라고 스스로 공언하길 여러분에게 요청하고 있는 것입니다.

7 심판인 여러분, 여러분이 이 요청을 합당하다 여긴다면, 대신 저는 작은 요청을, 제 생각에 좀 더 타당한 요청을 드릴까 합니다. III 먼저 우리 부와 재산으로 만족하고, 우리의 피와 목숨은 요구하지 말라고 크뤼소고누스에게 청합니다. 다음으로, 심판인 여러분, 무도한 자들의 범죄에 맞서 무고한 사람들의 불행을 덜어 주고, 섹스투스 로스키우스 소송에서 우리 모두를

위협하는 위험을 물리쳐 줄 것을 여러분에게 청하는 바입니다.

8 하지만 고발 이유나 범행을 의심할 여지나, 고발할 구실로 보이는 아주 사소한 것이라도 발견된다면, 마지막으로 여러분이 제가 앞서 언급한 전리품 이외의 어떤 다른 이유를 발견한다면, 저는 그들이 뜻대로 섹스투스 로스키우스의 목숨을 그들의 처분에 맡기는 것을 반대하지 않겠습니다.

반면, 만족을 모르는 자들을 만족시키는 것이 유일한 관심사라면, 섹스투스 로스키우스의 유죄판결로 풍성하고 멋진 전리품을 획득하여 유종의 미를 거두기 위해서만 현재 다투는 것이라면, 과거에 흔히 동원하던 흉악한 칼 대신 그들은 여러분의 판결과 선서를 악용하려는 것인바, 여러분이 이에 협조했다는 소리를 듣는 것이야말로 참으로 부당한 일이 아닙니까? 여러분은 여러분이 쌓은 공적 때문에 시민들 가운데 원로원 의원으로 뽑혔고, 원로원 의원 중에서 여러분의 엄정함 때문에 심판인으로 뽑혔습니다.[1] 지금 저 살인자와 검투사들은 자기들 범행이 자초한 무섭고 두려운 처벌을 피하게 해 달라고, 또 늘어난 노획물을 챙겨 법정을 떠날 수 있게 해 달라고 여러분에게 요청하는 것이 아닙니까?

IV 9 이처럼 엄청나고 끔찍한 범죄에 관해 제가 적절히 설명할 수도, 가혹하게 힐난할 수도, 기탄없이 성토할 수도 없음을 저는 알고 있습니다. 부족한 재능은 적절한 설명을, 나이는 가혹한 힐난을, 시대는 기탄 없는 성토를 막아서기 때문입니다. 게다

---

1   가이우스 그락쿠스의 소송절차법(Lex Iudiciaria) 이래로 심판인은 오직 기사 신분으로 구성되었지만, 기원전 81년 술라는 원로원에 300명의 기사 신분을 추가하고 나서 심판인은 오직 원로원 의원으로 구성되어야 한다는 법을 통과시켰다.

가 저의 수줍은 성품, 여러분의 위엄, 적들의 힘, 섹스투스 로스키우스가 처한 위험은 저에게 엄청난 두려움을 주었기 때문입니다. 그러니, 심판인 여러분, 귀 기울여 호의적으로 제 말을 들어 달라 간청하고 호소합니다. **10** 저는 여러분의 신의와 지혜에 힘입어 감당하기 어려운 짐을 짊어졌습니다. 심판인 여러분, 여러분이 짐을 약간이나마 덜어 주신다면, 저는 할 수 있는 한 노력과 열의를 다해 짐을 짊어지겠습니다. 하지만 설령 제 간청과 호소가 여러분에게 버림받더라도, 저는 용기를 잃지 않고 최선을 다해 맡은 소송을 완수하겠습니다. 완수하지 못하더라도, 신의로써 일단 맡은 소송을 배신으로 그르치거나 비겁으로 도망치느니, 차라리 의무의 짐에 깔려 죽고자 합니다.

11 마르쿠스 판니우스여, 이전에 당신이 이런 법정을 지휘했을 때 로마 인민에게 보여 주던 모습[2]을, 지금 다시 한 번 우리와 국가에 보여 달라 당신에게 간청합니다. **V** 얼마나 많은 사람이 이 재판에 참석했는지 당신은 보고 있습니다. 모든 사람이 무엇을 기대하는지 당신은 잘 알고 있습니다. 그들은 준엄하고 엄정한 재판이 이루어지길 원하고 있습니다. 그동안 매우 끔찍한 살인 사건이 수없이 일어났지만, 살인 사건 법정은 오랜만에 처음 열립니다. 모든 사람들은, 법무관인 당신 지휘 아래 있는 이 법정이 매일 벌어지는 명백한 살인 범죄에 적절히 대처해 주기를 희망하고 있습니다.

12 다른 재판에서는 대개 고발자가 엄정함을 호소하지만, 지금은 변호하는 우리가 호소합니다. 마르쿠스 판니우스여, 당

---

2 마르쿠스 판니우스는 기원전 86년에 안찰관을 지냈고, 기원전 85~81년에 형사사문회 재판장으로 살인 재판을 지휘했으며, 기원전 80년 현재 법무관이었다.

신에게, 심판인 여러분, 여러분에게 범죄를 극히 준엄하게 처벌하라, 극히 용감하게 무도한 자들과 맞서 달라 요청합니다. 이 소송에서 여러분이 용기를 보여 주지 않는다면, 명심하기 바랍니다. 앞으로 인간의 욕망, 사악함, 무모함이 폭발할 것이며, 살인이 저질러지되 은밀하게만이 아니라, 심지어 여기 법정에서도, 마르쿠스 판니우스여, 당신 연단 앞에서도, 심판인 여러분, 여러분 발 앞에서도, 그리고 고발자석과 피고인석에서도 대놓고 저질러질 것입니다.

13 바로 이런 일을 이 법정을 통해 고발자들이 시도하고 있는 것 아니겠습니까? 고발자들은 피고인의 재산을 차지했고, 피고인은 그들에게서 오직 재앙만 넘겨받았습니다. 섹스투스 로스키우스의 존속살해로 고발자들은 이익을 보았고, 피고인은 부친 사망으로 슬픔에 가난까지 겹쳐 겪었습니다. 고발자들은 제 의뢰인을 죽이려고 간절히 소망했고, 피고인은 살해당하지 않으려고 경호를 받으며 이 법정에 나왔습니다. 마지막으로, 로마 인민이 처벌하려던 자들은 재판을 요구했고, 그들의 끔찍한 학살에서 살아남은 유일한 생존자는 변론을 하고 있습니다. **14** 심판인 여러분, 범행은 제가 기술하는 것보다 실제로는 훨씬 더 끔찍했음을 쉽게 이해할 수 있도록, 사건이 어떻게 진행되었는지 처음부터 기술하겠습니다. 여러분은 가장 무고한 피고인의 불행 및 고발자들의 무도함과 국가적 재앙을 쉽게 알 수 있을 것입니다.

VI 15 피고인의 부친 섹스투스 로스키우스는 아메리아[3] 시민

---

3   아메리아(Ameria)는 로마에서 북쪽으로 80킬로미터 지점에 있는, 움브리아 지방의 자치도시다.

이었습니다. 그는 아메리아뿐만 아니라 이웃들을 통틀어 가문, 신분, 재산에 있어 분명 으뜸이었고, 저명한 사람들 사이의 인기와 환대로 명성이 높았습니다. 제가 이들 가문의 지위와 위엄에 어울리는 존경으로 언급하는바, 메텔루스 가문, 세르빌리우스 가문, 스키피오 가문[4]이 그와 교류했으며 그는 이들과 친밀하게 지냈습니다. 결국 그는 자신이 가진 모든 재산 중에 이들과 맺은 친분만을 아들에게 남겼습니다. 실로 그의 유산은 집안 내의 강도들이 강제로 빼앗아 차지했지만, 무고한 아들의 평판과 목숨은 부친의 친구들이 지켜 주었습니다.

16 피고인의 부친은 늘 귀족의 후원자였기 때문에, 최근 내란[5]으로 모든 귀족의 지위와 안녕이 위험에 처했을 때, 그는 이웃의 누구보다 열심히 노력하고 열정과 힘을 다해 귀족 당파를 지켰습니다. 그는, 동료 시민들 사이에서 자신이 훌륭한 사람으로 인정받도록 이끌어 준 사람들의 명예를 위해 투쟁하는 것이 옳다 생각했습니다. 귀족의 승리로 내란이 종식되고, 재산 몰수가 행해지고, 적으로 간주된 자들의 체포가 이어졌을 때, 피고인

---

4 카이킬리우스 메텔루스 가문은 기원전 123년~109년 사이에 여섯 명의 집정관을 배출했을 만큼 당시 로마에서 유명한 가문이었다. 기원전 80년에 퀸투스 카이킬리우스 메텔루스 피우스가 술라와 함께 집정관을 지냈다.
기원전 79년에 푸블리우스 세르빌리우스 바티아 이사우리쿠스와 아피우스 클라우디우스 풀케르가 집정관이었는데, 세르빌리우스는 로스키우스를 도와준 카이킬리아 메텔라(27, 147, 149 단락 참조)의 사촌이었고, 풀케르는 제부였다.
스키피오 가문은 또 다른 위대한 가문으로, 기원전 111년에 집정관을 지낸 푸블리우스 코르넬리우스 스키피오 나시카 세라피오와 기원전 83년에 집정관을 지낸 루키우스 코르넬리우스 스키피오 아시아티쿠스가 그 가문의 일원이었다.
5 기원전 88~87년과 기원전 83~82년 두 차례에 걸쳐 마리우스와 술라 사이에서 내전이 벌어졌다. 기원전 119년에 호민관을 지낸 마리우스는 민중파를 대표하는 장군으로, 1차 내전 때 귀족파 술라에게 패하여 로마를 떠났다.

의 부친은 로마에 상주하며 매일 광장의 집회에 참석했는바, 그는 귀족의 승리를 띌 듯이 기뻐했지만, 그것이 자기에게 재앙이 될 줄은 꿈에도 생각하지 못했습니다.

17 피고인의 부친은 아메리아 출신의 두 명의 로스키우스와 오랜 반목 관계에 있었는데, 둘 중 한 명은 고발자석에 앉아 있는 것이 보이며, 들리는 바에 의하면 다른 한명이 우리 피고인의 농장 세 개를 차지했다고 합니다. 평소 정적을 두려워했던 만큼 적의를 경계했다면 그는 지금도 살아 있었을 것입니다. 심판인 여러분, 그의 두려움에는 이유가 있었습니다. 둘 중 한 명은 별명이 카피토이고, 재판에 참석한 다른 한 명은 마그누스라 하는데, 이들 티투스 로스키우스는 다음과 같은 사람들입니다. 전자는 다양한 상을 많이 받은 노련하고 유명한 검투사로 알려졌으며, 후자는 검투사 선생인 전자를 최근 찾아간, 제가 아는 한, 신참에 불과했으나, 이번 검투 시합을 통해 스승을 상당히 압도하는 사악함과 무도함을 보여 주었습니다.

VII 18 피고인은 아메리아에 있었던 반면, 마그누스는 로마에 있었습니다. 피고인은 농장에 상주하여 선친의 뜻에 따라 가산을 돌보며 농장 생활에 헌신했고, 마그누스는 로마에 머물렀고, 피고의 선친은 저녁 식사를 마치고 돌아오던 중 팔라키나 목욕탕[6] 근처에서 살해당했습니다. 이로부터, 범죄 혐의가 누구에게 있는지 모두에게 분명해졌기를 저는 원합니다. 이래도 아직 불분명하고 확신을 갖지 못한다면, 피고인을 공범자로 판결하십시오.

19 섹스투스 로스키우스가 살해당한 후, 말리우스 글라우

---

6   팔라키나 목욕탕은 마르스 광장 남쪽의 플라미니우스 경기장 근처에 있다.

키아라는 사람이 아메리아에 소식을 가장 먼저 알렸습니다. 그는 가난한 해방노예이고, 마그누스의 피호민이자 친구였습니다. 그는 아들 로스키우스의 집이 아니라, 로스키우스의 적 카피토 집에 소식을 전했습니다. 살인은 초저녁에 일어났는데 전령은 새벽 무렵 벌써 아메리아에 도착했습니다. 그는 이륜마차로 밤새 열 시간을, 56로마마일[7]을 달려왔습니다. 로스키우스의 정적에게 그가 고대하던 소식을 가장 먼저 전달하기 위해서만이 아니라, 로스키우스의 아직 마르지 않은 피를, 그의 몸에서 방금 뽑아낸 칼을 보여 주기 위해서였습니다. **20** 사건이 발생하고 나흘 후, 소식은 볼라테라이[8]의 루키우스 술라 진영에 있던 크뤼소고누스에게 전해졌습니다. 로스키우스의 재산은 대단한 것으로 알려졌는바, 대부분 티베리스 강가에 위치한 농장 열세 곳은 비옥했습니다. 피고인은 곤경에 빠져 고립되었다는 소문이 돌았습니다. 피고인의 부친, 저명하고 인기 높은 섹스투스 로스키우스가 허망하게 살해당한 후, 로마에 알려지지 않은 순진한 시골 청년은 손쉬운 제거 대상이라는 것이었습니다. 마그누스와 카피토는 이를 도모하기로 약속했습니다.

VIII 21 심판인 여러분, 지체하지 않고 말하건대, 공모가 이루어진 것입니다. 재산 몰수자 명부가 더는 발표되지 않았을 때, 이를 두려워하던 사람들이 이제 위험에서 벗어났다 생각할 때, 귀족의 열렬한 지지자 섹스투스 로스키우스가 재산 몰수자 명부에 올려졌습니다. 매입자는 크뤼소고누스였습니다. 가장 좋

---

7 56로마마일(milia passum)은 환산하면 약 84킬로미터다.
8 볼라테라이는 에트루리아 지방의 북서쪽 언덕에 있는 도시였다. 마리우스파의 남은 세력들이 이곳에서 2년 동안(기원전 82~80년) 술라에게 저항했다.

은 농장 세 곳은 카피토의 소유로 넘어가서, 지금도 그의 소유입니다. 마그누스는 스스로 말하듯이, 나머지 재산 모두를 크뤼소고누스의 이름으로 차지했습니다.

심판인 여러분, 저는 모든 일이 루키우스 술라가 모르는 상황에서 일어났다고 확신합니다. **22** 술라가 과거의 상처를 치유함과 동시에 미래에 닥칠 위험에 대비할 때, 유일하게 그만이 평화를 이룩할 수단과 전쟁을 수행할 힘을 갖고 있을 때, 모든 사람이 오직 그만 바라보고 오직 그가 모든 일을 주재할 때, 수많은 중요한 일로 분주한 그가 자유롭게 숨 돌릴 틈조차 없을 때, 특히 분주한 그를 수많은 사람이 지켜보며 기회를 엿보다가 그가 눈을 돌린 사이 이런 일을 저지른다면, 그가 알아차리지 못하는 것도 당연한 일입니다. 덧붙여 말하면, '행운아'[9] 술라는 실제 운이 좋았지만, 큰 살림에 몹쓸 노예나 해방노예를 한 명도 데리고 있지 않을 만큼 운 좋은 사람은 없습니다. **23** 그 와중에 크뤼소고누스의 관리인인 지극히 훌륭한 마그누스는 아메리아에 와서 피고인의 농장을 강탈했고, 심판인 여러분, 슬픔에 빠진 불쌍한 피고인이 부친의 장례식을 온전히 마치기도 전에 그를 알몸으로 집에서 쫓아내고, 조상들의 화덕과 가신(家神)에서 서둘러 그를 몰아내고, 자기는 엄청난 재산의 주인이 되었습니다. 매우 가난했던 그는 남의 재산을 소유하자 흔히들 그렇듯 오만해졌습니다. 그는 공개적으로 많은 것을 자기 집에 옮겨 왔고, 은밀히 더 많은 것을 가져왔으며, 도와준 사람들에게는 상당량을 아낌없이 후하게 나눠 주었고, 나머지는 경매로 팔아먹었

---

9   술라는 기원전 82년에 마리우스의 아들을 죽이고 나서 '행운아'라는 별칭을 얻었다.

습니다.

IX 24 아메리아 사람들은 이를 부당하게 여겼으며, 도시는 온통 슬픔과 울음으로 뒤덮였습니다. 많은 일, 즉 명망 높은 섹스투스 로스키우스의 너무나 참혹한 죽음, 막대한 상속재산을 물려받아야 했으나 흉악한 강도에게 부친 무덤에 접근할 권리조차 박탈당한 아들의 극히 부당한 가난, 파렴치한 재산 매입, 강점, 절도, 강탈, 증여가 사람들 눈앞에서 한꺼번에 벌어졌습니다. 모든 사람은 마그누스가 선량하고 고귀한 섹스투스 로스키우스의 재산으로 뽐내고 주인 행세하는 것을 보니, 차라리 모든 것이 불타 없어지기를 바랐습니다. 25 그래서 시참사 의원들은 즉시 10인의 대표로 하여금 루키우스 술라를 찾아가 섹스투스 로스키우스가 어떤 사람이었는지 알리고, 저들의 불의한 범죄를 성토하며, 죽은 아버지의 명예와 무고한 아들의 재산을 지켜 달라고 간청하도록 결의했습니다. 청컨대 결의를 들어 보십시오.

[시참사 의원들의 결의가 이어진다.]

사절들이 술라 진영에 도착했습니다. 심판인 여러분, 제가 앞서 말했듯 루키우스 술라가 모르는 상황에서 이런 파렴치한 범행이 일어난 것이 분명합니다. 크뤼소고누스는 즉시 사절을 만나 그들에게 술라를 만나지 말라고 간청하고, 귀족들을 중간에 세워 자신이 그들이 원하는 전부를 이행할 것을 약속했습니다. 26 술라에게 이 일이 알려지느니 차라리 죽고 싶을 만큼, 크뤼소고누스는 두려움에 떨었습니다. 다른 사람들도 본성상 자기들과 다르지 않다고 생각했던 순박한 사람들이었던 시참사의

원들은, 크뤼소고누스가 섹스투스 로스키우스의 이름을 명부에서 지우고 경매 취소된 농장을 그의 아들에게 돌려주리라고 약속했고, 10인의 대표 중 한 명인 티투스 로스키우스 카피토가 이를 보증했을 때, 이를 믿었습니다. 그들은 술라에게 간청하지 않은 채 아메리아로 돌아왔습니다. 크뤼소고누스와 카피토는 처음에는 약속한 일을 매일 다음 날로 미루고, 다음에는 늑장을 부리며 아무것도 하지 않고 사절을 조롱했으며, 쉽게 추측할 수 있는 바, 결국 실제 주인이 살아 있는 한 그의 재산을 차지할 수 없다고 생각하고서 피고인의 목숨을 빼앗으려는 음모를 꾸몄습니다.

X 27 피고인은 그 사실을 알아차리자마자 친구와 친척들의 조언에 따라 로마로 도망쳐, 네포스의 누이이자 발레아리쿠스의 딸, 부친과 아주 친했으며 저 역시 경의를 표하는 카이킬리아[10]에게 자신을 의탁했습니다. 심판인 여러분, 과거 모두가 언제나 높이 평가했던 것이, 친구에 대한 책임 의식이 지금도 만인의 본보기로 그녀에게 남아 있었습니다. 집에서 쫓겨나 재산을 빼앗기고 날강도의 무기와 위협에서 도망친, 곤경에 처한 섹스투스 로스키우스를 그녀는 자기 집에 받아 주고, 고립무원의 그를 도와주었습니다. 그녀의 용기, 신의, 보살핌 덕분에 그는 죽어서 재산 몰수자 명단에 이름을 올리는 대신, 살아서 피고인으로 소환될 수 있었습니다.

---

10 카이킬리아 메텔라는 기원전 123년에 집정관을 지낸 퀸투스 카이킬리우스 메텔루스 발레아리쿠스의 딸이었고, 기원전 98년에 집정관을 지낸 퀸투스 카이킬리우스 메텔루스 네포스의 누이였다. 그녀의 삼촌은 기원전 117년에 집정관을 지낸 루키우스 카이킬리우스 메텔루스 디아데마투스, 기원전 115년에 집정관을 지낸 마르쿠스 카이킬리우스 메텔루스, 기원전 113년에 집정관을 지낸 가이우스 카이킬리우스 메텔루스 카프라리우스였다. 그녀는 또한 기원전 81년에 죽은 (술라의 아내였던) 카이킬리아 메텔라의 육촌이었다.

28 섹스투스 로스키우스의 생명이 세심한 보살핌으로 보호되어 살해의 기회가 없음을 깨달은 크뤼소고누스와 카피토는, 무모한 악행으로 가득 찬 계획을 세웠습니다. 그를 존속살해 혐의로 고발했고, 이를 위해 심지어 의심의 여지가 전혀 없는 사건에 대해서조차 뭐든 고발할 수 있는 노련한 고발자를 구했으며, 마지막으로 로스키우스에게 실제로 혐의가 없었기 때문에 시대 상황을 이용했습니다. 그들은 이렇게 말했습니다. "오랫동안 열리지 않았던 존속살해 재판을 처음으로 다시 받는 사람은, 유죄판결을 받을 것이다. 크뤼소고누스의 영향력 때문에 피고인을 도울 변호인은 없을 것이다. 누구도 재산의 매각과 그 공모를 말하지 못할 것이다. 존속살해의 죄명과 그 흉악성 때문에 누구도 변호하려 들지 않을 것이고 그는 쉽게 제거될 것이다." **29** 그들은 이런 계획, 아니 오히려 광기에 이끌려, 자신들이 직접 죽이고 싶었으나 그럴 수 없었던 사람을 여러분이 죽이라고 여러분에게 건넸던 것입니다.

XI 우선 무엇을 항변해야 합니까? 심판인 여러분, 어디에서 시작해야 합니까? 무슨 도움을 누구에게 청해야 합니까? 불멸하는 신들의 보호나 로마 인민의 보호 혹은 현재 최고 결정권을 가진 여러분의 보호를 요청해야 합니까? **30** 아버지는 처참하게 살해당했고, 가옥은 정적들이 차지했고, 재산은 빼앗기고 약탈당했으며, 아들의 목숨은 위험에 노출되어 빈번히 칼과 음모로 공격받았습니다. 이렇게 열거된 수많은 악행 중 빠진 범죄가 있습니까? 그런데도 그들은 악행에 악행을 더해서 늘리고, 믿기 어려운 범죄를 고안하며, 피고인에게 불리한 증인과 고발자를 피고인의 돈으로 매수하고, 불쌍한 피고인에게 강요하기를,

티투스 로스키우스 마그누스에게 목숨을 갖다 바칠지, 아니면 가죽 부대에 꿰매져서[11] 아주 수치스럽게 삶을 마칠지 선택하라 합니다. 그들은 피고인에게 변호인이 없으리라 생각했고, 변호인은 없었습니다. 하지만 심판인 여러분, 이 소송에서 이것으로 충분한바, 기탄없이 말할 사람, 신의를 지켜 변호할 사람은 분명 있습니다.

31 소송을 맡은 저는 어쩌면 젊은 혈기에 경솔하게 행동했을지도 모릅니다. 하지만 일단 소송을 맡은 이상, 하늘에 맹세코, 저는 온갖 위협, 두려움, 위험이 사방에서 닥치더라도 이를 극복하고 견디고자 합니다. 저는 심사숙고한 후에 소송과 관련된다고 생각되는 모든 것을 말할 뿐만 아니라, 이를 기꺼이 대담하게 기탄없이 말하겠다 결심했습니다. 심판인 여러분, 신의보다 두려움이 저에게 더 큰 영향력을 행사하는 그런 일은 결코 없을 것입니다. **32** 이런 일을 목격했는데도 침묵하고 외면할 만큼 냉혹한 자가 있습니까? "내 선친이 재산 몰수자 명부에 기재되지 않았는데도 불구하고, 당신들은 살해한 후 고인을 재산 몰수자 명부에 올렸으며, 강제로 나를 집에서 쫓아냈고 내 가산을 차지했다. 당신들은 무엇을 더 원하는가? 여기서 섹스투스 로스키우스를 죽이거나 유죄판결을 내리기 위해 완전 무장을 한 채 고발자석에 나왔는가?"[12]

XII 33 최근 이 나라에서 가장 무모하다고 여겨지는 사람은 가이우스 핌브리아[13]입니다. 미친 사람들을 제외한 모두가 동

---

11 존속살해범은 피대익살형(皮袋溺殺刑)에 처했다. 70~72 단락 참조.

12 키케로는 피고인 로스키우스처럼 말한다. 이는 94와 145 단락에서도 반복된다.

13 가이우스 핌브리아는 마리우스의 열정적인 지지자였고, 기원전 87년 쫓겨났던 마리우

의하듯, 그는 아주 미친 사람입니다. 이 나라에서 가장 경건하고 존귀한 퀸투스 스카이볼라[14]에게 가이우스 마리우스의 장례식에서 상해를 입혔습니다. 지금은 스카이볼라를 칭송하는 데 많은 말을 할 상황도 아니고 로마 인민이 이미 다 알고 있으니 더 보탤 것도 없습니다. 핌브리아는 스카이볼라가 회복 중이라는 소식을 듣고 나서, 이번에는 그를 고발하려는 의사를 밝혔습니다. 아무리 훌륭한 칭송이라도 그의 품격에는 모자라는 사람이 스카이볼라인데, 도대체 왜 그를 고발하려 하는지 누군가 이유를 묻자, 그는 미친 사람처럼 대답했다고 합니다. "그가 칼을 온몸으로 거부했기 때문이다."[15] 로마 인민이 목격한 가장 부당한 사건은, 스카이볼라의 살해를 제외하고, 핌브리아의 이런 행위였습니다. 그의 피살은 모두에게 파멸과 재앙을 안길 만큼 큰 파장을 불러왔는바, 그는 그가 화해시키고자 했던 자들에게 살해당했던 것입니다.

스가 로마로 돌아와 술라파를 학살했을 때 참여했다.(각주 5번 참조.) 키케로는 그가 기원전 86년에 마리우스의 장례식에서 스카이볼라를 살해하고자 시도했다고 말한다. 기원전 86년에 핌브리아는 마리우스를 대신한 루키우스 발레리우스 플라쿠스의 부관이 되어 미트리다테스와 맞서 싸웠다. 그는 플라쿠스를 죽인 다음 불법적으로 군권을 넘겨받았지만, 그의 군대가 술라에게 투항하자 기원전 85년에 자살했다.

14 퀸투스 무키우스 스카이볼라는 기원전 95년에 집정관을 지냈고, 기원전 89년부터는 대제관으로 있었다. 그는 유명한 연설가이자 법률가로, 기원전 97년(또는 기원전 94년)에 아시아의 속주 총독으로 있었고, 마리우스와 킨나가 정권을 잡을 당시 로마에 있었다. 핌브리아의 살해 시도에도 살아남았으나, 기원전 82년에 술라에게 넘어가지 못하도록 마리우스파에 의해 살해당했다.
키케로는 스카이볼라가 마리우스파의 목숨을 살리기 위해 술라파와 마리우스파의 화해를 주선하려 했음을 암시한다.

15 검투사 경기에서 관중이 패배한 검투사에게 "칼을 받아라."라고 소리치면, 그는 칼을 받기 위해 가슴을 내밀어야 했다.

---

34 로스키우스 사건은 핌브리아의 말과 행위을 떠오르게 하지 않습니까? 당신들은 섹스투스 로스키우스를 고발했습니다. 왜입니까? 그가 당신들 손아귀에서 도망쳤고, 살해당하도록 가만히 있지 않았기 때문입니다. 스카이볼라를 상대로 저질러졌다 해서 핌브리아의 범죄를 부당하다 여기고, 로스키우스에 대한 범죄는 크뤼소고누스가 저질렀다 해서 용납하거나 해서는 안 됩니다. 불멸의 신들께 맹세코, 이 소송에서 변호할 것이 있습니까? 변호인의 재능을 요청하거나 연설가의 웅변을 간절히 바랄 여지가 있습니까? 심판인 여러분, 사건 전모를 밝혀내고, 여러분 눈앞에 펼쳐진 사건을 살펴봅시다. 여러분은 그들이 고발한 동기는 무엇이고, 제가 변호해야 할 쟁점은 무엇이며, 여러분이 따르기에 적합한 판단 기준은 어떤 것인지를 아주 쉽게 이해할 것입니다.

XIII 35 제 판단으로는 지금 섹스투스 로스키우스가 직면한 장애물은 세 가지로, 적들의 고발, 적들의 무모함, 적들의 권력입니다. 고발자 에루키우스는 거짓 고발을 담당했고, 마그누스와 카피토는 무모함을 맡았으며, 가장 큰 영향력을 발휘한 크뤼소고누스는 권력이라는 무기를 휘둘렀습니다. 이 세 가지 점에 관해 변호해야 한다는 것을 저는 잘 알고 있습니다. **36** 그러면 어떻게 해야 하겠습니까? 모든 점을 같은 방식으로 변호해서는 안 됩니다. 첫 번째 점은 저의 책임이며, 나머지 두 가시 점은 로마 인민이 여러분에게 맡겼기 때문입니다. 저는 고발을 물리쳐야 하며, 여러분은 무모함에 저항하고, 용납할 수 없는 위험한 저들의 권력을 가능한 한 초기에 진압하고 없애야 합니다.

37 섹스투스 로스키우스는 존속살해 혐의로 고발당했습니

다. 불멸의 신들이여! 모든 범죄를 넘어서는 이 하나의 범행은 얼마나 사악하고 추악합니까! 현자들이 옳게 말하듯이 종종 표정 하나만으로도 불효가 되는 마당에, 신들의 법이나 인간의 법에 따르면 부친을 위해서는 필요하다면 목숨을 내놓아야 할 것인데, 반대로 부친을 살해한다면 그런 자에게 아무리 가혹한 처벌을 고안해 내도 모자란 것이 아니겠습니까? **38** 가이우스 에루키우스여, 당신은 그토록 엄청나고 끔찍하고 유례없는, 아주 드문 일이어서 들을 때마다 기이하고 괴상하게 생각되는 범죄를 고발할 때는 어떤 근거를 제시해야 한다고 생각합니까? 유례없는 범죄로 법정에 소환된 사람의 무도함을, 잔학한 성격과 잔인한 본성, 온갖 파렴치한 악덕에 내던져진 삶을, 한마디로 말해 완전히 타락하고 파탄난 성격을 보여 줘야 한다고 생각하지 않습니까? 하지만 당신은 섹스투스 로스키우스를 고발할 때 이런 것들 가운데 어떤 것도 보여 주지 않았습니다.

　　XIV 39 고발자는 말합니다. "섹스투스 로스키우스가 부친을 살해했다." 그는 어떤 사람입니까? 사악한 사람들에 휘둘리는 타락한 청년입니까? 그의 나이가 마흔을 넘었습니다. 그렇다면 그는 노련한 살인자, 살인을 빈번히 저지르는 무모한 사람임이 틀림없을 텐데, 고발자가 이렇게 말하는 것을 들어 본 적 없습니다. 그렇다면 사치와 많은 부채와 제어할 수 없는 욕망 때문에 범죄를 저질렀음이 틀림없을 텐데, 에루키우스는 로스키우스가 연회에 참석한 적이 없었다고 말함으로써 로스키우스를 사치 혐의에서 풀어 주었습니다. 로스키우스는 전혀 빚을 지지 않았습니다. 게다가 고발자 자신이 비난한 것처럼, 시골에 상주하면서 토지를 경작하며 사는 사람에게 무슨 욕망이 있을 수 있습니까? 이런 삶은 욕망과는 거리가 매우 멀며, 의무와 결부되어 있을 뿐입니다.

40 도대체 섹스투스 로스키우스는 무슨 일로 그런 광기를 부렸다는 것입니까? 고발자가 말합니다. "그의 부친이 그를 싫어했다." 그의 부친이 그를 싫어했습니까? 무슨 이유입니까? 그렇다면 타당하고 강력하고 분명한 이유가 있었음이 틀림없을 것인바, 아들이 여러 가지 강력한 이유 없이 아버지를 살해하는 것은 믿을 수 없는 일이듯, 여러 가지 필연적인 강력한 이유 없이 아버지가 아들을 미워하는 것도 믿을 수 없는 일이기 때문입니다. **41** 그렇다면 원래의 질문으로 돌아가, 악덕이 얼마나 많았으면 부친이 그를 싫어하게 되었는지 홀로 남은 아들에게 물어봅시다. 하지만 분명히 그에게 악덕은 없었습니다. 그렇다면 아무 이유 없이, 자기가 낳은 아들을 미워하는 부친이 미친 것입니까? 하지만 그는 모든 사람 중에 가장 한결같은 마음씨를 가졌습니다. 부친이 미친 게 아니고 아들도 타락한 게 아니라면, 분명히 부친이 아들을 미워할 이유도, 아들이 부친에게 범죄를 저지를 이유도 없음은 확실합니다.

XV 42 고발자가 말합니다. "미워한 이유가 정확히 무엇인지 모른다. 내가 아는 것이라고는 예전에 그는 아들이 둘이었는데, 죽은 아들은 항상 자기 곁에 있기를 바랐지만, 다른 아들은 시골에 있는 농장으로 쫓아냈으니 그를 미워했다는 것이다." 에루키우스가 악의적으로 터무니없이 고발할 때 겪은 일을, 최선을 다해 변호하는 저 역시 마주하고 있습니다. 그가 꾸며 낸 고발을 지지할 증거를 찾지 못한 것처럼, 저는 그토록 근거 없는 주장을 반박하고 물리칠 방법을 찾지 못하고 있습니다.

43 에루키우스여, 당신은 무엇을 말합니까? 섹스투스 로스키우스는, 경작하고 돌봐야 할 그토록 아름답고 비옥한 수많은 농장을, 아들을 쫓아내고 벌주기 위해 그에게 맡겼다는 것입니까? 어떻습니까? 자식이 있는 가장들, 특히 지방 도시 출신으로 로스키우스와 같은 신분의 사람들은, 자기 아들들이 전심전력을 다해 가산을 관리하고 최대한 노력을 다하고 열정을 바쳐 농장을 돌보는 것을 바라지 않습니까? **44** 아니면, 부친은 아들을 시골에만 머물게 해서 시골집에서만 음식을 먹게 하고, 온갖 혜택을 박탈하고자 그를 쫓아내는 것입니까? 어떻습니까? 분명히 아들이 농장을 관리했을 뿐만 아니라 부친이 살아 있을 때 농장 일부를 자기 것처럼 누렸다면, 당신은 그의 삶을 시골로의 추방이자 유배라고 부르겠습니까? 에루키우스여, 당신이 제시하는 근거가 사실과 진실에서 얼마나 동떨어져 있는지 당신도 알고 있습니다. 아버지들이 흔히 하는 일을 당신은 유례없는 일인 양 비난하고, 부친이 호의로 한 일을 당신은 미워서 했다고 헐뜯으며, 부친이 명예를 위해 아들에게 준 것을 벌하기 위해 주었다고 주장합니다. **45** 이를 모르지 않을진대, 당신이 우리를 넘어 본성, 인류, 상식에까지 반하는 주장을 할 이유는 없습니다.

XVI 하지만 "로스키우스에게는 아들이 둘 있었는데, 한 아들은 자기 곁에 두고, 다른 아들은 시골에서 살게 했다." 에루키우스여, 제 말을 호의적으로 받아들이길 바랍니다. 저는 비난이 아니라 상기를 위해 말할 것입니다. **46** 자식을 향한 아비의 마음이 어떤 것인지를 당신에게 알려 줄 수 있는 분명한 아버지를 운명은 당신에게 허락하지 않았지만,[16] 적어도 자연은 당신에게 인간 본성을 알려 주었습니다. 당신은 배우는 것을 좋아하고 문학에 조예가 없지 않습니다. 예를 들어 카이킬리우스[17]의 희극에 나오는 노인이 시골에 있는 아들 에우튀쿠스보다 또 다른 아들 이것이 그의 이름이라 생각되는바, 카이레스트라투스를 더 소중히 여겼다고, 당신은 정말로 그렇다고 생각합니까? 노인이 한 아들은 명예를 주려고 도시에서 자기 옆에 두고, 다른 아들은 처벌하기 위해 시골로 쫓아냈다고 생각합니까? **47** 당신은 말할 것입니다. "왜 쓸데없는 소리를 하는가?" 제일 아끼는 자식이 평생 농부로 살기를 바라는, 멀리 갈 것 없이 저의 분구민이나 저의 이웃을 제가 많이는 거명하지 못할 것처럼 말입니다. 전혀 그렇지 않지만, 제가 알고 있는 이름을 여기서 언급하는 것은 예의가 아닙니다. 그들이 자기 이름이 언급되는 것을 좋아할지 알 수 없기 때문이며, 또한 언급해도 이들 중 여러분이 아는 이름은 없을 것이기 때문이며, 희극의 주인공을 거명하든 베이이 지방[18]의 누군가를 거명하든 분명 저의 논거가 달라지지 않기 때문입니다. 실로 시인들은 이야기를 만들어 타인 속에 우리의 품행을 구현하며 우리의 삶을 재현한다고 저는 생각합니다.

48 그럼 이제 원한다면 진실에 주목하고, 움브리아와 이웃 지역뿐만 아니라 이들 자치도시에서 가부장들이 대단히 칭찬하는 활동은 무엇인지를 심사숙고해 보십시오. 고발할 다른 이유가 없었기에, 섹스투스 로스키우스의 최고 미덕을 악덕과 죄로

---

16   키케로는 에루키우스의 아버지가 없다는 소문을 넌지시 언급한다.
17   카이킬리우스 스타티우스(기원전 168년 또는 기원전 166년 사망)는 로마 희극 작가였다. 언급된 작품은 지금은 전하지 않는 『휘포보리마이오스(가짜 아들)』이다.
18   에트루리아 지방의 베이이는 로마에서 북서쪽으로 16킬로미터 떨어진 농업 지대로 기원전 396년에 로마인들에 의해 점령되었다.

만들었음을 당신은 확실히 알게 될 것입니다. XVII 자식들은 부친의 뜻에 따라 토지를 경작합니다. 게다가 당신 생각대로라면 수치와 범죄여야 마땅한 시골의 삶을 가장 고귀하고 즐거운 삶으로 여기고, 자발적으로 토지를 경작하려는 열의에 불탄 수많은 사람을, 저도 알고 있고, 제가 잘못 아는 게 아니라면, 여러분 모두가 알고 있습니다.

49 당신은 여기 섹스투스 로스키우스의 농사에 대한 열의와 지식이 얼마나 된다고 생각합니까? 그의 아주 훌륭한 친척들에게 제가 들은 바에 의하면, 당신이 고발 기술에 능한 만큼, 그는 농사 기술에서 능합니다. 하지만 크뤼소고누스가 농장을 하나도 남겨 두지 않아 로스키우스는 기술을 잊어버리고 열의를 내려 놓을 것입니다. 이는 참으로 비참하고 부당한 일이지만, 심판인 여러분, 여러분 덕분에 목숨과 명예를 유지한다면 그는 이를 침착하게 견딜 것입니다. 하지만 견딜 수 없는 것은, 크고 좋은 농장 때문에 이런 재앙에 걸려들었다는 사실, 농장을 열심히 돌본 이유로 아주 큰 피해를 당할 것이라는 사실입니다. 이러다 보니, 농장을 돌보는 것 자체가 범죄만 아니라면, 자기가 아니라 남들을 위해 농장을 돌본 것은 전혀 불행이 아니지 싶습니다.

XVIII 50 에루키우스여, 쟁기질하던 사람이 집정관으로 부름을 받던 시절에 당신이 태어났다면, 당신은 참으로 우스운 고발자가 되었을 것입니다. 토지를 돌보고 관리하는 것을 범죄라고 생각하므로, 당신은 분명 원로원에서 파견한 사람들이 만나러 갔을 때 자기 손으로 직접 씨를 뿌리고 있던 유명한 아틸리우스[19]를

---

19 기원전 257년, 기원전 250년에 집정관을 지냈던 가이우스 아틸리우스 레굴루스는, 자기 땅에서 씨를 뿌리던 중에 군사령관을 맡으라는 명령을 들었다. 그래서 그는 '씨를 뿌

아주 추하고 불명예스러운 자로 여길 것입니다. 하지만 맹세코, 우리 조상들은 아틸리우스와 같은 사람들에 관해 당신과 매우 다르게 생각했으며, 그 결과 미약하고 보잘것없는 국가 대신 아주 크고 번영한 국가를 우리에게 남겼습니다. 그들은 자기 토지를 열심히 돌보았을 뿐, 남의 토지에 탐욕을 부리지 않았으며, 이렇게 함으로써 국가에 영토와 도시와 이민족을 더하고 로마 인민의 권력과 명성을 드높였습니다.

51 제가 이를 언급하는 이유는, 지금의 사안과 비교하자는 것이 아니라, 다만 먼 옛날에 지체 높고 저명한 사람들은 언제라도 국가를 통치하는 자리를 맡아야 했지만, 그럼에도 불구하고 토지를 돌보는 데 상당한 시간과 노력을 기울였음을 여러분이 알아주십사 하는 것입니다. 그러므로 시골에 상주하며 스스로 시골 사람임을 자처하는 사람이 비난받을 이유는 없습니다. 특히, 이보다 자신에게 즐겁고, 부친의 마음을 기쁘게 하고, 실제로 고귀한 일은 없기 때문입니다.

52 에루키우스여, 따라서 부친이 아들을 시골에 머물게 한 것은 아들을 지극히 미워했기 때문이라는 생각이 듭니다! 다른 게 있습니까? 에루키우스는 말합니다. "다른 게 있다. 부친은 아들에게서 상속권을 박탈하기로 마음먹었다." 저는 들었습니다. 지금 당신은 소송의 핵심을 언급했습니다. 왜냐하면, 제 생각에 "그는 부친과 함께 연회에 간 적이 없다."라는 사실은 사소하고 부차적인 것임을 당신도 인정하기 때문입니다. 그는 극소수의 경우를 제외하고 도시에 가지 않았기 때문입니다. "아무도 그를

리다'라는 말에서 파생된 '세라누스'라는 별명을 얻었다. 기원전 458년에 쟁기질을 하다가 독재관이 된 루키우스 큉크티우스 킨키나투스에게도 이와 비슷한 이야기가 있다.

자기 집에 초대하지 않았다." 놀랄 일이 아닙니다. 그는 로마에 살지 않았고 초대에 응할 수도 없었기 때문입니다.

XIX 53 당신도 이런 논변이 쓸데없다는 것을 알고 있습니다. 그럼 우리가 살펴보기 시작한바, 가장 확실한 미움의 근거를 봅시다. "부친은 아들에게 상속권을 박탈할 생각을 품었다." 저는 근거가 무엇인지가 아니라, 당신이 그걸 어떻게 알게 되었는지를 묻겠습니다. 당신은 모든 사항을 열거하고 진술했어야 마땅하며, 엄청난 범죄를 고발하는 참된 고발자라면 아들의 모든 악덕과 잘못을 진술할 의무가 있습니다. 자연스러운 감정을 억누르고, 가슴속의 사랑을 내던지고, 마지막으로 부친이라는 사실마저 잊기로 할 정도로 부친을 화나게 한 아들의 악덕과 잘못을 언급했어야 합니다. 제 생각에 피고인이 많은 잘못을 저지르지 않았다면 이런 일은 일어날 수 없기 때문입니다. 54 그런데 당신은 침묵함으로써 이런 일들이 없음을 인정했고, 그것을 인정했으니 그것은 접어 두겠습니다. 당신은, 부친이 상속권 박탈을 원했음은 적어도 확실히 입증해야 합니다. 그렇다면 당신은 그것이 사실이었다고 생각할 만한 근거로 무엇을 제시하겠습니까? 진실을 말할 수 없다면 적어도 뭔가를 그럴듯하게 꾸며 보십시오. 당신이 한 일이 피고인의 불행과 그토록 훌륭한 심판인들의 위엄을 조롱한 것이 아님을 분명히 보일 수 있도록 말입니다. 부친은 아들에게서 상속권 박탈을 원했습니다. 이유가 무엇입니까? "모른다." 상속권을 박탈했습니까? "아니다." 누군가 말린 이가 있습니까? "생각을 품기만 했다." 생각을 품기만 했습니까? 누구에게 말했습니까? "아무에게도 말하지 않았다." 입증할 수도 없고 입증을 시도조차 할 수 없는 일을 가지고 고발하는 것은, 이득을 보고 욕망을 충족하고자 법정과 법과 여러분의 위엄을 남용하는 것 이외에 무엇입니까?

55 에루키우스여, 우리 가운데 당신이 섹스투스 로스키우스에게 아무런 적의도 품고 있지 않다는 것을 모르는 사람이 있습니까? 그런데 당신이 이 법정에서 적으로 온 이유에 대해 모든 사람은 알아차립니다. 모두는 당신이 피고인의 돈을 노리고 왔음을 알고 있습니다. 그렇다면 더 말할 이유가 무엇이겠습니까? 아무리 이득에 눈이 멀었어도 심판인들의 생각과 레미우스법[20]을 당신은 염두에 뒀어야 합니다.

XX 56 무모함을 두려움으로써 제압하려면, 고발자가 많은 것이 국가적으로 이익입니다. 다만 고발자가 우리를 대놓고 농락하지 않는 한에서 그렇습니다. 어떤 이는 죄가 없는데도 의심을 받습니다. 고발당한 자에게는 불행한 일이지만, 고발자를 어느 정도 저는 용서할 수 있습니다. 의심스럽고 고발할 여지가 있는 것을 고발한 것이고, 우리를 대놓고 농락하거나 의도적으로 무고(誣告)한 것은 아니기 때문입니다. 이런 이유에서 전적으로 우리는 고발자가 최대한 많이 있어야 함을 쉽게 용인합니다. 죄 없는 사람은 고발당해도 무죄로 풀려날 수 있지만, 죄지은 사람은 고발당하지 않으면 유죄판결을 받을 수 없기 때문입니다. 죄지은 사람이 고발당하지 않는 것보다 죄 없는 사람이 고발당했다가 무죄로 풀려나는 게 훨씬 더 큰 이익입니다. 카피톨리움에서 거위[21]를 공금으로 먹이고 개를 기르는 것은 도둑이

---

20 레미우스법은 무고죄를 처벌하기 위한 법이며, 언제 제정되었는지는 불분명하다.

21 거위는 기원전 390년부터 공금으로 길러졌다. 카피톨리움을 제외한 나머지 로마 전체를 갈리아인들이 장악했을 때, 거위들이 울어대 카피톨리움 함락을 막을 수 있었기 때문이다.

들어오면 이를 알리기 위해서입니다. 거위와 개는 도둑을 식별할 수는 없지만, 만약 밤에 카피톨리움으로 들어오는 사람이 있으면, 무언가 의심스러운 것이 있기 때문에 이를 알리며, 동물일지라도 오히려 조심스럽기 때문에 실수하는 것입니다. 하지만 사람들이 신들에게 경배하러 오는 낮에도 개가 짖는다면, 의심의 여지가 전혀 없을 때조차 지나치게 경계한다 하여 사람들은 개의 다리를 부러뜨렸을지 모릅니다.

57 고발자의 경우도 매우 유사합니다. 여러분 중 일부는 오직 소리를 지르기만 할 뿐 해를 끼치지 않는 거위이지만, 일부는 물고 짖을 수 있는 개입니다. 우리는 여러분에게 먹이가 잘 제공되는지 관리하고, 여러분은 무엇보다 공격받아 마땅한 사람들을 공격해야 합니다. 이는 인민에게 매우 고마운 일입니다. 다음으로 누군가 범죄를 저질렀을 개연성이 있을 때, 원한다면 의심스러울 때 짖으십시오. 이 또한 용인될 수 있습니다. 하지만 여러분이 누군가를 존속살해 혐의로 고발할 때, 살해 동기와 방식은 말할 수 없고 의심할 이유도 없이 짖기만 한다면, 여러분의 다리를 부러뜨릴 사람은 없겠지만, 제가 잘 알고 있는 여기 심판인들은 여러분 이마에 낙인을 찍을 것이며, 여러분은 그 글자는 물론 '초하루'마저 극도로 싫어하게 될 것이고, 앞으로 여러분은 자신의 불행 외에 아무도 고발하지 못하게 될 것입니다.[22]

XXI 58 잘난 고발자여, 저에게 반박의 근거로 무엇을 제시했

---

22 무고죄를 범한 자는 이마에 'K'('무고자(Kalumnia)'의 첫 글자)가 새겨지며, 더는 고발할 수 없다. 또한 'K'는 이자 상환일인 매월 초하루(Kalendae)도 뜻한다. 키케로는 에루키우스가 로스키우스 고발의 대가로 뇌물을 받았음을 암시한다.

습니까? 심판인들에게는 의심의 근거로 무엇을 제시했습니까? "그는 상속권을 박탈당할까 두려웠다." 저는 당신의 주장을 들었지만, 두려움의 근거를 제시했어야 합니다. "부친이 상속권을 박탈하기로 마음먹었다." 입증하십시오. 입증된 게 없습니다. 그가 누구와 상의했는지, 누구에게 알렸는지, 당신들이 의심한 이유가 무엇인지 입증된 게 없습니다. 에루키우스여, 이런 식으로 고발한다는 것은 바로 이렇게 말하는 것이 아니겠습니까? "내가 뭘 받았는지는 알아도, 뭘 말할지는 모른다. 내가 염두에 두었던 것은, 아무도 피고인을 위해 변호하지 않을 것이고, 지금은 아무도 감히 재산의 매입과 공모를 언급조차 하지 않을 것이라는 크뤼소고누스의 말뿐이다." 이런 잘못된 생각에서 당신은 고발했습니다. 당신이 누군가 이에 응대하리라 생각했다면, 하늘에 맹세코 당신은 말 한마디 꺼내지 못했을 것입니다.

59 심판인 여러분, 에루키우스의 고발에 주목하여 여러분은 마땅히 그의 소홀한 점을 살펴봐야 했습니다. 그는 피고인 측에 앉아 있는 사람들을 보았을 때 누가 변호하는지 물었습니다. 제가 변호하리라고는 생각조차 못했을 것입니다. 저는 이전에 형사소송에서 변론한 적이 없었기 때문입니다. 변호할 수 있거나 변호한 경험이 있는 사람을 발견하지 못하자, 그는 안심하여 내키는 대로 앉았다 일어났다 돌아다니며, 때때로 노예를 불렀으며, 저녁을 준비하라고 명한 듯합니다. 한마디로 그는 여러분이 모여 있는 이 법정에서 자기 혼자 있는 것처럼 활보하고 돌아다녔습니다. 마침내 그는 말을 마치고 앉았습니다. 제가 일어났습니다. **XXII 60** 다른 사람이 변호를 맡지 않아 그가 안도의 한숨을 돌리는 것처럼 보였습니다. 저는 변론을 시작했습니다. 심판인

여러분, 크뤼소고누스가 거명될 때까지, 에루키우스가 농담하면서 제 말에 주목하지 않는 것을 저는 보았습니다. 제가 그 이름을 거명하자마자 에루키우스는 곧장 일어섰는데, 놀라는 것으로 보였습니다. 저는 그가 무엇에 뜨끔했는지 알고 있습니다. 저는 다시 한 번, 또 한 번 그 이름을 거명했습니다. 그러자 사람들이 이리저리 뛰어다녔는데, 그들은 감히 크뤼소고누스의 뜻을 반박하는 사람이 로마에 있다는 것, 크뤼소고누스의 기대와 다르게 소송이 진행된다는 것, 재산의 매입이 폭로되었다는 것, 공모를 강하게 비난했다는 것, 크뤼소고누스의 영향력과 권력이 무시당했다는 것, 심판인들이 주의 깊게 듣고 있다는 것, 인민이 부당한 일로 여기고 있다는 것을 크뤼소고누스에게 알리는 듯했습니다.

61 에루키우스여, 당신은 전혀 생각지 못한 것이겠지만, 이제 모든 것이 틀어졌다는 것을 보고 있으며, 섹스투스 로스키우스가 적절하진 않아도 할 말은 하는 변호를 받는다는 것을 목격하며, 버림받으리라 생각했던 사람이 변호 받는다는 것을 목도하며, 재판을 포기하리라 예상했던 사람들이 재판에 임한다는 것을 확인했으니, 마지막으로 당신의 노회한 판단과 경험을 우리에게 보여 주십시오. 여기에서 재판이 아니라 절도가 벌어지리라는 희망을 품고서 이리로 왔음을 인정하십시오.

존속살해를 다루고 있습니다. 고발자는 아들이 부친을 살해한 동기를 제시하지 않았습니다. **62** 빈번히 발생하여 거의 매일 일어나다시피하는 아주 사소한 잘못과 가벼운 범죄에서조차 제일 먼저 신문받는 것이 범행 동기임에도, 에루키우스는 존속살해와 관련해서 이를 신문할 필요가 없다고 합니다. 심판인 여러분, 존속살해와 관련해서는 수많은 동기가 한곳으로 집중되어 서로 일치하는 걸로 보일지라도 이는 쉽게 믿어지지 않으며, 경솔한 추측은 피하고, 신뢰할 수 없는 증인의 말은 수용되지 않으며, 판결은 고발자의 능력에 좌우되지 않습니다. 피고인이 이전에 수많은 범죄를 저질렀고 극심하게 타락한 삶을 살았으며, 피고인의 유례없는 무모함뿐만 아니라 극도의 정신착란과 광분도 반드시 입증되어야 합니다. 하지만 이 모든 것이 입증되더라도, 범행의 명백한 증거가 존재해야 합니다. 다시 말해 어디에서, 어떤 이유로, 누구를 통해, 언제 범죄가 저질러졌는지 밝혀져야 합니다. 많은 것이 명백하게 입증되지 않는 한, 그토록 흉악하고 잔인하고 끔찍한 범죄가 저질러졌다고 믿을 수는 없습니다. **63** 인간애의 힘은 강력하고 혈연의 정은 굳건합니다. 본성은 이런 의심에 항의합니다. 짐승들조차 출산, 양육, 본성이 서로에게 애착을 갖게 만드는 법인바, 더없이 달콤한 생명을 주신 분들에게서 더없이 불의하게 생명을 빼앗는 자는 인간의 탈을 쓴, 짐승보다 잔혹한 괴물임이 확실합니다.

　　XXIII 64 전하는 바로는, 몇 년 전 타라키나[23] 출신의 꽤 유명한 티투스 카일리우스는 저녁 식사 후 젊은 두 아들과 같은 방에서 잤는데, 아침에 목이 잘린 채 발견되었다고 합니다. 의심받을 만한 노예나 자유민은 발견되지 않고, 그때 자고 있었기 때문에 아무것도 몰랐다고 주장한 두 아들은 존속살해 혐의로 고발당했습니다. 무엇이 그토록 의심스럽습니까? 두 아들 가운데 아무도 알아차리지 못한 것이 의심스럽습니까? 특히, 같은 방에

23　타라키나는 로마에서 남쪽으로 105킬로미터 떨어진 지점 해안에 있으며, 원래 볼스키 지방의 도시로 옛 이름은 앙수르였다.

서 잠을 자던 젊은 두 아들이 범행을 알아차리고 쉽게 막을 수 있었는데도, 누군가 그 방에서 범행을 감행했다는 것이 의심스럽습니까? 더욱이, 의심받을 만한 사람은 아무도 없었습니다. **65** 사람들이 문을 열었을 때 두 아들은 잠들어 있었다는 사실이 심판인들에게 입증되자, 젊은이들은 무죄를 선고받아 모든 의심에서 벗어났습니다. 실로 모든 신법(神法)과 인법(人法)을 흉악 범죄로 범하고 나서 곧바로 잠들 수 있는 사람은 아무도 없다고 사람들이 생각했던바, 엄청난 범죄를 저지른 사람은 태연하게 쉬지도, 침착하게 숨을 쉬지도 못하기 때문입니다.

    XXIV 66 시인들이 전해 준 바, 부친을 위해 복수하려고 모친을 살해했던 아들들[24]을 여러분은 알고 있지 않습니까? 그들은 범죄를 저지르지 않고서는 부친에게 효도를 다할 수 없었기에, 불멸하는 신들의 명령과 신탁에 따라 살인을 저질렀음에도, 복수의 여신들이 그들을 괴롭히고 쉬지 못하게 한 것을 여러분도 알고 있습니다. 심판인 여러분, 실상은 이렇습니다. 부모의 피는 거대한 힘, 강한 구속력, 지극한 신성함을 지닙니다. 일단 피로 얼룩지면 얼룩은 지워질 수 없을 뿐만 아니라 마음속에 계속 남아 극도의 정신착란과 광기를 가져옵니다. **67** 비극에서 자주 목격하는 것처럼, 불경하고 흉악한 범죄를 저지른 사람들이 불타는 횃불을 든 복수의 여신들 때문에 괴로워하고 두려워한다고 생각하지 마십시오. 무엇보다도 자신을 뒤흔드는 것은 자기가

---

24   오레스테스는 아버지 아가멤논을 위해 복수하려고 어머니 클뤼타임네스트라를 죽였으며, 아이스퀼로스의 「오레스테이아」, 에우리피데스의 「오레스테스」, 소포클레스의 「엘렉트라」 모두 이 이야기를 다뤘다.

       알크마이온은 아버지 암피아라우스를 위해 복수하려고 어머니 에리퓔레를 죽였다.

행한 범죄, 자신이 저지른 끔찍한 일이고, 자신을 괴롭히고 미치게 하는 것은 자신의 악행이며, 자신을 두렵게 하는 것은 자신의 사악한 생각과 양심의 가책입니다. 이것이 복수의 여신들인 바, 여신들은 패륜자들 곁에 늘 머무르면서 중죄를 범한 아들들에게 밤낮으로 부모에 대한 죗값을 치르게 합니다.

68 존속살해 혐의가 명백히 입증되지 않는 한, 이 엄청난 범죄를 믿을 수는 없습니다. 젊은 시절이 창피스럽지 않은 한, 삶이 온갖 악행으로 물들어 있지 않은 한, 낭비가 수치스러울 정도로 극심하지 않은 한, 무모함이 넘쳐 나지 않은 한, 경솔함이 광기나 다름없지 않은 한, 믿을 수는 없습니다. 여기에 부친의 미움, 부친의 질책에 대한 두려움, 나쁜 친구, 공범 노예, 적당한 시기, 살해를 위한 적절한 장소가 추가되어야 합니다. 저는 말씀드립니다. 부친의 피로 물든 아들의 손을 보았을 때만, 심판인들은 극악하고 잔인한 엄청난 그런 범죄를 믿어야 할 것입니다. **69** 그렇지 않은 경우 믿어서 안 되는 만큼, 입증되었을 경우 더욱 가혹하게 처벌해야 합니다.

XXV 우리는 많은 것을 통해 우리 조상들이 전쟁뿐만 아니라 지혜와 분별에서 다른 민족을 능가했음을 알게 됩니다만, 특히 패륜자들에게 유례없이 가혹한 처벌을 고안해 낸 사실에서 더욱 그러합니다. 다른 민족들이 매우 지혜롭다고 말했던 사람들보다 우리 조상들이 이 점에서 얼마나 더 지혜로웠는지 살펴보십시오. **70** 전하는 바에 따르면 세상을 호령할 당시의 아테나이는 가장 지혜로운 국가였고, 솔론[25]은 아테나이에서 가장 지혜

---

25   솔론(BC 594~593)은 아테나이 최고 통치자로, 광범위한 정치, 경제, 사회적 개혁의 선동자였다. 희랍 7현 중 한 사람으로, 솔론의 법은 고대 아테나이 법의 기초를 마련했다.

로운 사람이었는데 그가 제정한 법은 지금도 그대로 쓰이고 있습니다. 그런 그에게 부모를 살해한 자의 처벌을 명시하지 않은 이유를 누군가 묻자, 누구도 그런 짓을 저지르지 않으리라 생각한다고 답했습니다. 그의 결정은 지혜로운 것인바, 이런 법을 제정할 경우 한 번도 발생한 적이 없는 범죄를 금하기보다 오히려 권장하는 꼴이 되지 않았을까 싶었던 것입니다. 우리 조상들은 이보다 얼마나 더 지혜롭습니까! 우리 조상들은 무모함이 범하지 못할 경건함은 없음을 깨닫고, 존속살해에 대해 유례없는 처벌을 고안해 냈는데, 처벌의 목적은 본성상의 패륜자들도 끔찍한 처벌 때문에 범죄를 멀리하도록 만드는 것이었습니다. 우리 조상들은 존속살해범을 산 채로 가죽 부대에 넣어 강에 던지기로 했습니다.

XXVI 71 심판인 여러분, 얼마나 보기 드문 지혜입니까! 우리 조상들은 존속살해범에게 지수화풍(地水火風)을 박탈하여 그를 우주 만물에서 완전히 떼어 놓는 것이, 우주 만물을 구성하는 지수화풍의 모든 원소에서 격리하는 것이 옳다고 생각한 것 아니겠습니까? 우리 조상들은 그 시체를 맹수에게조차 던져 주지 않았습니다. 그런 악행과 접촉할 경우 맹수가 더욱 사납게 굴까 두려웠던 것입니다. 또 그런 범죄자를 벌거벗겨 강에 던지지도 않았습니다. 그가 바다로 떠내려가, 더러운 모든 것을 정화한다고 생각되는 원소를 오염시킬까 두려웠던 것입니다. 한마디로 그런 자의 일부라도 더럽고 흉하지 않은 것이 없습니다. **72** 살아 있는 자에게 공기는, 죽은 자에게 땅은, 파도에 휩쓸린 자에게 바다는, 난파된 자에게 바닷가는 누구나 누릴 수 있는 것 아니겠습니까? 하지만 존속살해범은 살아 있는 한 하늘로부터 공기를 호흡하지 못하며, 뼈를 땅에 묻지 못하며, 바닷물에 닿지 못한 채 파도에 밀려다니고, 마지막으로 죽은 뒤에라도 갯바위에 조차 안식처를 갖지 못합니다. 이것이 바로 당신이 고발한 엄청난 범죄이자, 그토록 주목할 만한 처벌이 뒤따르는 범죄입니다.

에루키우스여, 범행의 동기를 제시하지 못하면서 당신은 심판인들에게 범죄를 입증할 수 있다고 생각합니까? 설사 재산 매입자들 앞에서 피고인을 고발하고 크뤼소고누스가 재판을 지휘할지라도, 당신은 더 철저히 준비했어야 했습니다. **73** 당신은 이 소송의 쟁점이 무엇인지, 소송이 어떤 심판인들 앞에서 진행되는지 모른단 말입니까? 소송의 쟁점은 수많은 동기가 있어야만 가능한 존속살해입니다. 동기 없이는 아주 사소한 범죄조차 저질러지지 않음을 알고 있는 매우 지혜로운 자가 심판인입니다.

XXVII 좋습니다. 당신은 범죄 동기를 제시할 수 없습니다. 즉시 제가 승소하는 것이 마땅하나 저는 저의 권리를 포기하고, 피고인의 무고함을 확신하므로 다른 소송에서 하지 않을 양보를 당신에게 이 소송에서 하겠습니다. 당신에게 섹스투스 로스키우스가 부친을 살해한 이유가 아니라 살해한 방식을 묻겠습니다. 가이우스 에루키우스여, 당신에게 살해한 방식을 묻고, 제가 말하는 순서지만[26] 당신이 대답하거나 이의를 제기할 기회를, 아니 원한다면 질문할 기회를 주겠습니다.

74 살해 방식은 무엇입니까? 직접 죽였습니까? 아니면 다른 사람들에게 맡겼습니까? 그가 직접 죽였다고 당신이 주장한

26　고발 연설과 변호연설은 처음에 중단 없이 이어졌고, 그다음에 증거가 제시되었으며, 마지막으로 소송 논점을 놓고서 양측의 격론(altercatio)이 벌어졌다. 키케로는 격론까지 기다리지 않은 채 에루키우스가 자기와 격론을 벌이는 것을 허용하겠다고 말한다.

다면, 그는 로마에 없었습니다. 다른 사람들이 죽였다고 당신이 주장한다면, 다른 사람들이 누구인지 묻습니다. 노예입니까? 자유인입니까? 자유인이라면 누구입니까? 같은 아메리아 출신입니까? 아니면 로마 출신입니까? 아메리아 출신이라면 누구입니까? 왜 거명하지 않습니까? 로마 출신이라면, 최근 몇 년 동안 로마에 간 적도 없고 사흘 넘게 있어 본 적도 없는 로스키우스가 어떻게 그들을 알게 되었습니까? 어디에서 만났습니까? 어떻게 의논했습니까? 어떻게 설득했습니까? "돈을 주었다." 누구에게 주었습니까? 누구를 통해 전달했습니까? 누구한테서 얼마만큼을 빌렸습니까? 이 자취를 따라가다 보면 흔히 범죄의 출발점에 도달하게 되지 않습니까? 그리고 동시에 당신이 피고인의 삶을 어떻게 묘사했는지 생각해 보십시오. 당신은 그가 교양 없고 촌스러우며, 누구와 대화도 하지 않았고, 시내에 거주도 하지 않았다고 말했습니다.

75 이는 피고인의 무고함을 입증할 아주 강력한 증거일 수 있지만, 그냥 넘어가겠습니다. 흔히 촌스러운 습관, 척박한 생활 환경, 도회적이지 않은 시골의 삶은 이런 종류의 범죄를 저지르지 않습니다. 모든 종류의 곡물과 나무가 들판 아무 데서나 발견되는 것이 아니듯, 모든 종류의 범죄가 삶 어디서나 저질러지는 것은 아닙니다. 도시에서 사치가 생기고, 사치에서 필연적으로 탐욕이 나오며, 탐욕에서 무모함이 분출되고, 무모함 때문에 모든 종류의 범죄와 악행이 저질러집니다. 반면 당신이 촌스럽다고 말한 농촌은 근검, 성실과 정의의 선생입니다.

XXVIII 76 하지만 이것은 그냥 넘어가고, 이렇게 묻겠습니다. 당신 말처럼 남들과 어울리지 않는 피고인이, 누군가를 통해 몰래 엄청난 범죄를 현장에 없으면서도 저지를 수 있었다는 것입니까? 심판인 여러분, 많은 고발은 거짓으로 밝혀지지만, 그럼에도 뭔가 혐의점이라도 있습니다. 이번 소송에 조금이라도 혐의가 있다면 유죄를 인정하겠습니다. 아들이 아메리아 들판에 있었을 때, 섹스투스 로스키우스는 로마에서 살해되었습니다. 로마에 아는 사람이 없던 "그가 청부살인자에게 편지를 보냈다." 믿겠습니다. "그는 누군가를 불렀다." 누구를 언제 불렀습니까? "그는 전령을 보냈다." 누구를 누구에게 보냈습니까? "그는 돈, 영향력, 기대, 약속으로 누군가를 포섭했다." 이들 모두는 날조될 수 있습니다. 하지만 쟁점은 존속살해입니다.

77 노예들을 통한 범행 가능성이 남아 있습니다. 불멸의 신들이여, 얼마나 불행하고 비참한 상황입니까! 어떻습니까? 흔히 피고인이 자기의 무고를 입증하는 방법, 즉 자신의 노예를 신문받게 하는 것이 섹스투스 로스키우스에게 가능합니까?[27] 고발하는 당신들이 로스키우스의 모든 노예를 갖고 있습니다. 섹스투스 로스키우스에게는 수많은 집안 노예 중 매일 음식을 시중드는 노예 소년조차 단 한 명도 남아 있지 않습니다. 지금 저는, 푸블리우스 스키피오, 당신을, 마르쿠스 메텔루스,[28] 당신을 부릅니다. 당신들이 섹스투스 로스키우스를 도울 때, 그는 신문을

---

27   노예와 다른 사람들의 증언은 고발 연설과 변호연설이 끝난 후에 제시된다. 노예의 발언은 오직 고문을 통해 증거로 채택되었다. 그러지 않을 경우 신빙성에 의문이 생긴다고 생각했기 때문이다. 현재 로스키우스의 노예들은 크뤼소고누스가 소유하고 있었다. 노예는 일반적으로 주인에 불리한 증언을 할 수 없었다. 또 주인은 원하지 않으면 자기 노예를 법정에 세우지 않을 수 있었다.

28   아마도 기원전 93년 법무관 푸블리우스 코르넬리우스 스키피오 나시카, 기원전 69년 법무관 마르쿠스 카이킬리우스 메텔루스일 것이다.

위해 부친의 두 노예를 달라고 적들에게 몇 차례 요청했습니다. 당신들은 티투스 로스키우스가 거절한 것을 기억하지 않습니까? 어떻습니까? 노예들은 어디에 있습니까? 심판인 여러분, 그들은 크뤼소고누스의 시중을 들고 있으며, 그는 그들을 애지중지하고 있습니다. 저는 지금이라도 그들의 신문을 요청하며, 피고인 역시 이를 간청하고 애원합니다.

78 뭐하는 것입니까? 왜 거절하십니까? 심판인 여러분, 섹스투스 로스키우스를 누가 살해했는지를 가능하다면 지금 고민해 보십시오. 부친의 죽음 이후 모략에 걸려들어 재산을 빼앗기고, 부친의 죽음에 관해 신문할 기회를 빼앗긴 사람입니까? 아니면 신문을 피하고 재산을 차지하고 살인 속에, 살인 덕분에 먹고사는 사람들입니까? 심판인 여러분, 이 소송의 모든 것이 참담하고 부당하지만, 부친의 죽음에 관해 노예들을 신문함이 허용되지 않는 것만큼 가혹하고 부당한 것은 없습니다. 부친의 죽음에 관해 노예들이 신문받는 동안만은 그들의 주인은 아들이어야 하지 않겠습니까? 이것은 잠시 후 살펴보겠습니다. 이 모든 것은 두 로스키우스와 관련되는데, 우선 에루키우스의 고발을 물리치고 나서 두 로스키우스의 무모함을 말하겠다고 약속 드렸습니다.

XXIX 79 지금은, 에루키우스여, 당신을 봅시다. 피고인이 범죄와 관련이 있다면, 당신이 부정한바 그가 자기 손으로 직접 범죄를 저질렀거나, 아니면 자유인이든 노예이든 누군가를 통해 저질렀다는 데 당신은 동의해야 합니다. 자유인을 통해서입니까? 피고인이 그들을 어떻게 만날 수 있었는지, 어떤 수단으로, 어디에서, 누구를 통해, 무엇을 기대하고, 어느 정도의 돈으로 그들을 꾀었는지 당신은 입증하지 못하고 있습니다. 반면, 저는 섹스투스 로스키우스가 이 중 어떤 것도 하지 않았으며 할 수도 없었음을 입증합니다. 그는 몇 년간 로마에 간 적도, 이유 없이 농장에서 벗어난 적도 없었기 때문입니다. 노예들의 거명이 당신의 유일한 선택지였는데, 그것은 다른 거짓 고발에서는 궁지에 몰릴 때 안전하게 피할 수 있는 항구였지만, 바로 거기에서 당신은 암초에 부딪혀, 고발이 피고인에게서 튕겨 나오는 것을 보았으며 모든 의혹이 당신들에게 되돌아오는 것을 알았습니다.

80 그렇다면 이제 증거가 부족한 고발자는 어디로 도망칠 수 있습니까? 그는 말합니다. "당시 공공연하게 살해가 저질러졌고 아무도 처벌받지 않았다. 살인자는 많았기 때문에 쉽게 범죄를 저지를 수 있었다." 에루키우스여, 제가 보기에 당신은 때로 일석이조의 효과를 거둡니다. 당신은 우리를 법정으로 소환함과 동시에 당신에게 보수를 준 사람들을 고발한 셈입니다. 무엇을 말합니까? 공공연하게 살해가 저질러졌습니까? 누구를 통해 누구에 의해서입니까? 몰수 재산 매입자들에 의해 당신이 이리로 왔음을 잊었습니까? 또 어떻습니까? 당시 살해자들과 몰수 재산 매입자들은 대개 동일인이었음을 누가 모른단 말입니까?

81 마지막으로, 당시에 로마에 상주하며 무장한 채 밤낮으로 약탈과 살해로 시간을 보낸 이들이, 당시의 잔인함과 불합리함을 섹스투스 로스키우스의 탓으로 돌리는 것입니까? 이들의 부하와 하수인을 포함해 살해자들이 넘쳐 나던 세태를, 섹스투스 로스키우스의 고발 근거가 되리라 생각하는 것입니까? 그는 로마에 있지 않았으며, 로마에서 무슨 일이 벌어졌는지 전혀 알지 못했습니다. 당신 자신이 인정하듯 그는 시골에 상주했습니다.

82 심판인 여러분, 이토록 명백한 사안을 길게 말해서 여러분을 지루하게 만들거나, 혹 여러분의 인지능력을 불신하는 것처럼 보일까 두렵습니다. 에루키우스의 고발은 전혀 입증되지 않은 것으로 보입니다. 금시초문의 뜬금없는 사안들, 즉 공금 횡령 등 날조된 사안들에 대해 제가 반박하기를 여러분이 기대하지 않는다면 말입니다.[29] 에루키우스는 다른 피고인을 상대로 준비한 연설에 포함된, 이번 사안과 연관된 부분을 연습한 것 같습니다. 이런 사안은 존속살해 범죄와도 피고인과도 관련이 없습니다. 그가 이런 사안을 말로만 제기했으니, 말로만 이를 물리치는 것도 충분합니다. 그가 증인을 통해 준비한 뭔가가 있다면, 이에 대한 준비도 변호처럼 그의 예상을 뛰어넘을 것임을 그는 보게 될 것입니다.

XXX 83 저는 욕망이 아니라 피고인에 대한 신의가 인도하는 곳에 이르렀습니다. 제가 고발을 하고자 했다면, 저는 저를 유명하게 만들어 줄 다른 사람을 고발했을 것이고,[30] 고발 여부를 제가 결정했다면 저는 고발하지 않았을 것입니다. 정말로 위대한 사람은 자기 능력으로 높은 곳에 이른 사람이지, 타인의 불행과 재앙을 이용해 올라간 사람이 아니라고 믿기 때문입니다. 거짓 고발을 이제 눈여겨보지 마십시오. 범죄가 존재하고 발견될 수 있는 곳에서 범죄를 찾읍시다. 에루키우스여, 당신은 이제 진정한 고발은 얼마나 많은 의심스러운 상황을 필요로 하는지 이해

---

29 로스키우스에 대한 고발 내용에, 몰수를 통해 국가에 귀속된 부친의 유산을 몰래 빼돌렸다는 것이 포함되어 있었음이 분명하다.

30 원로원 의원이 유죄판결을 받으면 고발자는 원로원 의원의 지위를 얻는다. 키케로는 고발을 통해 더 높은 직위에 오르고 싶었다면 원로원 의원을 고발했을 것이라고 말한다.

하게 될 것입니다. 모든 것을 자세히 고발하지 않겠고 다만 각각을 가볍게만 다루겠습니다. 피고인의 안전과 저의 신의가 요청하는 한에서 저는 반드시 해야 하는 것만을 고발할 것이며, 이는 제가 어쩔 수 없이 고발한다는 증거가 될 것입니다.

84 당신이 섹스투스 로스키우스에게서 찾아내지 못한 범행 동기를, 저는 티투스 로스키우스한테서 찾아냅니다. 티투스 로스키우스여, 저의 상대는 당신입니다. 당신은 고발인석에 앉아 저의 상대임을 공개적으로 인정했기 때문입니다. 카피토는 나중에 상대할 것입니다. 제가 들은 대로 그가 준비를 마치고 증인으로 나타난다면 말입니다. 그러면 그는 그가 받은 다른 상(賞)에 대해서도 듣게 될 것입니다. 물론 그는 제가 전혀 듣지 못한 걸로 생각하지만 말입니다. 로마 인민에게 더없이 진실되고 지혜로운 재판관이라 여겨진 루키우스 카시우스는, 소송에서 매번 "누구에게 이득인가?"를 묻곤 했습니다.[31] 이득의 기대 없이는 범죄를 저지르려 하지 않는 것이 인간의 삶입니다.**85** 형사 고발을 당한 사람들은 사문관 재판장으로 그를 만나는 걸 피하고 두려워했습니다. 그는 진실의 친구였지만, 그럼에도 성격상 동정심보다는 엄격함을 추구하는 것으로 보였기 때문입니다. 이 법정은 물론 무모함에 맞서 더없이 용감하고 무죄에 대해선 더없이 자비로운 분이 지휘하고 있지만, 제가 바라는 바는 엄격한 심판인이 신문하는 곳에서, 혹은 오늘날에도 재판받아야 하는 이들을 두려움에 떨게 하는 카시우스 같은 심판인들 앞에서

---

31 루키우스 카시우스 롱기누스 라빌라는 기원전 127년에 집정관을 지낸 후, 기원전 125년에 호구감찰관이 되었다. 그는 "Cui bono?"(누구에게 이득인가?)라는 말로 유명했고, 그 엄격함으로 널리 회자되었다.

섹스투스 로스키우스를 변호했으면 하는 것입니다.

XXXI 86 이들은 고발자가 엄청나게 많은 재산을 소유한 반면 피고인이 몹시 가난한 것을 보고, "누구에게 이득인가?"를 묻지도 않고 간파하여, 가난보다 전리품에 범죄 혐의를 둘 것이기 때문입니다. 덧붙여 당신이 예전에 가난했다면 어떻습니까? 덧붙여 당신이 탐욕스러웠다면? 당신이 무모했다면? 피살자의 가장 큰 적이었다면 어떻습니까? 그토록 엄청난 범죄의 동기를 당신에게서 더 찾을 필요가 있겠습니까? 이들 중에서 부정할 수 있는 것은 무엇입니까? 과거 당신의 가난은 감출 수 없고, 감추면 감출수록 더 드러납니다. **87** 일면식도 없는 자와 함께 이웃이자 친척인 사람의 재산을 가로채기로 공모했음은 당신의 탐욕을 보여 줍니다. 다른 것들은 언급하지 않겠습니다. 전체 공모자와 살인자 가운데, 유일하게 당신만이 고발자와 함께 앉아 있는 것, 얼굴을 내민 것, 아니 고개를 치켜든 것에서 모두는 당신의 무모함을 알 수 있었습니다. 당신은 섹스투스 로스키우스의 적이었음을, 재산 문제로 심각한 분쟁이 있었음을 인정할 수밖에 없습니다.

88 심판인 여러분, 둘 중 누가 섹스투스 로스키우스를 죽였는지 고민하는 일이 남았습니다. 살해로 부자가 된 사람입니까? 아니면 가난해진 사람입니까? 살해 전에 가난했던 사람입니까? 아니면 살해 후에 몹시 가난해진 사람입니까? 탐욕에 불타 친척을 공격한 사람입니까? 아니면 평생 금전 이득은 모르고 노동의 대가만을 알았던 사람입니까? 몰수 재산 매입자 가운데 가장 무모한 사람입니까? 아니면 법정과 재판을 모르고, 재판석은 말할 것도 없고 바로 도시 로마마저 두려워했던 사람입니까? 심판인

여러분, 마지막으로 제 생각에 가장 중요한 질문인바, 적이 살인자입니까? 아니면 아들입니까?

XXXII 89 에루키우스여, 피고인을 상대로 여러 대단한 근거를 가졌다면 당신은 얼마나 길게 말했겠습니까? 얼마나 과시했겠습니까? 하늘에 맹세코, 그랬다면 당신은 할 말이 없어서가 아니라 시간 제약으로 말을 그만두었을 것입니다. 사안마다 말할 것이 많아 당신은 사안별로 하루씩을 보냈을 것입니다. 저도 그렇게 할 수 있습니다. 제 자랑을 하는 것은 아니지만, 제가 당신보다 더 풍성하게 말할 수 없다고 생각할 만큼 제 자신을 과소평가하지는 않습니다. 변호인 부대에 비추어 저는 일개 사병에 지나지 않지만, 당신도 칸나이 전투[32] 덕분에 어엿한 고발자가 된 것이니 말입니다. 많은 사람들이 트라시메누스 호수가 아닌 세르빌리우스 호수[33]에서 처형되었습니다. **90** "거기 프뤼기아 칼에 상처 입지 않은 사람이 있는가?"[34] 고령으로 참전하지 못한 쿠르티우스, 마리우스, 멤미우스 같은 사람들,[35] 마지막으로 나이뿐만 아니라 법 때문에도 못 나가는 고령의 프리아모스인 안티스티우스[36] 등 모든 사람을 언급할 필요는 없을 것입니다. 게다가 무명이라 거명하지는 않았지만, 자살(刺殺)과 독살 사건에서

---

32 기원전 216년에 칸나이 전투에서 로마군 8만 명이 한니발에 의해 살해되었다. 술라에 의해 재산 몰수를 당해 죽은 자들도 이처럼 몰살당했으며, 이 중에는 많은 고발자들이 포함되었다.

33 트라시메누스 호수는 기원전 217년 한니발에게 로마가 대패한 장소다. 세르빌리우스 '호수'는 로마에 위치한 저수지다. 여기에서 재산 몰수를 당한 자들이 효수되었다.

34 엔니우스의 비극에서 인용한 구절이다. 헥토르가 희랍 전함을 불태울 때 상처 입은 울릭세스가 아이아스에게 한 말이다. '프뤼기아'는 '트로이아'를 의미한다.

35 이들이 누구인지는 불분명하다.

36 안티스티우스가 누구인지는 불분명하다.

활약하던 고발자도 셀 수 없이 많이 사라졌습니다. 이들 모두가 살아 있었으면 좋겠습니다. 많은 사람을 살피고 많은 것을 지켜야 하는 곳에 최대한 많은 경비견이 있는 것도 나쁘지 않은 일이기 때문입니다. **91** 흔히 군사령관이 알지 못하는 새 많은 전쟁의 폭력과 소요가 발생하는 것처럼, 최고 통치자가 다른 일로 정신 없을 때 제 아쉬운 구석을 챙기는 사람들이 있었습니다.[37] 영원한 밤이 국가를 뒤덮은 듯 그들은 어둠 속에서 뛰어다니며 모든 것을 흔들어 놓았습니다. 경악스럽게도 그들은 법정의 흔적을 없애 버리고 법정 좌석마저 태웠습니다. 고발자도, 심판인도 제거해 버렸습니다. 그렇게 하고 싶었겠지만, 증인을 모두 없애지 못한 것은 천만 다행한 일입니다. 따라서 인류가 존재하는 한, 언젠가 그들을 고발하는 사람이 있을 것입니다. 국가가 존재하는 한, 재판은 열릴 것입니다. 하여튼 앞서 말했듯, 이 소송에서 에루키우스가 제가 언급한 것을 가지고 있다면, 그는 원하는 만큼 길게 말할 수 있었을 것입니다. 심판인 여러분, 저도 그렇게 할 수 있습니다. 하지만 저의 의도는 앞서 말했듯, 각 사안을 가볍게 다루는 것입니다. 제가 열정이 넘쳐 고발하는 것이 아니라 의무에 따라 변론한다는 것을 모두가 알도록 말입니다.

　　XXXIII 92 티투스 로스키우스[38]에게 상당한 범행 정황이 있음을 저는 알고 있습니다. 우선 그의 범행 가능성을 보도록 합시다. 섹스투스 로스키우스는 어디에서 살해당했습니까? "로마에서다." 어떻습니까? 티투스 로스키우스, 당신은 그때 어디에 있

37　'최고 통치자'는 술라를 가리키며, 키케로는 술라가 기원전 81년에 법정을 재건하기 전의 무법 상태 시기를 언급한 것이다.

38　티투스 로스키우스 마그누스.

었습니까? "로마에 있었다. 하지만 무슨 상관인가? 다른 많은 사람들도 거기에 있었다." 마치 많은 사람 가운데 누가 살해했는지를 다투는 것처럼 대답하지만, 지금 쟁점은 로마에서 살해된 사람이 피살 당시 로마에 상주했던 사람, 아니면 몇 년 동안 로마에 간 적이 없는 사람, 둘 중 누구에 의해 살해되었느냐는 것입니다.

93 이제 다른 가능성도 살펴봅시다. 에루키우스의 말처럼, 당시 많은 살인자가 있었으며 사람들은 아무렇지도 않게 살해되었습니다. 어떻습니까? 많은 살인자란 누구입니까? 재산 매입에 바쁜 사람들이거나, 이들에게 살인을 청부받은 사람들입니다. 타인의 재산을 탐하는 사람들이 살인자라면, 우리 피고인의 재산으로 부자가 된 당신도 거기에 속합니다. 속칭 '해결사'라는 사람들이 살인자라면, 누가 그들을 보호하고 후견하는지 물어보십시오. 믿거니와, 당신은 당신 공모자 중 누군가를 발견할 것입니다. 당신이 어떻게 반론하든 그것을 우리 변론과 비교하십시오. 섹스투스 로스키우스일 가능성과 당신일 가능성의 비교는 아주 쉬운 일이니 말입니다.

94 당신은 말할 것입니다. "내가 계속 로마에 있었다 한들 그게 어떻다는 것인가?" 저는 대답할 것입니다. "하지만 저는 로미에 없었습니다." "내가 몰수 재산 매입자임을 인정하지만, 다른 많은 매입자도 있었다." "하지만 저는 당신이 비난하듯 시골 농부입니다." "내가 살인자 무리에 섞여 있었다고 해서 반드시 살인자인 것은 아니다." "하지만 저는 살인자라곤 전혀 알지 못하며 이런 범죄와 멀리 떨어져 있습니다." 당신이 범죄를 저지를 개연성이 있음을 입증할 만한 단서가 아주 많이 있지만,

언급하지 않겠습니다. 당신을 고발하는 일이 즐겁지 않기 때문이기도 하거니와, 무엇보다 당시 섹스투스 로스키우스가 당한 것과 같은 방식의 살해를 언급한다면, 언급할 사람들이 너무 많아질까 두렵기 때문입니다.

XXXIV 95 티투스 로스키우스여, 다른 것들과 마찬가지로, 섹스투스 로스키우스가 살해당한 이후 당신의 행적을 간단히 살펴봅시다. 심판인 여러분, 하늘에 맹세코, 차라리 말하지 않는 게 나을 만큼 그것들은 분명하고 명백합니다. 티투스 로스키우스여, 당신이 어떤 사람이든 간에, 저는 제가 당신의 사정은 봐주지 않은 채 피고인을 보호하고 싶었던 걸로 여겨질까 두렵습니다. 이 점이 두려워서, 저는 피고인에게 신의를 지키는 한에서 어느 정도는 당신의 사정을 봐주고 싶었지만, 당신의 뻔뻔한 얼굴이 떠올라 다시 마음을 바꿨습니다. 이 재판의 쟁점이 당신 동료들의 전리품이 아니라 피고인의 범죄처럼 보이도록 당신 동료들이 도망치고 숨었을 때, 당신은 고발자와 동석하는 역할을 자신이 맡겠다고 요구하지 않았습니까? 이로써 당신이 얻은 것은, 모든 사람이 당신의 무모함과 뻔뻔함을 알게 되었다는 것뿐입니다.

96 섹스투스 로스키우스가 살해되었을 때, 제일 먼저 누가 아메리아에 그 소식을 전했습니까? 제가 앞서 언급했던 대로 당신의 피호민이자 친구인 말리우스 글라우키아입니다. 로스키우스의 죽음과 재산에 관해 계획을 세우고 범죄와 이득을 위해 당신이 아무개와 공모한 것이 아니라면, 제일 먼저 말리우스가 당신에게 당신과 전혀 무관한 그 소식을 전한 이유가 무엇입니까? "말리우스가 자발적으로 소식을 전했다." 묻거니와 그에게 무

슨 이익이 있었습니까? 이익 때문에 아메리아에 온 것이 아니라면, 다만 로마에서 들은 소식을 제일 먼저 그가 알린 것은 우연입니까? 그는 무슨 이유로 아메리아에 왔습니까? 티투스 로스키우스 마그누스는 말합니다. "나는 점쟁이가 아니다." 점술이 필요 없게끔 제가 말하겠습니다. 왜 그는 먼저 티투스 로스키우스 카피토에게 소식을 전했습니까? 아메리아에 섹스투스 로스키우스의 집, 아내, 자식들이 있는 데다 가까이 지내던 많은 그의 친인척이 있는데도, 당신의 피호민이자 범죄의 전령인 말리우스가 먼저 티투스 로스키우스 카피토에게 소식을 알린 이유는 무엇입니까?

97 로스키우스는 저녁 식사 후 귀가 도중 살해당했습니다. 그런데 날이 밝기도 전에 소식이 아메리아에 알려졌습니다. 믿을 수 없을 만큼 빠른 속도, 엄청난 신속함과 서두름은 무엇을 의미합니까? 누가 찔렀는지 묻는 게 아닙니다. 글라우키아여, 당신이 두려워할 이유는 없습니다. 칼을 갖고 있었는지 당신을 털거나 조사하지 않을 것입니다. 이는 제가 할 일이 아닙니다. 저는 누구의 계획으로 로스키우스가 살해당했는지 찾고 있기 때문에, 직접 죽인 것은 누구인지에 관심이 없습니다. 저는 명백한 범죄와 분명한 정황을 저에게 알려 주는 한 가지에 주목합니다. 글라우키아는 어디에서 누구한테 소식을 들었습니까? 어떻게 그토록 빨리 알았습니까? 사건 직후에 어찌어찌 들었다고 칩시다. 그로 하여금 하룻밤 사이에 먼 길을 재촉한 이유는 무엇입니까? 자진해서 아메리아로 떠났다고 해도, 사건 직후 로마를 떠난 그가 쉬지도 않고 밤새 길을 재촉할 만큼 급박한 어떤 상황이 있었습니까?

XXXV 98 사실이 매우 분명한데 이유를 찾거나 추론할 필요가 있겠습니까? 심판인 여러분, 제가 말한 것이 여러분 눈에 보이지 않습니까? 자신의 운명을 모른 채, 저녁 식사 후 귀가하는 불운한 사람이 보이지 않습니까? 매복과 갑작스러운 공격이 보이지 않습니까? 살인하는 글라우키아가 여러분의 눈에 보이지 않습니까? 곁에 티투스 로스키우스가 보이지 않습니까? 자기가 저지른 극악한 범죄와 무도한 승리를 전하려고, 제 손으로 아우토메돈[39]을 전차에 태워 보내는 그가 보이지 않습니까? 글라우키아에게 밤을 새워 최선을 다해 카피토에게 먼저 소식을 전하라고 말하는 그가 보이지 않습니까? **99** 그는 왜 제일 먼저 카피토가 소식을 듣기를 원했겠습니까? 그 이유는 알 수 없으나, 카피토가 로스키우스의 재산을 나눠 가졌다는 사실은 알고 있습니다. 제가 알기로, 카피토는 열세 곳의 농장 중에 가장 좋은 세 곳을 소유하고 있습니다.

100 게다가 듣기로는, 카피토가 이런 의심을 받은 건 이번이 처음은 아닙니다. 그는 많은 수치스러운 상을 받았는바, 이번에는 로마에서 수여된 댕기 장식[40]의 우등상이었습니다. 그는 수단 방법을 가리지 않았으며, 많은 사람을 칼로, 많은 사람을 독약으로 살해했습니다. 관습에 반해, 티베리스 강의 다리에서 예순 살 미만의 사람까지 던진 적이 있다고 저는 말할 수 있습니다.[41] 카피토가 증인으로 출석한다면, 아니 출석할 때, 그가 출석

---

39 아우토메돈은 아킬레우스의 마부였다.
40 승리를 상징하는 종려나무 가지에, 아주 특별한 승리를 나타내기 위해 채색 댕기를 장식한다.
41 키케로는 카피토가 티베리스 강의 다리에서 사람을 던져 강에 빠뜨려 죽이기도 했다고

할 것임을 알고 있는 바, 그는 이 모든 것을 듣게 될 것입니다.

101 그를 출석시키십시오. 제가 입증하겠는 바, 그가 에루키우스를 불러 작성하게 한 그 문서를 꺼내 놓게 하십시오. 카피토는 문서를 꺼내, 거기에 적힌 모든 것을 증거로 제출하겠노라 섹스투스 로스키우스에게 위협했다 합니다. 심판인 여러분, 얼마나 훌륭한 증인입니까! 얼마나 기다린 보람이 있는 증거입니까! 여러분이 기꺼이 그의 증거에 맞춰서 당신들의 평결 전 선서를 해야 할 정도로 그의 삶은 얼마나 도덕적입니까! 그들이 욕심과 탐욕과 무모함으로 그렇게까지 눈멀었으니 망정이지, 그렇지 않았다면 우리는 그들의 범죄를 포착할 수 없었을지 모릅니다.

XXXVI 102 살해 직후 마그누스는 발 빠른 전령을 아메리아의 동료, 아니 주인에게 보냈습니다. 그리하여 남들은 모두 범인이 누구인지 모르는 척하고 싶었을 텐데, 정작 본인은 자신의 범죄를 모두에게 드러냈습니다. 불멸의 신들이여, 카피토는 섹스투스 로스키우스에게 불리한 증언을 하려 합니다. 현재 카피토의 처벌이 아니라, 그 증언의 신빙성이 쟁점이 되어 버린 상황입니다. 그런데 조상들의 관례에 따르면, 영향력이 막강한 사람일수록 자기와 관련된 소송에서 사소한 것조차 증언하지 않았습니다. **103** 자기가 세계의 3분의 I을 정복했다고 선포한 아프

말하고 있다. 이는 로마에서 매년 5월 15일 개최되는 아르게이 축전을 빗대어 말하는 것이다. 이 축전에서 아르게이(축전이 생긴 기원전 6세기 당시 적이었던 '희랍인들') 밀짚인형이 수블리키우스 다리에서 티베리스 강으로 던져졌는데, 죽은 사람들을 달래기 위해서였다. 이 축전은 기원전 390년 갈리아인들이 로마를 약탈한 것과 관련이 있다. 갈리아인들의 침입 당시, 로마에서는 예순 살 이상의 사람들을 도시에 짐이 된다 하여 강에 빠뜨렸다고 한다. (오비디우스, 「로마의 축제들」 5권 621~624행 참조.)

리카누스[42]도 자기와 관련된 소송에서 증언하지 않았을 것입니다. 그가 증언했어도 그것을 누구도 믿지 않았으리라고 그런 분에게 감히 말하지는 못하겠지만 말입니다. 오늘날 모든 것이 얼마나 타락해 버렸는지 보십시오. 재산 및 살인 관련 이번 소송에서, 몰수 재산 구매자이자 살인자, 문제가 되는 재산을 사들인 매입자이자 소유자, 살해를 사주한 자가 증언하려 합니다. **104** 어떻습니까? 지극히 훌륭한 사람아,[43] 할 말이 있습니까? 제 말을 들으십시오. 당신 자신을 돌보십시오. 당신의 안위가 걸린 큰 문제입니다. 많은 흉악하고 무모하고 뻔뻔한 범죄를 저질렀던 당신은, 에루키우스의 충고를 따르지 않고 당신 멋대로 어리석은 짓을 하나 추가했습니다. 쓸데없이 고발자석에 앉은 것입니다. 입 다문 고발자와 고발자석에서 일어서는 증인이 무슨 쓸모가 있습니까? 더군다나 그렇게 하지 않았다면, 당신의 탐욕은 숨겨지고 은폐될 수도 있었습니다. 이제 당신들에게서 무슨 말을 더 들어 볼 것이 있겠습니까? 일부러 우리에게 유리하고 자신들에게 불리하게 행동하는 것처럼 보이는데 말입니다.

105 심판인 여러분, 이제 살해 직후의 일을 살펴봅시다. 섹스투스 로스키우스가 죽고 사흘 후, 사망 소식이 볼라테라이의 루키우스 술라 진영에 머물던 크뤼소고누스에게 전해졌습니다. **XXXVII** 누가 그에게 소식을 전했는지 물을 필요가 있겠습니까? 아메리아로 사람을 보낸 자라는 게 분명하지 않습니까? 크뤼소

---

42 푸블리우스 코르넬리우스 스키피오 아이밀리아누스 아프리카누스는 기원전 147년과 기원전 134년에 집정관을 지냈다. 그는 기원전 146년에 카르타고를, 기원전 133년에 누만티아를 정복했다.

43 마그누스를 향해 말하는 것이다.

고누스는 로스키우스가 누구인지도, 어떤 상황인지도 몰랐지만, 즉시 그의 재산이 경매될 수 있도록 손을 썼습니다. 그런데 크뤼소고누스는 어떻게 한 번도 본 적이 없는 낯선 사람의 농장을 탐내게 되었습니까? 심판인 여러분, 이런 말을 들었을 때 여러분은 즉시 이렇게 말할 것입니다. "동네 주민들이나 이웃들이 말했음이 틀림없다. 정보를 주는 것도 대부분 그들이고, 사람을 배신하는 것도 대부분 그들이다." 이번 소송에서도 이는 의심의 여지가 없습니다. **106** 저도 부정하지 않을 것입니다. "마그누스와 카피토가 크뤼소고누스에게 소식을 전했을 개연성이 크다. 그들은 이전부터 이미 그와 우정을 맺었다. 그들에게는 조상 대대로 오랫동안 관계를 맺어 온 두호인과 주인이 있었지만, 그들은 이제 이들을 공경하지도 존경하지도 않았으며, 크뤼소고누스의 피호민이 되었다."

107 모든 진실을 말할 수 있는 바, 이 소송에서 추측은 불필요합니다. 확신컨대 그들은 크뤼소고누스를 부추겨 재산을 차지하게 했음을 부정하지 않을 것입니다. 심판인 여러분, 정보의 대가로 자기 몫을 챙긴 사람을 본다면, 여러분은 정보원이 누구인지 의심할 수 있겠습니까? 그렇다면 크뤼소고누스에게 한몫을 받은 사람들은 누굽니까? 두 로스키우스입니다. 다른 사람도 있습니까? 심판인 여러분, 없습니다. 그렇다면 크뤼소고누스에게 전리품의 정보를 알렸던 자들이 전리품 일부를 하사받았다는 데 의심의 여지가 있습니까?

108 이제 크뤼소고누스 자신이 두 명의 로스키우스의 행위를 어떻게 판단했는지 살펴봅시다. 두 로스키우스가 전투의 대가를 받을 만한 행위를 하지 않았다면, 크뤼소고누스에게 엄청

난 상을 받을 이유가 있겠습니까? 그들이 단지 정보만을 전달했다면, 크뤼소고누스가 그들에게 사의를 표하거나 넉넉히 후사하더라도 기껏 성의를 보이는 정도로 충분하지 않았겠습니까? 왜 엄청난 값어치의 농장 세 곳이 바로 카피토에게 주어졌습니까? 왜 티투스 로스키우스는 남은 모든 재산을 크뤼소고누스와 함께 소유하게 되었습니까? 심판인 여러분, 크뤼소고누스는 공적을 인정하고 그래서 이들에게 전리품을 희사했다는 게 명백하지 않습니까?

XXXVIII 109 카피토는 10인의 대표 가운데 한 명으로 술라 진영에 왔습니다. 사절단의 일원으로 그가 임무를 어떻게 수행했는가를 보고, 그의 삶과 본성과 성격을 파악하십시오. 심판인 여러분, 범죄와 배신으로 침해하고 훼손하지 못할 신성불가침의 의무와 법 따위가 그에게 없음을 몰랐다면, 여러분은 그를 매우 훌륭한 사람이라 판단했을 것입니다. **110** 그는 술라에게 이 사건이 알려지지 않도록 일을 꾸몄습니다. 크뤼소고누스에게 다른 사절의 계획과 의향을 알려 주었고, 그에게 사건을 공개적으로 처리하지 말라 충고했으며, 재산의 경매가 무효가 되면 크뤼소고누스는 엄청난 돈을 잃고 자기는 목숨을 잃게 될 것이라고 말했습니다. 카피토는 함께 온 사절을 속이고, 크뤼소고누스를 부추겼고, 안전을 위해 사절단에게 거짓 희망을 주라고 반복적으로 경고했고, 그들을 막을 방법을 그와 함께 모색했고, 그들의 계획을 그에게 넘겨주었고, 전리품의 몫을 놓고 흥정했으며, 술라와의 만남을 계속 지연시켜 그들이 술라를 만나지 못하게 했습니다. 결국, 사절은 카피토의 권고, 조언, 보증 때문에 술라를 만나지 못했습니다. 고발자가 대표들을 증인으로 부르고자 한다면 그들한테서 알 수 있겠지만, 그들은 그의 약속, 아니 거짓 약속에 속아 확실한 결과 대신 거짓 희망을 안고 집으로 되돌아갔던 것입니다.

111 조상들은 사적인 일에서, 자기의 이익이나 이득을 위해 위임사무를 악의적으로 수행한 사람뿐 아니라 소홀히 수행한 사람도 극히 파렴치한 사람으로 여겼습니다. 그래서 위임 재판이 열렸으며, 이는 절도 못지않게 수치스러운 일이었습니다. 왜냐하면, 우리가 직접 나설 수 없는 일은 대신 친구들의 신의에 의지하는 법인데, 신의를 저버리는 자는 우리 모두의 보호망을 공격하고 그만큼 공동체를 파괴하는 자이기 때문입니다. 우리는 스스로 모든 것을 할 수 없으며, 각자 저마다 맡은 분야가 있습니다. 이에, 서로에게 책임을 다하여 공동의 이익을 추구하는 가운데 공동체의 유대가 만들어집니다. **112** 소홀히 하거나 제 이득을 챙기려면, 왜 위임받습니까? 왜 돕고 의무를 다하는 척하며 남의 이익을 방해하고 가로막습니까? 물러나십시오. 다른 사람에게 일을 맡길 것입니다. 당신은 감당할 수 있다 생각해서 떠맡습니다. 하지만 사람들은 신중하게 임무를 맡기에, 감당치 못하는 법이 없습니다.

XXXIX 이는 가장 신성한 두 가지, 즉 우정과 신의를 침해하는 수치스러운 죄악입니다. 누구도 친구 아닌 사람에게 위임하지 않으며, 누구나 신의 있어 보이는 사람에게 일을 맡깁니다. 따라서 믿었다는 이유만으로 피해를 주고 속이고, 동시에 우정을 파괴하는 짓은 더없이 타락한 짓입니다. **113** 그렇지 않습니까? 아주 사소한 사안에서 위임사무를 소홀히 한 사람도 파렴치범으로 단죄되는 것이 마땅한데, 지금처럼 아주 중요한 사안에서 죽은 사람의 명성과 산 사람의 재산을 위임받고 위탁받은 사람이, 죽은 사람에게는 불명예를 산 사람에게는 가난을 안겼다면, 그는 고귀한 사람, 아니 살아 있어 마땅한 자라 하겠습니까? 아주 사소하고 사적인 사안에서도 소홀히 하면 고발과 치욕을 당하기 때문에, 정상적인 경우라면, 위임한 사람은 몰라도 위임받은 사람은 소홀히 하지 못하는 법입니다. 지금처럼 공동체의 일을 위임받은 중요한 사안에, 의무를 기만하여 개인의 이익을 침해함으로써 나아가 배신함으로써, 사절의 신성함을 더럽히고 오점을 남긴 사람은 진정 어떤 처벌을, 어떤 판결을 받아야 하겠습니까?

114 섹스투스 로스키우스가 카피토에게 크뤼소고누스와의 타협과 합의를 사적으로 위임했다면, 필요하다고 생각될 경우 자기 대신 약속하도록 그에게 권리를 맡겼다면, 그리고 카피토가 승낙했다면, 그런데 카피토가 임무 수행을 통해 얼마간의 재산을 빼돌렸다면, 확실히 카피토는 심판인에 의하여 유책판결을 받아, 반환은 반환대로 하고, 명예는 명예대로 모두 잃지 않았겠습니까? **115** 그런데 훨씬 더 중요한 사실인바, 카피토에게 일을 위임한 것이 섹스투스 로스키우스가 아니라, 시참사 의원이라는 점입니다. 이들은 섹스투스 로스키우스의 명성과 생명과 모든 재산을 공적으로 티투스 로스키우스에게 위임했고, 이에 티투스 로스키우스는 조금이 아니라, 피고인의 재산을 송두리째 빼앗아 흥정을 통해 농장 세 곳을 획득했습니다. 그는 시참사 의원을 포함한 모든 시민의 바람을 자기의 신의만큼이나 하찮게 여겼던 것입니다.

XL 116 심판인 여러분, 카피토의 나머지 행각을 계속 살펴보십시오. 그가 범죄를 꾸며 냈고 자신을 범죄로 더럽혔음을 여러분은 아실 것입니다. 저는 앞서 사소한 일에서 동료를 속이는 것도 매우 수치스러운 일이라고 말했습니다. 타인과 손잡은 자는 그가 자기를 도와줄 것으로 생각하는 게 당연합니다. 따라서 신뢰했던 사람의 배신 때문에 피해를 본다면, 신의를 어디에서 찾을 수 있겠습니까? 특히 조심하기란 거의 불가능한 그런 범죄라면 더욱 크게 처벌받아야 합니다. 낯선 사람들에게 숨길 수 있겠지만, 친구들이 우리의 행위를 더 많이, 더 분명하게 보는 건 필연적입니다. 친구들 앞에서도 조심해야 하겠습니까? 더군다나 동료를 두려워하는 것이 친구의 도리를 저버리는 일인데도 말입니다. 따라서 동료를 속인 자를 선량한 사람으로 여겨선 안 된다고 생각한 조상들은 옳았습니다.

117 하지만, 실제 티투스 로스키우스는 돈 문제로 동료 한 명을 속이는 데 그치지 않았습니다. 그랬다면, 참기 힘든 일이긴 하지만 어느 정도 견딜 수 있어 보였을 것입니다. 그런데 그는 아홉 명의 더없이 고귀한 사람들, 책임, 방문, 의무, 명령을 함께하는 동료들을 속였고, 기만했고, 저버렸고, 팔아넘겼고, 온갖 사해(詐害)와 배신을 저질렀습니다. 그들은 그의 범죄를 전혀 의심할 수 없었고, 책임을 나눈 동료를 전혀 두려워하지 않았고, 그의 악의를 보지 못했고, 그의 거짓말을 믿었습니다. 그래서 그 고귀한 사람들이, 현재 그의 음모 때문에 조심성이 없고 신중하지 못하다는 소리를 듣게 되었습니다. 먼저 배신자였고 이어 변절자였던 자 때문에, 먼저 동료들의 계획을 적에게 알렸고 이어 적과 공모했던 자 때문에 우리는 두려움에 떨고, 정작 그는 범죄의 상(賞)으로 농장 세 개를 받았습니다. 심판인 여러분, 여러분

은 이런 삶에서, 수많은 부끄러운 행위에서 이 재판의 쟁점이 되는 범죄 또한 발견할 것입니다.

118 여러분은 이렇게 신문해야 합니다. 탐욕스럽고 무모하고 부정직하고 기만적인 행위가 무수히 일어나는 곳에서, 수많은 부끄러운 행위 사이에 범죄 또한 은폐되어 있다고 생각하십시오. 하지만 이번 범죄는 은폐되지 않고 명백하게 드러난 고로, 카피토의 명백한 악행들에서 이번 범죄가 판별된다기 보다는, 오히려 이번 범죄로 인해, 의심스러웠던 악행의 혐의가 명백히 입증될 수도 있을 정도입니다. 심판인 여러분, 묻노니 도대체 여러분은 어떻게 생각합니까? 선생 검투사가 칼을 완전히 버렸다고 생각합니까? 아니면 여기에 있는 제자 검투사가 선생보다 기술적으로 부족하다고 생각합니까? 탐욕의 짝패, 사악함으로는 한통속, 파렴치함에서는 판박이요, 무모함에 있어 그들은 쌍둥이입니다.

XLI 119 선생 검투사의 신의를 알았으니, 이제 제자 검투사의 온당함을 보십시오. 저는 앞서 저들에게 두 노예의 신문을 허락해 달라 여러 차례 요청했다고 말했습니다. 티투스 로스키우스여, 당신은 계속 거절했습니다. 당신에게 묻겠습니다. 요청자들은 그러기에 부적절한 사람들이었습니까? 요청자들이 변호하는 사람은 당신의 동정을 얻기에 부족한 사람이었습니까? 당신이 보기에 요청 자체가 부당했습니까? 요청자들은 우리나라의 가장 고귀하고 청렴한 사람들이었으며, 이들은 제가 앞서 언급한 바 있습니다. 그들은 그들의 말을 부당하다고 여길 사람이 아무도 없을 정도의 삶을 살아왔습니다. 게다가 그들은 부친의 죽음과 관련된 신문이라면 기꺼이 고문받을 의향이 있는,[44] 더없이 불행하고 불운한 사람을 위해 요청했습니다. [120] 더욱이 요청 사안은, 당신이 요청을 거부하면 범죄를 인정하는 꼴이 되는 그런 것이었습니다.

이에 저는 당신의 거부 이유를 묻습니다. 노예들은 섹스투스 로스키우스의 피살 현장에 있었습니다. 저로서는 노예들이 범인이라고도 아니라고도 주장하지 않겠지만, 노예들의 신문에 그토록 반대하는 당신들의 모습은 의심스럽습니다. 노예들이 당신들에게 좋은 대접을 받는다는 사실은, 그들이 입을 열 경우 당신들에게 치명타가 될 것을 당신들이 알고 있음을 의미합니다. "주인에게 불리하게 노예가 신문받는 것은 부당하다."[45] 따라서 당신들에게 불리한 신문은 없었습니다. 섹스투스 로스키우스가 피고인이기 때문입니다. 당신들은 스스로 그들의 주인이라고 말하므로, 노예들은 주인에게 불리한 신문을 받는 것이 아니라 피고인에 관해 신문을 받는 것입니다. "노예들은 크뤼소고누스에게 있다." 저는 믿습니다. 크뤼소고누스는, 아메리아의 시골 가부장 밑에서 훈련받은, 일꾼에 지나지 않은 노예들의 교양과 세련됨에 반하여 그들을 수많은 집안에서 뽑아 온, 갖은 매력과 기술을 가진, 기품 있는 자신의 노예들과 함께 지내게 했다고 말입니다. [121] 심판인 여러분, 분명 그럴 리가 없습니다. 크뤼소고누스가 노예들의 학식이나 교양에 반했다거나, 가정사에서

---

44 물론 로스키우스는 노예가 아니었기 때문에, 사실 이는 불가능하다.

45 보통 주인에게 불리한 노예의 진술은 증거로 채택되지 않는다. 노예를 고문하여 진술을 받아 내는 경우는 예외적이라 하겠으며, 그나마도 주인의 허락 없이 노예를 고문하여 주인에게 불리한 증언을 받아 내는 것은 금지되어 있다.

노예들의 성실과 신의를 알아봤다는 건 개연성이 없습니다. 숨기는 뭔가가 있으며, 노예들을 통해 열심히 감추면 감출수록 더욱더 뚜렷하게 드러납니다.

XLII 122 어떻습니까? 자신의 악행을 숨기려고 크뤼소고누스는 노예들의 신문을 원하지 않은 것입니까? 심판인 여러분, 전혀 그렇지 않습니다. 저는 그들 모두에게 모든 범죄 혐의를 물어야 한다고 생각하지 않습니다. 저로서는 이 점에 관해 크뤼소고누스를 의심하지 않습니다. 이를 언급한 것도 지금이 처음은 아닙니다. 여러분은 변론 초반에 제가 이번 사건을 고발과 무모함으로 나눈 걸 기억할 것입니다. 전자는 전적으로 에루키우스가 맡았으며, 후자는 두 로스키우스가 맡았습니다. 발견되는 모든 악행, 범죄, 살인은 두 로스키우스에게 책임을 물어야 할 것입니다. 저는 크뤼소고누스의 엄청난 영향력과 권력을 고발합니다. 이것이 우리를 방해하는 걸 절대 용납할 수 없는바, 권한을 부여받은 여러분이 이것을 무력하게 만들고 처벌할 것을 주장합니다. **123** 살인 현장에 있었던 자들을 신문하길 원하는 사람은 진실이 찾아지기를 바라는 것이 분명하지만, 이를 거부하는 사람은 비록 입으로는 자신의 범죄를 인정하지 않아도 실제로는 확실히 인정하는 것입니다.

심판인 여러분, 저는 애초 이들의 범죄에 관해 필요 이상을, 필연적인 것 이상을 언급할 생각이 없다고 말했습니다. 많은 주장을 할 수 있고, 각각의 주장에 또 많은 근거가 제시될 수도 있습니다. 하지만 마지못해서 어쩔 수 없이 하는 것을 오랫동안 열심히 할 수는 없습니다. 심판인 여러분, 저는 언급하지 않고서 지나칠 수 없었던 것들은 가볍게 다루었지만, 의심스러운 것들,

즉 본격적으로 다루기 시작한다면 더 많이 논의해야 하는 것들은 여러분의 판단과 추론에 맡기고자 합니다.

　XLIII 124 이제 크뤼소고누스라는 금빛 함자[46]에 이르렀습니다. 그 이름 아래 공모자 모두가 숨어 있습니다. 심판인 여러분, 저는 이에 관해 말해야 할지, 침묵해야 할지 모르겠습니다. 침묵한다면 아마 제 변론의 가장 중요한 부분을 빠뜨리는 셈일 텐데, 말한다면 크뤼소고누스뿐 아니라 저는 이에 상관하지 않습니다만, 다른 많은 이가 모욕을 당했다고 생각할까 두렵습니다. 하지만 이번 사건은 몰수 재산 매입자 일반과는 무관해 보입니다. 이번 사건은 분명 일반적이지 않은 특수 사례입니다.

　125 섹스투스 로스키우스 재산의 매입자는 크뤼소고누스입니다. 우선 이를 살펴봅시다. 그의 재산은 어떤 근거로 팔렸고 어떻게 팔릴 수 있었습니까? 하지만 심판인 여러분, 무고한 사람의 재산이 팔린 것이 부당하다고 말하는 식으로 질문하는 건 아닙니다. 솔직하게 말하고 듣자면, 섹스투스 로스키우스는 우리가 모두 그가 당한 일에 더없이 크게 분개할 만큼 그렇게 대단한 인물은 아니었기 때문입니다. 제가 묻는 것은 이것입니다. 제가 이해할 수 없었고 여전히 이해하지 못하겠는바, 재산몰수법, 발레리우스법 혹은 코르넬리우스법[47]에 근거했을 때, 어떻게 섹스투스 로스키우스 재산이 몰수 및 경매에 처해질 수 있는 것

46　크뤼소고누스에서 '크뤼소'는 희랍어로 황금을 나타낸다. 키케로는 재산 몰수 과정에서 그가 거둔 부당이득을 언급한다.

47　이 법은 기원전 82년에 루키우스 발레리우스 플라쿠스가 제안한 것으로, 술라의 과거 행위를 정당화했다. 코르넬리우스법은 술라가 독재관이었을 때 추가된 것으로, 이 법에는 재산 몰수자 명단과 몰수 재산 경매가 끝나는 날(기원전 81년 6월 1일)이 명시되어 있다.

입니까? **126** 법에는 이렇게 적혀 있습니다. "몰수당한 사람들의 재산 또는 적에 가담하여 죽은 사람들의 재산은 경매에 부쳐져야 한다." 섹스투스 로스키우스는 여기에 해당하지 않습니다. 그가 어딘가 가담했다면 그것은 술라 진영입니다. 내전이 끝난 후 아주 평화로울 때, 그는 저녁을 먹고 돌아오다가 로마에서 살해당했습니다. 그가 합법적으로 처형되었다면, 저는 그의 재산도 합법적으로 경매되었음을 인정합니다. 반면 그가 구법(舊法)뿐 아니라 신법(新法)에도 어긋나게 살해되었음이 분명하다면, 그의 재산이 어떤 정당성, 어떤 조치, 어떤 법률에 따라 경매에 처해졌는지를 저는 묻습니다.

XLIV 127 에루키우스여, 당신은 제가 누구를 고발하는지 묻는 것입니까? 당신이 생각하는 사람은 아닙니다. 저의 연설은 애초부터 술라는 염두에 두지 않았으며, 그의 높은 덕은 항상 청렴합니다. 저는 이 모두가 크뤼소고누스의 짓이라 주장하는데, 그는 거짓을 꾸며 섹스투스 로스키우스를 나쁜 시민이었다고 날조했으며, 로스키우스가 적에 가담했다 살해되었다고 말했으며, 루키우스 술라에게 아메리아의 대표들이 이를 고변하지 못하게 했습니다. 마지막으로 저는 경매가 실제 행해졌는지 의심합니다. 심판인 여러분, 허락한다면 나중에 밝히겠습니다.[48]

128 법적으로 재산 몰수와 그 경매의 최종 시한은 6월 1일이었습니다. 그로부터 몇 달이 지난 시점에 로스키우스는 살해되었으며, 그의 재산은 경매 처분되었다 합니다. 이 경매 재산을 공적 장부에 기재하지 않았다면 저 악당은 우리를 우리 생각보

---

48 키케로는 이후에도 이를 언급하지 않았다. 아마도 소실된 부분(132 단락)에서 언급했을 것이라 짐작된다.

다 더 완벽하게 속인 셈이며, 그게 아니라 공적 장부에 기재했다면 공적 장부를 임의로 훼손한 셈입니다. 따라서 합법적 경매가 아니었기 때문이 분명합니다. 심판인 여러분, 저는 이 문제를 성급하게 꺼내 놓은 것은 아닌가, 피고인의 목숨을 구해야 하는 상황에서 사소한 일에 매달리는 실수를 범한 것은 아닌가 생각합니다. 피고인은 돈은 신경 쓰지 않으며 재산은 전혀 고려하지 않고, 부당한 혐의와 거짓 고발에서 벗어나기만 하면 가난쯤은 기꺼이 감내하리라 생각하고 있습니다.

129 하지만, 심판인 여러분, 남은 몇 가지 점을 마저 들어 주시기 바랍니다. 이는 한편으로 저 자신을 위해서이며, 다른 한편으로 섹스투스 로스키우스를 위해서입니다. 그것은 용납할 수 없는 부당함이라 여겨지며, 조심하지 않으면 우리 모두가 당할 그런 일이라 간주되는 고로, 이는 제 마음의 고통이 전하는 소리입니다. 피고인의 생명과 이번 소송의 성패가 달린 것, 피고인이 말해 주기를 바라는 것이 무엇인지, 어떤 결과에 그가 승복하게 될지는, 심판인 여러분, 변론 마무리 부분에서 말하겠습니다.

XLV 130 저는 섹스투스 로스키우스와 무관하게, 저와 관련해서 크뤼소고누스에게 몇 가지를 질문합니다. 첫째, 왜 더없이 훌륭한 시민의 재산이 경매 처분되었습니까? 둘째, 왜 재산 몰수자 명단에 오르지도 않았고 적에 가담했다 죽은 것도 아닌 사람의 재산이 경매 처분되었습니까? 법은 오직 재산을 몰수당하거나 적에 가담했다 죽은 사람들에게만 적용됩니다. 셋째, 왜 법정 기한이 한참 지난 후에 경매 처분되었습니까? 넷째, 왜 헐값에 경매 처분되었습니까? 사악하고 흉악한 해방노예가 흔히 그렇게 하듯, 크뤼소고누스가 두호인에게 모든 책임을 전가하고 싶었다면 그것은 소용없는 일입니다. 루키우스 술라의 반대에도 불구하고, 혹은 그가 중요한 일 때문에 신경 쓰지 못하는 틈을 노려, 많은 그의 측근들이 많은 범죄를 저지렀음은 누구나 아는 일입니다.

131 그러면 그가 몰랐다고 해서 그냥 넘어가는 것이 옳겠습니까? 심판인 여러분, 이는 옳지 않으나 어쩔 수 없는 것입니다. 자신의 생각과 의지에 따라 하늘, 땅, 바다를 다스리는 위대한 유피테르가 종종 세찬 바람이나 엄청난 폭풍우나 견딜 수 없는 더위나 추위를 인간에게 내보내고 도시를 파괴하고 곡식을 망가뜨릴 때, 우리는 이를 신의 계획이 아니라 자연의 엄청난 힘이 가져온 재앙이라고 생각합니다. 반면, 우리가 누리는 유익한 것들, 따스한 햇빛과 숨 쉬는 공기는 유피테르가 우리를 위해 마련하고 나눠 준 것이라 생각합니다. 심판인 여러분, 루키우스 술라 홀로 국가를 다스리고, 세상을 통치하고, 무력으로 되찾은 최고 권력의 위엄을 법으로 강화하는 동안, 그가 뭔가를 알아차리지 못했다고 해서 놀랄 이유가 있습니까? 신적인 힘도 성취할 수 없는 것을 인간 정신이 성취하지 못하는 것은 당연지사입니다.

132 지난 일은 접어 두겠습니다. 지금 이 순간 벌어지는 일들만 놓고도, 크뤼소고누스 혼자 모든 일을 꾸미고 획책했음을 누가 모를 수 있습니까? 크뤼소고누스가 섹스투스 로스키우스를 고발하라고 부추겼으며, 크뤼소고누스 때문에 고발하게 되었다고 에루키우스는 말했습니다. [……][49]

---

49 전승 사본에서 이 부분이 상당량 누락되었다. 아마도 130 단락에서 제기한 질문과 관련하여 상세히 논의되었을 것이고, 로스키우스의 재산은 비합법적으로 경매 처분되었다는 결론이 내려졌을 것이다. 참고로 소실된 부분 중에 남아 있는 말은 다음과 같다.

XLVI [……] 1년에 겨우 세 번 세상 소식을 접하는 살렌티니 주민 혹은 브루티움[50] 주민들은 자기들이 정돈된 편리한 곳에 살고 있다고 생각합니다.

133 크뤼소고누스는 팔라티움 언덕의 자신의 저택에서 내려옵니다. 그는 경치 좋은 교외에 기분 전환용 별장을, 또 로마 근교에는 좋은 농장을 여럿 소유하고 있습니다. 그의 저택은 코린토스산 식기와 델로스산 식기로 가득하고, 식기 사이에는 최근에 아주 비싸게 사들인 신선로가 놓여 있습니다. 그 가격을 행인이 들었다면 아마도 토지를 매매한다고 생각했을 것입니다. 또 그가 은세공품, 침구, 의복, 그림, 조각상, 대리석을 얼마나 갖고 있다고 여러분은 생각합니까? 그는 혼란한 시절에 행한 약탈을 통해 많은 명문가에서 빼앗아, 한 집에 쌓을 수 있을 만큼 최대한 쌓아 놓은 것이 분명합니다. 얼마나 다양한 기술을 가진 얼마나 많은 노예를 집 안에 데리고 있는지는 말해 무엇하겠습니까? **134** 흔한 기술들, 다시 말해 요리사, 제빵사, 교꾼은 말하지 않겠습니다. 마음과 귀를 즐겁게 하는 수많은 노예가 있어 이웃 전체에 매일 노랫소리, 현악기 소리, 피리 소리, 야간 연회 소리가 울려 퍼집니다. 심판인 여러분, 이렇게 살면 매일의 비용은 얼마이고, 환락은 어느 정도이고, 연회는 어떤 규모라고 생각합니까? 생각건대, 그런 훌륭한 저택에서 말입니다. 그걸 범죄의

"(……) 팔리키나 마을에서…… 그는 매우 두려웠습니다. (……) 그는 뒤집어서 말했습니다. (……) 손으로 농장으로 농장을…… 여기에서 저는 그들의 말을 듣고 싶습니다. (……)"

50 살렌티니는 이탈리아의 남동부 끝자락에, 브루티움은 이탈리아의 남서부 끝자락에 위치한다.

공장, 만악의 소굴이 아니라 저택이라고 부를 수 있다면 하는 소리입니다.

135 심판인 여러분, 여러분은 크뤼소고누스가 머리를 매만지고 향수를 뿌린채, 토가 입은 호위병들에 싸여[51] 로마광장 여기저기를 돌아다님을, 모든 사람을 무시하며 자기보다 잘난 사람이 없으며, 자기 혼자 행복하고 자기 혼자 강력하다 생각함을 알고 있습니다. 심판인 여러분, 실상을 모르는 사람들은, 그의 행적과 시도를 비판하는 제가 귀족 당파의 승리를 공격했다고 생각할지 모릅니다. 하지만 귀족 당파에 잘못된 것이 있으면 저는 이를 정당히 비판할 수 있습니다. 제가 귀족 당파와 다른 생각을 품었다고 생각할 사람은 없으리라 믿기 때문입니다.

XLVII 136 화합을 무엇보다 원했지만, 그것이 불가능하게 되었을 때, 보잘것없고 변변치 못한 제가 승리자들이 승리하도록 최선을 다했음을 지인들은 알고 있습니다. 미천한 자들이 최고 관직을 얻으려고 도전했음을 누가 모르겠습니까? 이런 다툼에서 타락한 시민들은 대내적으로 국가의 위엄을, 대외적으로 국가의 영향력을 지탱할 사람을 편들지 않았습니다. 심판인 여러분, 이런 일들이 성취되고, 각자 자기의 명예와 지위를 회복했다는 것에 저는 굉장히 기쁩니다. 저는 이 모든 일이 신들의 의지와 로마 인민의 열의와 루키우스 술라의 지혜, 권력, 행운에 의해 일어났음을 알고 있습니다. **137** 갖은 방법으로 우리와 맞서 싸운 사람들에게 처벌이 내려졌음을 저는 비난하지 않습니다. 이런 다툼에서 공을 세우고 두드러진 활약을 보인 용감한 사람

---

51 키케로는 자유민이 해방노예를 호위함으로써 토가를 더럽힌다고 분개한다.

들에게 명예가 부여되었음을 저는 칭송합니다. 제 생각에 이것이 전쟁의 목적이었으며, 저는 고백하건대 술라를 지지했습니다. 더없이 저열한 사람들이 타인의 부로 부유해지고 남의 재산을 함부로 공격하려는 것이 전쟁의 목적이었다면, 그리고 이런 일이 행동으로 제지되지 않고 말로 비난받지 않는다면, 이 전쟁에서 로마 인민은 부활하고 회생하기는커녕 짓눌리고 파괴되었을 것입니다. **138** 하지만 그런 일은 일어나지 않았습니다. 심판인 여러분, 이것 중에 어떤 것도 일어나지 않았습니다. 여러분이 저열한 인간들을 물리친다면, 귀족 당파는 해를 입지 않을 것이며, 더 나아가 영예를 얻을 것입니다.

XLVIII 현 상황을 비판하고자 하는 사람들은 크뤼소고누스의 지나친 권력을 불평합니다. 반면, 이를 칭송하고자 하는 사람들은 그에게 그런 권력은 없다고 주장합니다. 이렇게 말할 만큼 어리석거나 뻔뻔한 사람은 없을 것입니다. "허용되었으면 좋았을 텐데. 그랬다면 그렇게 말했을 텐데." 그렇게 말하는 것이 허용됩니다. "그렇게 했을 텐데." 그렇게 하는 것이 허용됩니다. 아무도 막지 않습니다. "그렇게 결의했어야 했을 텐데."[52] 아니, 결의하십시오. 올바른 한, 모두 인정할 것입니다. "그렇게 판결했어야 했을 텐데."[53] 올바르고 제대로 판결하는 한 모두가 칭찬할 것입니다. **139** 상황상 불가피한 경우에는 한 사람이 모든 것을 좌지우지했지만, 공직자가 임명되고 법이 제정된 다음에는 각자에게 책임과 권위를 되돌려주었습니다. 되돌려받은 사람들이 이를 잘 유지한다면, 이는 영원히 유지될 수 있을 것입니다. 하지만 이들

---

52 국가 중대사를 결의하는 원로원 의원.

53 재판에서 시비를 가리는 심판인.

이 살해, 약탈, 엄청난 낭비를 일삼거나 방조한다면 나쁜 징조를 피하고자 너무 가혹한 말은 하고 싶지 않지만 이것만은 말하겠습니다. 우리 귀족들이 깨어나 훌륭함과 용기와 동정심을 보여 주지 않는다면, 훌륭함과 용기와 동정심을 가진 깨어 있는 사람들에게 귀족들은 귀족의 휘장을 내줄 수밖에 없습니다.

140 따라서 귀족들은 지금이라도, 솔직하고 기탄없이 말하는 사람이 귀족을 모욕한다는 주장을 멈춰야 합니다. 크뤼소고누스를 편들어 소송에 참여하는 것을 멈춰야 합니다. 크뤼소고누스가 해를 입으면 귀족들도 손해 본다는 생각을 버려야 합니다. 기사 신분의 명예를 용납할 수 없었던 귀족[54]들은, 극악한 노예[55]의 지배를 받는 것이 수치스럽고 비참한 일은 아닌지 주목해야 합니다. 심판인 여러분, 그의 지배가 전에는 다른 일들에서[56] 발휘되었을진대, 지금은 어떤 길을 내서, 어떤 통로를 마련하여, 여러분의 신의와 선서와 판결을, 이 나라에서 거의 유일하게 남아 있는 순결함과 고귀함을 노리는지 여러분은 보고 있습니다.

141 여기에서도 뭔가 영향력을 행사할 수 있다고 크뤼소고누스는 생각하는 것입니까? 여기에서도 막강한 힘을 발휘하기를 원하는 것입니까? 얼마나 참담하고 가혹한 일입니까! 하늘에 맹세코, 저는 크뤼소고누스가 그런 힘을 가졌다는 데 분개하는 것이 아닙니다. 그가 그걸 감행했기 때문입니다. 여러분 같은 사람

---

54 기사 신분은 법정에서 심판인으로 활동했다. 이 특권에 원로원은 분개했고, 술라는 이를 철폐했다. 키케로는 당시 기사 신분이었다. 그는 기원전 75년에 원로원 신분을 얻는다. 각주 1번 참조.

55 크뤼소고누스.

56 재산 몰수, 몰수 재산의 경매와 같은 사안을 말한다.

들에게 무고한 사람의 파멸을 위해 뭔가 영향력을 행사하리라 기대했음에 분개할 따름입니다. **XLIX** 귀족들의 해방노예와 노예들이 자기들 멋대로 우리의 재산, 부, 제단을 약탈할 수 있게 하려고, 우리 귀족들은 깨어나 무기와 칼로 나라를 되찾은 것입니까?

142 만일 그런 것이라면, 심판인 여러분, 비록 무기를 들지는 않았지만 귀족의 승리를 원했던 저는, 제가 틀렸음을, 아니 귀족 당파에 가담한 제가 미쳤음을 인정합니다. 하지만 귀족의 승리가 국가와 로마 인민에게 자랑이자 이익이 되어야 한다고 생각한다면, 훌륭하고 고귀한 모든 사람은 저의 주장을 기쁘게 받아들여야 합니다. 반대로 크뤼소고누스에 대한 비난을 자신과 명분에 대한 비방과 공격으로 여기는 자는, 명분은 이해하지 못하면서 자기 자신은 정확히 파악한 사람입니다. 모든 악인을 몰아내어야 명분은 더욱 빛나는데, 자신이 크뤼소고누스와 이득을 공유한다 생각하여 그가 비난받을 때 두둔하는 자는 명분의 광휘에서 멀어진 파렴치한 자이기 때문입니다.

143 하지만 앞서 말했듯이 이 모든 것은 저의 목소리인바, 저는 국가의 상황, 저의 고통, 그들의 불의 때문에 말하지 않을 수 없습니다. 섹스투스 로스키우스는 이들 불의를 전혀 부당하다 생각하지 않으며, 아무도 고발하지 않으며, 상속재산에 불평하지 않습니다. 세상 물정을 모르는 촌부 로스키우스는, 술라가 연루되었다고 말해지는 모든 일이, 다만 관습과 법률과 만민법에 따라 일어났다고 생각합니다. 그의 소망은 혐의를 벗고 흉악한 고발에서 풀려나 여러분 곁을 떠나는 것입니다. **144** 그는 이런 부당한 의심에서 벗어난다면, 모든 재산을 순순히 포기하겠다 말합니다. 부친의 엄청난 재산을 한 푼도 갖지 않고, 크뤼소

고누스여, 당신을 전혀 속이지 않고, 당신에게 모든 것을 일일이 세고 무게를 달아 더없이 정직하게 넘겨주고, 입은 옷과 반지[57] 마저 당신에게 건네고, 모든 소유물 중에서 유일하게 알몸만을 취하여, 친구들의 도움을 받아 가난하게라도 살게 해 달라고 무고한 그는 당신에게 간청합니다.

L 145 "당신은 저의 농장을 소유했지만, 저는 다른 사람에게 동정받으며 삽니다. 저는 받아들입니다. 제 마음은 평온하며 평온할 수밖에 없기 때문입니다. 저의 집은 당신에게 열려 있지만, 저에게 닫혀 있습니다. 이 또한 받아들입니다. 당신은 저의 많은 노예를 부리지만, 저에게는 단 한 명의 노예도 없습니다. 참고 받아들여야 한다고 저는 생각합니다. 또 무엇을 원합니까? 왜 저를 못살게 굽니까? 왜 저를 공격합니까? 어떤 점에서 제가 당신의 희망에 방해된다고 생각합니까? 어디에서 제가 당신의 이익을 방해합니까? 왜 제가 당신을 가로막겠습니까?" 사람을 죽이려는 것이 강탈 때문이라면, 이미 강탈해 갔습니다. 당신은 또 무엇을 요구합니까? 적대감 때문이라면, 그 사람을 알기도 전에 그의 농장을 차지한 마당에 무슨 적대감이란 말입니까? 두려움 때문이라면, 당신이 목격하는바, 끔찍한 불의를 스스로 물리칠 수도 없는 사람에게 왜 두려움을 느낍니까? 로스키우스의 재산을 당신 것으로 만들고 그의 아들을 죽이려 열망하는 것은, 이 점이 무서워서, 하지만 다른 사람은 몰라도 당신은 무서워할 필요가 없는바, 장차 재산을 찾겠다는 재산 몰수자의 자식들이 있을까 당신이 두려워한다는 점을 드러내는 것이 아니겠습니까?

57　모든 로마 자유민이 낀 반지.

146 크뤼소고누스여, 루키우스 술라의 업적이 아니라 피고인의 죽음에서 더 큰 매입 가능성을 본다면, 당신은 술라를 모욕하는 것입니다. 하지만 불행한 피고인에게 그런 재앙을 안길 이유가 당신에게 없는데도, 목숨만 빼고 그가 모든 것을 당신에게 넘겼는데도, 부친의 유산을 심지어 부친 묘소조차 간직하지 못했는데도, 불멸의 신들이여, 그렇게 한다 하면 이는 얼마나 잔인하고 무섭고 소름 끼치는 성격입니까? 피를 흘리지 않고 전리품을 온전히 가질 수 있는데도 피를 보고 빼앗아 가기를 원한다면, 이는 얼마나 흉악한 강도이며 야만스러운 해적입니까?

147 피고인이 아무것도 가진 게 없고, 아무것도 감행하지 않고, 아무것도 할 수 없고, 당신의 이익에 반하는 것을 궁리해 낼 수 없었음을 알고 있는데도, 두려워할 필요도 없고, 미워할 필요도 없고, 당신이 보는 대로 남은 것이 없어서 이제 약탈할 수도 없는 그를 당신은 공격합니다. 난파선에서처럼, 가산에서 알몸으로 쫓겨난 그가 옷을 입고 법정에 앉아 있는 것을 불쾌하게 생각하는 것입니까? 발레아리쿠스의 딸이자 네포스의 누이, 매우 존경받는 여인, 카이킬리아가 피고인을 먹이고 입혔다는 것을 모르는 것입니까? 그녀는 유명한 부친, 막강한 백부, 존귀한 오빠를 가졌으며, 그들의 지위에서 명예를 얻은 것 못지않게 자신의 훌륭함으로 그들에게 영예를 되돌려준, 여자지만 남자만큼 훌륭한 사람입니다.

LI 148 아니면 당신은 로스키우스가 세심하게 변호 받는 것을 불쾌하게 생각합니까? 저는 확신합니다. 피고인 부친의 모든 친구가 그의 환대와 은혜에 보답하여 법정에서 피고인을 돕고 공개적으로 변호를 감행했다면, 피고인은 충분히 변호를 받았을 것입니다. 당신들이 저지른 불의의 크기만큼, 피고인에 대한 고발로 인해 국가의 존엄이 침해당한 정도만큼 당신들의 행위를 처벌했다면, 하늘에 맹세코, 당신들은 이 법정에 결코 출석할 수 없었을 것입니다. 하지만 지금 피고인이 받는 변호는 다만 적들이 불쾌하게 여길 필요가 없을 정도이며, 힘에 밀렸다고 생각할 필요가 없을 그만큼입니다.

149 심판인 여러분, 그의 집안일은 카이킬리아가 처리하고 있고, 여러분이 보았듯이 법정과 재판의 주변 일은 마르쿠스 메살라가 맡고 있습니다. 나이가 되고 체력이 충분했다면, 메살라[58]가 직접 섹스투스 로스키우스를 변호했을 것입니다. 하지만 그는 자신의 젊음과 젊음의 장식인 수줍음으로 인해 직접 변호를 맡지 못하고 저에게 맡겼는데, 제가 소송을 맡고 싶어 하는 데다가 제게 소송을 맡을 의무가 있음을 그가 알았기 때문입니다. 그는 꾸준한 출석, 계획, 영향력, 성실함으로 몰수 재산 매입자들의 손아귀에서 섹스투스 로스키우스의 목숨을 빼내어 심판인들의 판결을 받게 했습니다. 심판인 여러분, 확실히 시민들 대부분은 메살라 같은 귀족을 위해 무기를 들었습니다. 그들의 목표는, 여러분이 목격한 대로, 무고한 사람의 목숨을 지키고, 불의에 저항하며, 타인을 파멸시키는 데서가 아니라 구하는 데서 자신들의 힘을 보여 주고자 하는 메살라 같은 귀족들이 권력을 되찾는 것이었습니다. 같은 신분의 모든 사람이 하나로 뭉쳤다면,

---

58 마르쿠스 발레리우스 메살라 루푸스로 추정된다. 그는 기원전 53년 집정관을 지냈고, 연설가 호르텐시우스의 조카다. 기원전 61년 법무관을 지냈다고 알려졌는데, 법무관의 최소 나이가 서른아홉 살이므로, 기원전 101년 이전에 태어난 것으로 여겨진다. 로스키우스 재판 당시 그의 나이는 스무한 살 정도로, 변론하기에는 너무 어린 나이였다.

국가는 저런 자들 때문에 고통받지 않을 테고, 귀족들은 미움 때문에 시달리지 않았을 텐데 말입니다.

LII 150 하지만 심판인 여러분, 크뤼소고누스가 우리의 돈에만 만족하지 않고 목숨까지 노리는 걸 우리가 성공적으로 막아내지 못한다면, 우리의 모든 재산을 우리한테 빼앗고 모두의 공동재산인 햇빛마저 빼앗으려 한다면, 탐욕을 돈으로 만족시키는 데 그치지 않고 잔인함에 피를 공급하지 않을 수 없다고 생각한다면, 심판인 여러분, 섹스투스 로스키우스에게 남은 유일한 피난처와 유일한 희망은, 국가를 위해서도 유일한 희망인바, 바로 여러분의 옛 고결한 동정심이라 하겠습니다. 이것이 남아 있다면, 지금이라도 우리는 무사할 수 있습니다. 하지만 지금 국가에 만연한 잔인함이 여러분의 마음도 인정사정없이 냉혹하게 만들었다면, 분명 있어서는 안 되는 일입니다만, 심판인 여러분, 모든 게 끝입니다. 이런 끔찍한 야만 상태에서 살기보다 차라리 짐승과 사는 게 나을 것입니다.

151 몰수 재산 매입자들과 살인자들이 죽이지 못한 사람들에게 유죄판결을 내릴 준비 차원에서 여러분이 심판인으로 뽑힌 것입니까? 유능한 사령관들은 전투할 때 흔히 적들이 도망치리라 예상되는 곳에 군사를 배치하여, 전열에서 이탈하는 적에게 기습을 가합니다. 꼭 이처럼 몰수 재산 매입자들은, 자기들의 손에서 빠져나간 사람들을 붙잡기 위해 여러분 등을 여기에 배치했다고 저는 생각합니다. 심판인 여러분, 우리 조상들이 공공법정이라 이름 붙인 이곳을 몰수 재산 매입자들이 보루로 만드는 것을 신들께서 막아주시기를!

152 심판인 여러분, 진실로 여러분은 이런 일련의 행위의 유

일한 목적이란 재산 몰수자들의 자식들을 수단과 방법을 가리지 않고 죽이는 것임을, 바로 그 시작이 여러분을 심판인으로 불러 섹스투스 로스키우스를 고발하는 이번 소송임을 깨닫지 못한단 말입니까? 한편으로 몰수 재산 매입자이자 적이며 살인자이자 고발자를 보면서, 다른 한편으로 재산을 빼앗긴, 친지들의 사랑을 받는, 범죄는커녕 혐의조차 찾을 수 없는 아들을 보면서, 누가 범죄에 연루된 자인지 판단하기를 주저하는 것입니까? 로스키우스의 유죄를 말해주는 게 도대체 무엇이 있습니까? 로스키우스 부친의 재산이 경매에 부쳐졌을 뿐입니다.

LIII 153 심판인 여러분, 여러분이 소송을 맡아 앉아 있으면서 재산 몰수자들의 자식들을 여러분 앞에 소환할 때, 불멸의 신들께 맹세코, 여러분이 좀 더 잔인하고 새로운 재산 몰수 제도를 설치하는 걸로 보이지 않도록 조심하십시오. 먼젓번 재산 몰수는 무기를 들 수 있었던 사람들을 상대로 이루어진 것으로, 원로원은 이를 지지하지 않았습니다. 조상들의 관례보다 가혹한 것을 인민의 결의로써 집행하는 걸 염려했던 것입니다. 이번 경우는 저들의 자식들, 심지어 요람에 누운 갓난아이들을 상대로 집행되는 것인바, 이 재판을 통해 이를 여러분이 거부하고 몰아내지 않는다면, 불멸의 신들이여, 국가가 어디로 가게 될지 생각해 보십시오!

154 국가를 몹시 괴롭히는 악들을 더없이 열심히 치유하는 일은, 권위와 권력을 부여받은 여러분 같은 현명한 사람들의 본분입니다. 과거 적들에게까지 누구보다 온정적이었던 로마 인민이, 오늘날 자국민에게까지 잔인하게 구는 걸 모르는 사람은 여러분 중에 없을 것입니다. 심판인 여러분, 이 나라에서 이런

잔인함을 몰아내십시오. 이 나라에서 이제 이런 잔인함을 용납하지 마십시오. 이런 잔인함은 수많은 시민을 아주 잔혹하게 살해했다는 점에서, 나아가 더없이 온정적이던 사람들조차 많은 불운에 단련되어 더는 동정심을 갖지 못하게 만든다는 점에서도 악한 것입니다. 매 순간 잔인한 행위를 보고 듣는다면, 본성상 아무리 온순할지라도 우리는 끊임없는 고통 가운데 인간성을 완전히 상실하고 말 것입니다.

키케로의 변호로 섹스투스 로스키우스는 무죄를 선고받았다. 하지만 로스키우스가 재산을 되찾았는지 여부는 알려져 있지 않다. 신참 키케로는 이 위험한 재판에서 성공한 이후로 수많은 변호연설을 의뢰받게 된다.

그러나 키케로는 로스키우스 변호연설 이듬해인 기원전 79년에 건강을 핑계로 로마를 떠나 아테나이로 갔다. 재판에서 진 크뤼소고누스가 술라의 측근이었기에 술라의 분노를 살까 두려워 피신하려는 목적이었던 것으로 보인다. 키케로는 술라가 사망한 이후인 기원전 77년에야 로마로 돌아온 것이다. 섹스투스 로스키우스의 변호연설은 『의무론』 2권 51절에 아래와 같이 언급된다.

무고한 자를 중죄로 고발하는 일은 없어야 한다. 이를 의무의 가르침으로 명심하고 삼가라. 그것은 결코 악행이 아닐 수 없다. 도대체 사람들의 안녕을 지키는 데 쓰도록 자연이 부여한 언어 능력을 선량한 자들을 파멸하고 죽이는 데 오용하는 것만큼 비인간적인 일이 있겠는가? 이런 일을 멀리해야 하는 한편, 또한 죄인이라고 해도 참혹하고 불경한 죄인이 아닌 한 변호하는 것을 양심에 반한다고 생각해서는 안 된다. 이는 인민이 요청하는 바이며, 관습이 용인하는 바이며, 인간 본성이 요구하는 바다. 재판에서 심판인의 본분은 어떤 경우라도 진실을 추구하는 것이지만,

경우에 따라 진실이 아닌 개연적인 것이라도 주장하는 것이 변호인의 책무다. 무엇보다도 철학책에서는 나도 감히 이렇게 주장하지 못하겠지만, 스토아학파 중 가장 엄격한 파나이티오스조차 이에는 동의한다. 그런데 특히 변호를 맡음으로써 명예와 영향력을 얻게 되며, 만약 어떤 유력 인사의 힘에 압박과 고통을 당하는 사람을 변호하는 경우라면 더욱 그러하다. 나는 여러 차례 이런 변호를 맡았으며, 젊었을 때에 독재관 루키우스 술라의 힘에 맞서 아메리아 사람 섹스투스 로스키우스의 변호를 맡았다. 네가 알다시피, 그 변호연설은 출판되었다.

— 키케로, 『의무론』에서

이 연설(기원전 80년경)에서는 키케로가 술라와 그의 하수인을 구분하여 후자만을 비난했지만, 아들에게 말하는 형식으로 쓰인 『의무론』(기원전 44년경)에서는 술라를 직접 거론하며 비난하고 있다.

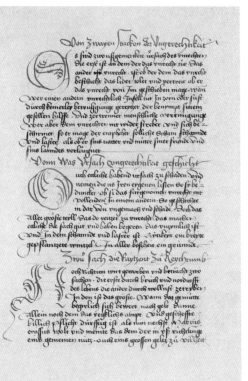

『의무론』 15세기 판본 "도대체 사람들의 안녕을 지키는 데 쓰도록 자연이 부여한 언어 능력을 선량한 자들을 파멸하고 죽이는 데 오용하는 것만큼 비인간적인 일이 있겠는가?"

2 부패의 화신을
   법정에서
   물리치다

양민 수탈:

베레스 탄핵연설

해 설

　속주민 수탈로 가장 유명한 사건이 바로 키케로가 고발인 측 변론인으로 나섰던(기원전 70년 8월 5~13일 사이에 행해진) 베레스 탄핵 사건이다. 가이우스 베레스는 기원전 73~71년에 시킬리아 속주의 총독이었다. 베레스가 이 속주를 얼마나 착취했던지, 그가 총독직에서 이임한 후에 속주 주민으로 구성된 고충진정을 위한 사절이 로마로 찾아와 그를 공갈 혐의로 형사 고발까지 했다. 베레스는 "로마 관리는 속주에 총독으로 세 번은 파견되어야 한다."고 말한 것으로 악명 높다. 그 이유가 첫째로 선거 자금을 마련하기 위해서이고, 둘째로 빚을 갚고 재산을 불리기 위해서이고, 셋째로 각종 고발에 대비하여 매수 자금을 마련하기 위해서라는 것이다. 베레스가 시킬리아에서 저지른 착취에 대해, 시민이 아닌 속주민이었던 시킬리아인들은 당시 법에 따라 사문회에서 자신들을 대변해 줄 변호인을 찾았는데, 그가 바로 키케로였다.

　키케로는 기원전 75년에 재무관으로서 공직에 처음 발을 들였을 때 1년간 시킬리아에서 재정 현황을 살피는 일을 했었다. 그런 연고로, 키케로가 로마로 돌아온 지 5년 후에 억울한 시킬리아 사람들이 그를 찾아왔던 것이다.

　키케로는 먼저 반대 측에 의해 개시된 주고발인 선발 절차에 참여했다. 이 선발 절차로 몇 달이 낭비되었다. 베레스는 이렇게 절차를 지연시켜 자기편인 자를 곧 다가올 법무관 선거에 당선시키고, 자신에 대한 고발 자체를 유야무야로 만들 속셈이었다. 그러나 키케로는 증인들과 증거들을 모아 베레스 측이 항복할 수밖에 없도록 만들었고, 결국 수탈 재산 이익 반환 절차가 열리게 된다.

키케로에 의하면, 베레스는 탄핵을 피하기 위해 여러 가지 수단을 동원했던 것으로 보인다. 우선 키케로가 고발자로 나서는 것을 막기 위해 자신에게 우호적인 자를 매수하여 거짓 고발자로 내세운다. 이어, 키케로가 차기 안찰관 선거에 출마하자 또다시 뇌물을 써서 그의 선거를 방해한다. 키케로가 탄핵 재판에 열중하지 못하게 하려는 속셈이었다. 게다가 차기 정무관직 선거에 돈을 뿌려 영향력을 행사함으로써, 자신에게 우호적인 인사들을 배치시킨다.

이런 식으로 베레스는 재판을 다음 해까지 지연시키고, 또한 새로 바뀌는 법무관 등을 통해 재판에 유리한 여건을 조성하려 했다. 키케로는 베레스의 갖은 방해 공작에 맞서기 위해 현 재판부와 심판인단의 임기 내에 재판을 신속하게 진행시키고자 노력했다. 증인들을 공판 시작과 함께 법정에 세워 각 죄목을 입증하는 새로운 방식의 재판 진행을 시도한 것이다. 그리하여 베레스는 1차 공판 이후 공식적인 유죄판결 전에 당시 법에서 인정하는바, 곧비로 마실리아(마르세유)로 망명길에 올랐다.

베레스 탄핵연설

1 심판인 여러분, 크게 소망했어야 했던 사건, 원로원 신분에 대한 질타와 재판에 대한 악소문을 진정시키기 위해 매우 결정적인 사건이 여러분의 정치적 위기 순간에 주어진 것은 사람의 의도가 아니라 흡사 천운인가 합니다. 요즘 재판에서는 돈만 있으면 아무리 악한 사람일지라도 누구도 유죄판결을 받지 않을 수 있다는 소문, 여러분과 정치권에 위험을 초래할 위협적인 평판이 이미 오래전부터 우리 인민에게만이 아니라 외국인들 사이에서도 입을 통해 널리 퍼져 있습니다.

2 집회와 법률을 통해 원로원에 대한 증오에 불을 지피려고 노리는 자들이 넘쳐 나는 지금, 여러분 신분과 여러분이 주관하는 재판의 위기 순간에 가이우스 베레스를 피고인으로 이 법정에 세우게 되었습니다. 그는 자신의 삶과 행동에 비추어 모두에게 유죄판결을 받았으면서도 그의 희망과 장담으로 미루어 엄청난 돈으로 무죄방면될 사람입니다. 심판인 여러분, 저는 오늘 로마

인민의 기대와 바람을 안고 이 소송의 고발을 맡았으며, 여러분 신분에 대한 분노를 키우려는 것이 아니라 우리 모두의 악소문을 없애 버리고자 합니다. 저는 오늘, 여러분이 재판에 대한 그간의 잘못된 평판을 불식시키고, 로마 인민에 대한 영향력을 회복하고, 외국인들과 관계를 개선할 기회인바 국고를 횡령한 자, 아시아와 팜필리아의 고혈을 짜낸 자, 시민 담당 법무관으로 남의 재산을 약탈한 자, 속주 시킬리아를 도탄에 빠뜨리고 파괴한 자를 법정에 소환했습니다.3 만약 여러분이 그를 준엄하고 양심적으로 재판한다면, 여러분이 누려야 마땅한 위엄이 여러분에게 있게 될 것입니다. 하지만 만약 그의 막대한 재산 때문에 재판의 신성함과 진실이 외면된다면, 심판인들에게 피고인이 있었고, 피고인에게 고발자가 있었으나 국가에는 진정한 재판이 없었음을 알게 될 것입니다.

II 심판인 여러분, 저에 관해 말씀드리자면, 가이우스 베레스는 여러 차례 저에게 바다와 육지에서 음모를 꾸몄습니다. 저는 일부 저의 세심함으로 음모를 피했으며 일부 친구들의 열정과 도움으로 물리쳤습니다만, 지금 여기 재판정에서 저는 어느 때보다 큰 위험을 마주하고 있으며 어느 때보다 큰 두려움을 느끼고 있습니다. 4 그것은 저의 고발에 대한 기대와 이렇게 많이 운집한 사람들 때문입니다. 하지만 이보다 더 큰 두려움은 베레스의 흉악한 음모 때문인바 그는 한꺼번에 저를, 여러분을, 마니우스 글라브리오1를, 로마 인민을, 동맹시들을, 외국인들을, 마지막으로 원로원 신분과 명성을 무너뜨릴 음모를 꾸미고 있습니

---

1   베레스 사건의 재판장을 맡고 있다.

다. 자기에게 필요한 돈을 겨우 확보한 사람들은 두려워해야 한다, 여러 명이 쓰고도 남을 만큼을 난 움켜 왔다, 돈으로 무너뜨리지 못할 신성함도 견고함도 없다, 그의 주장입니다.

5 무모한 계획만큼이나 드러나지 않게 행동했다면 저는 아마도 전혀 몰랐을지도 모릅니다. 하지만 그의 놀라운 무모함에 특출난 어리석음이 덧붙여진 것은 저에게 굉장히 다행스러운 일입니다. 왜냐하면, 대놓고 돈을 약탈했던 것처럼 돈으로 심판인단을 매수하려는 계획과 시도를 모두에게 분명히 드러냈기 때문입니다. 그는 인생에서 단 한 번 두려움을 느꼈다고 합니다. 그것은 제가 그를 피고인으로 소환했을 때였는데, 최근 일이 아닌 묵은 옛 증오와 오명으로 고발당했을 때, 속주에서 갓 돌아와 그에게는 심판인단을 매수할 시간적 여유가 없었기 때문이었다고 합니다. **6** 그래서 그는 제가 시킬리아² 현지 조사를 위해 약간의 말미를 요청했을 때, 제가 신청한 일정보다 이틀 짧은 기간 아카이아를 조사할 사람³을 급조했습니다. 이 사람은 제가 밤새우며 열심히 조사한 것처럼 주도면밀하게 조사하려 하지 않습니다. 사실 아카이아 조사관은 브룬디시움에조차 가지 않았습니다.⁴ 저는 50일 동안 시킬리아를 모두 뒤지고 다니며 인민과 개인이

---

2   쉬라쿠사이와 메시나를 제외한 전체 시킬리아 속주가 베레스 고발에 참여했다.

3   베레스는 자신을 피고인으로 세울 거짓 고발자 퀸투스 카이킬리우스 니게르를 급조하여 키케로와 경합시킨다. 만약 거짓 고발자가 재판에서 고발자 역할을 맡게 된다면, 베레스는 재판에서 승리할 것이 분명했으며 다른 한편 키케로의 말대로 조사를 방해하려는 목적도 있었다. 고발자가 여럿일 경우 누가 고발자를 맡을 것인지를 결정하기 위한 예비 절차가 있었으며, 이를 '소추인 예선(divinatio)'이라고 한다.

4   아피우스 대로의 남단 기점에 있는 항구 도시로, 희랍으로 떠나는 배들은 대개 브룬디시움에서 출발한다.

당한 불법행위와 증거자료를 찾아냈습니다. 이로써 베레스가 급조한 사람은 베레스를 피고인으로 세우려던 것이 아니라, 다만 저의 시간을 방해하려던 것이었음이 분명해졌습니다.

III 7 지금 누구보다 무모하고 정신 나간 저 인간은 이런 생각을 하고 있습니다. 제가 그렇게 준비하고 잘 챙겨서 법정에 왔음을, 여러분의 귀는 물론 모두의 눈앞에서 자신의 절도와 비행을 제가 입증하리라는 것을 그는 알고 있습니다. 원로원 의원 다수가, 로마 기사 다수가, 자신에게 크나큰 불의를 당한 동료 시민과 동맹시 시민이 가득 자신의 무모함을 증언하기 위해 와 있음을 그는 보고 있습니다. 그리고 우호 도시들로부터 막중한 임무를 띤 사신들이 전권을 갖고 여기 잔뜩 모여 있음을 그는 보고 있습니다.

8 그러함에도 그는 선량한 시민들을 낮게 평가하고 있으며, 원로원 의원의 법정을 타락하고 부패한 것으로 여기고 있습니다. 대놓고 이렇게 말하고 다닐 정도입니다. 자신이 돈 욕심을 부린 건 이유가 없지 않은 일로 돈만 한 보호막이 없음을 경험했노라, 무엇이든 손쉽게 돈으로 살 수 있으며 제일 어렵다고 하는 재판 기일을 돈으로 미루는 데도 성공했으니, 범죄 혐의를 빠져나갈 수 없었다면 잠시 소나기나 피하자는 것이었노라 말하고 다닙니다.

9 만약 그가 보기에 재판에 희망이 있었다면, 나아가 연설술이나 영향력 등의 명예로운 보호막에 희망이 있었다면, 분명 그는 이런 모든 것을 모으고 얻으려고 꾸미지 않았을 것입니다. 그랬다면 원로원 의원 하나를 입맛대로 골라 고발자로 법정에 세우고 자신이 필요한 모든 것을 준비할 때까지 그사이 먼저 소

송을 제기하게 하는 식으로[5] 원로원을 얕보고 업신여기는 행동을 하지 않았을 것입니다.

10 이런 일들을 통해 저는 그가 바라고 의도하는 것을 쉽게 간파할 수 있었습니다. 반면 그가 현재의 법무관과 심판인단에서 성공할 수 있다고 자신하는 이유는 알 수 없습니다. 제가 아는 것은 하나입니다. 로마 인민이 심판인 기피 절차에서[6] 간파했던바 그는 무사히 빠져나갈 모든 방법은 돈에 있다는 데 희망을 걸고 있다는 것, 돈의 보호막을 잃으면 자신에게 어떤 방법도 남지 않는다고 생각한다는 것입니다.

IV 하기야 돈보다 뛰어난 재능은 무엇이며 돈보다 능란하고 탁월한 변론술은 무엇이겠습니까? 돈은 온갖 악행과 범죄로 뒤덮인 자의 삶을, 이미 모두의 여론과 판단이 유죄라고 본 자의 삶을 일부나마 변호해 줄 수 있을 것입니다. **11** 그의 어린 시절 오점과 불명예는 접어 두고, 정무관직의 첫 단계인 재무관직에서 그가 저지른 공금횡령으로 배신당하여 집정관 그나이우스 카르보는 궁지에 몰렸고 군대는 곤란에 처했으며, 임무는 방치되었고 추첨의 숙명과 신성함은 짓밟혔으니, 이것 말고 그가 다른 무엇을 했습니까? 그가 맡았던 부사령관직은 아시아 전체와 팜필리아의 파멸이었습니다. 이들 속주에서 그는 많은 가옥, 많은 도시, 모든 신전을 약탈했으며, 과거 재무관직에서 범했던 범죄를 다시 한 번 새롭게 저질렀습니다. 그의 비행으로 인해 그에게 부사령관직과 대리 재무관을 맡긴 그나이우스 돌라벨라가

---

5   앞서 언급한 것처럼 베레스는 소추인 예선을 거치도록 일을 꾸며 시간을 벌려고 했다.
6   고발자와 피고발자는 선발된 심판인 가운데 이번 재판에 부적격자를 골라 배제할 것을 요구할 수 있다.

비난을 당하게 했고, 위기의 순간에 상관을 버렸으며 심지어 상관을 공격하고 배신했습니다.

12 그가 시민 담당 법무관을 맡았을 때 신성한 신전과 공공건물이 황폐하게 변했으며, 동시에 재판에서 모든 관례에 반하여 재산과 소유지가 분배되었습니다. 이런 모든 비행의 가장 크고 중요한 흔적이자 기념비는 시킬리아 속주에 세워졌습니다. 그는 3년 동안, 다시는 옛날과 같이 복구될 수 없을 만큼, 정직한 속주 총독이 수많은 세월 그 일부라도 회복시킬 수 없을 정도로 속주를 착취하고 망가뜨렸습니다. **13** 그의 속주 총독 임기에 시킬리아 사람들은 자신들의 법으로도, 우리의 원로원 의결로도, 만민법으로도 보호받지 못했습니다. 그때 시킬리아 사람들의 것은, 탐욕스럽고 욕심 많은 자의 어리석음이 미처 알아차리지 못한 것 혹은 그의 싫증이 내버려둔 것뿐이었습니다.

V 3년 동안 행해진 재판은 오로지 그의 멋대로 행해졌습니다. 할아버지와 아버지에게 물려받은 재산도 모조리 그의 명령으로 빼앗겼습니다. 헤아릴 수 없을 만큼 액수의 부담이 새롭게 제정된 파렴치한 규칙에 따라 농부들에게 강제되었고, 더없이 믿음직한 동맹시들이 국가의 적으로 간주되었으며, 로마 시민권자들이 노예처럼 고문당하고 목숨을 잃었으며, 극악무도한 자들이 뇌물 딕분에 무죄방면되었으며, 정직하기 이를 데 없고 전혀 흠잡을 데 없는 사람들이 부재중에 고발을 근거로 기소되어 유죄판결을 받고 추방당했으며, 굳건하게 수비되던 항구와 완벽한 방어체계를 갖춘 도시들이 해적과 도적들에게 무방비로 노출되었으며, 우리의 동맹이자 친구인 시킬리아의 수병과 보병들이 굶주리다 죽어 갔으며, 가장 탁월한 최고의 함대들은, 로마 인민

의 커다란 불명예라 할 것인바 파괴되고 상실되었습니다.

14 또한 그는 시킬리아 총독으로 부유했던 왕들이 도시를 장식하고자 설치한 옛 기념물을, 승리자 로마가 시킬리아 도시들에 헌정하거나 재건해 주었던[7] 우리 군사령관들의 기념물을 약탈하여 남김없이 처분해 버렸습니다. 공적인 조각상과 장식물에 그치지 않고 신성하기 그지없는 신전에 바쳐진 성물을 모조리 팔아 치웠으며, 마침내 그가 보기에 조금이라도 예술적이고 옛 장인의 솜씨가 엿보이는 신상은 시킬리아 사람들에게 하나도 남지 않았습니다. 이런 수치스럽고 파렴치한 일에 보태어 그의 무도한 음욕을 열거하려는 저를 부끄러움이 말립니다. 또한 이를 열거함으로써 자식과 아내를 온전히 그의 음탕한 악행에서 지키지 못한 사내의 고통을 가중시키고 싶지 않기 때문입니다. **15** "그가 이것들을 모두가 알 수 있게 대놓고 행한 것은 아니다." 하지만 저는 그의 이름을 듣고서 그가 저지른 무도한 행동을 떠올리지 않을 수 있는 사람은 한 명도 없을 것으로 생각합니다. 그에게 잘못된 죄를 덮어씌우면 어쩌나를 걱정하기보다, 오히려 그의 수많은 악행을 제대로 열거하지 못하면 어쩌나 저는 걱정합니다. 제가 보기에 여기 방청을 위해 참석한 많은 청중은 저로부터 사건을 들으려는 것이 아니라, 알고 있던 사건을 저와 함께 상기하려는 것입니다.

VI 사정이 이러하므로, 타락하고 미친 저 인간은 다른 방법으로 저에게 대항하려 합니다. 저와 대결할 변호인을 선임하여 그의 영향력이나 권위 혹은 권력에 기대려 하지 않습니다. 그는

---

7   카르타고 전쟁 당시 파괴된 여러 기념물을 로마는 전후 다시 복구했다.

마치 이런 일에 자신이 있는 것처럼 행동합니다. 저는 그가 무슨 일을 벌이는지 압니다. 그는 은밀하게 하는 법이 없기 때문입니다. 그는 귀족, 다시 말해 오만한 인간의 공허한 이름을 내세우고 있습니다. 하지만 이들이 귀족이란 사실은 저를 주저케 하기보다 오히려 이들이 잘 알려진 사람들인 까닭에 저에게 많은 도움을 주고 있습니다. 그는 이들이 자신을 도울 것처럼 행동하고 있습니다. 그러고는 다른 일을 오랫동안 꾸미고 있습니다. **16** 그가 어떤 희망을 손에 품고 있는지와 무엇을 꾸미고 있는지를 간단하게, 심판인 여러분, 저는 설명해 드릴 것입니다. 하지만 그보다 먼저, 그가 처음부터 어떤 일을 행했는지 여러분이 부디 아셨으면 합니다.

임지에서 귀환하자마자 베레스는 엄청난 돈으로 판결을 매수했습니다.[8] 매수 계약은 심판인의 기피 절차가 끝날 때까지 유효했습니다. 심판인 기피 절차가 진행된 이후(심판인 선정에서 그의 희망을 로마 인민의 운명이 물리쳤고, 심판인 기피 절차에서 저의 염려가 그의 몰염치를 물리쳤는바) 그 계약은 완전히 파기되었습니다. **17** 상황은 더없이 훌륭하게 진행되었습니다. 모든 심판인단의 이름이 실린 문건이 모두에게 공표되었습니다. 어떤 표시도, 어떤 색깔도, 어떤 얼룩도 문건에 표시할 수 없게 되자,[9] 즐겁고 행복했던 그는 갑자기 풀이 죽고 시무룩해졌으며, 그리하여 로마 인민만이 아니라 자신도 자신에게 유죄판결을 내린 것처럼 보일 정도였습니다. 하지만 갑자기 최근 며칠 동안 집정관 선거가

---

8   베레스는 무죄방면을 받고 나면 상당한 뇌물을 주기로 약속했으나, 이후 심판인 기피 절차에서 키케로가 베레스와 성공적으로 계약한 심판인들을 기피했다.
9   심판인단 명단에 그가 계약한 사람들이 하나도 등장하지 않았음을 나타낸다.

치러지자 그는 더 많은 돈을 투입하여 옛 계획을 다시 시도했으며, 같은 사람들을 동원하여 심판인 여러분의 명성과 모든 사람의 운명에 대해 음모를 준비했습니다. 심판인 여러분, 이 일은 처음에는 저에게 증거와 밀고를 통해 어렴풋하게 알려졌으나, 의심하기 시작한 이후 저는 이들의 모든 은밀한 계획을 정확하게 간파하게 되었습니다.

VII 18 호르텐시우스가 차기 집정관으로 당선되어 마르스 연병장[10]에서 거대한 군중에 둘러싸여 집으로 돌아가던 중 가이우스 쿠리오[11]는 길에서 우연히 이들 군중을 만났습니다. (저는 비방이 아니라 칭송을 위해 쿠리오를 언급하길 바라고 있습니다. 제가 말씀드릴 것은, 그가 원하지 않았다면 그 만남에서 그렇게 공개적으로 대중 앞에서 언급하지 않았을 그런 것입니다. 저의 우정과 그의 존엄을 고려하여 저는 신중하고 조심스럽게 말씀드리는 것임을 알아주기 바랍니다.) **19** 그는 파비우스 개선문 근처에서 군중 속에 있는 베레스를 보았습니다. 그 인간을 부르며 큰 목소리로 축하 인사를 건넸습니다. 차기 집정관으로 선출된 호르텐시우스에게는, 가까이 있었던 그의 친족들에게는 한마디 말도 건네지 않았지만, 그 인간이 멈추어 서자 그를 끌어안으며 아무런 걱정을 하지 말라고 말했습니다. 쿠리오가 말했습니다. "오늘의 선거가 그대의 무죄방면임을 나는 통보한다." 이 말을 많은 훌륭한 분들이 들었고 저에게 전해 주었습니다. 실로 만나는 사람마다 저에게 이것을 들려주었습니다. 어떤 분들은 이를 당치않은 일이라고, 어떤 분들은 웃긴 일이라고 생각했습니다. 웃기다고 생각한 분들은 베레스의 소송이

---

10 차기 집정관은 통상 마르스 연병장에서 선출된다.
11 기원전 76년 집정관을 지냈다.

증인의 신뢰, 고발의 타당성, 심판인의 판단에 달린 것이지 집정관 선거에 달린 것이 아니라고 생각했던 것이며, 당치않은 일이라고 본 분들은 보다 본질적인 것을 본 것인바 이런 축하 인사가 법정의 부패를 의미한다고 생각한 것입니다.**20** 이렇게 판단한 훌륭한 분들은 서로, 그리고 저에게, 뻔한 사실인바 분명 재판은 열리지 않을 것이라고 말했습니다. 전날까지만 해도 자신이 유죄라고 생각한 피고인이 다음 날 변호인이 집정관에 선출되자 무죄방면이라니, 이런 경우도 있습니까? 어떻습니까? 시킬리아 전체가, 모든 시킬리아 사람이, 모든 상인이, 모든 공문서와 사문서가 로마에 있어 봐야 전혀 소용없는 일입니까? 집정관 당선인이 원하지 않으면 전혀 소용없는 일입니다. 어떻습니까? 심판인들은 범죄를, 증인을, 로마 인민의 판단을 따르는 것이 아닙니까? 아닙니다. 모든 것이 한 사람의 힘과 조정에 따라 변합니다.

VIII 심판인 여러분, 솔직히 말하겠습니다. 이런 일이 저를 격분시켰습니다. 훌륭한 분들마다 이렇게 말하기 때문입니다. "베레스는 분명 당신 손을 빠져나갈 것이다. 우리는 더는 재판을 계속할 수 없다. 누가 도대체 베레스의 무죄방면을 위한 재판 기일 연기에 반대할 수 있겠는가?"**21** 이것이 모두를 슬프게 했습니다. 그렇게 타락한 인간의 갑작스러운 행복이 아니라, 그렇게 대단한 분의 낯선 축하 인사가 이들을 슬프게 했습니다. 저는 저의 서글픔을 감추려고, 마음의 고통을 표정과 침묵으로 숨기려고 노력했습니다.

하지만 며칠 후 차기 법무관 당선인의 직무 추첨**12**이 있었습

---

12   법무관은 추첨을 통해 다음 해 자신이 담당할 일을 결정했다.

니다. 마르쿠스 메텔루스가 수탈재산반환법 사건을 담당하게 되었고, 제가 듣기로 베레스에게 또 축하 인사가 전달되었고, 그는 아내에게 소식을 전달하려고 하인을 집으로 급히 보냈다고 합니다. **22** 이 일은 참으로 저를 언짢게 했습니다. 하지만 이런 추첨 결과에서 제가 진정 두려워해야 할 것이 무엇인지는 아직 알지 못했습니다. 저에게 모든 걸 알려 주던 확실한 사람들에게서 한 가지는 전해 들었습니다. 시킬리아 수탈 재산으로 채워진 돈궤 여럿을 한 원로원 의원이 로마 기사 신분의 누군가에게 전달했으며, 또 저의 입후보와 관련하여[13] 열 개 정도의 돈궤는 그대로 그 원로원 의원 집에 남겨졌고, 저녁에는 전체 분구에 뇌물을 뿌릴 사람들이 베레스 집에 소집되었다는 전언이었습니다.

23 뇌물 전달을 맡은 사람 중 한 명이 저에게 신세를 갚기 위해 이 모든 일을 알려야 한다고 생각하여 그날 밤 저를 찾아왔습니다. 그는 베레스가 어떤 말을 했는지 알려 주었습니다. 그가 알려 준 바로는 베레스는 그가 법무관에 출마했을 때, 그리고 최근 집정관 선거와 법무관 선거에서 그들에게 얼마나 후사했는지를 상기시켰으며, 이어 저를 안찰관 선거에서 낙선케 한다면 그들이 원하는 대로 돈을 주겠다고 약속했다고 합니다. 이때 일부는 엄두가 나지 않노라 거절했고, 일부는 그건 불가능하다고 대답했다 합니다. 하지만 같은 집안의 용감한 친구, 뇌물 전달자들의 정석, 베레스 부친의 제자이자 친구, 로밀리아 분구의 퀸투스 베레스가 50만 세스테르티우스에 그 일을 처리하겠다고

13 　이때 키케로는 안찰관 선거에 입후보한다. 베레스는 키케로의 선거를 방해하기 위해 뇌물을 뿌린다. 베레스는 수탈 재산 반환 사건과 안찰관 선거를 동시에 치러야 하는 키케로를 방해함으로써 수탈 재산 반환 재판을 다음 해로 넘기려 했다.

약속하며 나서자, 몇몇 사람도 함께하겠다고 나섰다고 합니다. 그는 저에게 사정이 이러하니 정말 조심하라 선의를 가지고 충고했습니다.

IX 24 한꺼번에 닥친 대단히 중요한 일로 짧은 순간 저는 마음이 분주했습니다. 선거 유세가 쉴 새 없이 진행되었으며, 유세 중에 엄청난 금력에 맞서 싸웠습니다. 또 재판이 다가오고 있었으며, 저의 재판 준비도 시킬리아 수탈 돈궤가 위협했습니다. 선거의 두려움으로 마음껏 재판 관련 준비를 하지 못했고, 재판 때문에 온 마음을 선거에 쏟아 부을 수도 없었습니다. 뇌물 공여자를 위협하는 것도 제가 보기에 상책이 아니었습니다.[14] 왜냐하면 제가 이 재판 때문에 전혀 옴짝달싹할 수 없을 것임을 그들이 알고 있었기 때문입니다. **25** 더군다나 바로 그 순간 시킬리아 대표들을 호르텐시우스가 집으로 초대했다는 것, 시킬리아 대표들은 그가 자신들을 무슨 일로 부르는지를 알고 있었기 때문에 진정 자유인답게 초대에 응하지 않았다는 소식을 들었습니다. 그사이 베레스가 올해 치러진 다른 선거에서 그랬던 것처럼 이번에도 좌지우지할 수 있으리라 생각한 저의 선거가 치러졌고, 저는 강력한 그가 사랑스럽고 인기 좋은 아들을 데리고 분구들을 순회한다는 소식을 들었습니다. 베레스가 부친의 친구들, 다시 말해 뇌물 전달자를 모두 불러 모아 자리를 함께했다는 소식도 들었습니다. 이것이 알려지고 확인되었을 때, 그의 재력에 매수당하지 않고 신의를 지킨 제가 그의 금력으로 휘둘

---

14 뇌물 공여자를 위협하여 고발하겠다고 할 수도 있지만, 이를 위해서는 따로 소송을 진행해야 할 것인데, 베레스 탄핵 사건을 맡은 키케로는 따로 소송을 진행할 여유 시간이 없었다. 이를 뇌물 공여자도 알고 있었고, 따라서 위협이 통하지 않았다.

리지 않도록 로마 인민은 자발적으로 저의 낙선을 막아 주었습니다.

26 선거라는 커다란 걱정에서 해방되자, 저는 훨씬 더 홀가분하고 여유로운 마음으로 오로지 재판 문제만 고민하고 준비하기 시작했습니다. 심판인 여러분, 저는 그들에 의해 준비되고 꾸며진 계획을 알게 되었는바 무슨 수를 쓰더라도 일을 지연시켜 마르쿠스 메텔루스가 법무관이 되면 소송을 진행할 계획이었습니다. 이로써 유리한 상황이 만들어지는데, 우선 마르쿠스 메텔루스는 베레스의 친구이며, 다음으로 호르텐시우스가 집정관에 취임할 것이고, 호르텐시우스뿐만 아니라, 여러분 보십시오, 베레스의 친구인 퀸투스 메텔루스가 집정관에 취임하게 될 것이기 때문입니다. 퀸투스 메텔루스는 베레스의 우선 투표에 사례하기 위해 우선 투표권을 행사했습니다.[15]

27 여러분은 제가 이렇게 중요한 문제에 침묵할 것으로 생각하십니까? 제가 국가와 제 명성의 커다란 위험에 직면하여 저의 의무와 명예가 아닌 다른 무엇을 생각할 것이라 보십니까? 차기 집정관 당선인 중 한 명[16]은 시킬리아 대표들을 소환했고, 루키우스 메텔루스가 시킬리아 총독이라고 생각하여 몇몇은 소환에 응합니다. 집정관 당선인은 이들에게 이렇게 말했던 것입니다. "나는 집정관이며, 내 동생은 시킬리아 속주 총독으로 부임할 것이고, 다른 동생은 수탈 재산 반환 재판을 맡을 법무관

---

15   베레스는 자금을 동원하여 우선 투표권을 가진 분구에 퀸투스 메텔루스에게 유리하도록 영향력을 행사한 것으로 보인다. 이에 퀸투스 메텔루스는 원고들을 불러 놓고 베레스에 유리하도록 영향력을 행사했다.

16   차기 집정관 당선인 퀸투스 메텔루스.

이다. 우리가 베레스를 건드리지 못하도록 사방에서 호위하고 있다."

X 28 메텔루스여, 제가 묻거니와 증인들을, 특히 시킬리아 대표들을, 근심하며 위축된 사람들을 당신의 영향력과 집정관의 위엄으로, 동생들의 법무관 권한과 총독 권한을 들먹이며 위협하는 것이 재판 매수 행위가 아니라면 무엇이 재판 매수 행위입니까? 아무 상관 없는 극악무도한 남을 위해서도 의무와 명예를 저버린 당신이, 일면식도 없는 제3자가 그런 주장을 진실로 믿도록 방조한 당신이 무죄한 친지를 위해서 못할 일이 무엇이겠습니까? **29** 베레스는 당신이 당신 집안사람처럼 운명이 아니라 자기 도움으로 집정관이 되었다고 떠들고 다닌다고 합니다. 그렇다면 그는 두 명의 집정관과 법무관을 자기 뜻대로 좌우하게 될 것입니다. 베레스는 말합니다. "우리는 재판을 지나치게 열심히 지휘하며 지나치게 인민의 판단에 따르는 마니우스 글라브리오를 피하게 될 것이다. 더불어 우리에게 상황이 유리하게 돌아갈 것이다. 심판인 마르쿠스 카이소니우스는 우리를 고발한 자의 동료이며 재판에 유능하고 박식한 사람인바 우리가 여러 방법으로 심판인단을 매수하는 데 큰 걸림돌이 된 인물이다. 그는 과거 유니우스가 지휘한 재판[17]에서 심판인을 맡았을 때, 매수 행위를 매우 파렴치한 행위로 심각하게 받아들였을 뿐만 아니라 이를 대중에게 알리기까지 했던 인물이다. 이 사람은

---

17 베레스가 시민 담당 법무관이던 때, 클루엔티우스가 오피아니쿠스를 독살로 고발했던 사건으로 이때 클루엔티우스와 오피아니쿠스는 둘 다 심판인을 매수하려 했다는 것으로 보인다.

정월 초하루부터는 심판인에서 물러나게 될 것이다.[18] **30** 대단히 엄격하고 무지하게 공정한 심판인 퀸투스 만리우스와 퀸투스 코르니피키우스도 심판인에서 물러날 것인데, 그들은 둘 다 호민관에 취임할 것이기 때문이다. 준엄하고 공정한 심판인 푸블리우스 술키피우스는 12월 5일에 정무관직에 취임해야 한다.[19] 마르쿠스 크레페레이우스는 엄격한 기사 신분 가문의 일원으로 엄격한 가르침을 받은 자이며, 루키우스 카시우스는 다른 일에서도 그렇지만 특히 재판에서는 엄정하기 이를 데 없는 가문의 일원이며, 그나이우스 트레멜리우스는 매우 양심적이며 성실한 사람으로 이들 세 명은 차기 군사대장으로 뽑혔다. 내년 1월 1일부터는 재판에 참여할 수 없다. 마르쿠스 메텔루스를 대신할 심판인이 추첨될 것이고 메텔루스는 장차 우리 재판의 지휘를 맡게 될 것이다. 따라서 내년 1월 1일에 법무관과 심판인단 거의 전부가 교체될 것이고, 그러면 고발자의 커다란 위협과 재판에 걸린 커다란 기대도 헛일이 될 것이고 재판은 우리의 생각과 의지에 따라 진행될 것이다."

31 오늘은 8월 5일입니다. 당신들은 주간 8경[20]에 모이기 시작했습니다. 그들은 이제 오늘은 고려하지 않고 있습니다. 열흘 뒤에는 그나이우스 폼페이우스가 주최하는 봉헌 축전이 열리며, 이 축전은 15일 동안 이어집니다. 곧이어 로마 축전이 열립니다.[21] 이렇게 그들은 40일 뒤에야 오늘 제가 제기한 문제에 답변

---

18 키케로의 동료 안찰관으로 선출되어 이듬해부터 안찰관으로 활동하게 되어 있었다.
19 술키피우스는 차기 재무관으로 뽑혔다.
20 오늘날 오후 2시에 해당한다.
21 매년 9월 5일부터 19일까지 개최된다.

변하리라 생각하고 있으며, 또한 고발과 변론으로 쉽게 승리의 여신축전[22]까지 재판을 지연할 수 있을 것으로 보고 있습니다. 평민축전[23]이 곧 이어지는데, 그리하여 재판을 진행할 기일이 전혀 혹은 며칠밖에 남지 않습니다. 고발은 힘을 잃고 맥이 빠질 테고, 그때 사건은 그대로 차기 법무관 마르쿠스 메텔루스에게 이관될 것이라고 그들은 생각합니다. 마르쿠스 메텔루스의 신의를 제가 의심했다면 저는 그를 심판인에서 기피했을 것입니다.

32 하지만 그럼에도 저는 그가 법무관을 맡을 때보다는 심판인을 맡은 지금 재판을 마무리하고자 합니다. 저는 그가 선서한 심판인으로서 자기 표를 행사하길 바라며, 선서하지 않은 법무관으로 다른 사람들의 표를 맡는 것은 원하지 않습니다.

XI 심판인 여러분, 지금 저는 여러분께 제가 어떻게 해야 한다고 생각하시는지 묻고자 합니다. 분명 여러분은 침묵을 통해 저에게, 제가 지금 기필코 해야 한다고 생각한 그것을 하라고 말하고 있습니다. 만약 제가 고발 변론하는 데 저의 법정 시간을 사용한다면, 저는 제 노고와 노력과 열심의 열매를 얻을 것입니다. 또 이 재판을 통해 제가 역사상 누구보다 잘 준비하고 잘 대비하여 신중하게 재판에 임했다는 소리를 듣게 될 것입니다. 하지만 제 노력의 이런 칭송을 듣다가 저는 피고인을 놓칠 위험에 빠질지도 모릅니다. 그렇다면 제가 할 수 있는 것이 무엇입니까? 제 생각에 그것은 분명하며 명백합니다. **33** 연속 고발

---

22 10월 26일부터 11월 1일까지 이어지는 축전으로, 술라의 전승을 기념하기 위해 제정되었다.

23 11월 4일부터 11월 17일까지 이어진다.

변론[24]으로 얻게 될 칭송의 열매는 다음 기회로 미루고, 지금은 저 인간을 회계장부와 증인, 사문서와 공문서, 신빙성 있는 증거 등을 근거로 죄를 입증하고자 합니다. 호르텐시우스, 모든 것은 당신과 관련된 문제입니다. 솔직히 말하겠습니다. 만약 당신이 이 재판에 반론과 반박으로써 제게 맞설 것이라고 제가 생각했다면, 저도 고발과 입증에 전심전력을 쏟았을 것입니다. 하지만 지금 당신은 당신 성격대로 저와 맞서 싸울 생각보다는 베레스의 일정과 계획에 따르려는 듯합니다. 따라서 저는 베레스의 계책에 맞서 뭔가 대책을 세워야 합니다. **34** 당신은 두 개의 축전을 넘겨 제 고발에 답변을 시작하려고 계획하고 있습니다. 하지만 저는 첫 번째 축전이 시작되기 전에 재증거 절차[25]를 잡을 계획입니다. 이로써 당신 계책의 교활함이 드러날 것이고, 제 대책의 불가피성이 확인될 것입니다.

XII 제가 변론을 결심한 것이, 호르텐시우스, 당신과 관련된 문제라고 하는 것은 다음과 같기 때문입니다. 저는 시킬리아 사람들의 요청으로 이 소송을 맡았으며 저의 청렴과 절제를 확인했던 그들이 이제 저의 신의와 성심을 확인하려 한다는 점에서 저는 이를 대단히 중요하고 영광스러운 일이라고 여겼습니다. 하지만 소송을 맡으면서 저는 다른 더 큰 목표를 두었는데, 제 애국심을 로마 인민에게 보일 기회라 여겼습니다. **35** 왜냐하면,

---

24   변론은 중간에 증거 제출 등의 이유로 잠시 중단된다. 증거 제출 없이 변론을 한 번에 끝까지 마치는 것을 '연속 고발 변론'이라 한다.

25   재증거 절차(comperendinatio)는 심판인들이 '사안불명백(rem sibi non liquere)'을 선언할 경우 이틀 후에 다시 증거 절차를 반복하는 것으로, 특히 수탈 재산 반환 소송의 경우 재증거 절차는 의무적이었다.

사실 이 사건은 만인의 판단에 따라 이미 유죄판결을 받은 자를 법정으로 불러내는 일로, 제 성심과 노력에 걸맞은 일은 아니었기 때문입니다. 용납할 수 없는 권력욕과, 특히 지난 몇 년간 재판에서 보여 준 사리사욕으로 당신 호르텐시우스가 가망 없는 인간의 이번 재판에 개입했기 때문에 저도 재판을 맡았습니다. 재판의 농단에 그렇게 기뻐하는 당신 때문에, 탐욕과 불명예를 부끄러워하지도 지치지도 않고 마치 일부러 로마 인민의 증오와 비난을 추구하는 것 같은 사람들이 있기 때문에, 이 자리에서 공언하노니, 저는 어쩌면 저에게 위험이 될지도 모를 막중한 이 일을 맡았습니다. 이 일은 제 삶과 성심을 모두 쏟아 넣을 만한 가치가 있는 일입니다.

36 원로원 전체가 소수의 파렴치와 오만에 시달리고 재판의 추문에 신음하고 있는 상황에서 저는, 약속하노니, 이런 인간의 사나운 고발자이고자 합니다. 무섭고 끈질기며 혹독한 적이 되고자 합니다. 이것이 제가 원하는 것이며, 이것이 제가 요구하는 것이며, 제가 정무관으로서 하려고 하는 것이며, 로마 인민이 내년 1월 1일부터 국가를 위해, 그리고 무도한 자에 맞서 일하도록 저에게 내준 직책을 맡아 제가 하고자 하는 것입니다. 안찰관을 맡은 저는 이를 로마 인민에게 더없이 강력하고 아름다운 볼거리로 제공할 것을 약속합니다. 경고하며 권고하며 사전에 고지합니다. 재판 매수를 목적으로 돈을 맡기거나 받거나 보장하거나 약속하거나 알선하거나 중개하곤 하던 자들, 그리고 이를 위해 위력을 행하거나 파렴치를 보이던 자들은 이제 재판에서 손을 떼기 바라며, 극악한 범죄에 마음을 두지 않기를 바랍니다.

XIII 37 호르텐시우스는 집정관에 취임할 것이며, 가장 막강한 권한과 권력을 쥘 것입니다. 저는 안찰관에 취임할 것이며, 일반 시민보다 다소 높은 자리를 얻을 것입니다. 하지만 제가 하기로 약속 드린 이런 일은 로마 인민에게 기쁨이자 유익이 될 것입니다. 그가 이 문제를 놓고 저와 대결할 때, 만약 그것이 성사된다면, 그는 일반 시민만도 못한 집정관처럼 보이게 될 것입니다.

재판권이 원로원으로 넘어간 이후[26] 10년 동안 벌어진 재판 과정의 흉악하고 수치스러운 일을 앞으로 모두 열거할 것이며 세세히 따져 논의할 것입니다. **38** 기사 신분이 재판을 맡았던 거의 50년 동안 단 한 번도, 심판인 여러분, 재판에 참여했던 기사 신분의 누구도 재판과 관련하여 돈을 받았다는 티끌만 한 의심도 받지 않았던 이유는 무엇인지 로마 인민은 저에게서 듣게 될 것입니다. 재판권이 원로원 신분으로 넘어가고 원로원 여러분 개개에 대한 견제[27]가 사라지자, 퀸투스 칼리디우스는 유죄판결을 받고 300만 세스테리우스가 안 되는 돈 때문에[28] 총독 역임자에게 유죄판결을 내리는 것은 체면 깎이는 일이라고 말한 이유는 무엇인지 듣게 될 것입니다. 법무관 퀸투스 호르텐시우

---

26 가이우스 그락쿠스가 기원전 123년 제출한 셈프로니우스법에 따라 기사 신분이 심판인으로 참여했다. 기원전 80년 술라는 심판인 자격을 원로원 신분으로 제한했다.

27 민회(다시 말해 호민관)에게 상소할 수 있는 상소권(provocatio)이 폐지된 것으로 보인다.

28 퀸투스 칼리디우스는 기원전 79년 히스파니아 총독을 지냈으며 로마에 돌아왔을 때 수탈재산반환법에 의해 기소되었다. 심판인들은 뇌물을 받고 그에게 유죄판결을 내렸다. 퀸투스 칼리디우스는 총독 역임자에게 유죄판결을 내리기에는 뇌물 액수가 너무 적은 것이 아니냐고 비꼬았다.

스가 지휘한 수탈 재산 반환 재판에서 원로원 의원 푸블리우스 셉티미우스가 유죄판결을 받았을 때, 그가 재판과 관련하여 돈을 받았다는 점이 쟁점이 된 이유는 무엇인지 듣게 될 것입니다.

39 원로원 의원인 가이우스 헤렌니우스와 가이우스 포필리우스가 둘 다 공금횡령으로 유죄판결을 받은 일에서, 마르쿠스 아틸리우스가 반역죄로 유죄판결을 받은 일에서 이들이 재판과 관련하여 돈을 받았음이 명백히 드러났던 이유는 무엇인지 듣게 될 것입니다. 가이우스 베레스가 시민 담당 법무관일 때 표결에서 원로원 의원이 소송사건을 제대로 파악하지도 않은 채 피고인에게 유죄판결을 내린 이유는 무엇인지, 심판인으로 참여한 어떤 원로원 의원이 피고인으로부터 돈을 받아 심판인들에게 분배하고 동시에 고발자로부터도 피고인에게 유죄판결하도록 돈을 받은 이유는 무엇인지 듣게 될 것입니다. **40** 원로원 신분 전체의 타락과 오명과 몰락인데, 선서자들이 다른 색깔의 투표지로 평결을 표시한 사건이 이 나라에서 원로원 신분이 재판을 담당하게 되면서 발생했음을 그 무슨 개탄의 말로 형언할 수 있겠습니까? 이 모두를 저는 성심껏 엄정하게 논할 것을 약속합니다.

XIV 여러분은 어떻게 생각하십니까? 만약 이번 재판에서도 비슷한 위법과 불법이 자행되었음을 제가 알게 된다면 제 심정이 어떻겠습니까? 특히 제가 여러 명의 증인을 통해 가이우스 베레스가 시킬리아에서 여럿이 듣는 가운데, 유력 인사가 자신의 뒷배를 봐주고 있으며 그 덕분에 자신이 속주를 수탈하고 있다고 여러 차례 언급한 것을 입증한다면 어떻겠습니까? 또 그가 자기 자신만을 위해서 돈을 모으는 것이 아니며, 시킬리아 총독 임기 3년을 나누어 첫해의 수확은 자신이 챙기고 다음 해의 수확은 자신의 변호인과 방어자에게 넘겨주고, 가장 풍요롭고 이득이 많은 세 번째 해의 수확은 전부 심판인을 위해 비축한다면, 임무를 대단히 훌륭하게 완수하게 될 것이라고 말한 것을 입증한다면 어떻겠습니까?

41 이에 저는 마니우스 글라브리오의 지휘로 이루어진 심판인 기피 절차에서 제가 했던 말이 로마 인민을 크게 격동시켰을 것을 잘 알고 있는바, 그 말을 반복하고자 합니다. 외국인들은 로마 인민에게 대표를 보내 수탈재산반환법과 그에 따른 재판을 폐기해 주십사 청하게 될 것이라고 저는 생각합니다. 그들은, 만일 그런 재판이 없다면 총독은 자기 자신과 자식들을 위해 충분하다 싶은 양만을 빼앗아 갈 것인데 반해, 현재 그런 재판이 존재하기 때문에 총독은 자신은 물론 옹호자와 변호인, 법무관과 심판인들을 위해 충분한 양을 따로 챙겨 간다고 생각하고 있습니다. 그 양은 실로 헤아릴 수 없는 엄청난 양인바, 탐욕스러운 자의 욕망은 충족시킬 수 있으나, 범죄자의 수탈은 도저히 충족시키지 못하겠다고 생각하고 있습니다. **42** 우리 조상들이 동맹자들을 위해 제정한 수탈재산반환법을 정작 로마 인민의 동맹자들이 원하지 않는다면, 이 얼마나 역사에 길이 남을 대단한 재판이며 이 얼마나 우리 신분의 드높은 명성입니까! 여러분에 대해 잘못된 생각을 갖지 않고서야 저 인간이 도대체 희망을 품을 수 있었겠습니까? 탐욕과 범죄와 거짓 맹세에 있어 여러분이 자신과 동류라고 생각한 저 인간은 로마 인민이 아니라 여러분에게 가능하다면 더 큰 미움의 대상이어야 합니다.

XV 43 심판인 여러분, 하늘에 맹세코, 이 점을 염려하고 대비해 주시기 바랍니다. 제가 확신하고 있는 바를 경고하며 권고합니다. 지금 신들은 여러분에게 다시없을 기회를 주었습니다. 원로원 신분 전체가 받는 미움과 증오, 불명예와 수치를 벗어 버릴 기회입니다. 재판의 엄정성이 사라졌으며, 양심이 사라졌으며, 마침내 재판이 재판이 아니라는 평가가 내려졌습니다. 우리는 로마 인민에게 비난받으며, 조롱받고 있습니다. 지독한 오명이 계속해서 우리를 몰아세우고 있습니다. **44** 바로 이런 이유에서 로마 인민은 그렇게 강하게 호민관 권한을 돌려 달라고 요구하는 것입니다. 호민관 권한을 요구합니다. 말로는 호민관 권한을 요구하지만, 실질적으로 로마 인민이 요구하는 것은 재판권입니다. 이것을 참으로 현명하고 탁월한 사람 퀸투스 카툴루스는 정확히 간파했습니다. 더없이 용맹하고 뛰어난 그나이우스 폼페이우스가 호민관 권한 문제를 제출하여 그의 의견을 물었을 때, 그는 원로원 의원들이 재판권을 부당하고 창피스럽게 행사하고 있다는 매우 준엄한 평가로 말을 꺼냈습니다. 만약 원로원 의원들이 로마 인민의 기대를 충족시킬 수 있도록 재판을 관리했다면, 그렇게까지 강하게 로마 인민이 호민관 권한을 요구하지는 않았을 것이라고 했습니다.

45 마침내 그나이우스 폼페이우스가 직접 집정관 당선인 자격으로 도시 밖에서[29] 집회를 열고, 그때 사람들이 가장 바라던 호민관 권한을 부활시키겠노라 약속하자마자, 이 말에 집회의

---

29 그나이우스 폼페이우스는 술라가 거의 완전히 폐기했던 호민관 권한을 부활시켰다. 이때 폼페이우스는 히스파니아 원정에서 돌아오던 길이었고, 국법에 따라 바로 로마 시내로 들어오지는 못했다.

시민들은 기쁨에 넘쳐 술렁였으며 웅성거렸습니다. 하지만 곧이어 그가 속주들이 황폐하게 변했고 파괴되었으며, 재판 절차가 부당하고 창피스럽게 운영된 고로 자신이 이런 문제를 살피고 바로잡을 것이라고 말하자, 웅성거림이 아닌 큰 환호로 로마 인민은 그들의 바람을 표명했습니다. **XVI 46** 이제 사람들이 망대에 서 있으며, 우리 하나하나가 양심을 지키며 법을 수호하는지 지켜보고 있습니다. 그들은 호민관 법률이 통과된 이후 현재까지, 매우 빈한한 원로원 의원 단 한 명이 유죄판결을 받는 것을 보았습니다. 비난할 일도 아니지만, 그렇다고 대단히 칭찬할 일도 아닙니다. 재판을 매수할 수도 없고 매수하려 하지도 않는 곳에서 청렴하다는 것은 칭찬받을 일이 아닙니다. **47** 이번 재판은 여러분이 피고인을, 로마 인민이 여러분을 판단할 기회가 될 것입니다. 원로원 의원으로 구성된 심판인단이 심각한 불의를 저지른 엄청난 재력가에게 과연 유죄판결을 내릴 수 있을까 하는 문제가 여기 이 사람을 통해 확인될 것입니다. 나아가 엄청난 범죄에도 불구하고 막강한 재력 말고는 아무것도 없는 피고인이 만약 무죄방면된다면, 오로지 의심만을, 그것도 매우 치욕적인 의심만을 사람들로부터 사게 될 것입니다. 영향력이, 친족 관계가, 어떤 바른 행동이, 아니 어떤 사소한 실수가 피고인의 잦은 중대한 범죄를 감추지 못할 것입니다. **48** 끝으로, 심판인 여러분, 저는 이렇게 명백한, 확증된, 중대한, 분명한 사안을 놓고 영향력을 행사하여 피고인을 여러분이 방면하는 일이 없도록 소송을 진행하고자 합니다. 저는 저들의 모든 시도를 조사하고 추적할 확실한 방법과 수단을 가지고 있습니다. 저는 모든 사람의 귀가, 로마 인민의 눈이 저들의 모든 계책을 확인할 수 있게끔 할 것입니다.

49 여러분은 이제 수년 동안 쌓인 여러분 신분에 대한 치욕과 오명을 말끔히 씻어 낼 수 있습니다. 현행 재판 제도가 시행된 이래 이런 품위와 명예를 갖춘 심판인단은 없었음을 모두 알고 있습니다. 만약 이런 상황에서 불미스러운 일이 일어난다면, 가능한 일은 아니겠지만, 사람들은 앞으로 원로원 신분의 누구도 심판인 자격이 없으니 다른 신분이 재판을 맡아야 한다고 생각하게 될 것입니다.

XVII 50 따라서 우선 불멸의 신들께, 심판인 여러분, 소망해야 할 것인바 바라건대, 이번 재판에서 진작부터 악인으로 확인된 피고인 외에 누구도 부정직한 모습을 보여 주지 않기를 바랍니다. 만약 다수가 부정직한 모습을 보인다면, 심판인 여러분, 제가 여러분에게, 로마 인민에게 장담하는바, 저는 이 생명이 다할 때까지 저들의 부정직함을 추적하는 데 저의 힘과 불굴의 의지를 보여 줄 것입니다.

51 저의 노고와 위험과 적대감을 무릅쓰고 창피한 일이 벌어진다면 준엄하게 추적하겠다고 제가 약속했지만, 만니우스 글라브리오여, 당신은 당신의 권위와 지혜와 성심으로 이런 일이 벌어지지 않도록 돌보아 줄 수 있습니다. 재판권이 걸린 소송을 지키십시오. 엄정함과 청렴함과 신의와 양심이 걸린 소송을 지키십시오. 이번 재판을 통해 원로원의 정직함이 확인되고 로마 인민의 신임과 칭송을 회복할 수 있도록 원로원이 걸린 소송을 지키십시오. 당신이 어떤 상황에 있는지, 로마 인민에게 무엇을 주어야 할지, 당신 조상들에게 어떤 모습을 보여야 할지를 생각하십시오. 로마 인민에게 수탈재산반환법에 따른 극히

올바르고 엄정한 재판을 가져다준 당신 부친의 아킬리우스법[30]을 생각하십시오. **52** 높은 명예가 당신을 둘러싸고 있습니다. 이것이 당신으로 하여금 가문의 명성을 잊지 말라 명하고 있습니다. 이것이 밤낮으로 당신에게 당신 부친이 대단히 용감했으며, 당신 조부가 대단히 지혜로웠으며, 당신 장인이 대단히 엄정했음을 말해 주고 있습니다. 당신이 만약 당신 부친 글라브리오의 단호함으로 오만방자한 자들을 처벌한다면, 당신 조부 스카이볼라[31]의 현명함으로 당신과 여기 심판인들의 명성을 노리는 음모를 간파한다면, 당신 장인 스카우루스[32]의 확고함으로 진실하고 확실한 판결을 내린다면, 로마 인민은 아주 청렴하고 정직한 법무관과 선발된 심판인단 앞에서 무도한 피고인의 엄청난 재력은 구제의 수단이 아니라 다만 범죄의 혐의였음을 알게 될 것입니다.

XVIII 53 저는 이번 소송에서 현 법무관과 심판인단이 교체되도록 방관하지 않을 것입니다. 집정관 당선인들이 하인들을 통해 전원을 소환하는 전대미문의 일이 벌어졌어도 꿈쩍하지 않았던 시킬리아 대표들이, 재판 기일이 지연됨으로써 장차 집정관들에 의해 종행리(從行吏)를 통해 불려 가는 일이 없도록 막을 것입니다. 예전 로마 인민의 동맹 시민이자 친구였던 이들이 가련하게도 이제 노예와 탄원자가 되어, 정당한 권리와 모든 운명

---

30 만니우스 아킬리우스 글라브리오는 수탈재산반환법의 엄정함과 공정함을 높이기 위해, 재판 연기 신청 및 공판 연기와 관련된 권리를 제한했다.

31 아마도 푸블리우스 무키우스 스카이볼라를 가리킨다. 그는 기원전 133년 루키우스 칼푸르니우스 피소와 함께 집정관을 지냈다. 유명한 법률가였다.

32 마르쿠스 아이밀리우스 스카우루스.

을 저들의 권세에 빼앗기고 나아가 탄원의 권리마저 갖지 못하는 일이 없도록 막을 것입니다. **54** 저의 변론이 끝나면 40일 동안 휴정한 이후, 저의 고발이 오랜 지연으로 잊힐 때쯤 답변하려는 계략을 저는 허락하지 않을 것입니다. 저는 선거를 위해, 축전을 위해, 호구조사를 위해 사방에서 같은 시기에 로마에 가득 모인 전체 이탈리아가 로마를 떠난 후에 재판이 속개되도록 놓아 두지 않을 것입니다. 이번 재판에서 칭송의 결실과 비방의 위험은 여러분이, 근심과 노고는 제가, 쟁점 파악과 쌍방 주장의 기억은 만인에게 남도록 해야 한다고 저는 생각합니다.

55 제가 새로운 재판 방식을 만들려고 하는 것은 아닙니다. 이것은 우리나라의 국가 지도자들이 예전에 했던 방식인바, 저는 즉시 증인들을 불러오고자 합니다. 심판인 여러분, 여러분이 새로운 방식이라고 알게 될 부분은, 제가 증인을 불러 고발 내용 전체를 설명하되 신문과 입증과 변론을 통해 고발 내용을 보강할 때 특정 증인을 특정 고발 내용에 맞추어 소환하려는 것입니다. 기존의 고발과 새로운 고발의 차이점은 다만 앞서는 모든 주장이 이루어지고 나서 증인이 소환된 것에 반해, 이번에는 각각의 사안에 따라 증인이 소환되며 이에 상대방도 똑같이 신문하고 입증하고 변론할 기회를 얻는다는 것입니다. 만약 누군가 연속 변론과 고발을 바란다면, 다음 공판에서 듣게 될 것입니다. 지금 하려는 저의 계책은 상대방의 못된 저의에 대처하려는 이유에서 나온 것으로 이것이 필연적임을 알아주셨으면 합니다.

56 이번 첫 번째 공판에서 고발 내용은 다음과 같습니다. 가이우스 베레스는 탐욕스러운 많은 짓을, 로마 시민과 동맹 시민에게 잔인한 많은 짓을, 신과 인간에게 불경한 많은 짓을 저질

렀으며, 특히 시킬리아 속주로부터 법률에 반하여 40만 세스테르티우스를 수탈했습니다. 이를 증인을 통해, 이를 사문서와 공문서를 통해 여러분에게 입증할 것이며, 이로써 여러분은 저희에게 변론에 필요한 시간과 여유가 있었더라도 연속 변론은 전혀 불필요했음을 이해하게 될 것입니다. 이상 변론을 마칩니다.

뒷이야기

키케로가 베레스 고발 연설을 행한 직후, 베레스의 변호를 맡은 호르텐시우스는 베레스에게 재판의 승산이 없음을 알리고는 유죄를 인정하고 망명을 택하도록 조언했다. 그러자 베레스는 곧 스스로 마실리아로 도망쳤다. 베레스는 이후 2차 삼두정치 시기까지 마실리아에 정착해 살았다고 전한다.

한편 키케로는 고발 연설을 준비하면서 모았던 자료들과 연설문 초안 등을 정리하여, 실제로 행한 것은 아니지만 2차 베레스 고발 연설문을 작성하여 출판했다. 이 책은 당시 시킬리아의 생활상과 로마의 조세 정책을 보여 주는 중요한 자료가 된다.

유죄판결을 받고 물러난 원로원 의원의 자리는 그를 기소하여 유죄판결을 받아낸 사람이 차지한다는 관례에 따라, 겨우 안찰관(기원전 69년)을 역임한 키케로가 이 재판을 계기로 원로원의 유력 인사가 된다. 또한 베레스의 변호를 맡았던 호르텐시우스는 당시 최고의 변호사였을 뿐만 아니라 미래 집정관으로 당선된 상태였는데, 그런 거물을 물리쳤으니 키케로가 로마 최고의 변호사라는 명예도 차지하게 된 것은 당연히다.

이렇게 키케로는 베레스 판결을 발판 삼아 정치적으로 승승장구하며 집정관까지 되지만, 나중에 안토니우스의 정적이 되어 암살당하고 만다. 또 키케로가 죽은 다음 해에 베레스 또한 안토니우스의 눈 밖에 나서 죽임을 당하게 되는데, 그 이유로는 다음과 같은 사실이 거론된다. 베레스는 예술품 수집에도 매우 탐욕스러워서 시킬리아 시절에 지역 부호들의 예술품뿐만 아니라 신전 같은 공공장소의 보물까지 훔쳐 전설적인 부패의 상징이 된 인물이다. 그런데 안토니우스가 바로 그 베레스의 소장품들을 탐내어 베레스에게 예술품 몇 개를 바치라고 요구했는데, 거절당하자 보복을 했다는 것이다.

3   반역의
     손아귀에서
     국가를 살려내다

내란 음모:
카틸리나 탄핵연설

 이 연설은, 카틸리나를 탄핵하기 위해 집정관 키케로가 행한 네 개의 연설 가운데 첫 번째 연설문이다. 첫 번째 연설은 기원전 63년 11월 7일 수호신 유피테르 신전에서 열린 원로원 회의에서 있었다. 루키우스 세르기우스 카틸리나와 그의 도당이, 기원전 63년 로마의 최고 귀족들을 모두 살해하고 정권을 장악하려는 음모를 꾸미다가 발각된다. 그들이 도망쳤다가 로마군에 의해 모두 전사한 사건을 '카틸리나 반역 사건'이라고 한다.

 카틸리나는 아프리카 속주 총독이었다. 기원전 66년 총독직을 마쳤을 때 '수탈재산반환법'에 따라 속주의 학정에 대한 책임으로 기소되었으며, 그 결과 65년, 64년 집정관 선거에 출마할 권리를 박탈당한다. 결국 63년 집정관 선거에 출마하지만 키케로에게 참패한다. 이어 다시 62년 집정관 선거에서도 참패한다. 카틸리나가 그토록 집정관 선거에 집요하게 출마한 배경에는 막대한 부채를 변제할 재원을 마련하려는 속셈이 있던 것으로 보인다.

 결국 카틸리나는 기원전 63년 가을(62년 집정관 선거 패배 직후) 도당을 모아 반역을 공모하기에 이른다. 거사일은 27일이었으며, 63년 10월 28일에는 지명된 최고 귀족들을 살해하기로 일을 꾸민다. 가이우스 만리우스는 에트루리아와 갈리아에서 군대를 모으기로 하고, 가이우스 셉티미우스는 피켄니움에서, 가이우스 율리우스는 아풀리아에서, 푸블리우스 술라는 캄파니아에서 군대를 모아 거사 당일 로마로 진군하기로 결정한다.

키케로의 설명에 따라 사건을 구성해 보면 다음과 같다. 집정관 키케로는 9월 22일 첩보를 입수했으며, 10월 20~21일에 증거를 확보하고, 10월 21일에는 원로원의 결의로 국가비상사태를 선포한다. 반역 음모가 밝혀졌음에도 불구하고 만리우스가 10월 27일에 에트루리아에서 봉기했으며, 카틸리나는 반역 음모 자체가 조작된 것이라는 것을 보여 주려는 듯 계속 로마에 머물러 있었다.

그러나 카틸리나는 11월 5일 저녁부터 6일 새벽에 도당을 모아 다시 11월 7일을 거사일로 정하고 키케로를 살해할 것을 모의했는데, 이것마저 키케로에게 알려졌다. 키케로는 이를 원로원 앞에서 고발하는 1차 연설을 행한다. 결국 카틸리나가 11월 중순에 '국가의 적'으로 선포되자, 그는 에트루리아로 도망한다. 그곳에서 알로브로기 사람들에게 로마 침공을 위해 군대 지원을 요청하는 편지가 12월 3일 또다시 키케로에게 발각되어, 로마에 남아 있던 카틸리나의 공모자들이 체포된다. 그리하여 카틸리나와 그의 도당은 로마의 정규군에 대항하여 싸우다 전멸한다. 에트루리아에 모인 적당을 로마의 군대가 섬멸함으로써 카틸리나의 반역 음모 사건은 마무리된다.

키케로는 기원전 63년 11월 8일과 12월 3일 민회에서 2, 3차 탄핵연설을 행했으며, 12월 5일 다시 원로원에서 4차 탄핵연설을 행했다.

이 연설에서 키케로는 원로원 의원들과 카틸리나를 향해 번갈아 가며 말하고 있는데, 후자를 향해 하는 말은 하댓말로 번역하여 구분하였다.

카틸리나 탄핵연설

1 카틸리나, 당신은 언제까지 우리 인내를 남용할 것인가? 얼마나 오랫동안 당신의 광기가 우리를 조롱할 것인가? 어디까지 당신의 고삐 풀린 만용이 날뛰도록 놓아 둘 것인가? 팔라티움 언덕[1]의 야간 경비, 도시의 보초병, 인민의 공포, 모든 선량한 시민[2]의 회합, 빈틈없는 경호 아래 개최된 오늘의 원로원, 이곳에 참석한 의원들의 표정을 보면서 당신은 아무것도 느끼지 않는가? 당신 계획이 백일하에 드러났음을 느끼지 못하는가? 여기 있는 모든 사람에게 알려짐으로써 당신의 음모가 이미 좌절된 걸 보지 못하는가? 어젯밤에, 그저께 밤에 당신이 무엇을 했는지, 어디에 있었는지, 누구를 불러 모았는지, 어떤 계획을 꾸

---

1 팔라티움 언덕은 로마에서 군사적으로 매우 중요한 거점 가운데 하나다. 따라서 위기가 닥칠 때마다 군사를 배치했다.

2 키케로는 보수적 성향의 로마 귀족을 가리킬 때 흔히 라티움어 'boni'를 사용한다. 여기 서는 '선량한 시민'으로 번역했다.

몄는지, 당신은 우리 가운데 누가 모를 것으로 생각하는가?

2 시대여! 세태여! 원로원은 이것들을 알았고, 집정관은 보았습니다. 그런데 이자는 숨을 쉬고 있습니다. 숨을 쉬다뿐입니까? 심지어 원로원에도 출석했으며, 공적 논의에 참여했으며, 우리 하나하나를 눈으로 지목하며 죽음을 결정했습니다. 이자의 광기와 폭력을 모면하는 것만으로도 우리는 국가를 위해 할 일을 다한 용감한 사내로 보일 것입니다.

카틸리나, 당신을 집정관 명령으로 벌써 사형에 처했어야 했다. 당신이 우리 모두를 위해 이미 오랫동안 준비해 온 파멸을 당신에게 몰아주었어야 했다.

3 위대한 인물, 대제관(大祭官) 푸블리우스 스키피오[3]는 국가의 존립을 조금 흔들어 놓았다는 이유로 사인(私人)으로서 티베리우스 그락쿠스를 처단했습니다. 그렇다면 세상 전체를 살육과 방화로 파괴하려는 카틸리나를 우리 집정관들은 참아 주어야 합니까? 가이우스 세르빌리우스가 반역을 꾸미던 스푸리우스 마일리우스를 자신의 손으로 죽인 것 등 태곳적 예는 빼놓겠습니다.[4] 있었습니다, 지난날 이 나라에 용기가 있었습니다. 용감한 사내들이 위험한 시민을 잔혹한 적군처럼 엄정한 형벌로 단속했습니다.

우리는, 카틸리나, 당신에 대한 강력하고 단호한 원로원 의결을 가지고 있다. 국가를 걱정하는 원로원 신분의 결단과 명령

3 　푸블리우스 코르넬리우스 스키피오 나시카를 가리킨다. 기원전 133년 그는 소요를 주동했고 소요 사태 와중에 호민관 티베리우스 그락쿠스가 사망한다.

4 　재력가 마일리우스는 기원전 439년 독재관 킨키나투스 휘하의 기병장관이었던 아할라에 의해 처형당했다. 곡물을 싼 가격에 팔아 불법적으로 권력을 얻으려 했다는 이유였다.

이 내려졌다. 하지만 우리, 우리 집정관은 분명히 말하는바 손을 놓고 있다.

Ⅱ **4** 지난날 원로원은 결정했습니다. 집정관 루키우스 오피미우스로 하여금 국가에 어떤 피해도 생기지 않게 살피도록 명령했습니다. 그날 밤이 채 지나가기 전에 반역 혐의 때문에 가이우스 그락쿠스, 저명한 부친과 조부와 조상을 둔 사내가 죽었고, 집정관 역임자 마르쿠스 풀비우스가 자식들과 함께 목숨을 잃었습니다.[5] 또 원로원이 비슷한 결정을 내려 집정관 가이우스 마리우스와 루키우스 발레리우스[6]에게 국가의 안전을 위임했습니다. 호민관 루키우스 사투르니누스와 법무관 가이우스 세르빌리우스에게 국가의 형벌, 사형이 집행되기까지 채 하루가 지나갔습니까? 그러나 우리는 무려 20일 동안 원로원 명령의 칼날이 무뎌지도록 지켜보고만 있습니다. 앞서와 같은 원로원 의결을 가지고 있으면서도, 우리는 칼집에 칼을 꽂아 두듯 의결을 문서함에 넣어 두고만 있습니다.

우리가 원로원 의결을 따랐다면, 카틸리나, 당신의 목숨을 즉시 거두었어야 한다. 당신은 목숨을 이어 가고 있다. 만용을 거두기는커녕 더욱 휘두르며 목숨을 이어 가고 있다.

원로원 의원 여러분, 저는 자비를 베푸는 사람이고자 합니다. 저는 국가에 닥친 큰 위기 앞에서 우유부단하게 보이길 원치 않습니다. 저 자신이 저 자신의 태만과 무능을 탄핵합니다. **5** 이

---

5   루키우스 오피미우스는 기원전 121년의 집정관으로 호민관 티베리우스 그락쿠스의 동생 가이우스 그락쿠스가 개최한 집회를 공격했다. 이때 가이우스 그락쿠스는 물론 그의 지지자 마르쿠스 풀비우스와 그의 아들들이 사망했다.

6   이들은 기원전 100년 집정관을 지냈다.

탈리아 반도, 에트루리아 협곡[7]에 로마 인민을 공격하려는 군영이 결집되고 있습니다. 적군의 숫자는 날마다 증가하고 있습니다. 군영의 사령관이자 적들의 지도자가 로마 성곽 안에서, 심지어 원로원에서 내부적으로 매일 국가 파괴를 꾀하고 있음을 여러분은 보고 있습니다.

카틸리나, 당신을 내가 만약 체포하고 처형을 명한다면, 믿거니와, 내가 두려워해야 할 것은, 조치가 너무 늦었다는 모든 선량한 시민의 질타가 아니라 너무 잔인한 조치였다는 일부의 지탄일 것이다. 사실 나는 진작 했어야 할 일을 확고한 이유로 미루고 있다. 하지만 이런 조치의 적법성에 시비를 걸 만큼 파렴치하고 타락한 사람이, 당신을 닮은 사람이 단 한 명도 나타나지 않게 될 때에 마침내 나는 당신의 목숨을 거둘 것이다.6 감히 당신을 방어하려는 자가 하나라도 남아 있는 한, 당신은 목숨을 이어 갈 것이며, 지금처럼 국가 전복의 기도조차 할 수 없게 내가 배치한 수많은 굳건한 감시병에 포위되어, 목숨을 이어 갈 것이다. 수많은 사람의 이목이 이제까지 그랬던 것처럼 당신이 알아채지 못하게 당신을 지켜볼 것이며 감시할 것이다.

III 어두운 밤이 당신의 범죄 회합을 감추지 못하고, 사저(私邸)의 담이 음모를 꾸미는 목소리를 숨기지 못하고, 모든 것을 들추어내고 모든 것을 폭로하는 이 마당에, 카틸리나, 당신이 도대체 이제 더 무엇을 희망할 수 있단 말인가? 이제라도 당신의 그런 마음을 바꾸어라! 내 말을 들어 부디 살육과 방화를 잊어라! 당신은 사방으로 포위되어 있다. 당신의 모든 음모는 빛보

---

7   파이술라이(오늘날 피에솔레)를 가리킨다.

다 더욱 분명하게 우리에게 드러났다. 이제 나와 함께 이 모든 것을 되짚어 보자.

7 당신은 기억하는가? 내가 10월 21일 원로원에서 장차 어떤 특정한 날, 그러니까 10월 27일 당신 만용의 동조자이자 보조자 가이우스 만리우스가 칼을 들 것이라고 말한 것을 말이다. 카틸리나, 내가 틀렸는가? 그렇게 엄청나고 참혹하고 믿기 어려운 음모와 관련해서, 나아가 더욱 놀라운 일이겠지만, 날짜에 관해 내가 틀렸는가? 나는 같은 날 원로원에서 또 당신이 최고 귀족의 살해를 10월 28일로 정했다고 말한 바 있다. 당시 로마의 많은 국가 지도자는 목숨을 부지하기 위해서라기보다 당신의 음모를 좌절시키기 위해 로마를 떠났다. 당신은 아니라고 부정할 수 있는가? 다들 떠나고 몇몇 남아 있던 우리라도 해치우는 것으로 만족하겠노라 당신이 떠들어 댔을 때, 그마저도 바로 그날 내가 배치한 감시병에, 나의 주도면밀한 계획에 포위되어 반국가적 행위를 실행할 수 없었다.

8 어떠한가? 당신이 프라이네스테[8]를 11월 1일에 야간 기습으로 차지하겠노라 자신감을 드러냈을 때, 당신은 알아채지 못했는가? 바로 그 식민시는 나의 명령에 따라 배치된 감시병과 경비병과 보초병에 의해 방비되어 있었다. 당신이 획책하는 것, 당신이 기도하는 것, 당신이 생각하는 것, 모두 내가 듣고 있을 뿐만 아니라 정확히 알고 보지 않은 것이 없었다.

IV 그럼 이제 그저께 밤으로 돌아가 보자. 이제 당신은 국가

---

8 로마에서 남동쪽으로 30킬로미터 떨어진 곳에 있는 식민시다. 마리우스를 지지하던 자들이 중심을 이룬 도시였는데, 술라는 이들을 모두 몰아내고 그 자리에 자신을 지지하는 병사들을 동원하여 새로운 식민시를 건설했다.

를 파괴하려는 당신보다 국가를 지키기 위해 내가 훨씬 더 지독하게 보초를 섰음을 알게 되었다. 나는 말한다. 당신은 어제저녁 대장장이 골목의, 터놓고 말하자면, 마르쿠스 라이카의 집을 찾아갔고, 그곳에는 같은 광기와 범죄의 동지들이 다수 모여 있었다. 감히 부정하는가? 왜 입을 다물고만 있는가? 아니라고 반론한다면 나는 논박할 것이다. 이곳 원로원에도 어제 당신과 함께 있었던 몇몇 사람이 보인다.

9 불멸의 신들이시여! 저희는 세상 어디에 있는 것입니까? 우리나라는 어떤 나라입니까? 어느 도시에 사는 것입니까?

이곳에, 원로원 의원 여러분, 이곳에 우리 가운데 세상에서 가장 신성하고 중요한 회의에, 우리 모두의 죽음을, 이 도시와 이어 세상 전체의 파멸을 꾀하는 자가 있단 것입니다. 이들을 집정관인 저는 보고 있으며, 이들에게 국사의 견해를 묻고 있으며, 칼로 척살해야 마땅한 이들을 말로도 상처 입히지 않고 있습니다.

카틸리나, 그렇게 당신은 라이카의 집에서 어젯밤 이탈리아의 각 지방을 분배해 주었다. 각자에게 어디로 출발해야 할지를 정해 주었다. 수도 로마에 남아 있을 사람들을 뽑았으며, 당신과 함께 떠날 사람들을 정했고, 수도 로마의 방화할 지역을 지목했다. 당신도 곧 뒤쫓아 로마에서 출발한 것이라 다짐했다. 당신은 잠시 머물러야 한다고 말했고 그것은 내가 살아 있기 때문이라고도 했다. 로마 기사 신분의 두 사람[9]이 일어나, 당신의 근심을 덜어 주겠다, 날이 밝기 전에 그날 밤으로 나를 나의 침실에

9   가이우스 코르넬리우스와 루키우스 바르군테이우스를 말한다.

서 죽여 버리겠다 약속했다.10 나는 이 모든 걸 당신의 회합이 끝나자마자 전해 들었으며, 내 집에 더 많은 호위병을 보강하여 대비했으며, 내 아침 안부를 물으라고10 당신이 보낸 사람들을 제압했다. 그들은 바로 그 시각에 나를 찾아오리라 내가 많은 높은 분들에게 예고했던 바로 그 사람들이었다.

V 사태가 이러하므로, 카틸리나, 가기로 했던 곳을 이제 가라! 마침내 수도 로마를 떠나라! 성문은 열려 있다. 출발하라! 너무 오랫동안 당신의 저 만리우스 군영이 사령관을 기다리게 두지 마라! 그리고 떠날 때 당신 패거리를 데리고 나가라, 모두! 만약 그럴 수 없다면 최대한 많이! 수도 로마를 정화하라! 그러면 당신 덕분에 나는 큰 근심을 덜게 될 것이다. 당신과 나 사이에 로마 성벽을 두자! 당신은 이제 로마에 더는 머무를 수 없다. 나는 참지 않을 것이며, 좌시하지 않을 것이며, 허용하지 않을 것이다.

11 불멸의 신들께, 특히 수도 로마의 아주 오래된 보호자이신 여기 수호신 유피테르께 감사해야 합니다. 참으로 끔찍하고, 참으로 무섭고, 참으로 위험한 이런 국가적 역병을 매번 저희가 모면했습니다. 같은 사람이 여러 차례 국가의 존립을 위협하는 일은 없어야 할 것입니다.

내가 집정관 당선인이었을 때, 카틸리나, 당신은 내게 끈질기게 음모를 주도했고, 나는 공적 경호가 아니라 개인적 주도면밀함으로 나 자신을 지켜 냈다. 지난 집정관 선거에서 마르스 연병장에서 나를 포함한 당신의 경쟁자를 당신이 제거하고자

---

10   로마의 피호민은 두호인을 아침마다 해 뜨기 전에 찾아 문안하는 것이 관례였다. 여기서는 반어적으로 쓰였다.

했을 때, 나는 당신의 무모한 시도를 친구들의 경호와 도움으로 사회적 소요 사태 없이 조용히 제압했다. 매번 당신이 나를 노릴 때마다, 나의 죽음이 커다란 국가적 재앙이 될 수도 있음을 감수하면서, 나는 혼자 힘으로 당신을 막아 냈다.

12 이제는 국가를 통째로 노리고 있다. 당신은 불멸하는 신들의 성전, 수도 로마의 건축물, 모든 시민의 생명, 이탈리아 전체에 파괴와 황폐를 초래하고 있다. 내가 최우선으로 해야 할 일인바, 집정관의 권한이자 선조의 가르침에 부합하는 일을 아직 감행하지 않았는데, 그것은 덜 잔혹한 일을, 공동체의 안녕에 좀 더 유익한 일을 하려고 하기 때문이다. 만약 내가 당신의 처형을 명령했다면 국가 여기저기에 반역의 잔당이 남겠지만, 반면 당신이 내가 당신에게 권고하는 대로 떠난다면 국가를 좀먹는 지독한 인간쓰레기들이 수도 로마에서 사라지게 될 것이다.

13 카틸리나, 어떠한가? 내가 명하는 걸 실행하길 망설이는가? 그것은 당신 자신도 벌써 하려고 했던 것이 아닌가? 집정관은 반역자에게 수도 로마를 떠나라고 명한다. 망명을 가면 안 되느냐고 내게 되묻는가? 그걸 명하지는 않지만, 당신이 내게 자문한다면 그렇게 하라고 권한다.

VI 카틸리나, 여기 수도 로마에 당신을 기쁘게 할 무엇이 있는가? 당신네 타락한 반역 도당 말고 이곳에 당신을 두려워하지 않는 이는 아무도 없으며, 당신을 증오하지 않는 이는 아무도 없다. 집안에서 벌어질 법한 추문 가운데 당신 인생에 흔적을 남기지 않은 게 있는가? 개인사에 있을 법한 추행 가운데 당신 악명에 매달려 있지 않은 게 있는가? 당신 눈에 탐욕이, 당신 손에 악행이, 당신 몸에 파렴치가 없는 게 무엇인가? 청년들 가운데 당신이 타락의 미끼로 꾀어내어 만행의 칼을 내주거나 혹은 탐욕의 불을 밝혀 주지 않은 이가 있는가?[11]

14 그럼 어떤가? 최근 당신이 전 부인을 살해하고 새로운 결혼을 위해 안채를 비웠지만, 이런 악행에 보태어 믿기지 않는 다른 악행을 더하지 않았는가? 이것은 그대로 묻어 두고 침묵하도록 하자. 그리하여 이 나라에 그런 엄청난 범행이 거침없이 저질러졌음이 혹은 처벌되지 않았음이 세상에 알려지지 않도록 말이다. 또 돌아오는 변제일[12]에 재산을 모두 탕진했음을 당신이 실감하게 될 파산은 그대로 묻어 두자. 당신 악덕의 개인적 파렴치는 접어 두고, 당신 집안의 파탄과 추행도 접어 두고, 다만 국가와 우리 모두의 안녕과 존립이 걸린 문제로 넘어갈까 한다.

15 카틸리나, 오늘의 태양이 혹은 하늘의 이 바람이 당신은 즐거운가? 레피두스와 툴루스가 집정관이던 해[13]의 12월 31일, 당신이 민회장[14]에 무기를 들고 참석했고, 당신이 집정관과 국가 지도자를 살해하기 위해 병력을 준비했으며, 당신 범죄와 광기를 저지한 것이 당신의 각성이나 두려움이 아니라 로마 인민의 행운이었다는 걸 이 가운데 모르는 이가 없음을 당신은 알게 되었어도 즐거운가? 이것도 넘어가자. 잘 알려진 일이기도 하고, 그 이후에 저지른 일도 많으니 말이다. 당신은 집정관 당선

---

11   하인이 주인을 위해 횃불을 들어 밤길을 밝히는 모습에서 유래한 비유다.

12   'Idus'는 매월 15일 내지 13일을 가리키며, 이날은 채무에 대한 이자를 갚도록 정해진 날이다.

13   마리우스 아이밀리우스 레피두스와 루키우스 볼카키우스 툴루스는 기원전 66년 집정관을 지냈다.

14   로마광장 북쪽에서 주요 정치 집회가 열렸다.

인인 나를, 이후 집정관인 나를 죽이려고 한 것이 몇 차례나 되는가! 나는 피할 수 없을 것 같았던 당신의 공격을 아슬아슬하게 피했고, 흔히 하는 말로 몸을 틀어 벗어났다. 당신은 아무것도 얻지 못했고 성공하지 못했다. 그렇지만 당신은 일을 꾸미고 시도하길 멈추지 않았다. **16** 당신 손에서 칼을 빼앗은 것이 몇 차례인가! 칼을 놓쳐 손에서 떨어뜨린 경우는 몇 차례인가! 무슨 신성한 의식을 거행하여 칼을 걸고 맹세한 건 아닌지 모르겠다. 집정관의 몸에 칼을 기필코 꽂아 넣어야 한다고 생각하니 말이다.

VII 이제 당신이 사는 삶은 도대체 어떤 삶인가? 나는 이를 당신과 이야기하려 한다. 당신이 받아 마땅한 증오 때문이 아니라 당신에게 가당치도 않은 연민 때문이다. 당신은 방금 원로원에 입장했다. 이렇게 만장한 사람들 가운데 누가 당신에게 인사를 했는가? 이렇게 많은 당신 친구들과 친족 가운데 누가? 역사상 이런 일을 당한 사람은 아무도 없었다고 할 때, 무거운 침묵의 심판을 받은 당신은 비방의 목소리를 기대하는가? 어떤가? 당신이 도착했을 때 당신 주변 자리에서 사람들이 일어난 것에, 당신이 자주 죽이려고 점찍어 놓은 모든 집정관 역임자가 당신이 자리에 앉자마자 그쪽의 의원석을 황량할 정도로 비워 놓은 것을 견뎌 내는 당신 심정은 도대체 어떤 것인가?

17 하늘에 맹세코, 만약 내 하인들이, 당신의 동료 시민들 모두가 당신을 두려워하는 것처럼 그런 식으로 나를 두려워한다면 나는 내가 집을 떠나야 한다고 생각했을 것이다. 당신은 수도 로마를 떠나야 한다고 생각하지 않는가? 만약 나의 동료 시민들이 나를 그렇게 심하게 꺼리고 증오한다면, 그것이 부당하

더라도, 나는 모두의 곱지 않은 시선을 받기보다는 오히려 그들의 시선을 피했을 것이다. 그런데 당신은 자신의 악행을 자각하기 때문에 모두의 그런 증오가 정당하고 자신이 받아 마땅함을 인정하면서도, 당신이 마음과 감정에 상처를 입힌 사람들과의 동석을, 그들의 시선을 피하길 주저하는가? 만약 당신 부모님이 당신을 두려워하며 당신을 싫어한다면, 그럼에도 그들을 어떻게든 달랠 수 없다면, 내 생각에 당신은 얼마간 그들의 눈에 띄지 않으려고 할 것이다. 지금 조국은, 우리 모두의 아버지 조국은 당신을 미워하고 두려워하며, 당신이 존속살해만을 생각하고 있다고 오래전부터 판단했다. 당신은 조국의 명령을 두려워하지 않으며, 조국의 판단을 따르지 않으며 조국의 힘을 무서워하지 않는가?

18 카틸리나, 국가는 당신을 향해 침묵으로 이렇게 말한다. "지난 몇 년 동안 벌어진 악행 가운데 너로 인하지 않은 것이 없으며, 추문 가운데 너로 인하지 않은 것이 없다. 수많은 시민의 살해가, 동맹시의 착취와 약탈이 멋대로 처벌도 없이 너 하나에 의해 저질러졌다. 너는 법률과 재판 제도를 업신여겼을 뿐만 아니라 침해하고 훼손까지 했다. 지난 죄악은 묵과해서는 안 되지만, 그래도 할 수 있는 한 나는 참아 왔다. 하지만 이제 나는 너 하나 때문에 나 자신의 존립을 걱정하게 되었고, 아무리 작은 소리라도 소란이 들려오면, 카틸리나, 두려워하기에 이르렀다. 너의 범행 가운데 어떤 것도 나에게 해를 끼치지 않는 것이 없다. 이제 더는 참을 수 없다. 그러니 이제 떠나라! 나를 이런 걱정에서 해방하라. 근거 있는 걱정이라면 살아남기 위해서, 근거 없는 걱정이라면 그래도 앞으로 걱정이라도 덜 수 있도록 말

이다."

VIII 19 내가 말하는 것처럼 이렇게 조국이 당신에게 말한다면, 공권력을 투입하지 않더라도 조국의 뜻이 관철되어야 하는 것 아닌가? 어떤가? 당신이 자발적 구금을 제안했던 것, 혐의를 벗기 위해 만니우스 레피두스의 집에 머물겠다고 당신이 말했던 것은 어떤가? 그가 제안을 받아들이지 않았을 때, 심지어 당신은 내 집에 오겠다고 했고, 내 집에 받아 줄 수 있는지 내게 물었다. 나에게서도 비슷하게, 한 도시에 있는 것만으로도 큰 위험에 처한 마당에 당신과 한 집에 함께 있으면 안심할 수 없을 것이라는 대답을 당신이 들었을 때, 당신은 법무관 퀸투스 메텔루스[15]에게로 갔다. 그에게도 거절당했을 때 당신은 당신의 절친한 친구, 참으로 사람 좋은 사내 마르쿠스 메텔루스에게 피신했다. 당신은 그가 당신을 주도면밀하게 구금하고, 날카롭게 혐의점을 찾아내고, 엄정하게 처벌할 것이라 믿었다.

하지만 구금되어야 마땅하다고 스스로 판단한 자가 언제까지 투옥되지 않은 채 돌아다녀야 하는가? **20** 사정이 이러하니, 카틸리나, 당신은, 만약 편안한 마음으로 삶을 내려놓을 수 없다면 어디 다른 지역으로 떠나야 하는 것, 합당하고 정당한 중벌을 피해 고독한 망명의 삶을 살아야 하는 것 아닌가?

당신은 말한다. "원로원에 회부하십시오." 이렇게 제안하며 만약 원로원이 의결하여 당신이 망명을 떠나도록 결정한다면, 당신은 순순히 이에 복종하겠다고 말한다. 나는 나의 원칙에서 벗어나 그것을 회부하지는 않을 것이다. 하지만 당신이 명확히

15　퀸투스 카이킬리우스 메텔루스 켈레르는, 키케로의 연설이 행해지고 있는 기원전 63년 법무관을 역임했고, 이후 기원전 60년 집정관에 취임했다.

알 수 있도록 확인해 주겠다. 여기 원로원이 당신에 관해 의결한 바를 말이다. 카틸리나, 수도 로마를 떠나라! 국가를 두려움에서 해방하라! 망명이란 말을 기대한다면, 망명을 떠나라! 어떤가? 무엇을 생각하는가? 여기 원로원 의원의 침묵이 무엇을 의미한다 생각하는가? 이들은 참아 내며 침묵하고 있다. 침묵의 뜻이 무엇인지 알게 된 지금 왜 당신은 명령의 목소리를 기다리는가?

21 반면 만약 여기 탁월한 젊은이 푸블리우스 세스티우스[16]에게, 만약 용감한 사내 마르쿠스 마르켈루스[17]에게 내가 똑같이 말했다면, 벌써 여기 신전에 모인 원로원은 집정관으로서 내가 정당한 힘과 압력을 행사하도록 저지했을 것이다. 하지만 당신에 관해, 카틸리나, 원로원은 침묵으로 내 발언을 지지하고, 참아 내며 명령하고, 침묵하며 외친다. 여기 당신이 명령은 따른다고 하면서도 목숨은 하찮게 여기는 원로원 의원만이 아니다. 매우 훌륭하고 뛰어난 로마 기사 신분들이, 그리고 원로원 주변에 서 있는 여타 용감한 시민들도 마찬가지다. 당신은 만장한 이들을 볼 수 있었고, 열망을 간파할 수 있었고, 방금 목소리를 들을 수 있었다. 나는 당신을 향한 이들의 무력과 무기를 벌써 오랫동안 자제시키고 있는바, 벌써 오래전부터 파괴하고자 했던 이것들을 두고 떠나기로 한 당신을 성문까지 배웅하도록 설

---

16 키케로는 기원전 56년 푸블리우스 클로디우스 풀케르에게 고발당한 세스티우스의 변호를 맡는다.

17 기원전 51년 집정관을 역임했으며, 카이사르에 정치적으로 강력하게 맞섰던 인물이다. 키케로의 「마르켈루스 변호연설」은 마르켈루스의 사면을 카이사르에게 청하는 연설이다.

득하는 것은 어렵지 않을 것이다.

IX 22 내가 말하는 것은 무엇인가? 당신이 굴복하는 것, 당신이 잘못을 고치는 것, 당신이 도주를 생각하는 것, 당신이 망명을 고민하는 것 아니겠는가? 부디 불멸의 신께서 당신에게 제정신을 돌려주시길 바란다. 만약 당신이 내 목소리에 겁을 먹고 망명을 마음먹는다면, 당신 악행의 생생한 기억 때문에 지금 당장은 아니겠지만, 장래에 언젠가는 나에게 사람들의 미움이 폭풍처럼 일어날 것을 나는 잘 알고 있다. 그럼에도 이것을, 만약 당신 일이 당신의 재앙으로 마무리되고 국가적 위험을 초래하지만 않는다면, 나는 신경 쓰지 않는다. 당신이 악덕을 뉘우치는 걸, 법률의 처벌을 두려워하는 걸, 국가적 상황에 복종하는 걸 당신에게 요구하는 것은 아니다. 카틸리나, 당신은 염치 때문에 추악한 일을 마다하거나, 두려움 때문에 위험을 포기하거나, 이성 때문에 광기를 접을 그런 사람이 아니기 때문이다.

23 그러므로 내가 계속 말했던 것처럼, 망명을 택하라! 내가 예고한 대로 당신 정적인 나에게 사람들의 원망이 끓어오르길 원한다면, 즉시 망명을 감행하라! 당신이 그렇게 한다면, 집정관의 명령에 따라 망명길에 오른다면, 나는 사람들의 구설을, 산더미 같은 미움을 감당하지 못할 것이다. 반대로 내가 칭송과 명예를 누리길 원한다면, 당신의 오만불손한 범죄자 무리를 데리고 만리우스에게 가라! 방탕한 시민과 작당하고, 선량한 시민과는 갈라서라! 조국을 상대로 전쟁을 감행하고, 불경한 약탈의 춤을 추어라! 그리하여 내게 쫓겨나 낯선 곳에 이른 것이 아니라 나의 권유로 동지들에게로 떠난 것으로 보이도록 말이다.

24 권유란 다 무엇인가? 나는 안다. 당신은 포룸 아우렐리움[18]에서 무장하고 당신을 기다리도록 사람들을 앞서 보냈다. 당신은 만리우스와 합류할 날짜를 약속하여 확정했다. 당신은 집에 악행의 제단을 만들어 그곳에 모셨던 은독수리[19]도, 내가 확신하건대 당신과 당신 동지들 모두에게 불길한 죽음을 가져올 은독수리도 앞서 보냈다. 당신이 살인을 위해 길을 나설 때마다 경배를 드리던 은독수리와, 시민들의 피로 적신 불경한 손을 그곳에 얹곤 하던 은독수리와 그렇게 오래 떨어져 있을 수 있는가?

X 25 당신은 마침내 떠날 것이다. 당신의 고삐 풀린 광기의 탐욕이 이미 향했던 곳으로 말이다. 이것이 당신에게 고통이 아니라 뭔가 놀라운 쾌락을 가져다주기 때문이다. 이런 광기를 위해 자연이 당신을 낳았으며, 의지가 단련시켰으며, 운명이 도왔다. 당신은 한 번도 평화를 원하지 않았으며 오로지 끔찍한 전쟁만을 요구했다. 재산은 물론 희망마저 모두 잃어버린 타락한 자로 구성된 무도한 패거리를 당신은 만들었다. **26** 이에 당신 무리 가운데 선량한 시민은 한 명도 듣지도 보지도 못하게 되었을 때, 당신은 얼마나 큰 기쁨을 느꼈는가! 얼마나 큰 희열로 춤추었는가! 얼마나 큰 쾌락으로 날뛰었는가! 당신의 이런 노고는 사람들 말마따나 당신의 삶을 위한 열정 때문이었다. 사통(私通)을 노리고 더 나아가 악행을 감행하기 위해 땅바닥에 엎드린

---

18 로마에서 파이술라이를 향해 아우렐리우스 대로를 따라 북상할 때 도중에 있는 작은 마을이다.
19 게르마니아의 킴부리 종족을 정복할 때 마리우스의 군단이 군단기로 앞세우던 상징물이다.

삶, 잠들어 있는 남편을 속이고 더 나아가 휴식을 취하는 시민들의 재산을 훔쳐 내기 위해 밤을 지새우는 삶을 위한 열정 말이다. 이제 당신은 굶주림과 추위, 머지않아 당신에게 몰락의 증거가 될 온갖 궁핍을 이겨 내는, 참으로 대단한 인내력을 보여 줄 기회를 얻었다.**27** 당신을 집정관직 선거에서 물리쳤을 때 내가 한 일은, 당신이 집정관으로 국가를 망치는 대신 망명자로 국가를 침범하도록 만든 것이며, 당신이 꾸민 흉계가 전쟁이 아닌 강도질로 명명되도록 만든 것이다.

XI 이제 원로원 의원 여러분, 조국이 제게 제기한 정당하다 할 불만에 대해 답변할까 합니다. 부탁하건대 여러분, 제가 드리는 말씀을 경청해 주십시오. 제 말씀을 여러분의 마음과 머리에 깊이 새겨 주십시오.

제 목숨보다 훨씬 소중한 제 조국이, 이탈리아 전체가, 온 나라가 제게 이렇게 말하지도 모릅니다. "마르쿠스 툴리우스, 무얼 하는가? 국가의 적으로 파악된 자를, 장차 전쟁의 괴수로 확인된 자를, 적들의 요새에서 사령관으로 활약할 것이 예상되는 자를, 범죄의 주동자를, 반역의 수괴를, 타락한 노예와 시민의 징집자**20**를 떠나게 놓아두려는가? 네가 그를 수도 로마에서 쫓아낸 것이 아니라 수도 로마를 공격하도록 네가 그를 내보낸 것으로 보인다면 어쩔 셈인가? 감옥에 가두도록, 사형에 처하도록, 최고의 형벌로 다스리도록 명령하지 않을 셈인가?**28** 무엇이 너를 가로막는가? 조상의 관례인가? 하지만 이 나라에서 개인

---

20   사실 카틸리나는 노예를 징집하지는 않았다. 그의 지지자들이 노예 징집을 제안하기는 했으나 카틸리나는 이를 받아들이지 않았다. 기원전 73~71년의 스파르타쿠스 노예 반란 때문에 오히려 노예 징집이 자신에게 불리하게 작용할 것을 예상했던 것으로 보인다.

이 사사로이 위험 인물을 죽음으로 처벌한 것은 드문 일이 아니다. 혹은 로마 시민의 처벌에 관한 법률 때문인가?[21] 하지만 이 나라에서 국가에 위해를 가한 시민은 어떤 경우에도 권리를 주장하지 못한다. 혹은 후세의 질타를 두려워하는가? 훌륭한 조상 덕분이 아니라 너 자신의 능력으로 인정받은 너를 모든 관직을 두루 거쳐 국가 최고의 정무관으로 세운 로마 인민에게, 만약 사람들의 질타 혹은 어떤 위험 때문에 네 동료 시민들의 안녕을 소홀히 한다면, 그것은 진심 어린 감사라 할 수 있는가? **29** 하지만 무언가 질타의 두려움을 네가 느낀다면, 그것은 엄정과 용기의 질타가 아니라 무지와 무능의 질타이어야 한다. 이탈리아가 전쟁으로 황폐하게 변하고, 도시들이 파괴되고, 가옥들이 불탈 때, 너는 너 자신이 그런 질타의 화염에 태워 없어질 것을 생각하지 않는가?"

XII 저는 조국의 신성한 목소리에, 이렇게 생각하는 사람들의 마음에 조금이나마 대답하고자 합니다. 원로원 의원 여러분, 카틸리나의 사형 집행을 제가 해야 할 커다란 일이라고 판단했다면, 저런 검투사에게 단 한 시간도 목숨을 부지하도록 허락하지 않았을 것입니다. 위대한 사내들이자 고명한 시민들이 사투르니누스와 그락쿠스 형제와 플라쿠스 형제의 피로 자신들이 더럽혀진 것이 아니라 명예를 얻었다고 생각하는 마당에, 시민의 살해자를 죽여 제게 후세의 질타가 넘쳐 난다 한들 제가 어찌 이를 두려워할 수 있겠습니까? 이것이 크게 마음에 걸릴 수

---

21 기원전 509년, 449년, 300년에 제정된 법에 따라 모든 로마 시민에게는 자신에게 선고된 사형 혹은 태형에 반하여 민회에 상소할 권리가 있었다. 나중에는 법을 개정하여 로마 시민에 대한 사형을 전면적으로 금지했으며 추방형으로 대신하도록 했다.

도 있겠지만, 저는 늘 이렇게 생각했습니다. 덕을 행하여 당하는 질타는 질타가 아니라 명예라고 말입니다.

30 그런데 여기 원로원 의원 가운데 코앞에 닥친 것을 보지 못하거나 혹은 보고도 못 본 척하는 분들이 몇몇 있습니다. 이들은 유약한 생각으로 카틸리나의 희망을 키워 주었고 설마 하는 마음으로 갓 태어난 내란 음모를 강화한 사람들입니다. 이들의 권위에 기대어 무도한 자들은 물론 무지한 자들은 제가 이자를 처벌한다면 잔인한 왕처럼 군림한다고 말할지도 모릅니다. 하지만 만약 이자가 자신의 계획대로 만리우스의 진영으로 떠난다면, 아무리 어리석은 자일지라도 내란 음모가 있었음을 알아차릴 것이며, 아무리 무도한 자일지라도 이를 인정할 것임을 저는 압니다.

하지만 이자를 죽인다면 저는 믿거니와 이런 국가적 역병이 잠깐은 줄어들겠지만, 항구적 치료일 수는 없습니다. 만약 그가 도시를 떠나고 제 패거리들을 데리고 떠난다면, 동시에 사방에서 모여든 파선의 잔당을 몰아간다면, 깊이 뿌리 내린 국가적 역병은 물론 모든 악의 뿌리와 씨앗도 일시에 제거되고 소멸될 것입니다.

XIII 31 원로원 의원 여러분, 우리는 이미 오랫동안 내란 음모의 위험과 흉계와 함께 있었습니다. 어떻게 된 것인지는 모르겠으나, 모든 범행, 오랜 광기와 무모함이 자라나다 저의 집정관 재임 기간에 싹을 틔웠습니다. 엄청난 강도들 가운데 이자만을 제거한다면, 아마도 우리는 당분간 근심과 걱정을 덜어 낼 수 있을 것입니다. 하지만 위험은 뿌리를 내려 국가의 혈관과 골수 깊숙이 자리 잡게 될 것입니다. 심각한 질병을 앓는 사람들은 흔히 신열과 오한에 시달릴 때에 차가운 물을 마시면 처음에는 열이 내리는 것처럼 보이지만, 이내 더 심각하고 위중하게 앓게 됩니다. 꼭 그처럼 그런 처벌로 인해 잔당을 남기게 되면 국가의 질병은 더욱 심각해지고 위중해집니다.

32 그러므로 무뢰한들은 떠나야 합니다. 선량한 시민들로부터 분리하여 그들만을 한 장소에 모아야 합니다. 앞서 말했다시피 마침내 성벽을 사이에 두고 우리와 분리되어야 합니다. 제 집에 머물며 집정관에게 음모를 획책하는 걸 멈추어야 하며, 시민 담당 법무관[22]의 법정을 에워싸는 걸 멈추어야 하며, 의사당을 칼로 포위하는 걸 멈추어야 하며, 도시를 불태울 불화살과 횃불을 준비하는 걸 멈추어야 합니다. 이들은 각자의 이마에 자신들이 국가에 관해 생각하는 바를 새겨 넣어야 합니다. 원로원 의원 여러분, 저는 여러분에게 약속합니다. 여러분은 저희 집정관들의 커다란 주도면밀함으로, 여러분의 커다란 위엄으로, 로마 기사 신분의 커다란 용기로, 선량한 시민 모두의 일치단결된 의지로, 카틸리나가 수도 로마를 떠난 이후 모든 것이 드러나고 명백해지며, 제압되고 처벌받는 것을 보시게 될 것입니다.

33 모든 것이 이러한 마당에, 카틸리나, 국가의 안녕을 위해, 당신의 몰락과 파멸을 위해, 당신의 온갖 범죄와 살인 행위에 힘을 보탰던 자들의 죽음을 위해 이제 불경하고 흉악한 전쟁을 위해 길을 떠나라! 유피테르 신이여! 로물루스께서 개국할 때 받은 신탁에 따라 모신 신이여! 저희가 도시와 국권의 수호신이라 칭송하는 신이여! 이자와 이자의 패거리를 당신 신전은 물론

---

22 시민 담당 법무관은 전체 여덟 명의 법무관 가운데 선임자이며, 시민 담당 법무관이 주관하는 재판은 로마광장에 설치된 법정에서 진행되었다.

다른 모든 신전에서, 도시의 건물과 성벽에서, 모든 시민의 삶과 운명에서 멀리 내치소서! 선량한 시민의 정적을, 조국의 적을, 범죄의 협력과 흉악한 동맹으로 서로 묶인 이탈리아의 약탈자들을 죽은 자든 산 자든 영원한 형벌로써 처단하소서!

키케로는 카틸리나 내란을 사전에 막아 조국을 지켜낸 로마의 영웅이 된다. 그런데 이 카틸리나 사건은 5년 뒤인 기원전 58년 키케로의 발목을 잡는다.

기원전 60년 카이사르는 크라수스, 폼페이우스와 함께 삼두정치를 시작했는데, 원로원을 견제하기 위해 키케로를 포섭하고자 했으나 키케로가 제휴를 거부하자 전략을 수정하여 키케로를 탄핵하기로 한 것이다. 카이사르는 그 첨병으로 키케로의 정적 클로디우스를 선택한다. 그리하여 클로디우스는 키케로에게 맞서기 위하여 귀족 신분을 버리면서까지 평민을 대표하는 호민관직에 출마한다. 기원전 58년 호민관에 오른 클로디우스는 "로마 시민을 재판 없이 처형한 자는 추방한다."라는 법을 통과시키고는, 과거로 거슬러 올라가 카틸리나 사건 때 이루어진 불법적 처형을 빌미로 키케로를 기소한다. 사건 당시 카틸리나의 동지 다섯 명이 재판 없이 처형당했던 것이다.

키케로는 판결이 나기 전에 로마를 떠나 스스로 망명길에 오른다. 그러나 클로디우스는 여기서 그치지 않고 법을 또 한 번 고쳐 당시 로마 최고 변호사로 부를 축적했던 키케로를 추방과 함께 전 재산까지 몰수했다.

기원전 57년 키케로는 친구들의 도움으로 로마로 돌아왔고 몰수당한 재산도 되찾았지만, 곧 정치권을 떠날 수밖에 없었다. 카틸리나 사건은 키케로의 정적이기도 한 살루스티우스(기원전

86~35년)가 저술한 『카틸리나 전쟁(Bellum Catillinae)』에 자세히 기록되어 있다.

이탈리아 국회의사당에는 체사레 마카리가 그린 「원로원에서 카틸리나 반역 음모를 고발하는 키케로」(1889) 벽화가 있다. 키케로가 왼쪽에서 탄핵연설을 하고 있고, 오른쪽 앞에 카틸리나가 앉아 있다. Photo ⓒ Bridgeman Image

로마광장 기원전 6세기 카피톨리움 언덕에 세워진 첫 번째 광장으로 점차 공공건물과 신전이 여럿 세워지면서 로마의 정치경제 중심지가 되었다.

사투르누스 신전 기원전 5세기경 로마광장에 세워진 농업의
신 사투르누스의 신전이다.

디오스쿠로이 신전 제우스와 레다 사이에서 태어난 쌍둥이 아
들 카스토르와 폴룩스를 모시는 신전으로 '제우스의 아들들'
이라는 뜻이며, 기원전 495년 로마광장에 세워졌다.

중앙 문서 보관소 기원전 78년 카피톨리움 언덕에 세워진 공
문서 보관소이다.

아이밀리우스 공회당은 기원전 78년에 로마광장에 세워진 환전 장소로서 가장 중요한 로마의 상거래 중심지였다. 조각은 도시 성벽을 쌓고 있는 모습을 보여 준다.

베스타 신전 기원전 7세기에 세워진 건물로, 유언장과 원로원 문서 등을 보관하는 중요한 곳이었다.

장 레옹 제롬, 「카이사르의 죽음」(1867) 기원전 60년 카이사르는 삼두정치를 시작하면서 원로원을 견제하기 위해 키케로를 포섭하고자 했으나 실패하자 키케로를 탄압했다. 그러나 카이사르는 결국 그의 독주에 불안해하던 귀족 세력에 의해 기원전 44년에 암살당한다.

키케로는 플라톤의 철인정치 이념을 재해석하여 '연설가 정치론'을 제시했고, 이에 부합하는 연설가 교육론을 전개했다.

4   법률 문구를
넘어 현실을
바라보다

선거부정:
무레나 변호연설

배 경

  루키우스 리키니우스 무레나는 로마에서 26킬로미터 정도
떨어진 라누비움의 리키니우스 씨족 중 민중파 출신이다. 무레
나의 증조부, 할아버지, 아버지는 법무관을 역임했다. 무레나의
아버지는 법무관을 지내고 술라의 명으로 아시아 속주의 대리
총독직을 역임했는데, 그때 술라와 미트리다테스 간에 체결된
협약을 깨고 폰투스 영토로 진격했다가 막대한 손실을 입은 적
이 있다. 이에 술라는 그에게 일체 대적하지 말 것을 명하기도
했다. 무레나는 아버지를 따라 전쟁에 참가했었고, 기원전 73년
에는 (아시아, 비튀니아, 폰토스에서) 루키우스 리키니우스 루쿨루
스 아래에서 복무했다. 기원전 72년에는 아미수스 포위 작전의
책임자로 투입되었고, 기원전 65년에는 법무관으로 선출되었
다. 기원전 64~63년에는 알프스 이남 갈리아(Gallia Cisalpina)를
담당한 대리 집정관이었다.
  기원전 63년에 무레나는 집정관 입후보와 선거운동을 하기
위하여 동생 가이우스를 그곳에 임시 수령으로 남겨 두고 로마
로 돌아왔다. 무레나가 출마한 집정관 선거에는 그 외에도 세르
비우스 술피키우스 루푸스, 데키무스 유니우스 실라누스, 루키
우스 세르기우스 카틸리나 등 세 명의 후보가 더 있었다. 집정
관 선거는 7월에 열릴 예정이었지만, 카틸리나의 방종을 더 이
상 묵과할 수 없었던 키케로는 우선 카틸리나의 선거전 연설을
의제로 하는 특별 회의가 개최되도록 제안했다. 그러나 이 기회

에 카틸리나를 선거에서 실격시키지 못하자, 키케로는 무레나를 전폭적으로 지지하고 원조하게 된 것이다.

그 일환으로 무레나가 부관으로 모셨던 루쿨루스 장군에게 개선을 허용하기도 했다. 키케로의 행동은 루쿨루스의 군대에 큰 이익을 주었고, 루쿨루스 군대는 그 보답으로 무레나를 지지했다. 결국 선거에서 카틸리나가 패했고, 무레나와 실라누스가 당선되었다.

무레나는 키케로 후임으로 집정관에 당선되었으나, 정적들은 그를 고발하며 당선 무효를 요구했다. 이에 키케로가 기원전 63년 11월 15~30일 사이에 무레나를 위해 변호연설을 한다.

무레나가 고발된 사유인 부정선거(ambitus)는 로마 역사상 계속해서 문제가 되어 왔고, 기원전 181년에도 관련 법률이 제정되었다. 그 법률에 따르면 뇌물 등의 불법 수단을 썼다는 이유, 즉 부정선거로 인하여 유죄판결에 처해지면 그 후 10년간 입후보 자격을 박탈당했다.(리비우스, 40.19.11.) 이 조치만으로는 부족하여 기원전 159년에는 집정관이 발의한 또 하나의 법이 제정되었는데, 거기에서는 심지어 최고형으로 사형을 규정했다.

그러나 이 법률로도 선거 부패의 현실을 완전히 억누를 수는 없었다. 그리하여 기원전 116년경에 전문적으로 부정선거를 다루는 사문회인 부정선거 상설사문회(quaestio de ambitu)가 설치되었으며, 이 법정의 심판인들은 기사 신분이었다. 술라가 발령한 여러 가지 사법 개혁 조치들 중 하나가 바로 부정선거 상설사문소와 여타 상설사문소들을 통합한 것이다.

무레나 변호연설

1 심판인 여러분, 조점(鳥占)을 친 후 백인대 민회에서 제가 루키우스 무레나를 집정관으로 선포한 그날, 그 선포가 저에게, 저의 신망에, 저의 관직에, 로마 시민과 평민에게 유리하고 길하도록 조상의 관습과 제도에 따라 불멸의 신들에게 간구했는바, 지금 이 자리에서도 그 사람이 집정관직에 별일 없이 취임하도록, 여러분의 생각과 의견이 로마 인민의 표심과 일치할 것과 이 일이 여러분과 로마 인민에게 평화, 평안, 평온, 화해를 가져오도록 저는 바로 그 불멸의 신들에게 다시금 같은 것을 간구하고 있습니다. 집정관이 주재하는 조점으로 축성된 민회의 엄숙한 간구가 나라의 권위가 요청하는 효력과 신성을 가질진대, 저는 저의 주재로 집정관직이 부여된 사람에게도 순탄하고 길한 방향으로 일이 전개될 것을 간구했던 것입니다.

2 심판인 여러분, 불멸의 신들의 모든 권위가 여러분에게 이전되었거나 아니면 최소한 여러분이 그것을 공유하게 되었으

니, 제가 전에 불멸의 신들에게 맡겼던 집정관을 이제는 여러분의 보호에 맡겨, 집정관을 선포했던 바로 그 목소리로 집정관을 방어하여 앞으로 그가 로마 인민의 지지를 받아 여러분뿐 아니라 모든 시민의 안녕을 보호하도록 만들고자 합니다.

그리고 이러한 의무를 이행함에 있어 저의 변호 의지와 사건 수임마저 고발자들이 비난했기 때문에, 루키우스 무레나의 변호를 시작하기 전에 먼저 저 자신을 변호하는 시간을 다소 갖겠습니다. 이는 바로 이 시점에 의뢰인의 안녕보다 제 임무에 대한 변호가 저에게 더 중요해서가 아니라, 제 행위가 여러분의 인정을 받고나서야 더 큰 권위로 이 사람의 관직, 평판, 기타 모든 명운과 관련된 사정에 대한 정적들의 공격을 격퇴할 수 있을 것이기 때문입니다.

II 3 우선 자신의 삶을 확고한 이성적 규칙에 맞추며 모든 의무의 중요도를 아주 세심하게 평가하는 마르쿠스 카토에게 저의 의무에 관하여 답변하겠습니다. 집정관이자 선거부정방지법의 제안자로서, 집정관직을 극히 엄정하게 수행한 제가 루키우스 무레나의 사건을 수임한 것은 옳지 않다고 카토는 주장했습니다. 심판인 여러분, 그의 비난에 저는 크게 자극받았고, 특히 제 변론을 들을 여러분뿐 아니라 진중하고 청렴한 사람인 카토 본인에게도 제 행위의 이유를 밝히지 않을 수 없겠습니다.

마르쿠스 카토여, 집정관을 변호하는 데 도대체 집정관보다 더 형평에 부합하게 변호할 수 있는 사람이 누가 있겠습니까? 큰 노고와 위험을 감당하면서 제가 지켜낸 나라를 수호하도록 저에게서 이양받은 그 사람보다, 우리나라에서 누가 더 저와 긴

밀할 수 있겠으며 긴밀해야 하겠습니까? 악취행위[1]로써 매도된 물건의 반환 청구 사건에서, 구속행위[2]로써 의무를 부담한 매도인은 매수인이 처할 위험을 책임져야 한다면, 집정관 당선인에 대한 재판에서도 확실히 집정관 당선을 공포한 집정관이 로마인민이 보낸 지지의 보증인, 즉 당선인이 겪을 위험에 맞서 방어자가 되는 것이 옳은 일입니다.

4 그러나 만일 몇몇 나라에서 그러하듯, 이 사건에 변호인이 공개적으로 선임된다면, 최고 관직을 담당하는 자의 방어자로 가장 적당한 인물은, 같은 관직을 역임했으며 말하는 능력뿐아니라 권위도 갖춘 자일 것입니다. 우리가 겪은 위험으로 이제막 진입하려는 자를 우리가 돕는 것은 자연스러운 일인바, 방금바다로부터 항구에 들어온 사람들은 통상 항구에서 떠나는 자들에게 폭풍우, 해적, 위험 지형 등을 성심껏 가르친다고 할 때, 이제 막 거대한 파랑에서 겨우 벗어나 뭍을 보기 시작한 제가, 곧나라의 큰 정치적 폭풍 속으로 진입하여야 할 제 의뢰인에 대하여 어떤 마음가짐이어야 하겠습니까? 그러한 사유로 현재 무엇

---

1   악취(握取) 행위는 건물, 이탈리아의 토지, 노예, 대가축 등 농업경제 시기에 중요한 의미를 가지는 물건들인 소위 악취물(res mancipi)에 대한 소유권 이전의 엄격한 방식으로, 격식에 따른 구술 표현, 5인의 로마시민 증인, 저울잡이(libripens)의 출석이 요구되었다. 그런데 악취행위를 통해 악취물을 양수한 자가 제3자로부터 소유물 반환청구 소권으로 피소되는 경우, 양수인은 양도인에게 '담보인'으로서 원조할 것을 요구할 수 있었다. 양도인이 원조 의무를 이행하지 않거나 원조했으나 무위로 끝난 경우, 양수인은 추탈담보 소권으로 매매 대금의 두 배 금액을 청구할 수 있었다.
2   구속 행위는 로마법의 옛 제도로서 12표법에 규정되어 있다. 12표법의 'nexum mancipiumque(구속행위이자 악취행위)'(최병조, 『로마법 연구 1』, 서울대학교출판부, 1995, 15~16쪽 참조)라는 문언 때문에, 구속 행위는 여기서처럼 악취 행위와 동일시되기도 한다.

이 행해지는지를 살피는 것뿐 아니라, 앞으로 무슨 일이 있을지 예견하는 것이 좋은 집정관의 일일진대, 저는 이 연설의 뒷부분에서 1월 1일을 기하여 나라에 두 명의 집정관이 있는 것이 공공 안녕에 얼마나 중요한지를 보이겠습니다. **5** 결국, 의무가 저를 절체절명의 위기를 맞은 친구로 이끌었다기보다는, 나라가 집정관인 저를 공공의 안녕을 수호하라고 부른 것이 틀림없습니다.

III 제가 부정선거방지법을 제안한 것은 확실하지만, 그것은 '동료 시민이 위험에 처했을 때 보호한다.'라는, 이전에 저 자신이 스스로 세운 규칙을 배제하기 위한 것은 아닙니다. 실로 뇌물을 공여했다고 자백하면서 그것이 정당한 것이었다고 방어한다면, 설사 다른 사람이 그 법을 제안했다 하더라도, 그것을 변호하는 것은 부적절한 행동이 될 것입니다. 하지만 불법적으로 행해진 것은 아무것도 없다고 제가 방어한다면, 제가 법률을 제안했다는 사실이 변호를 막을 이유가 되겠습니까?

6 로마 성벽 내에서 나라의 파멸을 꾀하던 카틸리나[3]를 연설로써, 아니 거의 정무관 명령으로써 도시에서 축출한 것과 지금 루키우스 무레나에 대한 변호 사이에는 일관된 엄정함이 결여되었다고 카토는 주장합니다. 그러나 저는 본성 자체가 가르쳐 준 유연함과 자비로움을 항상 기꺼이 따랐던 사람으로, 진중함과 엄정함의 역할은 저 스스로 구한 것이 아니라 시민들이 당한 극한적 위기의 순간에 이 나라의 권위가 요청한바, 제가 나라로부터 부여받은 역할을 담당한 것일 뿐입니다. 나라가 강제력과 엄정함을 원했던 그때, 저는 본성을 억누르고 그토록 격

---

3   루키우스 카틸리나에 관해서는 이 연설문의 배경 및 뒷이야기와 3장 '카틸리나 탄핵연설' 참조.

렬하게 행동했지만 제가 원해서 한 것은 아니었고, 지금은 모든 사정이 저를 자비와 인도로 부르고 있는데, 제가 저의 본성과 습관을 극력 따르지 말아야 한단 말입니까? 저의 변호 의무와 당신이 비난하는 이유에 관해서는 이 연설의 다른 부분에서도 말해야 할 것입니다.

7 심판인 여러분, 가장 현명하고 명예로운 사람인 세르비우스 술피키우스의 원망도 카토의 비난 못지않게 저를 자극했습니다. 그는 제가 친밀한 관계를 망각하고 그에게 맞서 루키우스 무레나의 사건을 맡아, 극히 고통스럽고 괴로운 상태라고 말했습니다. 심판인 여러분, 저는 이 사람에게 해명하기를 원하며 여러분을 중재인으로 청합니다. 우정과 관련된 사건에서 비난받는다는 것은, 그것이 사실일 경우 정말 심각하지만, 사실이 아닌 경우라도 간과할 수 없기 때문입니다.

세르비우스 술피키우스여, 당신이 출마했을 때, 저는 우리의 친분에 기하여 당신에게 모든 정열과 의무를 바쳤음을 고백하며 또한 할 바를 다했다고 생각합니다. 집정관직에 출마한 당신에게, 친구나 은인, 혹은 집정관으로부터 요구될 만한 모든 것을 제가 베풀지 않았던 적은 없습니다. 시간은 지났고, 사정은 그때와 다릅니다. 저는 그때, 무레나의 선출에 반대하여 당신이 저에게 당당히 요구했던 만큼의 의무를 당신에게 다했지만, 이제는 그의 이익에 반하여 행할 어떤 의무도 부담하지 않는다고 생각하며, 또 확신합니다. 8 당신이 집정관직 출마에 열심이었던 그때 저는 당신 곁에 있었지만, 당신이 무레나를 고발한 지금, 그때와 마찬가지로 제가 당신의 원조자가 되어야 하는 것은 아닙니다. 그리고 친구들이 고발자로 나선 소송인 경우, 피고가 전혀 모르는 사람일지라도 변호하지 말라는 주장은 칭찬은커녕 결코 용인될 수조차 없을 것입니다.

Ⅳ 그런데 심판인 여러분, 관직을 두고 벌인 선거 경쟁에서는 세르비우스 술피키우스를 도왔지만, 저는 무레나와 오랫동안 돈독히 우정을 쌓아 왔던바, 목숨이 걸린 중대한 이번 사건에서 우정을 저버리지 않을 것입니다. 설사 그 이유가 아니라 하더라도, 무레나의 고귀함과 그가 얻은 관직의 커다란 명예로 보아, 그 자신이 이룬 업적과 로마 인민의 칭송으로 빛나는 그 사람의 아주 위태로운 소송을 제가 맡지 않았다면, 이는 저에게 오만과 매정함이라는 심각한 불명예를 낙인찍었을 것입니다. 그리고 실로 다른 사람의 위험을 제거하는 데 제 노고를 들이지 않음은 이미 저에게 허용되어 있지도 않고 제 마음대로 할 수 있는 것도 아닙니다. 즉 저의 전심전력 때문에 이전에는 그 누구에게도 주어진 바 없던 큰 보상이 저에게 주어진 만큼, 영예를 구할 때 들였던 노력을, 영예를 얻었다고 해서 그만두는 것은 간교하고 배은망덕한 사람이나 할 짓으로 보이기 때문입니다.

9 만일 그만두는 것이 허용된다면, 당신의 책임 아래 제가 그만둘 수 있어서, 정녕 나태라는 불명예, 오만이라는 수치, 몰인정이라는 책망도 당하지 않는다면, 저는 참으로 기꺼이 그만두겠습니다. 그러나 노고로부터 도망하여 나태가, 탄원자들을 거절하여 오만이, 친구들을 소홀히 하여 부도덕함이 드러나게 된다면, 확실히 이 사건은 성실하며 자비롭고 의무에 충실한 자로서는 그만둘 수 없는 그런 것입니다.

그리고 세르비우스여, 당신은 당신의 전문 분야[4]에 비추어 이 일을 아주 쉽게 납득할 수 있을 것입니다. 친구의 정적이 법에 대하여 자문을 청해도 이에 답변하여야 한다고 생각하고, 한때 당신의 정적이었던 사람이 당신의 답변에 따라 변론하다가 패소하는 것을 수치스럽게 여기는 당신이라고 할 때, 그렇게 당신의 전문 지식의 샘은 적들에게도 열려 있을진대, 저의 샘을 제 친구에게조차 닫으라는 그런 부당한 말씀은 하지 마십시오.

10 만일 당신과의 친밀함으로 인하여 이 사건에서 제가 배제된다면, 그리고 마찬가지로 저명인사들인 퀸투스 호르텐시우스, 마르쿠스 크라수스[5]나, 더 나아가 제가 아는 한 당신과의 선린 관계를 높게 평가하고 있는 여타 사람들이 배제된다면, 이 도시에서, 우리 조상들이 하류층 사람이라도 결코 변호인의 조력을 받지 못하는 일은 없기를 바랐던 바로 이 로마에서, 집정관 당선인이 변호인을 얻지 못하는 사태가 벌어질 것입니다.

심판인 여러분, 만일 제가 친구를 저버린다면 저는 흉악한 이로, 가련할 사람을 저버린다면 매정한 이로, 집정관을 저버린다면 오만한 이로 평가될 터입니다. 그러므로 저는 우정을 최대한 존중하여, 너무나도 사랑스러운 제 아우가 당신 자리에 있는 것처럼, 당신을 상대로 관대하게 행동할 것입니다. 이것은 의무, 신의, 경계에 따라야 하는 바, 저는 제가 한 친구의 고발에 대항하여 다른 친구가 위험에 빠지지 않도록 변호한다는 사실을 마음에 새기고서, 사안을 조절해보고자 합니다.

V 11 심판인 여러분, 제가 알기로 고발 전체는 세 부분으로, 그중 첫 번째는 행장의 비난, 두 번째는 품격의 탄핵, 세 번째는

---

4 법률 분야를 가리킨다.
5 퀸투스 호르텐시우스와 마르쿠스 크라수스는, 현재 키케로와 함께 무레나 사건의 공동 변호인으로 참여하고 있다.

부정선거 소추입니다. 그리고 이 세 부분 중 첫째 부분은 원래 가장 중요한 것이어야 하는데, 무레나의 경우 아주 약하고 사소하여, 비난거리가 실제로 있었다기보다는 일종의 관성적인 고발 관례에 따라 루키우스 무레나의 행장에 관하여 무엇인가를 주장한 것입니다. 즉 아시아가 비난의 대상이었습니다. 그러나 그곳은 제 의뢰인이 쾌락이나 사치가 아니라 군복무를 위하여 편력한 곳입니다. 청년 무레나가 부친의 사령관 재임시 군역을 담당하지 않았다면, 그는 적 또는 부친의 명령권을 두려워했거나 부친에 의하여 거부된 것으로 여겨졌을 것입니다. 소년 토가를 입은 어린 아들들이 개선식을 거행하는 아버지의 말 위에 으레 동승하는 반면, 부친과 업적을 공유하여 부친과 동시에 개선식을 거행할 정도의 군사 업적을 이룬 이 사람이, 부친의 개선식을 장식하지 말았어야 합니까?

12 심판인 여러분, 여기 이 사람은 아시아에서 복무할 때, 부친의 위험에는 큰 도움을, 고역에는 큰 위안을, 승리에는 큰 기쁨을 가져다 주었습니다. 그리고 아시아 자체가 사치의 혐의를 받긴 하지만, 아시아를 본 적도 없는 사람보다는 아시아에서 절도 있게 산 이 사람이 더 상찬받아야 마땅합니다. 그러므로 가문에 찬양을, 혈통에 후대의 기억을, 자신의 이름에 명예와 영광을 가져다준 그 아시아라는 단어가 아니라, 아시아에서 범한, 또는 그곳으로부터 로마로 유입시킨 범죄와 불명예가 무레나를 비난하는 이유로 제시되어야만 했습니다. 그러나 당시 로마 인민이 수행한 유일하게 대규모였던 그 전쟁에서 그가 군역을 맡은 것은 용맹에 따르는 것이고, 부친이 사령관일 때 기꺼이 군역을 이행한 것은 효경에, 부친의 승전과 개선으로 군역을 마친

사실은 행운에 속하는 것이었습니다. 그리하여 실로 그의 이러한 행적에 대해서라면 온통 칭찬거리일 뿐, 거기에 대고 악담할 여지는 전혀 없습니다.

VI 13 카토는 루키우스 무레나를 춤꾼이라 부릅니다. 그러한 발언은 사실에 기한 것이라도 격분한 고발자가 내뱉는 비방이며, 만일 거짓일 경우 입이 거친 중상자의 막말일 뿐입니다. 그러니 마르쿠스 카토여, 그렇게 높은 지위에 있는 당신이라면 저 잣거리 한량이나 하는 식으로 비난하지 말아야 하고, 로마 인민의 집정관을 함부로 춤꾼이라고 불러서는 안 됩니다. 그보다는, 진정으로 비난받을 만한 악덕이 있을지를 따져 보아야 합니다. 행여 미쳤다면 모를까, 절제되고 품격 있는 연회에서나 홀로 있을 때나, 멀쩡한 정신이면서 춤출 사람은 없기 때문입니다. 일찌 감치 시작된 만찬, 유쾌한 상황, 큰 유흥의 마지막 동반자가 춤입니다. 당신은 다른 악덕들은 놔두고서 모든 악덕의 최후인 바로 이 악덕으로 그를 비난하는 것입니까? 추악한 연회, 사랑놀음, 폭음폭식, 육욕, 사치 등 어떤 것도 증명되지 않았습니다. 실제로는 악덕이면서 쾌락이라 불리는 그런 것들을 찾아볼 수 없을진대, 사치 그 자체를 찾을 수 없는 그 사람한테서 당신은 사치의 그림자를 찾을 수 있다고 생각하십니까?

14 결국 루키우스 무레나의 행장에 대해서는 아무것도, 제가 말하건대, 심판인 여러분, 정녕 아무것도 비난할 것이 없습니다. 집정관 당선인을 제가 변호하는 것은, 그의 행장에서 기망, 탐욕, 배신, 잔인, 음담 등을 전혀 찾을 수 없기 때문입니다. 잘되었습니다. 제 변호의 좋은 토대가 놓였으니까요. 사실 지금까지 저는 훌륭한 사내이자 청렴한 이 사람을, 제가 앞으로 하

려고 하는 찬사가 아니라 다만 정적의 자백을 근거로 변호해 온 셈입니다. 이렇게 행장의 깨끗함이 확정되고 나니, 고발의 두 번째 부분인 품격의 탄핵으로 들어가기가 훨씬 더 쉬워졌습니다.

VII 15 세르비우스 술피키우스여, 저는 당신이 집정관직 출마에 적합한 혈통, 청렴, 성실, 여타 모든 자랑스러운 최고 품격을 갖추고 있음을 압니다. 루키우스 무레나도 그것들을 동등하게, 품격에 있어 당신에게 압도되지도 당신을 능가하지도 않을 만큼, 말 그대로 동등하게 갖추고 있음을 인정합니다. 당신은 루키우스 무레나의 혈통을 멸시하고 자신의 혈통은 자랑스러워했습니다. 이런 입장에서, 혈통 귀족 외에는 누구도 좋은 가문 출신이 아니라고 생각한다면, 당신은 평민을 도로 아벤티누스 언덕으로 이반[6]시키는 것으로 여겨지는 일을 하는 것입니다. 그러나 만일 평민 가문이라도 탁월하고 명예로울진대, 루키우스 무레나의 증조부와 조부는 법무관이었고, 나아가 부친은 법무관직을 마치면서 탁월하고 명예롭게 개선식을 거행했으며, 이것은 제 의뢰인의 집정관직 출마를 쉽게 만들어 주었던 바, 진작에 부친이 맡았어야 할 집정관직을 아들이 요청한 것이기 때문입니다.

16 하지만 세르비우스 술피키우스여, 당신이 최고의 귀족 혈통임은 식자층과 호고가(好古家)들에게는 잘 알려져 있지만, 일반 대중과 투표권자들에게는 별로 알려지지 않습니다. 왜냐하면 당신 부친은 기사였고 조부는 찬란한 칭송이라곤 전혀 받지 못하셨기 때문입니다. 그래서 사람들의 최근 언사가 아니라 케케묵은 연대기에서 당신의 귀족 혈통에 대한 기억을 끌어내

---

6 『몸젠의 로마사』(푸른역사, 2014) 2권 40쪽 이하 '성산으로의 퇴거' 참조.

야 합니다. 하여 저는 당신을 언제나 우리 신인(新人)의 부류에 넣는데, 당신은 비록 로마 기사의 아들이지만 당신의 품덕과 노력으로 최고 품격을 가질 만한 자격이 있다고 인정받았기 때문입니다. 또한 저는, 용감무쌍한 퀸투스 폼페이우스[7]가 신인이지만 최고 혈통 귀족 마르쿠스 아이밀리우스[8]보다 용기에서 밀린다고 여긴 적이 없습니다. 실로 폼페이우스처럼 자신은 물려받지 못했던 명성을 후손에게 물려준 것과, 스카우루스처럼 거의 사라진 자기 혈통의 기억을 자신의 덕으로 새롭게 살려내는 것은, 모두 똑같이 탁월한 정신과 재능의 결과입니다.

VIII 17 그럼에도 심판인 여러분, 저는 제 노력으로 인하여 많은 용맹한 사람들의 한미(寒微)한 혈통이 비난의 대상에서 벗어나게 되었다고 자부하는바, 제가 기울인 노력은 쿠리우스,[9] 카토, 또는 폼페이우스[10]와 같은 예전의 용맹한 위인들뿐만 아니라, 요즘의 마리우스,[11] 디디우스,[12] 카일리우스[13] 등의 노력

---

7   퀸투스 폼페이우스는 기원전 141년 집정관을 지냈다. 그는 폼페이우스 가문에서 최초로 집정관을 역임한 사람이여, 기원전 131년에 평민 출신으로는 최초로 호구감찰관을 지냈다.

8   마르쿠스 아이밀리우스 스카우루스(기원전 163~89년)는 기원전 115년 집정관을 지냈고, 기원전 109년 호구감찰관이었다.

9   마니우스 쿠리우스 덴타투스는 기원전 290년, 275년, 274년 집정관을 지냈고, 기원전 272년의 호구감찰관이었다. 기원전 275년 에페이로스의 왕 퓌로스를 맞아 베네벤툼에서 승리를 거두었다.

10 바로 직전에 거명된 폼페이우스를 가리킨다.

11 가이우스 마리우스는 기원전 107년, 104~100년(연임), 89년 집정관을 지냈다. 로마 군대의 개혁자이면서 유구르타와 게르마니아의 정복자였다.

12 티투스 디디우스는 기원전 98년 집정관을 지냈으며, 마케도니아와 히스파니아에서 전공을 거두었다.

13 가이우스 카일리우스 칼두스는 기원전 94년 집정관을 지냈으며 마리우스의 지지자였다.

을 떠올릴 정도로 큰 것이었습니다. 실로 제가 집정관직에 진입하는 통로를 열어 혈통 귀족이라는 오랜 세월의 장벽을 무너뜨림으로써, 우리의 조상에게 원래 그러했듯, 귀족 혈통보다는 훌륭함에 그 관직을 개방시킨 마당에, 저로서는 고발자들이, 오래되고 저명한 가문 출신의 집정관 당선인을 로마 기사의 아들인 집정관이 변호하는 상황을 두고, 신흥 가문에 관하여 이러쿵저러쿵 언급하리라 생각하지 않았습니다. 바로 저 자신도 출마하여 두 명의 혈통 귀족, 극히 무도하고 오만한 한 명과 아주 절제심 있고 훌륭한 다른 한 명과 경쟁한 적이 있는데, 그럼에도 그때 저는 실력으로 카틸리나를, 인기로 갈바를 압도했습니다. 만일 신인이라는 점이 비난의 이유였다면, 당시 분명 저를 적대시하거나 시기하는 자가 없지 않았을 것입니다. **18** 그러므로 두 사람 모두 훌륭한 혈통을 물려받았으니, 이에 관해서는 더는 논하지 말고 다른 것들을 살펴봅시다.

"그는 나와 동시에 재무관직에 출마했는데, 내가 먼저 선출되었다." 모든 것에 다 답변할 필요는 없을 것입니다. 실력이 동등한 많은 사람이 겨루는데, 한 사람만이 홀로 최고의 것을 획득할 수 있는 경우, 실력의 순서와 당선의 순서는 일치하지 않습니다. 당선에는 시간적 선후가 있다 하더라도, 모든 이의 실력이 대체로 동등하다는 것은 여러분 모두 알고 있는 사실입니다. 제비뽑기로, 두 사람에게 중요도에 있어 거의 같은 재무관직이 배정되었습니다. 즉 티티우스법[14]에 따라 재무관 영역이 추첨으로 정해질 때, 제 의뢰인은 조용하고 적막한 업무를 배정받은

---

14 티티우스 법은 아마도 기원전 90년 호민관 섹스투스 티티우스가 제출한 법을 가리킨다. 재무관의 속주 지명과 관련된 법률로 보인다.

반면, 당신은 거기 배정된 재무관들이 탄식을 내뿜던, 인기 있거나 찬란하기 보다는 분주하고 힘겨운 오스티아의 업무를 배정받았습니다. 그런데 두 사람의 명성은 재무관직 중에 사그라졌습니다. 둘 다 능력을 선양하거나 인정받을 수 있는 업무가 아니었기 때문입니다.

19 그리하여 비교 대상은 재무관직 이후의 시간이 되어야 합니다. 두 사람은 그 시간을 아주 다른 방식으로 보냈으니 말입니다. IX 세르비우스는 저와 마찬가지로 법률 자문에 응하여 대답하고, 법률 문서를 작성하고, 사람들을 법정 분쟁에 대비시키는,[15] 걱정과 불쾌로 가득 찬 도시 전투를 맡았습니다. 그는 시민법을 배웠고, 밤을 새가며 노력했고, 시달렸고, 많은 사람을 도와가며 그들의 어리석음을 참아 냈고, 그들의 오만함을 견뎌 냈고, 그들의 까다로움을 버텨 냈습니다. 달리 말해, 자기 뜻대로가 아니라 다른 이들의 의지에 따라 살았던 것입니다. 많은 이들에게 이익이 될 법률 분야에서 홀로 격전을 치르는 것은 큰 자랑이자 뭇사람들에게 영향력 있는 일입니다.

20 그사이에 무레나는 무엇을 했습니까? 무레나는 아주 용맹스럽고 지혜로운 최고사령관 루키우스 루쿨루스의 부관이었습니다. 그의 부관으로서 군대를 지휘했고, 접전을 벌였고, 백병전을 치렀고, 대규모 적군을 궤멸시켰고, 때로 적극 공세로 때로 포위 공격으로 도시들을 점령했습니다. 풍요롭고 향락적인 아시아를 주유했으나, 그곳에서 어떠한 탐욕이나 사치의 흔적도 남기지 않았습니다. 사령관 없이도 그는 큰 전쟁에 임하여 적극

---

15 로마 시대에 법률가의 임무는 이렇게 세 가지로 정식화되었다.

적인 행동으로 다수의 위대한 업적을 세웠던 반면, 그 없이 그의 사령관은 아무것도 하지 못했습니다. 저는 루키우스 루쿨루스가 출석해 있는데도 이렇게 말합니다. 우리가 처해 있는 위험때문에 그의 허락 아래 사실을 조작한 것으로 보이지 않게끔, 공문서로 제가 모든 것을 증명해 내겠습니다. 그 문서들에 따르면, 야망 있고 시기심 있는 사령관이라면 전공을 분배할 때에 다른 이에게는 절대 하지 않았을 법한 대단한 칭찬을 루키우스 루쿨루스가 했던 것입니다.

21 그런데 두 사람 모두에게는 최고의 품덕과 위엄이 있습니다. 세르비우스가 허락해 준다면, 두 사람의 그러한 품덕과 위엄에 대하여 같은 정도로 찬양하겠습니다. 하지만 세르비우스는 허락하지 않습니다. 그는 군사적 업적을 폄하합니다. 무레나의 부관직 전체를 부정합니다. 그는, 집정관직 자격으로서는 로마 안에서의 상주와 일상적 업무 수행이 필요하다고 생각합니다. 그는 말합니다. "내가 보기에 당신은 진중에만 있었다." 그는 묻습니다. "당신은 수년 동안 로마광장에 발을 들인 적이 없다. 그렇게 오랫동안 떨어져 있다가, 이제 와가지고서 계속 광장에서 살아온 사람들과 실력을 겨룬단 말인가?" 그러나 세르비우스여, 우선 우리 법률가들이 내내 로마 시내에 상주한다는 사실이 때로 사람들에게 얼마나 큰 혐오와 지겨움을 가져다주었는지 당신은 모릅니다. 저에 대한 호의가 생겨났음은 저에게 굉장히 다행스러운 일입니다만, 그럼에도 저는 훨씬 더 큰 노력을 들여 저에 대한 사람들의 지겨움을 극복했으며, 아마 당신도 마찬가지일 것입니다. 실은 우리 둘이 부재했다 한들, 도시 사람들에게 손해가 가지는 않았을 것입니다.

22 이 이야기는 그만하고 전문 분야 및 전문 기술의 비교로 돌아간다면, 집정관직 수행을 위하여 군사(軍事)의 명예가 시민법의 명예보다 더 가치가 크다는 점을 누가 의심할 수 있겠습니까? 당신은 당신에게 자문을 구하는 자들에게 응하기 위하여, 무레나는 군대를 이끌고 행군의 목적지에 늦지 않게 도착하기 위하여 밤에도 깨어 있습니다. 당신은 수탉 울음소리가, 그는 나팔 소리가 깨웁니다. 당신은 소송을 계획하고, 그는 전열을 배치합니다. 당신은 당신에게 자문을 구하는 자들이, 그는 도성과 진영이 패하지 않도록 전심전력을 기울입니다. 그는 적군을, 당신은 빗물을 어떻게 막는지[16]를 잘 이해하며 알고 있습니다. 그는 국경을 확장하는 데, 당신은 경계를 획정하는 데[17] 노련합니다.

X 제 생각을 말씀드리자면, 군사적 덕이 확실히 여타 모든 덕을 능가합니다. 이 군사적 덕은 로마 인민에게는 명성을, 도시 로마에는 영원한 명예를 가져다주었고, 온 세상이 우리 로마의 통치권에 복종하도록 만들었습니다. 모든 도시적 업무, 즉 우리 법률가의 모든 탁월한 열정 및 법정에서의 자부심과 성실함은 군사적 덕이 행하는 보호와 원조에 의존할 따름입니다. 소요에 관한 의심이 세간에 퍼지면, 이내 우리의 법률 기예는 침묵합니다.

23 그리고 당신이 마치 법학을 어린 딸인 양 애지중지 하는

---

16 빗물을 막는 것은 로마법상 우수저지소송(雨水沮止訴訟, actio arcendae aquae pluviae)의 주제다. 이 소송으로, 이웃집에서 자기 집으로 넘어오는 빗물을 막도록 그 이웃집 주인에게 청구할 수 있었다.

17 경계의 획정은 로마법상 경계획정소송(境界劃定訴訟, actio finium regundorum)의 주제다. 이 소송으로, 이웃 간에 경계를 획정할 수 있었다.

것으로 보이기 때문에 하는 말인데, 자신이 큰 노력을 들여 배운 것이라 해서 그것을 최고라고 생각하는 큰 오류에 당신이 빠지는 것을 두고 볼 수만은 없습니다. 저는 나머지 덕들, 즉 탁월함, 항상심, 진중함, 정의, 신의 및 여타의 모든 덕에서는 당신이 집정관직과 그 외의 다른 관직에 아주 적합하다고 언제나 평가해 왔습니다. 그러나 당신이 시민법을 배웠다는 점에 관하여서는 헛수고라고는 하지 않겠지만, 그 분야는 집정관직으로 가는 평탄한 포장도로는 아니라는 점을 말해 두고자 합니다. 왜냐하면 로마 인민의 지지를 우리에게 마련해 주는 모든 기예는 경탄할 만한 위엄과 매우 흡족한 유익을 가져야 하기 때문입니다.

XI 24 군사적 명예로 탁월한 자들은 최고의 위엄을 갖습니다. 생각건대, 그들이 있어 로마의 지배권과 체제가 수호되고 공고해지기 때문입니다. 만일 실로 그들의 계획과 위험부담으로 우리가 나라뿐만 아니라 사적인 것들도 향유할 수 있다면, 그들은 최고로 유익하기까지 합니다. 연설 능력도 진정 위엄으로 충만한 자질이며 극히 중요한바, 연설 능력은 자주 집정관 선출에 영향력을 미치며, 견해와 말로써 원로원, 로마 인민, 심판인들[18]의 생각을 움직일 수 있습니다. 즉 집정관이라면 때때로 연설로써 호민관의 광기를 억누르고, 격앙된 인민을 진정시키며, 부패를 물리칠 수 있어야 합니다. 특히 바로 이 연설 능력이 커다란 영향력, 강한 연대감, 열렬한 지지를 낳기 때문에, 이 능력으로

---

18   로마의 심판인(iudex)은 사인(私人)이다. 로마의 민사재판은 2단계로 이루어져 있다. 1단계는 법무관 앞에서 행해지는 '법정 단계(in iure)'이며, 2단계는 심판인 앞에서 행해지는 '심판 단계(apud iudicem)'다.

혈통 귀족이 아닌 사람들도 종종 집정관직을 차지했다 한들 하등 놀라운 일이 아닙니다.

술피키우스여, 당신 분야에는 이런 것들이 전혀 없습니다. **25** 우선 법률이라는 취약한 분과에 위엄이 있을 수 없습니다. 사소한 주제, 즉 개별 자구와 단어의 구두법에만 신경을 곤두세우기 때문입니다. 다음으로 설령 당신 분야에 대해 우리 조상들이 경탄한 바가 없지 않았다 한들, 당신들의 비밀이 알려지자 그것은 완전히 멸시되고 경시되었습니다. 예전에는, 법률 소송이 가능한 날과 가능하지 않은 날을 소수의 사람만이 알고 있었습니다. 사람들이 책력이란 걸 갖지 못했기 때문입니다. 그리하여 법률 자문에 응했던 법률가들이 큰 권세를 누렸습니다. 사람들은 법률가들에게 마치 칼데아인[19]들처럼 날짜까지 자문했던 것입니다. 그런데 그나이우스 플라비우스라는 서기가 있었습니다. 그는 까마귀의 눈을 찌를 만한 사람으로[20] 매일매일의 행사를 암기하여 책력을 대중에게 공표했고, 조심스럽게 비밀을 지키던 법률가들로부터 결국 지식을 훔쳐냈습니다. 그리하여 법률가들은 날짜 계산법이 널리 알려짐으로써 자신들의 협력 없이도 법률 소송이 가능하게 될 것을 두려워하여, 분노에 차 다시금 일정한 어구를 고안해 내어 모든 사안에 자신들이 몸소 관여하도록 만들었습니다.

XII 26 "사비누스 농지는 내 것이다." "아니, 내 것이다." 이런 식으로 두 사람 사이에 재판이 시작되어 일이 극히 자연스럽게 진행될 수도 있었는데, 법률가들은 그렇게 되는 것을 원치

---

19 칼데아인은 점성술과 그에 따른 해석과 신탁으로 유명했다.
20 극히 영악한 사람을 빗대어 표현하는 로마의 속담이었다.

않았습니다. 원고는 말합니다. "사비누스라 불리는 토지에 있는 농지는⋯⋯." 벌써 아주 장황합니다.[21] 그다음에는 또 무슨 말이 나옵니까? "나는 그것이 로마 시민의 법에 따라 나의 것임을 언명한다." 그다음에는? "그리하여 나는 법에 따라 접전을 위하여 너를 소환한다."[22] 난삽한 언어를 구사하며 쟁송하는 원고에게 뭐라고 답변할 것인지, 피소된 피고 자신은 모릅니다. 그리하여 같은 법률가가, 라티움 출신 피리 연주자처럼,[23] 원고에서 피고에게로 넘어갑니다. 피고는 법률가를 따라 말합니다. "네가 나를 법에 따라 접전을 위하여 소환한 그곳에서, 나는 너를 맞소환한다." 그때 법무관이 자신을 훌륭하고 복 받은 사람이라고 생각해서 자의로 무엇인가 말하지 않도록, 그를 위한 공식 어구도 작성되었는데, 절차의 다른 부분도 그러했지만 특히 다음 부분이 더욱 부조리했습니다. "양측의 증인이 출두하여 재정해 있으므로 나는 길을 지시한다. 너희는 그 길을 가라." 길 가는 법을 가르쳐 줄 전문가도 출석해 있습니다. "길을 되돌아가라." 동일한 사람의 인도에 따라 그들은 되돌아옵니다. 제 생각에, 사람들이 법정에서 옳게 자리를 잡고 선 다음 떠났던 그곳으로 곧바

---

21 같은 의미의 두 용어 '사비누스 농지'와 '사비누스라 불리는 토지에 있는 농지'가 대비되고 있다.

22 '접전을 하다 manum conserere'에 관하여는 해석이 분분하지만, 법무관 개입 이전 계쟁물과 관련된 양 당사자의 분쟁 상황을 표현하는 것이기도 한데, 겔리우스에 따르면, 양 당사자는 각자 권리 주장을 하면서 물건에 손을 올린 것으로 보인다. 나중에는 손보다 막대기(vindicta)를 대는 것으로 바뀌었다. 이것은 신성도금식 대물 법률 소송(legis actio sacramento in rem) 절차 중의 요식행위였다.

23 로마에서 피리 연주는 라티움인이 전담했다. 그런데 라티움 출신 피리 연주자는 한 사람을 위해서가 아니라, 선창자를 바꿔 가며 반주했다. 피리 연주에 관해서는 『몸젠의 로마사』(푸른역사, 2013), 제1권 313~314쪽 참조.

로 되돌아오려고 출발을 명령받는 것은, 수염 기르던[24] 옛 선인들에게도 이미 우스운 일이었습니다. 모든 절차가 똑같이 어리석음으로 물들어 있습니다. "내가 너를 법정에서 마주할 때"와 "너는 어떤 사유로 반환 청구하는지 진술할 것인가?" 등이 비밀스럽게 유지되는 동안은, 그것들을 움켜쥐고 있는 자들에게 질의될 수밖에 없었습니다. 그러나 후에 그것들이 곳곳에 전파되고 여러 손에서 검토되고 조사되자, 현명함은 없고 오히려 속임수와 어리석음이 가득했음이 밝혀졌습니다.

27 법률로 명확하게 규정된 아주 많은 것들이, 오히려 법률가들의 명민함을 통해 법률적으로 대부분 변질되고 왜곡되었습니다. 옛사람들은 사리분별의 취약함을 이유로 모든 여자들이 후견인의 권력 아래 있기를 원했습니다. 반대로 요즘 법률가들은, 실질적으로 여자가 좌지우지하는 권력 아래 후견이라는 제도를 놓아 둘 방법을 고안해 냈습니다. 옛사람들은 제사가 없어지는 것을 원치 않았습니다만, 요즘 법률가들은 나름의 재능을 발휘하여 제사를 없애려고 노인들이 공매혼[25]을 하게 만들었습니다. 결국 이들은 모든 시민법에서 형평은 버려두고 바로 문구만을 취한 것으로, 예컨대 어떤 이의 책에 등장하는 공매혼하는 여자의 이름이 '가이아'라 하여, 공매혼 하는 여자는 모두

---

24 옛 로마인들은 수염을 다듬지 않았다.
25 공매혼(coemptio)이란 여자를 남자(남편)에게 매매를 가장하여 넘기는 것이다. 공매혼을 통하여 재산과 자식이 없는 노인과 결혼한 여자는(형식적으로는 노인 남편이 여자에 대하여 수권(授權)을 행사하고 그녀의 전 재산도 차지하게 되지만) 제사 의무를 노인에게 떠넘길 수 있었고 노인의 사망과 함께 제사 의무는 여자에게 복귀하는 것이 아니라 완전히 소멸하였다. 공매혼에 관해서는 『몸젠의 로마사』(푸른역사, 2013), 제1권 83~84쪽 참조.

'가이아'로 불린다고 생각했을 정도입니다.[26] 그렇게 많은, 그토록 재능 있는 사람들이 그 많은 시간을 쓰고도 아직 '제3일'이라고 해야 할지 '모레'라고 해야 할지,[27] '심판인'이라고 해야 할지 '재정인'이라고 해야 할지,[28] '사안'이라고 해야 할지 '쟁송'이라고 해야 할지[29] 결정할 수 없다는 것이, 저는 언제나 놀라울 따름입니다.

XIII 28 그리하여 제가 이미 말했듯이, 전부 꾸며진 가공의 것들로 구성되었을 뿐인 당신 분과의 품격은 결코 집정관직에 걸맞지 않을뿐더러, 영향력은 심지어 훨씬 못 미칩니다. 그것은 모든 이에게 개방된 것으로, 나뿐만 아니라 내 상대방을 위해서도 마련된 것이라서, 사람들이 전혀 감사하는 마음을 갖지 않습니다. 그리하여 당신들은 이제 호의를 베풀 수 있다는 희망은 말할 것도 없고, 오랫동안 의미 있었던 "자문에 응해 주실 수 있습니까?"라는 질문도 더는 받지 않습니다. 로마 시 밖에서나, 로마 시내라 하더라도 법정 휴무 기간에는 전혀 쓸모 없는 그러한 전문 지식을 지녔다 한들 누구도 현자로 인정받을 수 없습니다. 또 모든 이가 아는 것에 대해서는 서로 간에 의견 불일치란 있을 수 없으므로, 누구도 전문가로 여겨지지 않습니다. 그런데 명확하

---

26 가이아(Gaia)는 님싱의 이름인 가이우스(Gaius)와 함께, 우리로 치면 '아무개', '홍길동'과 같은 구체적인 이름 대신 사용하는 견본용 이름이다.

27 로마인들은 모레를 오늘부터 두 번째 날이 아니라 오늘을 포함하여 세 번째 날로 생각했다.

28 원래 심판인(iudex)은 심리와 판결을 담당하였고, 재정인(arbiter)은 심리와 판결이 아닌 중재를 담당하였다. 로마에서 일찍부터 그 두 용어는 혼용되었다.

29 엄밀히 말하자면, 사안(res)은 재판에서 문제 되는 사안 자체를 가리키는 반면, 쟁송(lis)은 그 사안이 다루어지는 절차다.

고 아주 단순한 문구에 나와 있는 내용은 어려운 것으로 생각되지 않습니다. 그러므로 당신들이 어떤 일로 저를 화나게 한다면, 아무리 바쁘다 하더라도 사흘 정도면 저 자신이 법률가가 될 거라고 공언하는 바입니다. 실로 방식서로 진행되는 소송의 경우, 다만 '이러저러한 사안에 관한'이라는 문구를 덧붙일 여지만 남아 있을 뿐, 모든 문구는 서면으로 이미 정해져 있습니다. 게다가 어떠한 자문 사안에 관해서나 위험부담 없이 해답할 수 있습니다. 즉, 제대로 해답한 경우에는 법률 전문가 세르비우스와 동일하게 해답한 것으로 인정되고, 다르게 해답한 경우라도 그저 그와 다르게 법을 인식하고 다투는 것으로 인정되는 것입니다.

29 그러므로 군사적 영광이 당신네 소송 방식서나 소송보다 우위에 놓여야 할 뿐만 아니라, 연설도 당신들의 법률 업무 수행보다 관직을 담당하는 데는 훨씬 더 탁월한 전문 기술이라 하겠습니다. 따라서 제가 보기에, 많은 이가 처음에는 연설 쪽을 훨씬 더 선호하다가, 목표를 달성하기가 불가능하다 싶으면 나중에는 무엇보다 법률 쪽으로 미끄러지는 것입니다. 희랍에서는 키타라 연주자가 되지 못한 자가 피리 연주자가 되듯, 연설가가 될 수 없는 자가 법률 공부로 빠진다는 것을 우리는 알고 있습니다. 연설은 배우기에는 힘들지만, 중요한 일이며, 큰 위엄을 지니고, 그 무엇보다 최고의 영향력을 가져옵니다. 법률가인 여러분한테 구할 것은 건강한 삶이지만, 연설가들한테서 구할 것은 삶 자체입니다. 그리고 법률가의 해답과 결정은 종종 연설로써 번복되며, 연설에 의한 변론 없이는 확고하게 유지되지 못합니다. 제가 충분히 성공한 연설가라면 이렇게까지 연설을 칭송하지는 못했을 것입니다. 지금 저는 저 자신에 관해서가 아니

라 과거와 현재의 위대한 연설가에 대해 말하는 것입니다.

XIV 30 사람들을 최고 위엄에 올릴 수 있는 분야는 두 가지로서, 하나는 승리하는 군사령관의 것이고, 다른 하나는 훌륭한 연설가의 것입니다. 후자에 의해 평화의 장식이 보존되고, 전자에 의해 전쟁의 위험이 격퇴되기 때문입니다. 물론 그 밖의 탁월함, 즉 정의, 신의, 염치, 절제 등도 그 자체로 큰 의미가 있고, 세르비우스여, 이러한 탁월함에서 당신이 월등하다는 것은 모든 이가 잘 알고 있습니다. 그러나 지금 제가 논하는 바는, 관직에 적합한 분야이지 각자가 가진 탁월함에 관한 것이 아닙니다. 어떤 새로운 소요 사태가 발생하여 전쟁 나팔이 울리기 시작하는 순간, 모든 탁월함에 대한 열정이 우리 손에서 빠져나갑니다. 높은 권위를 가진 천재적 시인[30]이 말했듯, "전투가 선포되면 일상생활에서 내쳐지는 것은" 당신의 현명한 체하는 장황한 언사뿐 아니라 세상의 주인, 즉 "지혜다. 업적은 폭력으로 성취되고, 연설가는" 밉살맞고 수다스러운 자뿐만이 아니라 "훌륭한 자라도 야유받으며, 거친 군인은 환영받는다." 당신들 법률가의 분과는 전적으로 배제됩니다. 그는 또 말합니다. "법정 접전이 아니라, 칼로 반환을 청구한다." 사정이 이럴진대, 제 생각에는, 술피키우스여, 법정이 병영에, 평화가 전쟁에, 붓이 칼에, 안이 밖에 양보해야 합니다. 결국, 한 나라를 모든 나라 중 으뜸이게 만드는 것이 나라에서 첫째 자리를 차지해야 합니다.

31 그러나 카토는, 우리가 이것들을 과대평가하여 말한다

---

30   엔니우스를 말한다. 퀸투스 엔니우스(기원전 239~169년)는 라티움어로 시를 쓴 최초의 서사시인이며, 칼라브리아 지방의 루디아이 출신으로, 마르쿠스 풀비우스 노빌리오르의 피호민이었다. 작품은 단편으로만 남아 있다.

고, 또 미트리다테스 전쟁 일체는 여자들을 상대로 벌인 전쟁에 지나지 않는다는 점을 잊었다고 논증하려 합니다. 심판인 여러분, 저는 전혀 다르게 생각하며, 그것에 관해 짧게 논하는바, 그것은 본 사안에 관련된 것이 아니기 때문입니다. 만일 희랍인들을 상대로 우리가 수행했던 모든 전쟁이 무시되어야 한다면, 퓌로스 왕을 상대로 한 마니우스 쿠리우스[31]의 개선, 필립포스를 상대로 한 티투스 플라미니누스[32]의 개선, 아이톨리아를 상대로 한 마르쿠스 풀비우스[33]의 개선, 페르세스 왕을 상대로 한 루키우스 파울루스[34]의 개선, 위(僞)필립포스를 상대로 한 퀸투스 메텔루스[35]의 개선, 코린토스를 상대로 한 루키우스 뭄미우스[36]의 개선도 비웃음의 대상이 되어야 할 것입니다. 그러나 이들 전쟁이 중요시되었고 그 승리가 달가운 것일진대, 어째서 당신은 무레나와 아시아 민족들[37]과의 대결은 무시합니까? 그런데 옛 업적을 기리는 기념물로 보아, 로마 인민이 안티오코스를 상대로 특히나 엄청난 전쟁을 치렀음을 알 수 있습니다.[38] 그 전쟁의 승

---

31 각주 9번 참조.

32 티투스 큉크티우스 플라미니누스는 기원전 197년 마케도니아의 필립포스를 물리쳤고, 3년 뒤에 개선식을 거행했다.

33 마르쿠스 풀비우스 노빌리오르는 기원전 187년 아이톨리아인들을 무찌른 공로로 개선식을 거행했다.

34 루키우스 아이밀리우스 파울루스 마케도니쿠스는 기원전 168년 마케도니아의 페르세스 왕을 퓌드나 전투에서 물리쳤고, 이듬해 개선식을 거행했다.

35 퀸투스 카이킬리우스 메텔루스는 기원전 146년 마케도니아에서 필립포스 왕의 아들임을 주장하는 안드리스코스를 물리쳤다.

36 루키우스 뭄미우스는 코린토스를 146년 점령했고, 희랍을 아카이아 속주라는 이름으로 로마에 병합했다.

37 특히 미트리다테스가 왕이었던 폰투스 왕국을 말한다.

38 안티오코스가 통치했던 셀레우코스 제국을 상대로 한 기원전 190년의 마그네시아 대전

리자 루키우스 스키피오는 형인 푸블리우스와 똑같은 영광을 얻었는바, 형이 아프리카[39]를 제압하고서 별칭으로 성취했던 영광을 동생 루키우스도 아시아[40]에서 취한 별칭으로 누렸던 것입니다. **32** 그 전쟁에서 당신의 증조부이신 카토의 용맹이 두드러졌습니다. 그런데 제가 보기에 카토 그분은 확실히 당신과 같았을 것이므로, 만일 여자들과 싸워야 하는 것으로 생각했다면 결코 스키피오와 함께 출정하지는 않았을 것입니다. 게다가 원로원이 아시아에서의 전쟁을 격심한 전투가 예상되는 중요한 전쟁이라고 생각하지 않았다면, 한니발을 이탈리아에서 축출하고 아프리카에서도 쫓아내고, 또 카르타고를 멸망시킴으로써 당시 극도의 위험에서 방금 나라를 해방시킨 푸블리우스 스키피오 아프리카누스에게, 동생의 부관으로 출정하도록 명하지는 않았을 것입니다.

XV 나아가 미트리다테스 왕이 무엇을 할 수 있었고 무엇을 했는지 또 어떤 사람이었는지를 꼼꼼히 따져 본다면, 로마 인민이 전쟁을 수행했던 다른 어떤 상대보다 확실히 앞에 그 왕을 둘 것입니다. 완강하고 저돌적이며, 더 말할 것도 없이 노련한 군사령관으로서 최고로 용맹한 군대를 두었던 루키우스 술라[41]가, 전쟁을 일으켜 아시아 전체를 침략한 미트리다테스를 강화조약을 맺고 놓아주었습니다. 여기 있는 의뢰인의 부친 루키우

을 말한다.

39 푸블리우스 스키피오는 '아프리카누스'라는 별칭을 얻었다.

40 루키우스 스키피오는 '아시아티쿠스'라는 별칭을 얻었다.

41 루키우스 술라는 카이로네아와 오르코메누스에서 미트리다테스 왕의 장군 아르켈라오스를 물리쳤으며, 기원전 85년 다르다누스에서 미트리다테스왕과 강화조약을 맺었다.

스 무레나도 그를 상대로 아주 격렬하고 집요하게 공격하여 억제할 수는 있었지만, 완전히 제압하지는 못했습니다. 오히려 여러 해를 투자하여 그 왕은 군사 체제와 자원을 확고히 하려고 폰투스[42]와 오케아누스를, 자신의 군대와 세르토리우스 군대를 합치고자[43] 꾀했습니다.

33 한 사람은 미트리다테스를 공격하고 다른 한 사람은 비튀니아를 보호할 목적으로 두 집정관이 그 전쟁에 파견되었는데,[44] 후자의 작전은 육지와 바다에서 완전히 실패했고 그 때문에 그 왕의 세력과 명성은 크게 높아졌습니다. 그러나 루키우스 루쿨루스가 이 전쟁에서 거둔 업적은, 이보다 더 훌륭한 전략과 용맹으로 수행된 전쟁은 생각조차 할 수 없을 정도로 대단했습니다. 왜냐하면 전쟁 전체가 퀴지쿠스 성벽에 달려 있었고, 미트리다테스도 퀴지쿠스가 파괴되고 제거되면 자신에게 속주 아시아로 들어가는 관문이 될 것으로 생각했을 때, 루쿨루스는 가장 충의로운 그 동맹 도시를 방어했고 오랜 포위공격을 감행한 왕의 전군을 완전히 탈진시킴으로써, 모든 임무를 완벽히 수행해냈기 때문입니다. 어떻습니까? 저돌적인 사령관들이 지휘하는

---

42 오케아누스(Oceanus)는 서쪽의 대서양을, 폰투스(Pontus)는 동쪽의 흑해를 말한다.

43 퀸투스 세르토리우스는 기원전 80년에서 72년까지 히스파니아 지방에서 발생했던 이른바 세르토리우스 내전에서 반란군을 지휘했다. 이 전쟁은 로마 역사상 몇 안 되는 큰 규모의 내전이었다. 이베리아인들과 로마인들의 연합 반란 세력은 술라가 지휘하는 로마 정부군과 싸웠다. 전쟁은 결국 마르쿠스 페르펜나의 배신으로 세르토리우스가 암살되면서 막을 내렸다. 76/75년경, 동쪽의 미트리다테스와 서쪽의 세르토리우스 사이에 모종의 반로마 연합 시도가 있었다고 전해진다.

44 기원전 74년의 두 집정관은 루키우스 리키니우스 루쿨루스와 마르쿠스 아우렐리우스 코타다. 코타는 칼케돈에서 비튀니아를 침공한 미트리다테스 왕을 맞아 싸웠지만 크게 패했다.

적의 함대가 희망과 용기에 부풀어 재빠르게 전진하여 이탈리아로 향한 그때, 테네도스 앞에서의 해상 전투를 별것 아닌 전투, 사소한 교전이라고 생각하십니까? 전투들은 빼놓고, 도시의 포위공격은 건너뛰겠습니다. 왕은 끝내 왕국에서 추방당했지만, 아르메니아 왕[45]과 결탁하여 새롭게 군비와 병력을 재정비할 만큼 여전히 계획과 권위로써 큰 영향력을 행사했습니다.

XVI 만일 지금 우리나라 군대와 사령관의 업적에 관해 말해야 한다면, 극히 많은 중요 전투를 기억해 낼 수 있습니다만 그렇게 하지는 않겠습니다. **34** 이것만을 말하겠습니다. 즉 만일 그 전쟁, 그 적, 그 왕이 무시될 만했다면, 원로원과 로마 인민은 그렇게 크게 걱정하면서 그 전쟁을 수행해야 한다고 생각하지도, 그렇게 긴 세월 동안 싸우지도 않았을 것이며, 루키우스 루쿨루스는 그렇게 큰 명예를 얻지도 못했을 것이며, 로마 인민이 그 나이우스 폼페이우스에게 전쟁을 종결짓도록 간절히 부탁하지도 않았을 것입니다. 폼페이우스가 지휘한 수많은 전투를 통틀어, 그 왕을 상대로 치렀던 전투가 제 생각으로는 가장 격렬했고 대단했던 것으로 보입니다. 그 전투로부터 탈출하여 군대가 진입할 수 없던 보스포루스로 도망쳤을 때, 도주 중인 왕은 운명의 끝자락에서도 왕의 칭호를 고집했습니다. 그러므로 폼페이우스는 왕국을 정복하고 모든 해안과 알려진 주거지 전부에서 적을 축출해 냈어도, 무엇보다 그 한 사람의 목숨에 최고로 무게를 두었던바, 왕이 가졌던, 가지려 노력했던, 가지기를 희망했던 모든 것을 폼페이우스 자신이 승리로써 차지하게 되었

---

45 기원전 95년에서 55년까지 아르메니아를 통치한 티그라네스를 말한다.

지만, 그럼에도 불구하고 그는 왕에게서 목숨을 앗기 전에는 전쟁이 종결되지 않은 것으로 판단했던 것입니다. 카토여, 당신은 수년간 수많은 장군이 무수한 전투로 전쟁을 수행했던 이 적을, 축출되고 내쳐지더라도 여전히 막대한 영향력을 행사하기에 그의 죽음이 알려지고 나서야 비로소 전쟁이 종결된 것으로 여겨진 이 적을 무시하십니까? 요컨대 저는 이 전쟁에서 루키우스 무레나가 용맹한 정신, 최고의 지략, 극도의 성실성을 갖춘 부관으로 인정되었으며, 법정에서 우리 법률가들이 보이는 노고 못지 않게 그의 복무 또한 집정관 당선에 적합한 높은 위엄을 갖추고 있다고 변론하는 바입니다.

XVII 35 "그러나 법무관직 선거에서 세르비우스의 당선이 더 먼저 공포되었다." 당신은 한 번 관직을 부여했던 사람에게는 나머지 관직도 부여해야 한다고 마치 계약이라도 맺은 양, 민회에서 다툼을 벌이겠다는 것입니까? 어떤 해협, 어떤 에우리푸스[46]의 그토록 거센 물길, 그렇게 급변하는 와류라 한들, 민회의 판단이 보여 주는 무진장 혼란스러운 변전 혹은 요동과 비견되겠습니까? 종종 하루아침에 모든 것이 교란되며, 때로 소문의 산들바람이 전체 여론을 완전히 뒤바꾸어 놓습니다. 심지어 자주 분명한 이유 없이도 일이 벌어지고, 때로 일이 그렇게 된 데 대하여 대중은 자신이 아무것도 하지 않은 양 놀라워하는 것을 당신은 알 것입니다.

36 대중보다 불확실한 것은 없고, 사람들의 뜻보다 불명확한 것도 없으며, 민회보다 쉽게 오류에 빠지는 것도 없습니다.

---

46 아티카 지역과 에우보에아 섬 사이의 좁은 해협으로, 급류로 악명 높다.

최고의 재능과 근면과 영향력과 귀족 혈통을 갖춘 루키우스 필리푸스가 마르쿠스 헤렌니우스에게 질 수 있다고 그 누가 상상이라도 했겠습니까? 누가 교양 있고 지혜롭고 품덕 있는 퀸투스 카툴루스[47]가 그나이우스 말리우스에게 패할 것으로 생각했습니까? 누가, 또 진중한 사내, 탁월한 시민, 용감무쌍한 원로원 의원 마르쿠스 스카우루스[48]가 퀸투스 막시무스에게 패배할 것으로 생각했습니까?[49] 이중 어떤 일도 예측되지 않았을 뿐만 아니라, 일어났어도 왜 그렇게 되었는지 사람들은 결코 이해할 수 없었던 것입니다. 폭풍은 때로 분명한 하늘의 표지와 함께 요동치기도 하지만 자주 확실한 방식이 아니라 알 수 없는 이유로 제멋대로 격동하듯이, 민회에서 발생하는 대중의 폭풍도 때로는 어떠한 표지에 의해 자극되었는지 알 수 있지만, 대부분은 이유가 아주 불분명하여 우연히 벌어진 것으로 보입니다.

XVIII 37 그럼에도 불구하고 더 설명이 필요하다면, 집정관직 선거에서 무레나에게 크게 이익을 준 두 가지 사항이 법무관직 선거 때에는 결여되었던바, 그중 하나는 소문과 경쟁 후보들의 열띤 경합을 통해 점점 커지는 기대, 즉 공공행사 개최에 대한 기대이고, 다른 하나는 무레나가 전 속주에서 부관직을 수행할 때 보였던 관대함과 용맹함을 증언해 줄 사람들이 그때까지 속주를 떠나오지 못했다는 사실입니다. 그런데 집정관 출마 시

---

47 퀸투스 루타티우스 카툴루스는 기원전 102년에 집정관을 지냈다.
48 각주 8번 참조.
49 루키우스 필리푸스는 기원전 93년 집정관 선거에서 마르쿠스 헤렌니우스에게, 퀸투스 카툴루스도 기원전 106년 집정관 선거에서 그나이우스 말리우스에게, 마르쿠스 스카우루스는 퀸투스 막시무스에게 기원전 116년 집정관 선거에서 패했다.

에는, 행운이 그를 위해 이 두 가지를 모두 갖추어 주었습니다. 개선식에 참가했던 루키우스 루쿨루스의 군대가 민회에서 무데나 편으로 출석했고, 법무관 출마 시 개최할 수 없었던 굉장한 공공행사를 법무관직을 통해 채웠기 때문입니다. **38** 아니, 도대체 당신에게는, 집정관 당선의 도움이자 지원이 되는 군인들의 지지가, 수적으로도 크고 친구들에게 큰 영향력을 가질 뿐만 아니라 특히 집정관 선출에 있어 전체 로마 인민에게도 큰 권위를 갖는 군인들의 투표권이 사소해 보입니까? 실로 집정관 선출 민회에서는 자구 해석자가 아니라 장군이 선택되는 것입니다. 그러므로 다음의 말은 의미심장했습니다. "그는 부상당한 나를 살려 주었다. 전리품을 나누어 주었다. 그의 지휘 아래 우리는 진을 치고 전투로 나아갔다. 그는 휘하 병사들에게 자신이 맡은 것보다 더 큰 노역을 부과하지 않았다. 그는 용감했고 또한 행운아였다." 이런 말이 세상의 평판과 여론에 미치는 힘이 어느 정도라고 생각합니까? 민회에는 종교적 성격이 강해, 이제까지 언제나 우선투표 백인대의 투표 결과가 전체 선거의 징조로 인정되었는데,[50] 거기에서 행운아라는 세평이 주효했다는 사실이 뭐 그리 놀라운 일이겠습니까?

XIX 극히 중요한 이것들을 가벼운 것으로 치부하고 군인의 투표보다 시민의 투표를 우선시한다 하더라도, 제 의뢰인이 개

---

50 백인대 민회(comitia centuriata)의 정무관 선거에서 우선 투표권을 갖는 백인대, 즉 우선투표 백인대(centuria praerogativa)는 추첨으로 정해진다. 제1계급 중 청년병 (iuniores)이 그 대상이었다고 추정된다. 우선투표 백인대의 투표 결과는 제1계급의 나머지 구성원이 투표하기 전에 공표된다. 그때 선출되는 후보는 천우신조를 원용할 수 있기에, 우선투표 백인대의 투표 결과는 전체 투표의 결과에도 영향을 주는 징조로 믿어졌다.

최한 세련된 축전과 장대한 무대를 그렇게 무시하지는 마십시오. 그것들은 그에게 충분히 큰 이득이었습니다. 대중과 무지한 자들이 축전에 열광함을 말할 필요가 있겠습니까? 전혀 놀랄 바가 아닙니다. 이 정도 설명으로도 우리 사안에는 충분합니다. 선거 민회란 대중과 다중에 따르기 때문입니다. 요컨대 인민에게 축전의 장관이 즐거움일진대, 그것이 인민들 사이에서 무례나에게 이익을 가져다주었다 해도 전혀 놀랍지 않습니다. **39** 일에 치여 일상적인 즐거움을 포기하고 우리의 업무 자체에서 다른 다양한 즐거움을 얻고 있는 우리 역시 축전을 즐기고 거기에 이끌린다고 할 때, 당신은 어찌 무지한 대중에 대하여 놀라워하는 것입니까?

40 용맹한 사내이자 저의 절친한 친구 루키우스 오토[51]는, 기사 신분에게 위엄뿐 아니라 즐거움까지 회복시켜 주었습니다. 즉 축전과 관련된 그의 법률은, 찬란한 광휘로 명예로운 기사 신분에게 재미라는 열매까지 회복시켜 주었기 때문에, 모든 법률 중에서도 가장 큰 지지를 받았습니다. 그러니, 자 보십시오. 사람들은 축전을 정녕 즐기는바, 즐겁다고 인정하는 자들뿐 아니라 아닌 체하는 자들까지도 그러합니다. 그 점을 저는 출마 때 몸소 느꼈습니다. 저 또한 연극 무대로 경쟁했기 때문입니다. 그런데 제가 안찰관으로서 축전을 세 차례나 개최했음에도 안토니우스의 축전에 경탄했을진대,[52] 제 의뢰인이 개최한 바로

---

51   루키우스 로스키우스 오토는 기원전 67년 호민관으로 앞쪽 14줄의 극장 좌석을 기사 신분을 위한 지정석으로 정하는 법률을 통과시켰다.
52   키케로는 안찰관으로서 기원전 69년에 각각 케레스 여신, 리베르 남신과 리베라 여신, 플로라 여신에게 봉헌하는 축전을 세 차례 개최했다. 키케로가 그 찬란함에 경탄했던 축

그 은빛 찬란했던, 당신이 비웃는 그 무대가 기회가 없어 단 한 번도 축전을 개최하지 않은 당신에게 불이익이 되었다고는 전혀 생각지 않습니까?

41 이 모든 점이 그냥 같다고 합시다. 즉 법정의 일이 군사적 일과, 군인의 투표가 시민의 투표와 같다고 하고, 찬란한 축전을 개최하는 것이나 전혀 개최하지 않는 것이 같다고 칩시다. 어떻습니까? 법무관직 수행에 있어 정녕 당신과 제 의뢰인 사이에 전혀 차이가 없다고 생각합니까?

XX 제 의뢰인이 배정받은 직무는, 당신 친구라면 모두 당신이 가졌으면 하고 소원했던 법 선언자[53]의 직무입니다. 그 영역에서는 사건의 중요도가 명예를, 형평에 기반을 둔 관대함이 인기를 가져다줍니다. 현명한 법무관이라면 그 직무에서, 제 의뢰인이 그러했듯이 공정한 결정으로 적개심을 피하고, 부드러운 신문으로 호의를 얻습니다. 그 관직은 집정관직 획득에 아주 적절한 자리로서, 직무 중의 형평, 청렴, 친절에 대한 상찬은 유쾌한 축전으로 완성됩니다.

42 당신이 배정받은 직무[54]는 어떠했습니까? 공금횡령 사문회(査問會)는 한편으로 눈물과 상복으로, 다른 한편으로 고발자와 밀고자로 인해 근엄하고 가혹한 보직입니다. 심판인들은 마지못해 심판했고 억지로 붙들려 있어야 했습니다. 한 서기가 유

전은 가이우스 안토니우스 휘브리다가 도시 담당 법무관으로서 기원전 66년에 개최한 것이다.

53 시민 담당 법무관(praetor urbanus)의 주요 임무는 로마 시내에서 발생하는 시민 간의 법률 분쟁 처리다.

54 세르비우스는 공금횡령 사문회(quaestio de peculatu)의 심판관직(quaestor)을 추첨으로 배정받았다.

죄판결을 받자, 서기 계층 전체가 적개심을 품었습니다. 술라의 시혜 조치가 비난받자, 실로 나라의 큰 부분을 이루는 많은 퇴역병이 분개했습니다.[55] 벌금은 심각할 정도의 거액으로 선고되었습니다. 판결에 기뻐한 자는 잊습니다만, 고통스러운 자는 기억합니다. 마지막으로, 당신은 당신의 속주로 가려 하지 않았습니다. 법무관이나 집정관으로서 저 자신도 마찬가지였기 때문에, 이에 관해 제가 당신을 비난할 수는 없습니다.

반면 루키우스 무레나는 속주로 인해 최상의 평판과 최고의 인기를 얻었습니다. 그는 진군하면서 움브리아에서 보충병을 모집했습니다. 국내 상황 덕에 그는 관대할 수 있었던 바, 관대함 때문에 움브리아의 자치시에 살고 있던 많은 종족이 그에게 붙었습니다. 그는 또 갈리아에서는 판관 역할을 맡아 전력을 기울여, 우리 시민들이 이전에 떼인 돈을 받을 수 있도록[56] 해 주었습니다. 그사이 물론 당신은 로마에서 친구들을 도와주고 있었습니다. 인정합니다. 하지만 속주를 멸시하는 것이 알려졌을 때, 그런 사람에게는 친구들의 지지가 약화된다는 점을 기억하십시오.

XXI 43 그리고 심판인 여러분, 집정관 출마를 위한 품격은 같다 해도 각자 배정받은 직무에서 무레나와 술피키우스가 달랐다는 점을 증명했으니, 이제 더 솔직하게 제 친구이지만 세르비우스가 어떤 점에서 더 못한지를 말하겠습니다. 그리고 이미 다 지난 일이니, 여러분이 지금 듣는 가운데 그에게만 종종 말

---

55 술라가 자신의 퇴역병에게 토지를 분배해 주었던 시혜 조치를 가리킨다. 공금횡령 사문회에서 그의 조치는 정적이나 토지를 몰수당한 자에게 비난을 받았다.

56 속주의 로마인들은 주로 은행 및 대금업에 종사했다. 무레나는 속주에서 이들의 편의를 돌보아주었다.

했던 바를 모두 말하겠습니다.

세르비우스여, 저는 당신에게 당신은 집정관직 선거를 모른다고 자주 말했습니다. 또 저는, 당신이 대범하고 용맹하게 실천하고 말한 것으로 보이는 바로 그 사안에서, 당신이 현명한 후보라기보다는 용감한 고발자로 보인다고 말하곤 했습니다. 우선 당신이 매일 사용하던 고발의 경고와 위협은 용감한 사람이 취할 바이긴 하지만, 그러한 경고와 위협으로 인하여 민중의 여론은 당신의 당선 가망성에 등을 돌리고 지지자들의 지지도 약화됩니다. 아마도 거의 언제나 비일비재한 것으로 관찰됩니다만, 후보가 타 후보에 대해 고발을 도모하는 것으로 보이는 순간, 관직을 포기한 것으로 여겨집니다.

44 그래서 뭐라고요? 불법을 고발하는 것이 못마땅하냐고요? 아니, 오히려 매우 마음에 듭니다. 그러나 선거할 때와 고발할 때는 다릅니다. 출마자라면, 특히 집정관직 출마자라면 큰 희망, 큰 용기, 큰 세력을 갖추고 광장이나 연병장으로 내려오라고 말하고 싶습니다. 지지자 확보 대신, 낙선의 지름길인바, 타 후보의 뒷조사나 증인 탐문, 공약 대신 엄포, 인사 대신 탄핵은 옳지 않습니다. 특히 요즘은 모두가 모든 후보자의 집을 순회하는 것이 새로운 관행이라, 후보자들의 안색에서 각 후보자의 마음가짐과 당선 가능성을 짐작할 수 있는 상황에서 말입니다. **45** "그 사람이 얼마나 우울해하고 낙담하는지 보이는가? 누워 실의에 빠져 창을 내려놓았다." 그리고 소문이 기어듭니다. "알고 계신가? 그는 고발하려고 경쟁자의 뒷조사를 하고 유리한 증인을 찾고 있다. 그 사람은 이미 스스로 포기했으니, 다른 후보를 택해야겠다." 이런 소문으로 가장 친한 친구들까지 무기력해지

고 열정은 식어 버립니다. 친구들은 판세를 절망적으로 보아 선거를 철저히 포기하거나, 모든 노력과 영향력을 다시금 재판이나 고발에 쏟게 됩니다.

XXII 게다가 후보 자신도 모든 생각, 주의, 노력, 열성을 선거에 쏟지 못하게 됩니다. 작은 일이 아니라 오히려 모든 일 중 가장 큰 일인 고발만을 생각하기 때문입니다. 특히 스스로 혹은 친구들, 심지어 모르는 사람들에 의해서까지 변호 받는 사람, 만만치 않은 힘과 권세를 가진 사람을 공동체에서 추방하려는 일은 결코 쉬운 일이 아닙니다. 사람들은 명백한 적만 아니라면 전혀 무관한 사람들일지라도 그들이 절체절명의 위험에 처해 있는 경우, 위험을 무릅쓰고 절친한 친구를 대할 때의 의무와 열정을 기꺼이 제공하는 법입니다.

46 그러므로 출마, 변호, 고발이라는 성가신 경험이 많은 저로서는, 출마에는 열정을, 변호에는 의무를, 고발에는 노고를 가장 중요한 것으로 평가합니다. 결론적으로, 한 사람이 고발과 집정관 출마를 동시에 제대로 준비하고 착수하는 일은 결코 있을 수 없다고 저는 확신합니다. 둘 중 하나를 감당하는 것조차 소수만이 할 수 있는 일이고, 누구도 둘 다 할 수는 없습니다. 선거라는 경로에서 벗어나 고발 쪽으로 주의를 기울였음에도 불구하고, 당신은 두 일 모두를 만족스럽게 처리할 수 있다고 판단했습니다. 철저히 틀린 판단입니다. 고발 절차로 걸어 들어간 다음부터 과연 그 일로 소모되지 않은 날이 있었습니까?

XXIII 당신은 새로운 선거부정방지법[57]을 요청했습니다. 그

---

57 툴리우스 법은 키케로가 기원전 63년 선거부정과 관련하여, 이전의 선거부정방지법(칼푸르니우스 법)보다 처벌을 강화하기 위해 통과시킨 법으로 10년의 추방형이 내려졌다.

러나 기존의 법이 있습니다. 아주 엄격했던 칼푸르니우스법[58] 말입니다. 하지만 사람들은 당신의 의지와 권위에 따랐습니다. 당신이 실제로 범법을 저지른 피고인을 상대했다면, 그 법률은 전적으로 당신의 고발에 힘을 더해 주었을 것입니다. 그러나 선거에서 당신은 큰 타격을 입었습니다. 47 당신의 발의로 평민에게 더 중한 형벌이 가해지도록 요청되었습니다. 사회 약자들은 이에 동요했습니다. 당신은 우리 원로원 신분에게 추방형이 가해질 것도 요청했습니다. 원로원은 마지 못해 당신의 요청을 수용했으며, 그리하여 당신의 주도로 우리 공동의 운명에 가혹한 조항이 부여된 것입니다. 병이라 해명해도 벌금이 부과되었습니다.[59] 건강을 돌보지 못하고, 질병뿐 아니라 나아가 삶의 나머지 과실도 포기하여야 하는 곤란한 상황에 놓인 많은 이가 당신에게서 호의를 거두었습니다. 그러니, 어떻습니까? 이 법률을 누가 제출했습니까? 그는 원로원 권위와 당신 의지에 복종하여, 요컨대 자신에게는 이익이 되지 않는 법률을 제출했던 것입니다. 저의 간곡한 의지에도 불구하고 원로원이 이구동성으로 이 법률을 거부했을 때, 당신이 입은 타격이 별것 아니라고 생각하

---

58 기원전 67년, 집정관 가이우스 칼푸르니우스 피소의 제안으로 제정된 칼푸르니우스법(lex Calpurnia de ambitu)을 가리킨다. 이 법은 기원전 181년 제정된 바이비우스법(lex Baebia)이래로, 선거부정방지를 목적으로 제정된 일련의 법률 중 하나다. 역사가 디오Dio에 따르면, 이 법은 원래 호민관 코르넬리우스가 제안했던 매우 가혹한 선거부정방지 법률에 맞서, 원로원이 수정하여 완화시킨 후 다시 제안한 법이라고 한다. 이 법을 위반한 후보자는, 원로원 계급에서 배제되고 모든 피선거권을 영구히 박탈당하며 벌금형에 처해진다. 또한 이 법은 후보자뿐만 아니라 후보자를 도와 뇌물을 살포하는 자들까지 광범위하게 처벌하는 법이라고도 전해진다.

59 질병의 사유로 피고인이 출석하지 못한 결석재판의 경우에도 피고인에게 벌금이 부과되었다.

십니까? 당신은 투표권의 평등[60]과 마닐리우스법에 따른 우선투표권 철폐를 요구했고,[61] 결국 영향력, 권위, 투표권의 균등화를 요구했습니다. 지체 높은 분들과 인근시 및 자치시의 유지들은, 당신 같은 사람이 모든 권위와 영향력의 구분을 없애려 분투한 사실을 못마땅하게 받아들였습니다. 당신은 심지어 고발인이면서도 마음대로 심판인을 선임하려 했으니, 시민들의 증오는 지금은 불복종 안에 조용히 숨겨져 있으나, 저명인사의 운명에 대해서는 폭발하게 될 것입니다. **48** 이 모든 것이 당신에게 고발을 향한 길은 깔아 주었지만, 당선으로 가는 길은 가로막았습니다.

저도 동의하는바, 이 모든 사유 중 재능 있고 말솜씨 좋은 퀸투스 호르텐시우스가 이미 수위 높은 비판을 가했던 바로 그 사유 때문에 당신의 출마는 큰 타격을 입었습니다. 그리하여 저는 지금 매우 말하기 힘들게 되었습니다. 저에 앞서 호르텐시우스, 또 최고의 권위와 신중함과 능력을 갖춘 마르쿠스 크라수스가 연설을 끝마치고 난 지금, 마지막 연설자로서 저는, 개별 논점이 아니라 사안 전체에 관하여 말하게 된 것 같으니 말입니다. 심판인 여러분, 결국 앞의 분들과 거의 같은 사안을 다루겠지만, 여러분이 지겨워하지 않도록 힘껏 노력해 보겠습니다.

XXIV 그런데 세르비우스여, 당신이 고발을 준비하느라 선거를 내려놓고 방치하여, 카틸리나가 집정관이 될지 모른다는 공

60　술피키우스는 투표의 순서가 추첨에 의해 정해져야 한다고 주장한다. 그렇게 되면 우선 투표 백인대의 특권이 없어지게 된다.
61　기원전 67년 제정된 마닐리우스법이 우선투표권의 철폐가 아닌 해방노예의 투표권을 규정했다는 견해도 있다. 이 법률은 얼마 되지 않아 폐지되었다.

포에 떨도록 로마 인민들을 몰아갔을 때, 이 점이 당신 출마에
도끼를 던졌다고는 생각지 않습니까? **49** 사실 사람들은 당신이
하는 뒷조사, 당신의 우울함, 친구들의 비통함을 알고 있었습니
다. 그들은 당신의 뒷조사, 입증 활동, 증인과의 비밀 접견, 부하
들과의 비밀 회합 등을 주목하고 있었습니다. 확실히 그런 일을
하는 후보자들의 표정은 매우 어둡곤 합니다. 그사이 카틸리나
는 유쾌하고 즐거워하며, 젊은이들 무리에 둘러싸여 밀고와 검
의 보호를 받으며, 카틸리나 자신이 직접 말한 바, 제 동료[62]의
약속, 병력을 가질 수 있다는 희망에 부풀어, 아레티움과 파이술
라이 식민시 시민들로 구성된 부대, 아주 잡다한 사람들, 술라
때의 재난으로 파탄난 사람들에 둘러싸여 있었습니다. 표정은
광기로, 눈은 범죄로, 언사는 오만으로 가득 차, 이미 집정관직
을 확실하게 자기 집으로 들인 것으로 보일 정도였습니다. 카틸
리나는 무레나를 경멸했고, 술피키우스를 경쟁자가 아닌 고발
자로 여겼으며, 그를 협박하고 나라마저 위협했습니다.

XXV 50 이렇게 하여 어떠한 공포가 모든 선량한 자를 엄습
했는지, 또 그가 선출되었더라면 어떤 절망이 나라에 스며들었
을지를 제가 상기시켜 드릴 필요는 없을 것입니다. 여러분 자신
이 상기해 보십시오. 가내 집회에서 했다고 전해지는 그 검투사
의 다음과 같은 무도한 목소리가 그토록 널리 퍼졌으니, 여러
분 자신이 기억을 떠올릴 수 있을 것입니다. "비참한 시민들 자
신을 제외하고는 비참한 시민들의 믿음직한 수호자란 없다. 죽

---

62 기원전 63년 집정관으로 키케로의 동료 가이우스 안토니우스 휘브리다를 가리킨다. 안
   토니우스는 몰래 카틸리나를 도왔다고 하는데, 키케로는 그에게 이득이 많은 마케도니
   아 속주의 총독직을 약속하여 카틸리나를 배신하게 했다.

도록 고생하는 비참한 사람들은, 풍요롭고 운 좋은 자들이 해대는 약속을 믿을 필요가 없다. 그리하여 써 버린 것을 채우고 빼앗긴 것을 되찾으려는 자들은, 나 카틸리나가 무슨 빚을 졌는지, 무엇을 가졌는지, 나아가 무엇을 감행할지만 살피면 된다. 재난을 당한 자들의 지도자이자 기수가 될 자는 결코 겁쟁이여서는 안 되고 재난으로 철저히 몰락한 자여야 한다."

51 그때 그 말을 듣고, 우리가 사안을 원로원에서 다룰 수 있도록, 다음 날 선거 민회가 열리지 않게 하는 내용의 원로원 결정이 저의 제안에 따라 이루어진 것을 기억하실 것입니다. 그래서 다음 날 저는 카틸리나에게, 그가 원한다면 만장의 원로원에서 당시 제가 맡은 그의 사안에 관하여 석명할 것을 명했습니다. 그러나 그는 자신을 변호하기는커녕 언제나처럼 전혀 거리낌 없이 혐의를 그대로 인정하고 받아들였습니다. 그때 그가 말하길, 나라에는 두 몸이 있는데 하나는 취약한 머리를 가지는 허약한 몸이고 다른 하나는 머리는 없지만 강건한 몸이라고 하면서, 자기가 이끌 만한 가치가 있다면 살아 있는 한 후자에게 언제나 머리가 되어 줄 것이라고 말했습니다. 만장의 원로원은 신음했지만, 그럼에도 그 피고인의 불의에 상응하는 엄정한 결의는 하지 않았습니다. 원로원 의원 중 일부는 전혀 두려워하지 않았기 때문이고, 일부는 모든 걸 두려워했기 때문입니다. 카틸리나는, 며칠 전 그를 고발하겠다고 위협하던 같은 신분의 용감한 카토에게 누구라도 자기 재산에 불을 지른다면 그 불을 물이 아니라 파괴로 꺼버리겠노라 대답했던 그자는, 그를 결코 살려서 내보내지 말았어야 했습니다만, 승리자가 되어 환호하며 원로원 문을 나섰던 것입니다.

XXVI 52 이 일로 자극받은 저는, 그때 이미 음모자들이 칼을 들고 카틸리나에 이끌려 마르스 연병장으로 나온 것을 알고, 용감한 자들의 철저한 호위를 받으면서 마르스 연병장으로 내려갔으며, 눈에 잘 띄는 넓은 갑옷을 입었으나 물론 저를 지키려는 목적은 아니었는데, 저는 카틸리나가 언제나 옆구리나 배보다는 머리와 목을 노린다는 것을 알고 있었던바, 그보다는 모든 선량한 시민들이 잘 볼 수 있도록, 그리하여 집정관이 위협을 받거나 위험에 처한 것을 보았을 때, 실제 벌어진 일이었습니다만, 시민들로 하여금 즉각 지키려 달려가게 하려고 그런 것입니다. 그리하여, 세르비우스여, 선거에서 당신은 무기력하고 카틸리나는 희망과 욕망으로 불붙어 있음을 사람들이 알게 되자, 그 해악을 나라로부터 없애려 하는 자는 모두 즉시 무레나 편을 들게 되었던 것입니다.

53 그런데 집정관 선출 민회에서는 갑작스럽게 여론이 쏠리게 됩니다. 특히 훌륭한 사람에게, 선거에 도움이 되는 다른 많은 조건을 갖춘 사람에게 크게 쏠리기 마련입니다. 매우 존귀한 아버지와 조상, 절도 있는 청년기, 훌륭하게 수행한 부관직, 법정에서 인정받는 법무관직, 축전 개최로 얻은 인기, 속주에서 얻은 큰 명예 등을 갖추고 선거에 열심히 임한 사람에게, 그리고 위협에 굴복하지도 않고 자신도 누군가를 위협하지 않은 사람에게, 카틸리나가 집정관직에 당선되지는 않을까 하는 갑작스러운 우려가 큰 도움이 되는 것은 당연하지 않습니까?

54 지금 저에게는 변론의 세 번째 논점, 즉 부정선거라는 죄목이 남아 있습니다. 이 죄목에 대해서는 앞선 발언자들에 의하여 깨끗이 해결되었지만, 무레나가 원하므로 다시 논의하겠습

니다. 이 논점과 관련해서, 명예로운 사람인 제 친구 가이우스 포스투무스에게는 뇌물 살포자에 대한 증거와 압류된 돈에 관하여, 재능 있고 품덕 있는 청년 술피키우스에게는 기사 백인대에 관하여, 모든 덕에서 탁월한 사람 카토에게는 그 자신의 고발, 원로원 의결, 국사 등에 관하여 답변하겠습니다.

XXVII 55 그런데 먼저, 제 마음에 방금 떠오른바, 루키우스 무레나의 불운에 관하여 잠시 말하고자 합니다. 심판인 여러분, 전에는 남들의 수고와 매일매일 겪는 제 근심과 노고를 두고서, 선거의 열정에서 멀리 떨어진 채 삶의 평온과 한가함을 얻은 자들을 운 좋은 사람들이라고 판단했었지만, 루키우스 무레나의 예기치 못한 커다란 위험에 너무나 큰 충격을 받은 저는 지금, 우리 모두의 처지 및 그의 처지와 불운을 동정조차 할 수 없을 지경입니다. 우선, 면면히 이어져 온 자기 가문과 조상의 명예에서 한 단계 높은 지위로 올라가려 했던 그는, 반대로 조상에게 물려받은 것과 자신이 획득한 것을 상실할 위험에 처했습니다. 다음으로 새로운 명예를 추구하는 열정 때문에 그는 이미 얻은 옛 행운마저 잃을 위기에 빠졌습니다.

56 이것들도 심각한 타격이었지만, 심판인 여러분, 가장 고통스러운 것은 고발자들이 불타는 적의와 증오 때문에 고발한 것이 아니라, 고발하다가 적의에 도달했다는 사실입니다. 제가 아는바, 루키우스 무레나가 저지른 명예훼손 때문이 아니라 다만 관직 경쟁으로 자극받은 세르비우스 술피키우스는 빼놓는다 하더라도, 가이우스 포스투무스, 부친의 친구로서 친밀할 이유는 여럿이지만 어떤 원한도 기억해 낼 수 없다고 말하는 오랜 절친한 이웃이 무레나를 고발했던 것입니다. 세르비우스 술피

키우스, 재능으로 부친의 친구 모두를 더 강력하게 보호해야 할 아들의 친구가 무레나를 고발했던 것입니다. 무레나와 한 번도 적이 된 적이 없었던, 권세와 재능으로 낯선 이에게도 많은 도움을 주고 정적이라도 파멸시키길 꺼린다는 점에서 우리를 위하여 이 도시에 태어난 것이라고 말할 수 밖에 없는 마르쿠스 카토가 고발했던 것입니다.

57 그리하여 마치 사두전차를 몰겠다고 달려드는 곡예사처럼, 법무관 후보에나 걸맞을 것 같은데도 집정관을 하겠다고 입후보한 포스투무스에게 우선 답변하겠습니다. 그는, 경쟁자들이 아무런 불법을 저지르지 않았다면 그들의 권위에 눌려 선거를 포기했을 사람이며, 반대로 경쟁자 중 누가 뇌물에 연루되었다면 자신이 고발하기보다 남의 고발에서 친구 역할이나 했을 사람입니다.

[포스투무스와 손아래⁶³ 세르비우스의 고발 죄목에 대한 키케로의 답이 이어진다.]⁶⁴

XXVIII 58 이제 마르쿠스 카토에게 답변하겠습니다. 그의 논점이 고발 전체의 토대이자 지주이긴 합니다만, 그가 워낙 영향력 있는 강력한 고발자이기에, 저는 그의 고발보다 그의 권위가 훨씬 더 두렵습니다. 심판인 여러분, 저는 우선 그의 권위가, 호

---

63 우리나라 번역 작품에서 통상 노(老)-소(少) 또는 대(大)-소(小)의 개념 쌍이 사용된다. 그러나 노-소는 상대적 개념이 아니라 절대적 성질을 표현하며, 대-소는 상대적이긴 하지만 크고 작음이라는 성질에 적절치 않으므로, 이번에 '손위-손아래'라는 새로운 개념 쌍을 시도해 보았다.

64 키케로 본인이 출판 과정에서 내용을 삭제하고 제목만 남겨놓았다.

민관직에 대한 기대가,[65] 그가 보여 준 평생의 광휘와 품격이 루키우스 무레나에게 해가 되지 않도록, 다음으로 많은 이들에게 도움을 주려고 모아 둔 마르쿠스 카토의 자산이 유독 무레나에게만 불리하게 작용하지 않도록 간청합니다. 이 나라의 두 가지 공포 대상언 카르타고와 누만티아를 멸망시키고, 집정관을 두 차례 역임한 푸블리우스 아프리카누스가 루키우스 코타를 고발했습니다. 그는 최고의 언변, 최고의 신의, 최고의 품덕, 게다가 최고의 권위, 즉 그의 공로 덕분에 지탱되던 로마 인민의 통치권만큼의 권위를 갖고 있었습니다. 제가 종종 들었던바, 이 고발자의 막강한 힘과 권위가 오히려 루키우스 코타에게 큰 도움이 되었다고 어른들은 말했습니다. 당시 판결을 맡은 사람들은 현명하게도, 상대방의 막강한 힘에 눌려 어떤 이가 패소했다고 여겨지는 상황을 원치 않았기 때문입니다.

59 어떻습니까? 기억이 나서 하는 말인데, 세르비우스 갈바의 파멸에 열중하던 용감무쌍한 당신 증조부 마르쿠스 카토로부터, 로마 인민이 그를 빼내지 않았습니까? 이 나라에서는 항상 고발자의 엄청난 권세에 맞서, 전 인민과 장래를 내다보는 현명한 심판인들이 저항해 왔던 것입니다. 저는 고발자가 큰 권세, 탁월한 권위, 최고의 인기로써 재판에 영향력을 행사하는 것을 원치 않습니다. 이것이 모두 무고한 자들의 안녕, 약자들의 구조, 비참한 자들의 조력에 일조하기를! 하지만 시민들을 위험과 파멸에 빠뜨리지 않기를! **60** 유죄라고 생각하지 않았다면 카토는 고발하지 않았을 것이라고 누군가 말한다면, 심판인 여러

---

65   이 재판이 이루어지는 기원전 63년에 카토가 호민관으로 당선되어 기원전 62년에 취임이 예정되어 있었다.

분, 고발자의 판단이 피고인에게 선결 재판의 효력을 가지는 이런 상황이 정당하다고 믿는다면, 이는 부당한 법과 비참한 조건을 피고인의 위험에 덧붙이는 일이 될 것입니다.

XXIX 카토여, 당신의 높은 경륜에 비추어 당신의 탁월함에 대한 저의 판단이 잘못되었다고 할 수는 없습니다. 하지만 아마도 일부를 가볍게 수정하고 바꿀 수는 있을 것입니다. "자네의 잘못이 많은 것은 아니네." 연로한 스승이 용감한 사내에게 말했습니다. "그러나 잘못은 했네. 나는 이를 고칠 수 있네."[66] 하지만 저는 그럴 능력이 없습니다. 당신은 잘못한 것이 없으며, 교정이라기보다는 다만 약간 방향을 돌리는 것이 필요한 정도라고만 말하는 것이 더 적확할지 모르겠습니다. 바로 당신의 본성이 정직, 진중, 절제, 도량, 공정 등 모든 덕을 추구하는 당신을 위대하고 뛰어나게 빚어 놓았기 때문입니다. 다만 제 판단으로는, 여기에 정도를 넘어선 경직된, 진리나 인간 본성이 감당하기에는 다소 완고하고 가혹한 원칙들이 덧붙여져 있습니다.

61 그런데 우리가 무지한 대중에게나 촌사람들의 모임에서 연설을 하여야 하는 것은 아니니, 저와 여러분 모두 알고 있는 유쾌한 인문교양에 관하여 좀 더 과감하게 논의해 보고자 합니다. 심판인 여러분, 우리가 마르쿠스 카토에게서 보는 신적이고 탁월한 자산은 그 자신에게서 나온 것임을 아십시오. 반면 때때로 그에게 단점이 보이는바, 그것은 본성이 아니라 스승에게서 배운 것입니다. 최고의 재능을 갖춘 제논[67]이라는 사람의 추종

---

66 늙은 선생은 포이닉스, 용감한 사내는 아킬레우스다.

67 제논(BC 333/332~262/261)은 희랍 헬레니즘 시대의 철학자로 스토아학파의 창시자다.

자들은 스토아 철학자라 불리고 있습니다. 제논의 견해와 가르침은 다음과 같습니다. "현자는 결코 인기에 동요되지 않는다. 어떤 이의 범법도 결코 묵과하지 마라. 자비를 베푸는 사람은 바보이거나 경박한 자다. 간청에 누그러지거나 화해하는 것은 사람이 할 짓이 아니다. 오직 현자만이 기형일지라도 아름답고, 걸인일지라도 부유하며, 노예일지라도 제왕이다." 그런데 그들의 주장대로라면, 현자가 아닌 우리는 도망 노예, 추방자, 적, 마지막으로 광인인 셈입니다. "모든 범죄는 같다. 모든 범법은 무도한 악이다. 필요하지도 않은데 수탉의 목을 비트는 것은 자기 아버지를 질식시키는 것 못지않은 범죄다. 현자는 결코 억견에 빠지지 않고, 후회하지 않고, 오류를 범하지 않고, 견해를 바꾸지 않는다."

XXX 62 뛰어난 재능을 지닌 마르쿠스 카토는 박식한 스승들에 이끌려, 대부분 사람처럼 논쟁이 아니라 실천을 위해서 이러한 생각을 꽉 붙잡았던 것입니다. 징세청부업자들이 무엇인가를 요구합니다.[68] "조금이라도 호의를 베풀지 않도록 조심하라." 비참한 자나 재난을 당한 자들이 탄원하며 찾아옵니다. "네가 만일 동정에 이끌려 뭔가를 한다면, 너도 사악하고 무도한 것이다." 어떤 이가 죄를 범했음을 자백하고 잘못에 대해 용서를 구합니다. "죄를 용서함은 무도한 짓이다." 그러나 그 죄는 가벼운 것입니다. "모든 죄는 같다." 당신은 아무거나 주장합니다. "기

---

68   로마에서 세금 부과와 징수 업무는 입찰 방식에 의하여 사인(私人)인 징세청부업자가 맡았고 국가가 직접 관여하지는 않았다. 입찰 시 징세청부업자는 낙찰을 받기 위하여 경쟁적으로 거액을 국가에 약속하고 납부했다. 그리하여 징세청부업자는 국가에 미리 납부한 액을 벌충하기 위하여 때로는 폭력까지 행사하여 세금을 징수했다.

정사실로 확정되었다." 당신은 사실이 아니라 억견에 따른 것입니다. "현자는 억견에 빠지지 않는다." 당신은 사실관계에서 오류를 범합니다. 그는 모욕이라고 생각합니다. 당신의 다음 발언도 그 원칙에서 나온 것으로 보입니다. "집정관 후보를 고발할 것이라고 원로원에서 내가 말했다." 당신은 분노하여 말했습니다. 그는 말합니다. "현자는 절대 분노하지 않는다." 하지만 상황에 따라야 합니다. 그는 말합니다. "거짓과 속임수는 부도덕한 자의 짓이다. 견해를 바꾸는 것은 추하고, 간청에 응하는 것은 범죄고, 동정하는 것은 파렴치한 짓이다."

63 그런데 카토여, 저도 청년기에 저 자신의 재능을 믿지 못하여 학식의 도움을 구했다는 점을 인정합니다. 우리 쪽 분들, 즉 플라톤과 아리스토텔레스의 추종자들은 절제력 있고 온유하며, 주장하기를 현자도 때로는 호의를 베푼다 했습니다. 동정은 선량한 사람들이 할 일이며, 범죄의 종류는 제각각이며 그에 따라 처벌도 구별된다고 했습니다. 원칙주의자라도 잘못에 관용을 베풀 수 있고, 현자마저 종종 모르는 것에 대해서는 억견을 가지며, 가끔 분노하기도 하고, 간청에 따라 움직이고 화해하기도 하는바, 때로는 생각을 바꾸기도 하고 심지어는 더 옳은 견해가 있다면 이전의 견해를 완전히 버리기도 합니다. 모든 탁월함은 중용을 지키는 데 있다고 했습니다.

XXXI 64 카토여, 어떤 운명에 이끌려 이런 스승들께로 갔더라면, 물론 당신은 더 훌륭해지거나 더 용감해지거나 더 절제력을 갖추거나 더 공정해지지 못할 만큼 이미 더할 나위 없을 정도로 훌륭한 본성을 갖추었습니다만, 그래도 조금이나마 유연함 쪽으로 기울어졌을지도 모르겠습니다. 그랬더라면 지금처럼 최고의 권위와 품덕을 갖춘 지극히 훌륭한 사람을, 반감에 이끌리거나 명예훼손으로 도발되지 않았으면서도 고발하는 일은 없었을 것입니다. 그랬더라면, 당신과 루키우스 무레나가 우연히 같은 해에 동료로서 관직을 담당했을진대, 당신은 그와 함께 한 나랏일의 인연을 생각할 수도 있었습니다. 그랬더라면 당신이 원로원에서 했던 가혹한 말을 아예 말하지 않거나, 가능하다면 완곡하게 말할 수도 있었습니다.

65 하지만 제가 예견하는바, 현재 마음의 격정으로 흥분하고, 본성과 재능의 힘으로 고양되고, 최근 배운 것들에 불타오른 당신을 장차 경험이 가라앉히고, 세월이 진정시키며, 나이가 부드럽게 만들 터입니다. 실로 당신의 스승들, 덕의 교사들은 인간의 본성이 할 수 있는 것보다 훨씬 멀리 의무의 목표를 설정하여, 우리가 목표를 향해 분투해서야 겨우 의무의 문턱에 닿도록 만들어 놓았습니다. "어떤 것도 용서하지 마라." 아니, 다는 아니지만 어떤 것은 용서하십시오. "호의를 베풀지 마라." 아니, 의무와 신의가 요구하는 경우에만 호의를 보이지 마십시오. "동정심에 휘둘리지 마라." 물론 엄정함이 느슨해질 때라면 그렇습니다. 하지만 인도적이라는 상찬도 있습니다. "너의 견해를 고수하라." 기존의 견해보다 더 나은 견해가 없는 한에서 말입니다.

66 저 스키피오는 당신이 한 바로 그 일, 즉 박식한 파나이티오스[69]를 자기 집에 초빙하기를 즐겼는데, 그 선생의 연설과 당신이 좋아하는 바로 그 원칙들에도 불구하고, 노인들에게서 들은 바로는, 스키피오가 더 엄격해지기는커녕 오히려 아주 온

---

69   파나이티오스는 로도스 출신의 스토아 철학자로, 기원전 144년경 소(小)스키피오를 주축으로 한 모임에 합류했다.

화한 사람이 되었다고 합니다. 실로 당신과 같은 학파의 가이우스 라일리우스[70]보다 더 친절하고 유쾌하며, 더 신중하고 현명한 사람이 있습니까? 루키우스 필루스,[71] 가이우스 갈루스[72]에 관해서도 똑같이 말할 수 있지만, 이제 당신을 당신네 가문으로 이끌고 가보려 합니다. 모든 인간사를 고려해 보았을 때, 당신의 증조부 카토보다 더 친절하고 사교적이고, 더 온화한 사람을 생각할 수 있습니까? 그의 뛰어난 탁월함을 사실 그대로 진지하게 언급하면서, 당신은 당신 집안에 본받을 전범을 두었다고 말했습니다. 물론 그분은 당신의 가내에서 전범이고, 그의 본성은 우리 중 그 누구보다 후손인 당신에게 더 잘 전해졌을 테지만, 본받기로 따지자면 그분은 당신의 전범인 만큼 저의 전범이기도 합니다. 만일 그의 친절함과 온화함을 당신의 진중함과 엄격함에 보탠다면, 현재 이미 최상인 당신의 탁월함이 더 나아지지는 않겠지만, 확실히 유쾌함이 좀 더 가미될 것입니다.

XXXII 67 그러니 시작한 주제로 다시 돌아가서, 제발 이 소송에서 카토의 이름을 빼 주십시오. 영향력을 거두십시오. 재판에서 전혀 효력이 없거나 무죄방면을 위한 효력만을 가지는 권위를 치우십시오. 죄목 자체에 대해서만 논의합시다. 카토여, 당신은 무엇을 고발합니까? 무엇을 법정에 제출합니까? 무엇을 주장합니까? 당신은 부정선거를 고발합니다. 저는 변론하지 않

---

70   가이우스 라일리우스는 스키피오의 절친한 친구로 스키피오 모임의 주축이었다. 스토아 철학에 조예가 깊었다.

71   루키우스 푸리우스 필루스는 기원전 136년 집정관을 지냈고 스키피오 모임의 일원이었다.

72   가이우스 술키피우스 갈루스는 기원전 166년 집정관을 지냈고, 천문학에 조예가 깊었다.

겠습니다. 제가 법률로 처벌했던 바로 그 행위를 저 자신이 방어하고 있다고 당신은 비난합니다. 제가 벌한 것은 부정선거이지 무고한 자는 아닙니다. 부정선거에 대하여, 당신이 원한다면, 저는 당신과 함께 고발할 것입니다. 다음과 같은 원로원 결의가 저의 제안으로 이루어졌다고 당신은 말했습니다. "대가를 받고 후보자를 마중 나간 경우, 고용되어 후보자를 추종한 경우, 검투사 경기 관람석이 분구민들에게 무차별적으로 제공된 경우, 마찬가지로 점심을 누구에게나 가리지 않고 대접한 경우, 칼푸르니우스법 위반 행위로 간주한다." 원로원은 그런 일들을 행한 경우 법률 위반 행위로 간주한다고 판단한 것인데, 이는 후보자들의 뜻에 따른 무의미한 결의였습니다. 행위가 있었는지 없었는지만 집중적으로 따져, 행위가 있었으니 법률 위반이라고 판단하는 꼴입니다.

68 그런데 정작 물어야 할 것은 묻지 않은 채, 아주 명백한 것을 판단하는 것은 우스운 일입니다. 게다가 모든 후보자의 요구에 따라 원로원 의결이 행해지기는 했으나, 그것이 누구의 이해관계와 관련된 것인지 정해진 바 없습니다. 그러므로 루키우스 무레나의 불법 행위를 증명하십시오. 그러면 저도 당신과 함께 그가 위법 행위를 저질렀음을 인정하겠습니다.

XXXIII "많은 이가 속주로부터 귀환하는 그를 마중 나왔다." 집정관직 출마자에게는 흔히 있는 일입니다. 그런데 집정관직 출마자가 귀환하는데 마중 나가지 않을 자가 있겠습니까? "왜 그렇게 많았나?" 우선, 딱히 이유를 댈 수 없다 한들, 그렇게 훌륭한 사람이 집정관 후보로 귀환하여 많은 이가 마중 나간 것이 무슨 놀랄 일입니까? 오히려 그렇지 않다면 그것이 훨씬 더 놀랍게 보입니다. 69 어떻습니까? 많은 이더러 마중 나오라고 요청하는 것은 관행에 어긋나지 않는다는 점도 덧붙여 말해 본다면, 요청받으면 우리는 꼭두새벽에도 변두리에서 도심으로 하류층 자녀들을 호위해 주곤 하는 이 도시에서,[73] 특히나 저렇게 저명한 사람의 이름으로 요청하는데 주간 3경[74]에 사람들이 마르스 연병장으로 기꺼이 갔다는 것이 범죄, 혹은 놀랄 일입니까? 어떻습니까? 만일 이 법정의 심판인 다수가 속해 있는 단체들 전체가 마중 나왔다면? 어떻습니까? 만일 우리 원로원 계층의 훌륭한 이들이 많이 왔다면? 어떻습니까? 도시로 들어오는 그사람에게 인사를 차리지 않을 수 없었던, 소임에 대단히 충실한 후보자들까지 마중 나갔다면? 마지막으로 고발자인 포스투무스 자신마저 자신의 아주 큰 무리와 함께 마중 나갔다면, 다수의 군중이 나갔다 한들 무엇이 놀랍단 말입니까? 그의 피호민들, 이웃들, 분구민들, 개선식에 참가하러 며칠 걸려 도착했던 루쿨루스의 전 부대는 생략하겠습니다. 다만 이것 하나, 무상호위(無償護衛)라는 의무가 결코 누군가의 품격에 부족하게 이행되거나, 원하는 자에게 거절된 적은 없었다는 사실만을 언급하겠습니다. 70 "그러나 다수의 사람이 뒤따라 다녔다." 대가성임을 증명하십시오. 범죄로 인정하겠습니다.

XXXIV 그것이 아니라면, 무엇을 비난하는 것입니까? 그는 말합니다. "추종자들은 어째서 필요한가?" 우리가 늘 지켜 오던 관례가 왜 필요한지 저에게 묻는 것입니까? 하류층 사람들이 우

---

73 성년이 되는 자는 로마광장에서 개최되는 성년식에 참가하기 위하여 광장으로 호위를 받으며 가곤 했다.

74 아침 9시경을 가리킨다.

리 원로원 계층의 은혜를 받고서 되갚을 유일한 방법이 우리가 출마했을 때 추종의 노고를 제공하는 것입니다. 우리 원로원 의원이나 로마 기사 신분은 자신과 가까운 후보자를 온종일 쫓아다니는 것이 가능하지도 않거니와 이를 요청받는 것도 안 될 일입니다. 만일 높은 지위에 있는 그들의 무리가 우리 집을 채운다면, 종종 로마광장으로 호위한다면, 공회당을 같이 순회하여 예우를 표한다면, 우리는 깊은 관심을 받고 존중받는다고 여겨집니다. 그러나 상시 수행은 시간적 여유가 있는 하류층 친구들이 하는 일로, 지체 높고 후덕한 사람들 곁에는 그런 친구들이 언제나 있기 마련입니다.

71 그러니, 카토여, 하류층 사람들이 의무를 이행함으로써 얻는 열매를 빼앗지 마십시오. 모든 것을 우리에게 청하는 그들 자신 또한 우리에게 갚을 수 있는 무엇인가를 갖도록 허하십시오. 투표권 외에 가진 것이 없는 경우, 그들은 투표만으로는 전혀 감사를 표할 수 없을 것입니다.[75] 마지막으로, 그들 자신이 흔히 말하곤 하는바, 그들은 우리를 위하여 변호를 맡지도, 보증을 서지도, 식사 초대를 하지도 못합니다. 이 모든 것을 우리에게 청하는 그들은, 추종의 노고 말고 다른 방식으로는 우리에게서 얻은 것을 보상할 수 없다고 생각합니다. 그리하여 그들은, 추종자 규모에 관한 파비우스법[76]뿐 아니라 루키우스 카이사르가 집

---

75 로마의 선거 체계는 금권주의적 성향의 투표 순위가 정해져 있었다. 특히 백인대 민회에서 정무관이 선출되는 경우, 재산을 가진 계층의 투표만으로 후보는 당선에 필요한 투표 수를 획득할 수 있었고, 선거 절차는 그대로 종료되었다. 그리하여 하류층은 투표할 기회조차 가지지 못한 경우가 태반이었다.

76 기원전 64년경 파비우스의 제안으로 제정된 이 법으로, 후보자를 따라다니는 추종자(sectatores)의 수가 제한되었다. 이 법은 다중의 세력을 견제하려는 조치로서, 위반한

정관일 때 결의된 원로원 의결[77]에도 저항합니다. 하류층의 오래된 이런 추종 의무의 실행을 금지할 수 있는 처벌 조항은 없기 때문입니다.

72 "그러나 구경거리가 분구민에게 제공되었고, 누구나 가리지 않고 점심 식사에 초대되었다." 심판인 여러분, 비록 이것은 무레나가 아니라 그의 친구들이 아무튼 관습에 따라 적절히 행한 것이긴 합니다만, 이 일에서 제가 생생히 기억하는 바는, 원로원의 불평으로, 세르비우스여, 당신이 많은 표를 잃었다는 사실입니다.[78] 기억을 더듬어 보건대 실로 우리 시대나 조상 대에 친구와 분구민에게 경기장과 광장의 좌석을 제공하는 일이, 그것을 접대 행위라 하든 관대한 베풂이라 하든 간에, 없었던 적이 있습니까? 하층민들은 자기네 분구 출신 후보한테서 오는 보상과 이익으로, 옛 제도대로 그것을 취했던 것입니다. ……[전승사본에서 일부 누락]

XXXV 73 …… 공병대장으로서[79] 자신의 분구민에게 관람석

77 1월 1일에 거행되던 '가신 축전(Compitalia)' 거행 단체가 이 원로원 의결에 의하여 제재당했다. 그 단체들의 구성원이 바로 하층민이었기 때문에, 호민관 등의 지지 세력으로 여겨졌고 이를 이용한 호민관도 있었다. 이 원로원 의결은 호민관의 이러한 이용을 저지하기 위한 것이다.

78 세르비우스가 접대를 하지 않았기에 원로원에서 불평의 소리가 나왔다. 키케로는 세르비우스가 그 결과로 표를 잃었다고 본 것이다. 후보 무레나의 경우, 그가 직접 분구민 회관에서 행사를 개최한 것은 아니고 그의 친구가 개최했다. 분구민 회관은 공연과 연회를 베풀기에 충분한 공간이었는데, 자신의 분구민이 아닌 다른 분구민에게 향응을 제공하는 것은 불법이었으나, 친구로서 후보를 위하여 자기 분구민을 대접하는 것은 막을 수 없었다.

79 계급에 따른 백인대들과 네 개의 비정규 백인대(accensi, velati, proletarii, capite censi) 외에 직업에 의한 세 개의 백인대가 더 있었다. 첫 번째가 공병대(fabri)로서 1계

을 한 번 제공했다는 것으로 무레나가 욕을 먹어야 한다면, 경기장 전체를 분구민을 위해 준비한 저명인사들은 어떻게 보아야 합니까? 세르비우스여, 군중의 추종, 경기 관람석 제공, 점심 식사 접대 등이 모두 죄가 된다면, 대중은 이를 당신의 과도한 엄격함 때문이라 여기는바, 무레나는 원로원의 권위로써 방어되고 있습니다. 실로 어떻습니까? 원로원이 후보 추종을 죄로 본다는 말입니까? "아니다. 보수에 관련된 경우다." 증명하십시오. 그럼, 다수가 추종하는 것을 원로원이 죄라고 판단합니까? "아니다. 매수된 경우다." 입증하십시오. 관람석 제공이, 점심식사 초대는 어떻습니까? "전혀 아니다. 가리지 않고 마구 줄 경우다." '가리지 않고'는 무슨 뜻입니까? "전체 시민이다." 그가 어떤 사람인지, 현재 어떤 심성의 소유자인지, 앞으로 어떤 사람이 될 것인지 우리가 알고 있는 루키우스 나타[80]는 최고 신분의 젊은이로서, 친족의 의무와 장래를 위해서 그가 기사 백인대에서 호의를 베풀고자 한 것이 그의 의붓아버지에게 해가 되는 범죄 행위가 되지는 않을 것입니다. 또 제 의뢰인과 근친인 베스타 여사제가 자신의 검투사 경기 관람용 자리를 제 의뢰인에게 양보했다면, 경애에 기한 것일 뿐 제 의뢰인이 책임질 일은 없습니다. 이 모든 것은 친족 간의 의무이고, 하층민의 이익이자 후보들이 할 의무입니다.

74 그러나 카토는 엄격하게 그리고 스토아 철학자답게 저와 다투며, 먹을 것으로 호의를 유도하는 것은 옳지 않다고 주

급에 준하여 대우받았고, 군악대(cornicines, liticines)는 4계급으로 대우받았다.

80   루키우스 피나리우스 나타는 기사 신분 출신으로, 무레나의 의붓아들이다. 그가 속한 백인대는 선거에서 영향력이 막강했기 때문에, 아들로서 향응도 불사한 것으로 보인다.

장합니다. 정무관 선거에서 쾌락으로 사람들의 판단을 매수해서는 안 된다고 주장합니다. 그렇다면 선거 때문에 만찬에 초대할 경우 유죄로 판정됩니까? 그는 말합니다. "참으로 당신은 최고의 명령권을, 당신은 최고의 권위를, 당신은 나라의 통치권을, 사람들의 감각을 부추기면서, 용기를 약화시키면서, 쾌락을 제공하면서 구하는 것인가?" 그는 말합니다. "버릇없는 젊은이들 무리한테서 포주 자리를 구하려 했던 것인가, 로마 인민한테서 전 세계의 통치자 자리를 얻으려 했던 것인가?" 끔찍한 주장입니다. 그러나 이런 주장을 경험, 생활, 관습, 바로 국가가 배척합니다. 카토가 취하는 생활방식과 언사의 창시자인 스파르타인들은 매일 딱딱한 침상에 기대어 식사했다, 실로 크레타인들은 결코 누워서 음식을 먹지 않았다 하던데, 쾌락과 노고의 시간을 각각 챙겨 놓는 로마인들보다 조국을 지키는 데 있어 하등 나은 점이 없었습니다.[81] 후자는 우리 군대가 도착하자마자 멸망했고, 전자는 우리 통치권에 기대어 자신들의 기율과 법률을 지켰습니다.

XXXVI 75 그러므로 카토여, 그 자체로써나 통치권의 지속으로써 승인받은 조상의 제도를 그렇게 엄혹한 말로 비난하지 마십시오. 우리 조상 중에는 바로 그 학파의 가르침에 정통한 퀸투스 투베로[82]라는 훌륭하고 지체 높은 사람이 있었습니다. 퀸투스 막시무스가 숙부 푸블리우스 아프리카누스의 장례 명목으로 로마 대중에게 음식을 제공하려고, 아프리카누스의 누이의 아

---

81 크레타인들은 기원전 67/68년 메텔루스에 의해 정복되었으며, 스파르타인들은 로마와 동맹을 맺음으로써 자치권을 유지했다.

82 루키우스 아이밀리우스 파울루스의 가족관계는 색인 참조.

들 투베로에게 식사 자리를 준비할 것을 요청했습니다. 매우 박식한 스토아주의자였던 투베로는, 신과 같은 아프리카누스의 죽음을 기리는 것이 아니라 마치 견유학파 디오게네스가 죽은 것처럼, 카르타고산 침상에 염소 가죽을 깔고 사모스 풍의 식기를 차렸습니다. 아프리카누스의 장례 일에 막시무스는 아프리카누스를 상찬했는데, 무엇보다 특히, 그가 있는 곳에 필연적으로 세상의 지배권도 있게 될 그가 이 나라에 태어난 것을 불멸의 신들에게 감사드렸던 것입니다. 그러나 그의 추모식에서 로마 인민은 투베로의 일그러진 철학을 매우 못마땅하게 여겼습니다.

76 그리하여 흠잡을 데 없는 사람, 최고의 시민, 루키우스 파울루스의 손자, 앞에서 말했듯 푸블리우스 아프리카누스의 조카는 염소 가죽 때문에 법무관직에서 낙마하고 말았습니다. 로마 인민은 사적인 사치는 혐오하지만, 공적인 구경거리는 좋아합니다. 흥청대는 연회를 선호하는 것은 아니지만, 비루함과 인색함은 더더욱 아닙니다. 로마 인민은 의무와 상황을 엄밀히 계산하여, 노고와 쾌락을 번갈아 갖습니다. 또 당신은 정무관 선출에서, 사람들의 마음을 품격 아닌 다른 것으로 유인해서는 안 된다고 했는데, 이것은 최고의 품격을 갖춘 당신 자신도 준수할 수 없는 것입니다. 어찌 당신은 당신을 위하여 애쓸 것과 조력할 것을 요구합니까? 당신은 자기가 책임질 테니 당신 편에 서 달라고 요구합니다. 대체 무슨 말입니까? 그것을 당신이 저에게 요구하는 것이 옳은 일입니까? 아니면 제가 당신에게 저 자신의 안녕을 위하여 노고와 위험을 맡아달라고 요구할 사안입니까?

77 당신이 호명노예[83]를 부리는 것은 어찌 된 일입니까? 그 점에서 실로 당신은 속이고 기망하는 것입니다. 당신이 직접 동료 시민들의 이름을 부르는 것이 명예로운 일일진대, 당신보다 당신 노예가 그들을 더 잘 알고 있다는 것은 추한 일입니다. 당신이 이미 알고 있는데도, 모르는 척 노예에게 물어 이름을 불러야 합니까? 노예가 말해 주어 알게 되었으면서도 알고 있었던 척하는 인사는 도대체 무엇입니까? 당선된 후, 이전보다 더한 겉치레 인사는 무엇입니까? 이 모두는 공동체의 관행에 비추어 당연한 일입니다. 그러나 당신네 철학의 가르침에 따라 재 본다면, 이는 극도로 비도덕적인 것으로 밝혀질 것입니다. 그러니 로마 평민에게서 우리 조상들이 마련해 준 축전, 검투경기, 연회로부터 나오는 열매를 앗아서는 안 되고, 후보자들에게는 뇌물이 아닌 관후함을 의미하는 호의를 베풀 기회를 박탈하지 말아야 합니다.

XXXVII 78 국가적 상황은 당신을 고발로 이끌었습니다. 카토여, 당신이 그런 생각과 용기로 이곳까지 왔다고 저는 믿습니다. 그러나 경솔함으로 인해 당신의 고발은 빗나가고 말았습니다. 심판인 여러분, 제가 행하는 바는 제가 루키우스 무레나와의 우정과 그의 품격을 위한 것인 동시에, 평화, 평온, 화목, 자유, 안녕, 결국 우리 모두의 생존을 위한 행위임을 선언하고 증언하는 바입니다. 들으십시오. 심판인 여러분, 집정관에게 귀 기울여 주십시오. 너무 오만하게 말하는 것일지는 모르겠으나, 온종일 밤낮으로 나랏일을 염려하는 집정관의 말에 말입니다. 루키우스 카틸리나가 이 나라를 무시하고 경멸하고는 있지만, 그가

---

83 호명노예(nomenclator)란 선거 유세 과정에서 주인이 만나는 사람의 이름을 주인에게 알려 주는 노예다.

이끌고 떠난 무력은 아직 나라를 장악하겠다 생각할 정도는 아닙니다.[84] 다만 그 범죄의 전염력은 누구도 생각지 못할 정도이며, 해악은 많은 이들에게 두루 퍼졌습니다. 확언컨대, 트로이아의 목마는 내부에, 내부에 있는 것입니다. 그러나 제가 집정관인한, 여러분이 자다가 목숨을 잃는 일은 결코 없을 것입니다.

79 당신은 도대체 왜 제가 카틸리나를 두려워하는지 묻습니다. 전혀 그렇지 않을뿐더러, 저는 누구도 그를 두려워하지 않게끔 살피고 있습니다. 그러나 제가 보고 있는 이곳의 카틸리나 세력은 두려워해야 한다고 생각합니다. 루키우스 카틸리나의 군대는 현재, 그에게서 이탈했다고 알려진 자들보다 두려워할 만한 존재는 아닙니다. 왜냐하면 이들은 이탈한 것이 아니라, 염탐꾼과 매복자로 남아 우리의 머리와 숨통 옆에 서성거리고 있기 때문입니다. 이들은, 유능한 장군이자 흠 없는 집정관이며 본성과 운명으로 나라의 안녕에 결속된 사람을, 여러분의 결정으로써 도시 보호와 나라 보전의 임무에서 배제하기를 바라고 있습니다. 저는 이들의 무기와 뻔뻔함을 연병장에서 물리치고, 광장에서 무력화시켰으며, 또한 집에서[85] 빈번히 제압했던바, 심판인 여러분, 여러분이 이들에게 집정관 중 한 명을 내어주신다면, 이들은 여러분의 결정으로, 자신들의 검으로 얻을 것보다 훨씬 큰 것을 취하게 될 것입니다. 심판인 여러분, 많은 이의 반대

---

84 카틸리나 탄핵 연설 이후, 카틸리나는 로마를 떠나 그와 뜻을 같이하는 만리우스의 진지에 도착했다. 무레나 변호 연설은 카틸리나가 로마를 떠난 이후에 행해졌다.

85 기사신분 가이우스 코르넬리우스와 원로원 위원 루키우스 바르군테이우스는 새벽녘에 집정관 키케로의 집 앞에서 암살을 위해 기다리고 있었고, 암살 계획을 미리 알고 있던 키케로는 이를 대비하여 암살을 피할 수 있었다. 3장 '카틸리나 탄핵연설' 참조.

를 무릅쓰고 제가 이루고 관철했던바, 1월 초하루에 나라에 두 명의 집정관이 있는 것은 극히 중요합니다.

80 이들이 평범한 계획이나 통상적 방식을 쓰리라 생각지 마십시오. 부적절한 법률도 아니고, 위해한 선거 뇌물도 아니며, 언젠가 나라의 해악이라고 들었던 그 어떤 악도 아닙니다. 심판 인 여러분, 이 국가에서 국가 자체를 파괴하려는, 시민들을 도륙 하려는, 로마라는 이름을 아예 없애 버리려는 계획이 이미 착수 되었습니다. 그리고 이 시민들은, 이들을 그렇게 불러도 된다면 이 시민들은 자신의 조국에 맞서 저것들을 꾀하고 있을 뿐만 아 니라 이미 꾀하고 있었습니다. 저는 매일 이들의 계획에 맞서고, 뻔뻔함을 무력화시키고, 범죄에 저항합니다. 하지만 심판인 여 러분, 저는 권고하고자 합니다. 저의 집정관직은 이제 거의 끝나 갑니다. 저에게서 제 주도면밀함의 계승자를 빼앗지 마십시오. 커다란 위험에서 나라를 온전히 방어하는 일을 맡기고자 제가 염원하는 그 사람을 저에게서 뺏지 마십시오.

XXXVIII 81 심판인 여러분, 이러한 악에 무엇이 덧붙여지는 지 알지 못합니까? 당신, 바로 당신에게 말하는 것입니다, 카토 여. 당신의 임기 중 폭풍을 예견하지 못하겠습니까? 이미 어제 집회에서 당신의 동료, 호민관 당선인의 매우 위험한 목소리가 울려 퍼졌습니다. 당신이, 그리고 당신을 호민관직에 출마하라 고 격려했던 모든 선량한 시민이 매우 경계하던 자가 바로 그 사람입니다.[86] 지난 3년 동안 부글거리던 모든 것이, 여러분이 이

---

86 퀸투스 카이킬리우스 메텔루스 네포스는 기원전 62년 호민관을, 기원전 57년 집정관을 지냈다. 기원전 63년 이래 키케로와 계속 충돌했으나, 기원전 57년 키케로가 로마로 돌 아오는 데 동의했고 키케로와 화해했다.

미 루키우스 카틸리나와 그나이우스 피소의 원로원 몰살 계획의 단초를 파악했던 시점부터 요 몇 달, 요 며칠 새, 아니 바로 이 시각 터져 나오고 있습니다.

82 심판인 여러분, 제 계획과 그보다 훨씬 더 강한 신의 예지로써 이들의 음모와 칼날을 피해 제가 벗어나보지 않았던 그런 장소나 상황, 낮, 밤이 과연 있습니까? 이들은 저를 개인으로서 살해하는 것이 아니라, 깨어 있는 집정관을 국가 수호로부터 떼어내고자 하는 것입니다. 카토여, 조금도 덜하지 않게, 가능했다면, 이들은 어떠한 방법을 써서라도 당신 역시 제거하려 들었을 것입니다. 제 말을 믿으십시오. 이것이 바로 이들이 행하고 획책한 것입니다. 당신의 용기, 능력, 존엄 및 국가 보위의 의지가 얼마나 큰지, 이들은 알고 있습니다. 그러나 집정관의 권위와 지원 아래 호민관의 권한이 박탈되는 것을 보게 될 때, 동시에 이들은 당신이 무장해제되어 무력해졌으니, 더 쉽게 타도할 수 있으리라고 생각할 것입니다. 이들은 집정관 보궐이 있으리라 믿지 않습니다. 이 문제를 당신의 호민관 동료들이 좌우할 수 있음을 이들은 알고 있습니다.[87] 동료가 없는 상태의 고귀한 데키우스 실라누스를, 집정관이 없는 상태의 당신을, 조력이 부재한 상태의 국가를 상대하기를, 이들은 바라고 있습니다.

83 마르쿠스 카토여, 자기 자신을 위해서가 아니라 조국을 위하여 태어난 것으로 보이는 당신이야말로, 이 중차대한 사태와 위험에 직면하여 해야 할 일을 알아야 합니다. 국정의 조력자, 수호자 및 동맹자, 사심없는 집정관, 현 상황에서 특히나 요

---

87 호민관들은 보궐 집정관 선거를 거부할 권한을 가지고 있었던 것으로 보인다.

구되는바, 나라를 안정시킬 운명을 짊어진, 전쟁을 수행할 지식을 가진, 어떠한 임무라도 감당할 용기와 경험을 가진 집정관을 지켜내야 할 것입니다.

XXXIX 그렇지만 심판인 여러분, 이 상황을 좌우할 모든 권한은 여러분에게 있습니다. 이 사건에서 여러분이 나라 전체를 유지하고, 여러분이 통치하는 것입니다. 만일 루키우스 카틸리나가 자신이 끌어모은 무도한 시민으로 구성된 자문단과 함께 이 사건에 관하여 판결할 수 있다면, 그는 루키우스 무레나에게 유죄판결을 내릴 테고, 해칠 수 있다면 죽일 터입니다. 그의 계획이 노리는바, 소요와 불화에 맞서는 정적을 축출하기 위해서는, 나라는 고립무원 상태에 빠지고, 그의 광기에 대항하는 장군들의 세력은 미미해지고, 호민관에게는 더 큰 권한이 부여되는 것입니다. 그럴진대, 나라의 상층부로부터 선발된 최고의 품덕을 갖춘 지혜로운 여러분이 막돼먹은 검투사, 나라의 공적(公敵)에 동조하는 판단을 내린단 말입니까?

84 심판인 여러분, 믿어 주십시오. 이 사건에서 여러분은 단지 루키우스 무레나만이 아니라 여러분의 안녕에 관해서 판결하는 것입니다. 우리는 극한의 고비에 직면해 있습니다. 이제는 망가진 곳을 보수할, 넘어진 곳에서 다시 일어설 여지도 없습니다. 기존의 원조 세력이 약해져서는 안 될 뿐 아니라, 가능하다면 새로운 원조 세력을 마련하여야 합니다. 왜냐하면 적은 카르타고 전쟁 시 가장 위태해 보였던 아니오 강변에 있지 않고, 도시에, 광장에, 오 불멸의 신들이시여, 탄식 없이는 말할 수 없는바, 적지 않은 적이 나라의 이 지성소, 말하건대 바로 원로원 의사당에까지, 절대로 적지 않은 적이 있기 때문입니다. 신들이시

여, 용감무쌍한 저의 동료가 무기를 들어 카틸리나의 저 무도한 강도질을 분쇄토록 해 주십시오! 평복을 입은 제가 여러분을 비롯해 다른 모든 선량한 시민들이 돕는 가운데, 나라가 지금껏 잉태하고 있다가 이제 낳으려 하는 저 위험을 계획에 기하여 격퇴하고 제압하겠습니다.

85 하지만 이 사안이 우리의 손에서 빠져나가 다음 해로 넘어간다면, 도대체 어떤 일이 벌어지겠습니까? 한 명의 집정관이 있게 될 것이고, 그는 전쟁 수행이 아니라 동료의 보궐에 매달릴 것입니다. 제 의뢰인을 저지하려 하는 자들이……. [전승 사본에서 일부 누락] 카틸리나라는 엄청난 역병이 터져 나와 [전승 사본에서 일부 누락] 도시 외곽 지역으로 급작스럽게 돌진할 것입니다. 광기가 도시를, 공포가 원로원을, 음모가 광장을, 군대가 연병장을, 황폐함이 들판을 점령할 것입니다. 모든 장소와 거처에서 우리는 전화(戰火)를 두려워하게 될 것입니다. 이 모든 것이 이미 오랫동안 획책되어 온 것이기는 해도, 나라를 방어할 준비가 갖춰져 있다면, 정무관들의 계획과 개별 시민의 용의주도함으로 쉽게 분쇄할 수 있을 것입니다.

XL 86 사정이 이러하니, 심판인 여러분, 저는 우선, 누구에게나 가장 중요한 것임이 틀림없는 나라를 위하여, 여러분이 자신 및 다른 시민의 평온, 평화, 안녕, 생존을 돌보도록, 여러분에게 이미 익히 알려져 있는 저의 우국충정으로 경고하고, 집정관의 권위로써 촉구하며, 위험의 심각성에 기하여 간청합니다. 다음으로, 심판인 여러분, 변호인이자 친구로서의 의무에서 탄원하고 간원컨대, 육신의 질병과 마음의 고통으로 쇠약해진 비참한 사람 루키우스 무레나가 최근 누리던 경사를 새로운 비탄으로 덮지 말아 주십시오. 오래된 가문에 최초로, 오래된 자치시[88]에 최초로 집정관직을 선사하였기에, 방금 전에는 로마 인민이 보내는 최고의 호의를 얻은 행운아로 보였던 바로 그 사람이 지금 비통과 애통 속에서 질병으로 소진되고, 절망 속에서 눈물과 비탄으로 얼룩진 채, 심판인 여러분, 탄원자로 나와 여러분의 보호를 간청하고, 여러분의 동정을 호소하며, 여러분의 권한에 기한 조력을 간절히 바라보고 있습니다.

87 심판인 여러분, 불멸의 신을 걸고 간청컨대, 더 큰 명예를 얻으리라 기대했던 관직뿐 아니라 이미 획득했던 명예, 품격, 행운을 그에게서 박탈하지 마십시오. 그리고 심판인 여러분, 여러분에게 루키우스 무레나가 다음과 같이 탄원하고 간청합니다. '이 사람이 누구에게도 부당하게 해를 끼치지 않았다면, 이 사람이 누구의 의도도 모욕한 적이 없다면, 최소한 이 사람이 로마에서나 전쟁터에서 누구의 증오도 사지 않았다면 참작의 여지를, 낙담한 사람들에게 피난처를, 굴욕당한 사람에게 도움을 베풀어 주십시오.' 심판인 여러분, 집정관직 박탈은 크게 동정 살 일임이 분명합니다. 집정관직과 함께 다른 모든 것도 박탈되기 때문입니다. 그런데 지금 같은 상황에서는 집정관직이란 것이 결코 선망의 대상은 못 됩니다. 그 직이 반역자들의 집회, 음모자들의 흉계, 카틸리나의 무기, 즉 모든 위험과 모든 불법행위에 홀로 맞서야 하기 때문입니다. **88** 그리하여 무레나나 우리 중 누구라도 이 명예로운 집정관직을 선망할 이유가 있는지, 심판인 여러분, 저도 모르겠습니다. 오히려 가련히 여겨

---

88 라누비움 자치시로서, 무레나의 고향이다.

야 할 것들이 제 눈앞에 또렷하며, 이것은 여러분도 알고 꿰뚫어 볼 수 있는 바입니다.

XLI 유피테르 신은 이 징조를 거두시길! 만일 여러분이 그를 버린다면 가련한 사람은 어디로 가야 합니까? 집으로? 가서, 며칠 전 축하연에서 월계관을 씌워 드린 고명한 부친의 조상(影像)이었건만, 이제는 오명으로 일그러지고 슬픔에 찬 모습이 된 그 상을 보아야 한단 말입니까? 아니면 방금 전 아들에게 축하의 입맞춤을 했던 모친, 하지만 지금은 조금 후 모든 품격을 박탈당하는 아들의 모습을 보게 되지나 않을까 고통스럽게 전전긍긍하고 계신, 정녕 비참한 분에게 가란 말입니까? **89** 그러나 법률에 규정된 새로운 형벌로 집과 부모, 모든 친지 친척과의 교류 및 상면이 박탈된 마당에, 모친이나 집은 일컬어 무엇 하겠습니까? 그러니, 비참하게 유배를 가란 말씀입니까? 어디로? 다년간 부관직을 수행했고, 군대를 지휘했고, 큰 업적을 이루어 냈던 동방으로 말입니까? 하지만 명예롭게 떠났던 그 지역으로 오명을 쓰고 되돌아간다면, 그 슬픔은 이루 말할 수조차 없을 것입니다. 아니면 반대편 세상 끝으로 가서 숨는단 말입니까? 알프스 이북 갈리아 속주에서 최근 무소불위의 권력을 휘두르던 바로 그 사람이, 추방되어 슬퍼하고 탄식하는 모습으로 말입니까? 그런데 그 속주에서 자기 동생 가이우스 무레나를 보는 심정은 어떻겠습니까? 제 의뢰인의 고통은 어떨 것이며, 동생의 슬픔은 어떨 것이며, 그 둘이 함께하는 비탄은 또한 어떨 것이겠습니까? 게다가 며칠 전 무레나가 집정관으로 선출되었다는 소식을 전령과 서신이 알렸던 그곳, 친구뿐 아니라 낯선 이조차 축하하러 로마로 경쟁적으로 달려왔던 그곳에 자기 스스로 자기가 겪은 재난의 전령이 되어 갑자기 나타난다면, 운명의 변전과 화제(話題)의 교체란 어떠한 것이겠습니까?

90 만일 이 사태들이 고통스럽고 비참하고 비탄할 만하다면, 여러분의 온유함과 동정심에 비추어 부당하다면, 심판인 여러분, 로마 인민이 그에게 보냈던 지지를 지켜 주십시오. 나라에 집정관을 돌려주십시오. 그 자신의 명예를 위하여 이것을 허하십시오. 타계한 그의 아버지에게 허하십시오. 가문과 집안에 허하십시오. 또 명예로운 라누비움 자치시 시민들에게도 허하십시오. 여러분은 그들이 이 재판에 계속 출석하여 탄식하는 것을 보아 왔습니다. 구원의 여신 유노[89]에게 모든 집정관이 반드시 바쳐야만 하는 조상 전래의 제사를, 그 지방 사람이자 바로 그 여신의 집정관이라 할 수 있는 그에게서 뺏지 마십시오. 만일 저의 추천이 의미를, 저의 지지가 권위를 어느 정도 갖추고 있다면, 심판인 여러분, 집정관인 제가 여러분에게 그를 집정관으로 추천하는바, 그는 평온을 절실히 갈구하며, 선량한 시민들을 잘 보호할 것이고, 내란에는 가차 없을뿐더러 전쟁에서는 가장 용맹하고, 지금 나라를 뒤흔들고 있는 이 음모에 대해서는 아주 단호히 대처할 인물임을 제가 약속하고 보장합니다.

---

89 유노(Iuno Sospita 또는 Iuno Sispita)는 오래된 이탈리아의 여신으로, 길쌈과 같은 여성의 일상생활과 관련된 초기 성격에서 벗어나 점차 국가의 여신으로 승격되었다. 이 여신의 신전이 위치한 곳이 바로 무레나의 고향 라누비움이다.

뒷이야기

　키케로의 탁월한 변호에 힘입어 무레나는 부정 선거 재판에서 무죄방면되었다.

　무레나 재판은 로마의 불안한 정국에서 발생한 카틸리나 음모 반란과 그 도당을 치려는 키케로의 의도를 고려해서 평가하는 것이 필요하다. 키케로는 무레나 변호를 카틸리나의 횡포에 대항하여 국가 로마의 운명을 수호하는 투쟁의 일환으로 보았기 때문이다. 자신이 로마의 보수귀족(optimates) 계층과 이익을 같이한다고 생각했던 키케로는 무레나를 성공적으로 변호하여 그들과 연대를 맺고 동부전선에서 돌아오는 폼페이우스와의 대결을 준비하려 했던 것이다.

　기원전 63년 집정관이었던 키케로는, 자신과 마찬가지로 '신인'이었던 무레나가 기원전 62년 집정관직을 승계할 때 자신의 정책도 이어받을 것으로 기대했다. 더 나아가 키케로는 자신이 집정관으로서 카틸리나 사건을 처리하면서 적법 절차를 위반한 바 있기 때문에, 무레나가 집정관이 되어야 자신에 대한 추궁이 더 이상 이루어지지 않을 것이라고 판단하였다. 이러한 여러가지 이유로 부정선거 규제의 강화를 주창했던 장본인인 키케로가, 술피키우스와의 깊은 우정에도 불구하고, 선거부정 혐의가 짙은 무레나를 변호하기에 이르렀던 것이다.

　시간적으로, 키케로의 탄핵에 의해 카틸리나가 로마를 떠난 것은 11월 8일이었고 만리우스의 진지에 도착한 것은 11월 중

순경이었다. 그리고 무레나 부정선거 재판이 열렸다. 로마에서 카틸리나의 추종자들이 체포된 것은 재판 이후인 12월 2일 밤이었다.

이처럼 카틸리나 일당이 준동하던 시대적 배경으로 인해 무레나의 무죄방면은 심지어 만장일치로 선고되었다. 이렇게 모든 장애가 제거되어 무레나는 집정관직에 걸림돌 없이 취임할 수 있었고, 12월 5일에는 체포된 카틸리나 잔당의 사형을 공식적으로 결의한 원로원 회의에도 집정관 당선인 자격으로 참석하였다.(키케로가 제안한 회의에서 카틸리나의 동료들에 대해 시민의 상소(provocatio)가 보장되지 않은 상태에서 사형이 결정되었다.)

12월 10일에는 폼페이우스의 부관이었으며 보수귀족 계층에 반대하던 메텔루스(Quintus Caecilius Metellus Nepos iunior)가 호민관이 되었는데, 그가 키케로의 절차 위법을 추궁하기 시작하였다. (키케로가 절차 위법 문제로 곤란하게 된 사건은 3장 '카틸리나 탄핵 연설'의 뒷이야기 참조.) 메텔루스는 카이사르와 함께 폼페이우스의 귀환을 요구하였다. 그해 말일인 12월 29일에는 키케로가 해명을 위한 퇴임 연설을 국민 앞에서 하려 하였으나, 메텔루스의 저지로 임기 중 부정을 저지르지 않고 소임을 다했다는 선서만을 하였다.

기원전 62년 새해 정월에 카틸리나와 그의 일당이 피스토리아에서 격파되었으나 로마에서의 소요 사태는 격화되었다. 메텔루스에 반대하는 카이사르의 숙적 카토(Marcus Porcius Cato Uticensis)가 메텔루스의 동료 호민관으로 선출되었던바, 당시 집정관 무레나는 이 재판에서 대적해야 했던 상대방 카토를 지원하여 공동의 적 메텔루스에 대항하기도 하였다.

집정관직 취임 후 무레나는 기원전 62년 동료 실라누스(Decimus Iunius Silanus)와 함께 '리키니우스 유니우스 법(Lex Licinia Iunia)'의 제안자로 역사에 남는다. 이 법률은 입법 절차에서 국민의 권한을 강화하기 위하여 세 가지를 규정하고 있는데, 1. 법률에 적당치 않은 내용을 추가 조항으로도 넣을 수 없음과, 2. 민회에서의 표결 이전에 법률안이 최소한 24일(로마에서 장이 세 번 서는 기간) 전에 공포되어 국민에게 법률안 내용을 알 수 있는 기회가 부여되어야 함과, 3. 법률을 새긴 판이 증인의 입회 하에 국가 공문서보관소의 기능을 하던 국고(aerarium)에 보관되어야 함을 규정하였다. 이 법률은 위반자에 대한 처벌을 가중함으로써 기원전 98년에 제정된 기존의 법률 카이킬리우스 디디우스 법(Lex Caecilia Didia)의 규범 내용을 강화한 것이다.

집정관직 이후 무레나의 행적은 어둠 속에 가려져 있다. 로마에서 집정관직 임기 후에는 총독으로 속주에 부임하는 것이 통상적이었지만, 무레나도 그랬다는 것을 증명해 줄 사료가 없다. 그리하여 속주로 가기 전 사망했을 가능성도 배제할 수 없다. 심지어 그의 사망 연도조차 알 수 없다.

5   로마의
       위업을 기록할
       시인을 변호하다

시민권 옹호:
아르키아스 변호연설

해 설

아르키아스 변호연설은 키케로가 집정관으로서 카틸리나의 역모를 밝힌 이듬해 행해진 것으로, 희랍 시인 아르키아스의 로마 시민권 취득 사실을 옹호하고 있다.

이 변론에 따르면, 아르키아스는 기원전 120년 안티오키아에서 출생했고 로마에는 기원전 100년 이전에 도착했으며, 당시 로마 장군이자 정치가인 루쿨루스의 업적을 기념하는 시를 써서 루쿨루스의 후원을 받게 되었다. 기원전 93년 루쿨루스의 도움으로 헤라클레아 자치시의 시민권을 획득했으며, 그 후 로마에 지속적으로 거주했다.

아르키아스의 로마시민권 획득에 이의를 제기한 소송은 당시 루쿨루스의 정적이었던 그나이우스 폼페이우스 마그누스에 의해 사주되었다는 설이 유력하다. 아르키아스가 소송에서 패할 경우, 아르키아스 자신의 시민권 박탈은 물론 로마를 떠나게 됨과 동시에 그의 두호인 루쿨루스에게도 불명예스러운 일이 되기 때문이다. 이에 루쿨루스와 우의 관계를 맺은 키케로가 변론을 맡게 된 것이다.

이 연설에서 아르키아스가 로마 시민권을 취득했다는 데 도움이 되는 법률은 다음 두 개다.[1]

(I) Lex Iulia de Civitate Latinis danda(라티움인에 대한 시민권

---

1 이하 요약은 Steven M. Cerutti의 *Pro Archia Poeta Oratio*(1998)의 설명을 따랐다. pp. xvi~xvii.

부여에 관한 율리우스법, 기원전 90년): 이탈리아 전쟁에서 로마에 적대적인 행위를 하지 않은 경우에 한해, 모든 이탈리아 자치시 민에게 로마 시민권이 부여된다.

(2) Lex Plautia Papiria de Civitate Sociis danda(동맹시 시민들에 대한 시민권 부여에 관한 플라우티우스 파피리우스법, 기원전 89년): 첫째, 로마와 동맹 관계에 있는 도시의 시민일 경우. 둘째, 로마에 지속적으로 거주할 경우. 셋째, 법이 통과되고 나서 60일 이내에 법무관 앞에서 등록할 경우. 이 세 가지 사항에 해당하는 자는 누구나 로마 시민권을 취득할 수 있다.

하지만 원고가 아르키아스의 사안에 적용한 법률은 아마도 외국인 추방에 관한 'Lex Papia de Peregrinis'(외인에 관한 파피우스법, 기원전 65년)일 것으로 추정된다. 원고의 주장은 다음과 같다. 첫째, 아르키아스가 헤라클레아 자치시 시민이라는 공문서가 없다. 둘째, 로마에 지속적인 거주지가 없다. 셋째, 기원전 89년의 법무관 기록 문서는 신빙성이 떨어진다. 넷째, 아르키아스가 로마에 있었다고 주장하던 때 행해진 호구조사에 아르키아스의 이름이 누락된 점이다.

이에 대한 키케로의 변론 요지는 다음과 같다. 첫째, 헤라클레아의 문서보관소가 동맹시 전쟁에서 불탔다는 점을 밝히고 아르키아스가 시민임을 증명할 증인을 제시했다. 둘째, 아르키아스가 확실히 로마에 지속적인 거주지를 갖고 있었다는 점을 주장했다. 셋째, 법무관 아피우스와 가비니우스는 제외하더라도, 믿을 만한 법무관인 메텔루스의 문서에는 아르키아스의 이름이 있었다는 점을 지적했다. 넷째, 호구조사 당시 아르키아스는 루쿨루스를 따라 전투에 참가하느라 로마에 없었다는 점을 설명했다.

아르키아스 변호연설

1 심판인 여러분, 저 자신 비록 얼마나 미미한지 잘 알고 있으나 제게 재능이라고 할 만한 것이 있다면, 또 제가 거기에 어느 정도 몰두했다는 것을 부인하지는 않는바 제가 연설 연습을 얼마간 수행했다면, 또 제가 소싯적부터 결코 손을 놓았던 적이 없다고 자인하는바, 가장 훌륭한 기예에 대한 열정과 학식으로 완성되는 바로 이 연설이란 분야의 원리를 제가 다소간 체득했다 말할 수 있다면, 여기 출석한 바로 이 아울루스 리키니우스[1]야말로 위에 언급한 이 모든 것에서 나오는 과실을 가장 먼저 정당한 권리로 저한테 청구함이 마땅할 것입니다. 가능한 한 오래전으로 거슬러 올라가 유년기의 첫 기억을 회상할 적마다, 저는 항상 이분을 찾아내고 바로 이분이 제가 이 기예의 원리로 나아가고 또 습득하는 데 가장 먼저 서 계셨음을 알기 때문입

---

1 시인 아르키아스의 이름으로, '리키니우스'는 당시 피호민이 두호인의 이름을 따르는 관례에 따라 아르키아스의 두호인인 리키니우스 루쿨루스의 이름을 따른 것이다.

니다. 실로 제가 이분의 가르침과 훈계로 다져진 이 목소리로써 때때로 몇몇 사람들을 구했을진대, 남에게 도움을 주고 타인을 보호하는 그 방법을 저에게 전수해 준 바로 이분을 위해서라면, 응당 저는 제가 할 수 있는 한 도움과 구제를 제공해야 할 것입니다.

2 혹자는 다른 영역의 재능이 이분에게 있고, 그 영역은 연설의 방법이나 원리가 아니기에 제가 이렇게 말하는 데 의아해하실지 모르겠지만, 저 또한 실로 연설 한 분야에만 깊이 몰두했던 것은 아닙니다. 실로 인간에 관한 모든 기예는 어떤 공통된 고리, 말하자면 일종의 혈연관계로서 서로간에 연결되어 있다고 할 것입니다.

Ⅱ3 그래도 여러분 중에는, 제일순위로 뽑힌 로마 인민의 법무관[2]과 가장 엄정한 심판인들 앞에서 사안을 논함에도 불구하고, 합법적 신문과 공적인 판결 장소에 저토록 운집한 군중 사이에서, 제가 재판의 관습에 맞지 않을뿐더러 법정 연설에 생소한 이런 종류의 발언을 하는 데 의아해하실 분이 계실까 하여, 저는 우선 여러분에게 이 소송에서 여기 피고에게 적합한, 하나 여러분을 성가시게 하지는 않을 그런 양해를 요청하는바, 즉 더할 나위 없이 교양을 갖춘 분들의 회합에서 훌륭한 인간미를 겸비한 여러분과 재판을 지휘하는 법무관 앞에서 제가 최고의 시인이자 더없이 박학한 분을 위해 인간에 관한 학문, 즉 문학에 관해 자유롭게 잠시 말하는 것, 그리고 심각한 법정에서 만나는 유형과 달리 문학 활동에 종사하는 피고의 입장에 서서

---

2 기원전 62년 당해년도 첫 번째로 법무관으로 선출된 키케로의 동생 퀸투스 키케로를 가리킨다.

연설의 영역에서는 일종의 신조어와 폐어로 보이는 단어까지 사용하는 것을 허락해 주시기를 청합니다.

4 그러면 여러분이 저에게 기회를 주시고 승인한 것으로 알고서, 저는 이제 여기 아울루스 리키니우스는 시민이기 때문에 배척되어서는 안 되고, 설사 시민이 아닐 경우 오히려 시민으로 영입했어야 한다고 여기시도록 변론을 수행하고자 합니다.

III 소년기와 소년기에 교양으로 입문하는 기예에서 벗어나자마자 아르키아스는 시작(詩作)에 몰두했습니다. 그는 한때 부로 넘치고 학식 있는 인재와 교양 학문으로 융성했던 안티오키아[3]의 유력 가문 출신으로, 재능과 영예에서 손쉽게 도시의 모든 사람을 능가하기 시작했습니다. 그 후 아시아의 다른 지역과 전 희랍에서 그의 방문은 많은 환대를 받았는바, 그 인물에 대한 기대는 풍문을, 바로 그의 도착과 거기에 따른 경탄은 기대를 훨씬 넘어섰던 것입니다.

5 당시 이탈리아[4]는 희랍 학문과 가르침으로 가득 차 있었으며, 이 학문은 그때 라티움 성곽[5]에서는 지금보다도 훨씬 인기가 높았고, 여기 로마에서는 국정이 평안하여 주목받았습니다. 그래서 이분에게 타렌툼, 로크리, 레기움, 네아폴리스 및 기타 도시가 시민권과 여타의 상을 수여했으며, 재능에 관해 식견을

---

3 알렉산드로스 대왕의 장군 안티오코스가 세운 도시로, 쉬리아의 수도다. 쉬리아는 로마의 중요 속주다.

4 '대희랍(magna Graecia)'이라 알려진 이탈리아 남부 지역으로 쿠마이, 타렌툼, 로크리, 레기움, 네아폴리스, 헤라클레아 등이 속한다.

5 원래 라티움족이 거주하던 지역으로 그 범위는 로마를 포함하여 티베리스 강, 아니오 강 및 폼프티눔 평원과 키르케이이 곳에 이른다.

갖고서 품평할 수 있는 사람치고 이분을 높은 평판과 더불어 환대치 않는 사람은 없었습니다.

평판이 그토록 빠르게 퍼져 만나 본 적도 없는 사람들에게까지 알려질 정도가 되었을 무렵, 마리우스[6]와 카툴루스[7]의 집정관 재임 시 이분은 로마로 왔습니다. 맨 먼저 집정관들과 조우했는데, 그중 한 분은 작품으로 기릴 만한 위대한 업적을 몸소 행했으며, 다른 한 분은 업적뿐 아니라 시작(詩作) 자체에 관심을 기울이고 경청할 줄 아는 분이었습니다. 청년기가 지나기도 전에,[8] 루쿨루스 가문이 아르키아스를 자기네 집에 받아들였습니다. 적어도 다음의 사실은 이분의 뛰어난 재능과 박학함뿐 아니라 본성의 훌륭함에서 비롯된 것인바, 청년기에 호의를 베풀기 시작한 가문은 그가 노년에 이르렀을 때에도 여전히 친교를 유지했던 것입니다. 6 그 무렵 누미디아에서 전공을 세운 퀸투스 메텔루스[9]와 그의 아들 피우스가 이분과 친교를 맺었고, 마르쿠스 아이밀리우스가 낭송을 들었으며, 퀸투스 카툴루스[10] 부자가 그와 사귀었고, 루키우스 크라수스[11] 또한 친목을 다졌

---

6 가이우스 마리우스는 아르피눔 출신이며, 민중파의 수장이었다. 기원전 107년과 104~100년에 집정관직을 역임했다.

7 카툴루스는 기원전 102년 마리우스와 함께 집정관직을 역임했다. 기원전 101년 다시 마리우스와 함께 킴브리 전쟁에서 승리했으니, 마리우스에게만 전공이 귀속되어 결국 불명예를 입었으며, 마리우스가 정권을 잡자 기원전 87년 자살했다.

8 줄무늬 토가(toga praetexta)는 열일곱 살까지 입었다.

9 퀸투스 카이킬리우스 메텔루스는 기원전 109년 집정관직을 역임했다.

10 퀸투스 루타티우스 카툴루스는 각주 7번 카툴루스의 아들이다. 아들 카툴루스는 마리우스에 반대하여 술라를 도왔으며, 술라의 도움으로 기원전 78년 집정관직에 선출되었다.

11 루키우스 리키니우스 크라수스는 기원전 95년 집정관직을 역임했다. 키케로의 작품 『연설가에 대하여』와 『브루투스』에서 뛰어난 연설가로 묘사된 인물이다.

습니다. 실로 이분이 루쿨루스[12] 가문과 드루수스[13]와 옥타비우스 집안,[14] 카토,[15] 그리고 호르텐시우스 집안[16] 전체와 우의 관계로 엮여 있을 때, 이분은 최고의 영예를 받고 추앙되었는바, 이분에게서 뭔가를 감상하거나 음미하고자 하는 사람들은 물론이고 단지 그런 시늉만 하는 사람들조차 이분을 숭앙했기 때문입니다.

IV 그 사이 시간이 흘러, 이분은 마르쿠스 루쿨루스[17]와 같이 시킬리아로 떠났다가, 거기에서 다시 루쿨루스와 함께 출발하여 마침내 헤라클레아[18]에 오게 되었습니다. 그 도시는 로마와 매우 평등한 권리와 조약으로 맺어진 도시라, 이분은 그 도시의 명부에 등록하고자 했는데, 이분 자신이 자격 요건에 합당하다 판단된지라 루쿨루스의 권위와 호의를 빌려 헤라클레아인

---

12 루키우스 리키니우스 루쿨루스는 기원전 74년 집정관 역임 시 미트리다테스 전쟁의 지휘권을 얻었으나, 기원전 66년 폼페이우스에게 빼앗겼다. 공직에서 물러난 후 기원전 57년 사망할 때까지 사치로 악명이 높았다.

13 마르쿠스 리비우스 드루수스는 크라수스파에 속하는 인물로, 기원전 91년 호민관 재임 시 이탈리아연맹에 시민권을 부여하는 법안을 제출하고자 했으나 실패했다.

14 그나이우스 옥타비우스는 기원전 87년 킨나와 함께 집정관직에 선출되었다. 술라파로서 킨나를 축출하고자 했으나 후에 마리우스의 지원 및 카르보, 세르토리우스와 연합한 킨나에게 패하여 살해당했다.

15 마르쿠스 포르키우스 카토 우티켄시스는 대(大)카토의 증손자로, 기원전 46년 카이사르에 맞선 탑수스 전투가 패한 후 우티카에서 자살했다.

16 퀸투스 호르텐시우스 호르탈루스는 키케로와 더불어 로마의 일급 연설가 중 한 명이었다. 기원전 70년 베레스 소송사건에서 베레스 고발인 키케로에게 패했다. (2장 '베레스 탄핵연설' 참조.) 기원전 69년 집정관직을 역임했다.

17 마르쿠스 리키니우스 루쿨루스는 각주 12번 루쿨루스의 동생으로, 키케로의 친척 바로에게 입양되었다. 기원전 73년 집정관직을 역임했고, 대리 집정관 재임 시 로마 국경을 도나우 강과 흑해 동쪽까지 확장시킨 연유로 기원전 71년 원로원에서 공로를 인정받았다.

18 루카니아에 있는 도시로서 기원전 432년 타렌툼인에 의해 세워졌다.

들에게 요청했던 것입니다. **7** 실바누스[19]와 카르보[20]의 법에 따라 시민권이 부여됩니다. "도시 간 조약에 의해 시민 명부에 등재된 사람의 경우, 법이 실행되었을 때 이탈리아에 거주지를 가지고 있으면서, 60일 이내에 법무관 앞에서 등록한 사람의 경우"에 말입니다. 이분은 이미 수년간 로마에 거주지를 보유하고 있었기에 법무관이자 가장 친분이 두터운 퀸투스 메텔루스 앞에서 등록했습니다

8 시민권과 관련된 법률에 대해서만 말씀드리고자 한다면 이제 덧붙일 것은 없습니다. 사안을 말씀드렸습니다. 그런데 그라티우스[21]여, 이 중 명확하지 않은 점이 있습니까? 이분이 그때 헤라클레아의 명부에 등재되지 않았다고 주장하는 것입니까? 최고의 권위와 위엄, 그리고 신뢰를 받고 있는 마르쿠스 루쿨루스가 여기 출석해 있으며, 그는 이 사실을 자신이 추정하는 것이 아니라 알고 있으며, 들은 것이 아니라 보았다고, 또 위임한 것이 아니라 주관했다고 증언합니다. 지체 높은 헤라클레아 사절들이 이 재판을 위하여 위임장뿐 아니라 공증문서를 갖고 배석하여 이분이 헤라클레아 시민이라 주장하고 있습니다. 당신은 지금 헤라클레아인들의 공문서를 요청하는 것입니까? 이탈리아 전쟁에서 공문서 보관소가 다 타 버린 탓에 모든 공문서가 전부 소실되었다는 사실[22]을 다 알고 있는 마당에 말입니다.

---

19 마르쿠스 플라우티우스 실바누스는 기원전 89년 호민관직을 역임했다. 동료 호민관 카르보와 함께 동맹시 시민들에 대한 시민권 부여에 관한 플라우티우스 파피리우스법 (Lex Plautia Papiria de Civitate Sociis Danda)을 통과시켰다.

20 가이우스 파피리우스 카르보는 기원전 89년 호민관직을 역임했다.

21 아르키아스의 고발인이다. 이 연설 이외에 언급된 곳은 없다.

22 이탈리아 전쟁은 기원전 90~88년까지 이어졌다.

우리가 가진 것에 대해서는 거들떠보지도 않으면서 얻을 수 없는 것에 관하여 조사하는 것, 사람들의 기억력은 무시하면서 글자가 전하는 바를 맹신하는 것, 존귀한 분의 신망은 경외하면서도 가장 친밀한 자치도시의 선서와 신의, 또 결코 왜곡할 수 없는 것을 거부하고 당신 자신도 위조되곤 한다고 수긍하는 문서를 요구하는 것, 이보다 더 사리에 어긋나는 일이 어디 있겠습니까? **9** 아니, 시민권을 얻기 전 그토록 오랫동안 갖가지 재산을 놓아 둘 장소를 로마에 마련했던 이분이, 로마에 거주지가 없었단 말입니까? 이분이 등록하지 않았다는 말입니까? 오히려 이분은 법무관단과 등록 절차에 있어 유일하게 공문서의 위상을 갖는 문서에 등록했던 것입니다. **V** 아피우스[23]의 문서는 부주의로 훼손되었다고 전해지고, 가비니우스[24]의 문서는 그가 무사했을 때는 그의 경솔함 때문에, 또 유책 판결을 받은 이후에는 재난으로 인해 신뢰를 완전히 상실했을 때, 실로 모든 사람 가운데서도 더없이 경건하고 중도를 지키는 메텔루스[25]는 사려 깊게도 법무관 렌툴루스[26]와 심판인들 앞에 나와서 한 사람의 성명이 지워진 사실에 대해 자신이 매우 개탄한다고 말했습니다. 그러므로 저 문서에는 아울루스 리키니우스의 성명이 한 글자도 빠지지 않았음을 여러분들은 납득하실 것입니다.

    10 사정이 이러할진대, 이분의 시민권에 대해 의심할 바가

---

23   아피우스 클라우디우스 풀케르는 키케로의 정적 푸블리우스 클로디우스의 아버지로, 기원전 89년 법무관직을 역임했다.

24   푸블리우스 가비니우스 카피토는 기원전 89년 법무관직을 역임했으며, 아카이아 속주의 대리 총독으로서 루키우스 피소에게 재물 강탈로 고발당해 유책 판결을 받았다.

25   퀸투스 메텔루스 피우스는 기원전 89년 법무관직을 역임했다.

26   루키우스 렌툴루스는 기원전 89년 법무관직을 역임했다.

무엇이겠습니까? 무엇보다도 특히 이분이 다른 도시의 시민 명부에도 등록되어 있다는 사실을 감안한다면 말입니다. 많은 평범한, 아니 비천하기까지한 기술을 지닌 사람들에게도 희랍에서 시민권을 무상으로 제공했던 사람들이, 다시 말해 배우와 기능인에게도 줄곧 시민권을 허용해 주던 레기움인, 로크리인, 네아폴리스인, 타렌툼인이, 여기 재능으로 인해 최고의 영예가 부여된 이분에게는, 세상에, 거절했단 말입니까! 무슨 말입니까? 다른 사람들은 시민권이 부여되고 나서뿐만 아니라 파피우스법[27] 이후에도 어떤 식으로든 자치시의 명부에 이름을 끼워 넣었지만, 항상 자신이 헤라클레아 시민이기를 원했기에 명부에 이름을 올리지 않은 이분이 추방되어야 하겠습니까?

11 당신은 호구조사표를 요구합니다. 당연합니다. 최근의 호구조사에서 이분이 저명한 장군인 루키우스 루쿨루스와 함께 군대에 가 있었다는 사실, 이전 호구조사 시 재무관이었던 루쿨루스와 함께 아시아에 있었던 사실, 그리고 가장 처음에 율리우스[28]와 크라수스[29]가 호구감찰관일 때 이분이 호구조사에 산입되지 않았다는 점은 해명되지 않았습니다. 하지만 호구조사는

---

27 파피우스법은 불법적으로 로마 시민권을 얻은 사람들을 가려내는 법률로, 거주 요건을 충족시키지 못하는 모든 외국인을 추방하는 것을 내용으로 기원전 65년에 통과되었다. 가이우스 파피우스는 기원전 65년 평민 호민관직을 역임한 인물이다.

28 루키우스 율리우스 카이사르는 기원전 90년 집정관직을 역임했고, 이탈리아 전쟁 시 이탈리아 남부에서 군대를 지휘했다. 로마로 돌아와, 전쟁 동안 로마와 동맹을 유지했던 라티움인들과 이탈리아인들에게 시민권을 부여하는 라티움과 동맹시 시민들에 대한 시민권 부여에 관한 율리우스법(Lex Iulia de Civitate Latinis et Sociis Danda)을 제안했다.

29 푸블리우스 리키니우스 크라수스는 기원전 97년 집정관직을, 기원전 89년에는 호구감찰관직을 역임했다.

법적으로 시민권을 확인하지는 않으며, 다만 호구조사에 산입된 사람이 당시 시민으로 처신했느냐만을 보여 줄 뿐인데, 당신 나름의 판단으로 로마 시민권을 갖지 못했다고 당신이 고발한 이분은 시민으로서 당시 자주 우리 법률에 따라 유언서를 작성했고, 로마 인민의 상속인 지위에 있었으며, 대리 집정관인 루키우스 루쿨루스는 이분에게 국고의 금원으로 보답했습니다.[30] VI 가능한 논쟁거리가 있는지 찾아보십시오. 실로 그 자신이나 친구들의 판단에 있어서나 이분은 공격받지 않을 것입니다.

12 그라티우스여, 당신은 왜 우리가 이분에 대해 그토록 호의적인지 묻습니다. 그 까닭은 바로 이 법정의 분주함에서 마음을 추스를 장소를, 또 소란함에 지친 귀가 쉬어 갈 곳을 이분이 마련해 주기 때문입니다. 저 가르침으로써 마음을 가꾸지 않는다면, 각양각색의 사건에 대해 매일매일 논쟁해야만 하는 우리가 일을 감당해 낼 수 있겠습니까? 바로 그 가르침으로써 마음을 추스르지 않고서도 그렇게 많은 다툼을 견뎌 낼 수 있다고 생각하는 것입니까? 고백컨대, 저는 저 분야에 몰두했었습니다. 그토록 문학에 전념했으면서도 거기서 어떤 공공의 이익을 가져오지도, 드러내 놓고 보여 주지도 못하는 다른 사람들은 수치심을 느끼라 하십시오. 하지만 심판인 여러분, 적어도 모든 사람의 상황과 이로움을 살피는 데 제 여가까지 들여 가며 전념하고, 쾌락을 멀리하며 더 나아가 잠잘 시간조차 아끼는 삶을 살아온 저로서는 무엇이 부끄럽겠습니까?

---

30 루쿨루스는 기원전 66년 폼페이우스에게 미트라다테스 전쟁의 지휘권을 빼앗기고 로마로 귀환하면서, 아르키아스를 비롯한 일군의 수행단에게 금전을 제공할 것을 원로원에 요청했다.

13 마지막으로 덧붙이거니와, 다른 사람들이 각자 자기 것을 돌보는 만큼, 즉 축제일에 놀이에 참가하거나 여타의 쾌락이나 몸과 마음의 휴식을 얻는 데 들이는 만큼의 시간, 또 초저녁부터 벌이는 주연에, 또 주사위놀이나 공놀이로 지새는 그만큼의 시간을 제가 이 분야를 도야하면서 쓴다는데, 누가 저를 비난할 것이며 누가 저에게 정당하게 화낼 수 있겠습니까? 무엇보다도 저는 다음과 같은 점을 인정하는바, 바로 이 학문에서, 위험에 빠진 친구들을 돕는, 비록 미약하나마 저 능력 또한 자라났다는 사실입니다. 비록 어떤 이들에게는 이것이 사소한 것으로 여겨질지 모르나, 저는 실로 최고의 것을 그 샘물에서 길어 왔다고 생각하는 바입니다.

14 수많은 사람들의 가르침과 무수한 글에서 배운 도리, 즉 삶에서 칭찬과 명예보다 더 추구해야 할 만한 가치는 없다, 그런 삶을 살기 위해서 모든 육체적 고문과 온갖 죽음의 위협과 추방은 대수롭지 않게 여겨야 한다는 이치에 따라 어릴 때부터 훈육되지 않았더라면, 저는 여러분들의 안녕을 위한 저토록 크고 많은 싸움과 부패한 사람들이 가하는 매일매일의 공격에 무너져 버렸을 것입니다. 하지만 온갖 책들에는 풍부히 갖춰져 있는바, 현자들의 음성이 가득하고 훌륭한 선례들이 넘쳐 납니다. 그것들은 실로 문학의 빛이 닿지 않았더라면 어둠 속에 누워 있었을 터입니다. 단지 보기 위해서뿐만 아니라 용맹한 사람들을 본받으려고 얼마나 많은 조각상을 희랍과 로마 문인들이 남겨 두었습니까! 국사에 임해, 저는 항상 저 상들을 제 가슴에 품고서 바로 저 뛰어난 인물들을 흠모하면서 제 마음을 도야코자 하였습니다.

VII 15 누군가는 다음과 같이 물을 것입니다. "뭐라고요? 작품에 등장하는 훌륭한 인물들이, 당신이 칭송하는 저 가르침에 정통했단 말입니까?" 모든 경우에서 그것을 논증하기란 어려운 일입니다만, 그럼에도 제가 말씀드릴 바는 분명합니다. 저 가르침 없이도 뛰어난 정신과 덕을 지닌 많은 사람들이 있었는바, 그들은 거의 신적인 성품으로 스스로 절제하며 위엄을 떨쳤음을 저도 인정합니다. 다음의 사항 역시 덧붙이고자 하는데, 재능 없이 배워서 익힌 것보다는 배운 적 없는 재능이 더 칭송받는 덕이었다는 점입니다. 그러나 이 점 또한 확신하는바, 빼어나고 특출한 재능이 원리나 가르침을 만났을 경우, 확실히 그때 훌륭하고도 독특한 것이 생겨나곤 한다는 사실입니다.

16 이런 종류에 속하는 인물로 우리 조상이 목격했던, 신적인 아프리카누스,[31] 가이우스 라일리우스,[32] 루키우스 푸리우스,[33] 매우 절제력 있고 항상심을 지닌 인물들, 그리고 여기에는 더없이 용감했고 당대 최고의 현자였던 어르신 마르쿠스 카토[34]를 빼놓을 수 없습니다. 실로 그분은 덕을 갖추고 보존하는 데 문학

---

31 푸블리우스 코르넬리우스 아이밀리아누스 스키피오 아프리카누스(기원전 185~129년)는 기원전 147년 집정관직을 역임했으며, 다음 해 카르타고를 최후로 함락시키고 조부와 동일한 '아프리카누스'라는 별칭을 얻었다.

32 가이우스 라일리우스는 기원전 140년 집정관직을 역임했다. 스키피오 아이밀리아누스의 절친한 친구로 당대 최고의 정치가였으며, 키케로 작품, 『우정론』의 화자로 등장하는 인물이다.

33 루키우스 푸리우스 필루스는 기원전 136년 집정관직을 역임했으며, 당대의 유명한 연설가였다.

34 마르쿠스 포르키우스 카토는 대(大)카토로 알려진 인물이다. 기원전 195년 집정관직을, 기원전 184년에는 호구감찰관직을 역임했다. 근엄한 생활 방식과 외래 문물에 대한 배척으로 유명하다.

이 아무 소용도 없다면 결코 그런 학문에 전념하시지는 않았을 분입니다. 그러나 설령 여기서 저 정도의 큰 수확이 나온 것도 아니고 단지 그 학문을 통해서 즐거움만이 추구되었을지라도, 저로서는 여러분들이 이러한 마음의 휴식은 매우 교양 있는, 그리고 자유민에 적합한 것으로 판결해 주셨으면 합니다. 왜냐하면 모든 경우와 온 생애, 그리고 온갖 장소에 적합한 것은 이것 말고 없기 때문입니다. 이 공부는 유년기를 날카롭게 세우며 노년기를 달래 주고, 기쁜 일은 축하해 주며 고난에는 피난처와 위안을 마련해 주고, 집안에서는 즐거움을 돋우며 밖에서는 도움을 주고, 우리와 함께 밤을 지새우며 먼 여행의 길동무, 시골집의 친구가 됩니다.

17 설사 우리 자신 직접 이것을 다루거나 우리 감각으로서 맛보지 못했을지라도 이에 대해 경탄해야 하며, 다른 사람들에게서 볼 경우에도 그러합니다. **VIII** 최근에 발생한 로스키우스[35]의 죽음에 대해 가슴 아파하지 않을 만큼 그렇게 거칠고 무딘 사람이 우리 중에 누가 있겠습니까? 그는 연로한 나이에 사망했는데도, 그 뛰어난 기술과 매력 때문에 죽어서는 안 될 사람으로 여겨졌습니다. 몸의 움직임으로도 저 사람이 우리 모두에게서 그토록 사랑을 받았을진대, 뛰어난 정신의 이 믿기지 않는 환기에 대해 우리가 무시해서야 되겠습니까?

18 심판인 여러분, 얼마나 자주 제가 아르키아스를 보았던지요! 여러분의 호의에 기대 있는바 생경한 방식의 연설임에도 경청해 주시기에 드리는 말씀입니다만, 비록 그가 글로 쓰지는

---

35 퀸투스 로스키우스 갈루스는 키케로 당대의 유명 배우였다. 카툴루스 및 독재관 술라와도 친분이 있었다.

않았어도 바로 그 자리에서 벌어진 일을 즉시 최상의 운율에 맞추어 즉흥적으로 길게 읊어 내는 그를 얼마나 자주 보았던지요! 또 똑같은 것을 어휘와 구절을 바꾸어 음송하는 그를 얼마나 자주 보았던지요! 실로 이분이 그것들을 정확히 심사숙고하여 썼더라면, 저는 그 작품들이 선대 작가들이 받았던 칭송을 획득할 것이라 확신합니다. 한데 이분을 제가 아끼지도 않고, 경애하지도 않으며, 온갖 방식으로 변호할 필요가 없다고 생각할 수 있겠습니까? 그리고 여타의 학문은 원리나 가르침과 기술로 얻을 수 있는 데 비해, 시인은 천성적으로 타고난 것이거니와 정신의 활기에서 영감을 받고 신과 같은 기운으로 타오른다고, 우리는 가장 박학한 사람들에게서 배웠던 것입니다. 그런고로 너무나도 당연히 우리의 엔니우스[36]는 시인을 신성하다고 불렀던바, 우리가 보기에도 시인은 마치 신들에게서 선물과 은전을 하사받은 것으로 여겨지기 때문입니다.

19 그러니 심판인 여러분, 어떤 야만족도 범하지 못했던 이 시인이라는 명성을 교양 높으신 여러분께서 숭고하게 여겨 주시기를! 바위와 황야가 시인의 목소리에 화답했으며,[37] 자주 거대한 짐승들도 피리 소리에 유순해져서 멈춰 서곤 했는데,[38] 최

---

36 4장 '무레나 변호연설' 각주 30번 참조.

37 암피온(Amphion)은 호라티우스의 『시학』394~396행(김남우 옮김, 근간)에 다음과 같이 언급된다. "암피온은 전하는바 테바이 시를 건설하면서 / 뤼라 연주, 매혹의 소리로 바위를 움직여 원하는 곳으로 / 옮겼다 합니다."

38 오르페우스(Orpheus)는 호라티우스의 『시학』391~393행(김남우 옮김, 근간)에 다음과 같이 언급된다. "숲 속에 살던 인생들을 신들의 사제, 그 뜻의 전달자 / 오르페우스가 살육과 야만의 습속에서 구해 냈습니다. / 하여 그는 범들과 사나운 사자들도 길들였다 전합니다."

상으로 도야된 우리가 시인의 음성에 감동하지 않을 수 있겠습니까? 호메로스[39]를 두고 콜로폰[40]인들은 자기네 사람이라고 주장하고, 키오스[41]인들은 자기네 사람이라고 반박하며, 살라미스[42]인들은 반환을 청구하고, 스미르나[43]인들은 확증하여 심지어 도시에 호메로스의 사당까지 세워 헌납했으며, 기타 많은 족속들도 그 이유로 싸우고 서로 간에 경쟁하고 있습니다.

 IX 저 사람들은 다른 족속임에도 호메로스가 시인이라는 이유로 사후에까지도 구하고 있는데, 우리는 이전에 갖은 열정과 재능을 다하여 로마 인민을 영예롭게 하고 칭송한 아르키아스, 여기 살아 있는 이분을, 자신의 의지와 법률로써 우리 시민인 이분을 내쫓으려 하는 것입니까? 실로 청년기에 이분은 킴브리 전쟁[44]을 다룬 적이 있었는데, 문학에 냉담한 가이우스 마리우스조차 이분을 마음에 들어 할 정도였습니다. **20** 무사 여신들에게 아무리 등을 돌린 사람일지언정, 자신이 쏟은 노고의 영원한 칭송자인 시구에 의탁하지 않고서도 견딜 수 있는 그런 사람은 없을 것입니다. 아테나이에서 가장 뛰어난 인물인 테미스토클레스[45]에게 어떤 낭송을, 누구의 음성을 가장 듣고 싶으냐고 묻자, 자기의 업적을 가장 잘 전할 수 있는 사람의 목소리라고

---

39 호메로스는 서사시 『일리아스』와 『오뒷세이아』의 저자로 알려진 희랍 시인이다.

40 콜로폰은 이오니아의 그리스 도시다.

41 키오스는 에게 해에 위치한 섬이다.

42 살라미스는 키프로스 섬 동쪽 해안 지역의 도시다.

43 스미르나는 이오니아 해변에 위치한 주요 도시다.

44 킴브리 전쟁은 기원전 2세기 말에 게르만족이 갈리아와 이탈리아를 침공한 사건으로, 기원전 101년 마리우스와 카툴루스에 의해 진압되었다.

45 테미스토클레스는 기원전 5세기 아테나이의 유명한 정치가로, 기원전 480년 페르시아와 겨룬 살라미스 해전에서 희랍군을 지휘했다.

대답했다는 일화가 전해집니다. 마찬가지로 저 마리우스 또한 루키우스 플로티우스[46]를 극진히 아꼈는데, 자신의 업적이 그의 재능을 통해 칭송되리라 여겼기 때문입니다.

21 미트리다테스 전쟁[47]이 매우 격변하는 사태 속에서 육지와 바다를 가리지 않고 행해졌으며, 실로 크고 어려운 전쟁이었다는 사실이 이분에 의해 온전히 묘사되었는바, 그 책은 가장 용맹하고 뛰어난 루키우스 루쿨루스만이 아니라 로마 인민의 이름 또한 밝혀 주고 있습니다. 왜냐하면 로마 인민이, 예전에 왕의 재산과 지세로 방어되던 폰투스로 루쿨루스의 지휘 아래 진입했으며, 로마 인민의 군대가 바로 그 지휘관 아래에서 수적으로 열세이면서도 아르메니아[48]의 무수한 병력을 격파했으며, 로마에 가장 우호적인 퀴지쿠스인[49]들의 도시가 바로 그 지휘관의 계략으로써 왕의 공격 및 모든 전쟁의 입과 턱으로부터 빠져나와 구조된 사실은 다름 아닌 로마 인민의 영예이기 때문입니다. 적의 장수를 죽이고 적선을 침몰시킨, 루키우스 루쿨루스의 분투 아래 믿기 힘든 저 테네도스[50] 해전은 영구히 우리의 해전, 우리의 승리패, 우리의 기념물, 우리의 개선식이라 전해지고 공표될 것입니다. 로마 인민의 명성은 저들이 재능을 다해 칭송한

---

46 루키우스 플로티우스 갈루스는 기원전 1세기 말 로마에서 초창기에 수사학을 가르친 로마인이다.

47 미트리다테스 6세와 치른 전쟁이다. 미트리다테스는 흑해 폰투스의 왕으로 로마와 세 차례 전쟁을 치렀으나 폼페이우스에게 패하여 기원전 63년 자살했다.

48 아르메니아는 아시아의 산악 지역에 위치한다.

49 퀴지쿠스인은 프로폰티스에 위치한 퀴지쿠스의 도시민을 지칭한다. 퀴지쿠스는 흑해 지역 상업 활동의 주요 항구로서 미트리다테스 왕에게 포위되었으나, 기원전 73년 루쿨루스에 의해 탈환되었다.

50 테네도스는 에게 해의 섬이다.

것을 통해 기려집니다.

22 선대 아프리카누스는 우리의 엔니우스를 무척 아껴서, 스키피오 가문의 무덤 속에서까지 대리석상의 엔니우스가 서 있다고 믿어집니다. 한데 저 칭송은 단지 칭송받는 장본인에 대한 것일 뿐 아니라, 로마 인민의 명성을 장식하는 것이기도 합니다. 여기 있는 카토의 증조부, 대(大)카토가 칭송될 때, 커다란 영예가 로마 인민의 업적에 더해집니다. **X** 또한 저 막시무스[51] 가문, 마르켈루스[52] 가문, 풀비우스[53] 가문 모두는 우리 모두에 대한 칭송과 함께 장식됩니다. 그래서 우리 조상들은 이 일을 했던 루디아이 사람[54]을 우리 시민으로 받아들였던 것입니다. 그런데 우리가, 많은 도시가 구해 마지않는 이 헤라클레아 시민, 게다가 그 도시의 법률에 따라 등재되어 있던 이분을 우리 도시에서 내쫓겠다는 것입니까?

23 혹 희랍 운문으로 얻는 영예는 라티움 운문으로 얻는 영예보다 적다고 생각하는 사람이 있다면 그는 정말 큰 실수를 저지르는 것으로, 라티움어는 자신의 경계에 한정되는 반면, 희랍어는 거의 모든 종족 사이에서 읽히고 있기 때문입니다. 그러므로 우리의 업적이 온 세상 끝까지 퍼져 나가기를 원한다면, 우리

---

51 퀸투스 파비우스 막시무스는 기원전 233, 228, 215, 214, 209년 집정관직을 역임했다. 한니발의 공격에 맞선 지연 작전으로 유명하다.

52 마르쿠스 클라우디우스 마르켈루스는 기원전 222년 집정관직을 역임했다. 제2차 카르타고 전쟁에 대리 집정관으로 참전하여 기원전 211년 시라쿠사이를 함락시켰다.

53 퀸투스 풀비우스 플라쿠스는 기원전 237, 224, 212, 209년 집정관직을 역임했다. 2차 카르타고 전쟁(기원전 218~201년) 중 캄파니아 지역에서 전공을 세웠다. 베네벤툼에 있는 카르타고 기지를 점령하고, 기원전 216년 한니발과 연합하여 로마에 저항했던 카푸아를 함락시켰다.

54 엔니우스를 지칭한다. 4장 '무레나 변호연설' 각주 30번 참조.

의 창이 도달하는 곳에 우리의 명예와 명성도 뚫고 들어가기를 바라야 할 것인바, 자신들의 업적이 기록된 이것이 바야흐로 인민들에게는 대단한 것이며, 동시에 명예를 위하여 목숨을 바친 이들에게는 확실히 이것이 위험과 노고를 감당케 하는 가장 큰 촉매이기 때문입니다.

24 위대한 알렉산드로스가 자신의 업적에 대한 기록자들을 얼마나 많이 대동하고 다녔는지가 전해집니다. 그럼에도 그는 시게움[55]에 있는 아킬레우스의 무덤에 서서 다음과 같이 말했습니다. "복 받은 젊은이여, 당신은 자신의 훌륭함에 대한 공표자로 호메로스를 찾아냈구려!" 참으로 지당한 말이었습니다. 실로 『일리아스』가 쓰이지 않았더라면, 그의 시신이 묻힌 바로 이 무덤은 그의 이름 또한 삼켜 버렸을 것이기 때문입니다. 왜 아니겠습니까? 여기 있는 우리의 위대한 마그누스[56] 또한, 덕과 행운을 겸비한 인물로서, 그의 업적을 기록한 뮈틸레네 사람 테오파네스[57]에게 군사 회의에서 시민권을 부여했으며, 용맹하기는 하지만 조야한 우리네 병사들도 영예라는 어떤 달콤함에 이끌려 마치 자신들이 저 칭송의 수혜자인 양 저토록 큰 함성을 지르며 동조하지 않습니까?

25 단언컨대 법적으로 아르키아스가 로마 시민이 아니라면, 일개 지휘관이 시민권을 부여하는 일은 불가능했을 테고, 히스

---

55 시게움은 헬레스폰토스 입구에 위치한 트로이아 지방의 도시다.

56 폼페이우스를 가리킨다.

57 테오파네스는 뮈틸레네 출신의 희랍 역사가다. 제3차 미트리다테스 전쟁(기원전 74~63년) 당시 폼페이우스를 만나 전쟁 끝까지 동행했으며, 로마로 와서 시민권을 부여받았다.

파니아인과 갈리아인에게조차 시민권을 부여한 술라[58]도, 이분이 청한다손 치더라도 시민권 부여를 거절했겠습니다. 하지만 우리는, 삼류 시인이 번갈아 가며 행수의 길이가 달라지는 운율[59]로 술라에 대해 지은 격언풍의 작은 책을 군중 가운데서 술라에게 바치자, 이후로 어떤 것도 쓰지 말라는 조건을 붙여 그 당시 경매하고 있었던 물건 가운데 그 시인에게 상을 내리라고 술라가 명했던 일화를 알고 있습니다. 삼류 시인의 억지에도 상을 주어야 한다고 생각한 그가 시작(詩作)에 있어 재능과 훌륭함이 풍부한 이분을 필요로 하지 않았겠습니까?

26 무슨 말입니까? 가장 친분이 깊고 많은 이들에게 시민권을 부여했던 퀸투스 메텔루스 피우스에게 이분이 몸소, 그리고 루쿨루스 가문을 통해서 시민권을 청하지 않았단 말입니까? 그는 특히나 자신의 업적이 기록되기를 바라서, 둔탁하며 괴이한 소리를 내는 코르두바[60] 출신 시인에게조차 귀를 기울일 정도였습니다.

XI 실로 가릴 수 없는 것은 속여서는 안 되고 차라리 우리 앞에 펼쳐 드러내 놓아야 할 것인바, 우리는 모두 칭송에 대한 갈망에 이끌리며, 훌륭한 사람이라면 누구나 큰 영예에 사로잡히기 마련입니다. 영예를 경시하는 것에 대해 책을 쓴 저 철학자들조차 바로 그 책에 자신의 이름을 새겨 넣습니다. 자랑과 명성을 경멸하는 바로 그곳에서 자기 자신을 내세우고 명성을 남기기를 원하는 것입니다. **27** 실로 뛰어난 지휘관인 데키무스

---

58 루키우스 코르넬리우스 술라 펠릭스는 당대 최고의 권력자였다.

59 엘레기 운율(6음보/5음보가 번갈아 쓰이는 운율)을 지칭한다.

60 코르두바는 히스파니아 속주 바이티카 지방의 도시다.

브루투스[61]는 매우 절친한 아키우스[62]의 시구로 자신의 사당과 묘지 입구를 장식했습니다. 훨씬 전, 아이톨리아[63]에서 싸웠던 풀비우스[64]는 엔니우스를 동반하면서, 마르스 신의 전리품을 무사 여신들에게 봉헌함에 주저치 않았습니다. 그러니 무장한 지휘관조차 시인의 명성과 무사 여신들의 신전을 숭앙하는 이 나라에서, 평상복을 두른 심판인 여러분이 무사 여신들의 영예와 시인들의 안녕으로부터 손을 떼서는 안 될 것입니다.

28 심판인 여러분, 여러분이 기꺼이 판단하시도록 저는 극히 격렬한, 그럼에도 진실로 숭고한 것으로 자인하는, 영예에 대한 저의 열망을 보여 드리고자 합니다. 왜냐하면, 여러분과 함께했던 저의 집정관 재임 시 이 나라와 지배권의 보전, 인민의 삶, 그리고 온 세계의 안녕을 위해 우리가 행한 업적[65]을 이분이 시구절로써 다루기 시작했기 때문입니다. 그 작품을 듣고서 매우 훌륭하고 마음에 들었기에, 저는 이분이 작품을 완성하도록 후

---

61 데키무스 유니우스 브루투스는 기원전 138년 집정관으로, 그리고 다음 해 대리 집정관으로서, 루시타니아인과 칼라이키아인에 맞서 전투를 성공적으로 수행했다.

62 루키우스 아키우스는 로마의 시인이다. 기원전 170년 움브리아 지방의 피사우룸 출신으로 아버지는 해방노예였다. 키케로 작품에 중요한 단편들이 전해진다. 주로 트로이아 전쟁과 펠롭스 집안을 다루고 있으며, 로마 역사를 소재로 한 작품 중에는 그의 두호인인 브루투스의 조상 루키우스 유니우스 브루투스가 오만왕 타르퀴니우스를 축출한 사건을 주제로 한 것도 있다.

63 아이톨리아는 코린토스의 이스트모스 북쪽 지역을 가리킨다. 마케도니아와의 적대 관계로 인해 로마의 첫 번째 희랍 동맹국이 되었다. 후에 로마를 배신하고 안티오코스 3세와 연합했으나 기원전 189년 로마에 점령당했다.

64 마르쿠스 풀비우스 노빌리오르는 기원전 189년 집정관직을 역임했다. 아이톨리아를 점령하고, 후에 헤르쿨레스와 무사 여신들을 위한 신전을 지어 아이톨리아 점령 시 얻은 전리품을 설치했다.

65 기원전 63년, 키케로의 집정관직 재임 시 사전 제압된 카틸리나 역모 사건을 지칭한다.

원했습니다. 위험에 맞선 노고의 보답으로서 덕이 원하는 것이라곤 칭송과 영예밖에 없기 때문입니다. 심판인 여러분, 실로 저것이 없다 하면, 그토록 짧고 그토록 험난한 노고 속 삶의 여정에서 우리가 뭔가를 해야 할 이유가 있겠습니까? **29** 만일 마음이 앞일을 조망하지 않고, 생각이라곤 삶을 부지하는 데 매여 있다면, 저런 노고에 자신을 바치거나 밤새 노심초사하며 자신의 삶을 깎아 내는 일은 불가능할 것입니다. 하지만 훌륭한 사람이라면 그 누구에게나 어떤 덕이 자리 잡고 있어서, 밤으로 낮으로 명예를 얻고자 하는 마음을 불러일으키고, 우리의 명성에 대한 기억은 우리의 삶과 함께 사라지는 것이 아니라 대대손손 남는다는 점을 상기시킵니다.

XII 30 마지막 순간까지도 한가하고 평온한 숨을 쉬어 볼 수 없는 국사와 삶에서의 이런 노고와 위험에서, 모든 것이 우리와 함께 죽어 없어질 것으로 생각한다면, 참으로 속 좁은 단견에 다를 바가 무엇이겠습니까? 많은 훌륭한 사람들이 마음이 아니라 몸을 본뜬 조각상과 두상을 정성 들여 남기지 않았습니까? 하지만 우리는, 최고의 재능으로 표현되고 연마된 우리의 생각과 덕의 형상을 훨씬 더 추구해야 하지 않겠습니까? 저로서는 제가 행위할 당시, 이미 그 업적 모두를 세계의 영원한 기억에 뿌리고 심었다고 생각하고 있습니다. 실로 제가 죽으면 저는 이것들을 느끼지 못하게 되거나, 아니면 수많은 현인이 생각하는 것처럼, 저의 어떤 부분은 남아 있을지도 모르겠습니다만, 지금은 상상과 기대만으로도 즐겁습니다.

31 그러므로 심판인 여러분, 여러분이 보시다시피 친구들의 지위뿐 아니라 친교의 지속이 보증하는 이분의 품덕, 뛰어난 사

람들의 감식안이 찾고 있는 이분의 재능, 그리고 법률의 호의와 자치시의 권위, 루쿨루스의 증언, 메텔루스의 문서가 보증하는 이 사안을 유념해 주십시오. 심판인 여러분, 사정이 이러할진대, 여러분과 여러 지휘관들, 로마 인민의 업적을 항상 장식해 왔고, 저와 여러분이 겪어 낸 작금의 대내적 위기에 대해서까지 자신이 칭송의 영원한 증거를 남기겠다고 확언하는 이분에게, 그리고 모든 세대를 통해 항상 신성하게 여겨지고 인정받는 시인에 속하는 이분에게, 인간적인 칭찬이 아니라 신적인 칭송을 이러한 재능에 부여함이 마땅하다면, 이분을 여러분의 신뢰 속에 받아들이십시오. 그리하여 이분이 여러분의 가혹함에 묶이기보다는 여러분의 인간미로 풀려난 것으로 보이도록 말입니다.

32 심판인 여러분, 사안에 대해 제 방식으로 짧고 간단히 말씀드린 부분에서는 모든 분의 동의를 얻을 것이라고 믿습니다. 그리고 심판인 여러분, 비록 법정과 재판에서는 생소하지만 이분의 재능과 기예에 어울리는 방식으로 말씀드렸던 부분도 여러분의 호의를 얻었기를 바라며, 재판을 지휘하는 분의 호의를 얻었음을 저는 확신하는 바입니다.

뒷이야기

　이 변론의 결과는 확실히 전하는 기록이 없어 불분명하지만, 변론 후 작성된 키케로의 편지를 통해 추정해 볼 수 있다. 키케로는 기원전 61년 7월 초 로마에서 친구 아티쿠스에게 보내는 서한(1.16)에 아르키아스를 언급한다. 이 편지는 아티쿠스에게, 기원전 62년 12월 보나(Bona) 여신 축제에서 클로디우스(6장 '밀로 변호연설'에서 밀로에 의해 살해된 푸블리우스 클로디우스 풀케르를 가리킨다.)가 불경 행위를 저지르고도 무죄방면된 사건의 경위를 설명하기 위해 쓰인 것이다.

　편지 말미에 잠시 아티쿠스가 에피로스 별장에 세운 아말테아 신전의 제사(題辭)를 언급하던 중, 키케로는 아르키아스가 키케로 자신의 업적은 전혀 다루지 않고, 그의 두호인 루쿨루스의 업적만을 희랍어 시로 칭송한 데 이어 희극에 손대려 한다고 불평한다. 이 언급에서 우리는, 이 편지가 쓰일 당시 아르키아스가 로마에 거주하면서 계속 활동하고 있는 점에 비추어 아르키아스 변론이 성공적이었다는 점, 그리고 변론을 통해 키케로와 일종의 두호 관계를 맺게 된 시인이 당시 키케로의 업적과 위엄에 대해서 아직 칭송시를 바칠 대상으로 판단하지는 않았다는 점 등을 유추할 수 있다.

　이 연설은, 당시 루쿨루스와 폼페이우스의 정치적 역학 관계에 놓인 한 희랍인의 로마 시민권에 대한 변론일 뿐만 아니라, 이 연설의 필사본을 1333년 처음으로 발견한 인문주의자 페트라르카가 주장했듯이, 인문학에 대한 키케로의 옹호문이기도 하다. 또한 논변 곳곳에 삽입된 문학과 시인에 관한 키케로의 평가는, 로마에서 문학이 차지하는 위상 및 피호민으로서의 시인과 두호인의 관계에 대해서도 살펴볼 기회를 제공한다.

6   정적살해를
정당방위로
변호하다

정당방위:
밀로 변호연설

키케로가 기원전 52년에 4월 7일에 변호한 티투스 안니우스 밀로(Titus Annius Milo)는 키케로의 친구다. 로마를 탈출했던 키케로가 일리리쿰 속주로 피신해 있었을 때, 폼페이우스와 호민관 밀로가 도와준 덕분에 기원전 57년 추방에서 풀려나 로마로 돌아올 수 있었다.

밀로는 아피우스 대로에서 자신의 정적 푸블리우스 클로디우스 풀케르(Publius Clodius Pulcher)를 살해했다는 혐의로 고발, 기소되었다. 밀로와 클로디우스의 충돌은 귀족파(optimates)와 민중파(populares)의 대립을 극명하게 보여 준 대표적인 사건이다.

기원전 55년에 잠정적 힘의 균형 상태에 의한 삼두정치가 실효적으로 운영되고 있었고, 그 결과 폼페이우스와 크라수스가 집정관직을 담당했다. 그런데 그해에 크라수스는 파르티아 원정을 위하여 쉬리아로 떠났는데 전역에서 전사하게 된다. 집정관직 선출을 노리던 밀로는 당시 법무관이었고, 클로디우스는 법무관직에 출마한 상태였다. 따라서 각자에게 상대의 몰락은 절대적인 바람이었던 것이다.

사실관계를 보면, 보빌라이에 있던 클로디우스 소유지 밖의 아피우스 대로에서 클로디우스 지지 세력과 밀로 지지 세력 사이에 격심한 말싸움과 드잡이가 있었다. 특히 클로디우스 측과 밀로의 노예들 사이에 패싸움이 벌어졌는데, 그 와중에 클로디우스가 부상을 당해 사망하기에 이르렀다. 또한 클로디우스의 해방 노예 비서였던 섹스투스 클로일리우스(Sextus Cloelius)의 지휘 아래 그 무리는 클로디우스의 시신을 원로원 의사당으로 운반하고는, 거기서 장의자, 책상 등을 해체하여 땔나무로 사용하여 화장하면서 의사당도 심하게 훼손했다. 그뿐만 아니라 당시 대행왕(interrex)이었던 마르쿠스 레피두스의 저택을 파괴하기까지 했다. 그리하여 클로디우스의 죽음이 본래의 문제였지만, 키케로는 원로원 의사당의 훼손을 두고 크게 분노했다.

폼페이우스가 절대 권력을 쥐고 있는 상황에서, 그는 클로디우스 살해 사건과 더불어 원로원 의사당 훼손 사건을 위하여 각각 특별사문회 법정이 열리도록 명했다. 클로디우스 살해 사건을 위한 법정에는 무장 경호병 등을 배치하여 폭력을 행사하려는 군중을 막도록 했다. 이 법정에서, 그때 밀로의 노예들이 클로디우스를 살해했다는 것이 그 주인 밀로에 대한 죄목이었다. 밀로는 오히려 클로디우스가 자신을 살해하려고 함정을 친 것이며 자신은 거의 죽을 뻔한 고비에서 겨우 살아남았다면서 정당방위로 항변한다.

밀로 변호연설

1 1 심판인 여러분, 더없이 용감한 사람을 위해 변론을 시작
하면서 두려운 것은 혹시 추한 일은 아닐까 걱정입니다. 티투스
안니우스 밀로가 자기 일보다는 국가의 안녕에 대하여 마음 쓰
는 사람인데, 제가 그의 소송을 맡아 같은 크기의 마음을 보여
줄 수 없다면 이는 아주 부적합한 모습이지 않을까 걱정됩니다.
또 어디로 향하든 간에 법정의 오래된 관습과 재판의 옛 관행을
찾는 눈들이 두려워합니다. **2** 왜냐하면 여러분의 좌석이 늘 그랬
던 것처럼 군중으로, 익숙한 대중으로 둘러싸여 있지 않기 때문
입니다. 여러분이 보고 있는 신전 전체의 호위병은, 비록 폭력
에 맞서 배치된 것이긴 하지만 그럼에도 불구하고 연설가에게
공포감을 주지 않은 것은 아닙니다. 광장에 재판을 위해서 비록
안전을 위한 필수적인 호위병에 우리가 둘러싸여 있기는 하지
만, 그럼에도 불구하고 두려움에 떨지 않을 수는 없습니다. 만일
저들이 밀로를 위해서 세워진 것이라고 제가 생각했다면 저는

이런 분위기에 순응했을 것입니다. 심판인 여러분, 무장병의 무기에 싸인 연설가에게 연설의 여지는 없습니다. 그러나 가장 현명하고 공정한 그나이우스 폼페이우스의 계획이 저를 되살리고 용기를 주었습니다. 폼페이우스는 확실히 심판인의 판결에 피고인으로 맡겨진 사람을 무장병의 창에 넘겨주는 것은 자신이 보기에 공정하지 못하다고 생각했고, 흥분한 대중의 어리석음을 공적 권위로 무장시키는 것은 자신이 보기에 지혜롭지 않은 것이라고 여겼습니다.3 그러한 이유로 저렇게 무장한 백인대와 군대는 우리에게 위험이 아니라 보호를 선언하는 것이고, 저로 하여금 침착할 뿐만 아니라 용기를 가질 수 있도록 격려하는 것이고, 저의 변론에 도움을 줄 뿐 아니라 저의 변론을 위한 경청을 보장하려는 것입니다. 실제로 시민인 나머지 대중도 전적으로 우리 편입니다.

사방에서 법정이 조금이라도 보이는 자리에서 재판의 결과를 기대하고 있는, 당신들이 보고 있는 청중 가운데 누구도 밀로의 용기에 지지를 보내지 않는 자가 없으며, 그들은 오늘 이 자리가 자기 자신에 대해, 자신의 자식에 대해, 조국에 대해, 운명에 대해 다투는 자리라고 생각합니다.

‖ 클로디우스의 광기가 공동체의 약탈과 방화와 파괴로 키운, 우리에게 적대적이고 위험한 부류가 있습니다. 그들은 어제의 집회에서도 격동되었고, 고성으로 여러분이 무엇을 판단해야 할지를 지시했습니다. 그들의 함성이 행여 여기서도 터져 나온다면, 그것은 분명 여러분이 여러분의 안녕을 해치려 드는 인간들과 그들의 고함을 늘 멸시했던 시민 밀로를 지켜 내라는 경고일 것입니다.4 용기를 가지고 임하십시오. 심판인 여러분, 혹

시 여러분이 두려움을 가지고 있다면 내려놓으십시오. 만일 훌륭하고 용감한 사람들에 관해서, 또 훌륭하게 공적을 쌓은 시민들에 관해서 판결을 내릴 권한이 여러분에게 있다면, 그리고 마지막으로 최고 계층의 선출된 사람들이 용감하고 훌륭한 시민에 대한 열정을 표정과 말로만이 아니라 실제 판결로써 선포할 기회가 부여되었다면, 확실히 이 시점에서 언제나 여러분의 권위에 복종해 왔던 우리가 계속 비참하게 눈물을 흘리느냐, 아니면 패륜적인 시민에게 오랫동안 억눌려 살아왔던 우리가 장차 여러분의 신의와 덕과 지혜를 통하여 부활하느냐의 여부를 결정할 전권을 여러분이 가지고 있습니다.

5 심판인 여러분, 최고의 보상에 대한 희망으로 나랏일에 종사했으나 이제 잔혹한 처벌의 두려움에서 벗어날 수 없다면, 우리 두 사람에게 이보다 힘겹고 근심스러운 시련의 언급은 상상조차 할 수 있겠습니까? 실로 집회들의 연속적인 풍파 속에서 밀로가 폭풍우나 악천후를 겪어야 한다고 저는 항상 걱정했습니다. 왜냐하면 그는 항상 무도한 사람들에 맞서 훌륭한 사람들의 편에서 걱정했기 때문입니다. 그러나 원로원 의원과 기사 신분으로 이루어진 최고로 훌륭한 사람들이 판결하게 될 이 재판에서 저는, 결코 밀로의 정적들이 그의 안녕을 해할 뿐만 아니라 그의 명성을 침해할 수 있다는 희망을 품을 것으로 생각하지 않았습니다.

6 그렇지만 이 사건에서, 심판인 여러분, 티투스 안니우스 밀로의 호민관직과 나라의 안녕을 위한 모든 공적을 이번 고발 사건의 방어를 위해 남용하지는 않을 것입니다. 여러분에게 클로디우스가 밀로에게 행한 음모를 명시적으로 증명하지 못하

는 한, 저는 여러분이 나라에 대해 훌륭한 많은 업적을 보고 우리를 사해 달라고 요청하지도, 클로디우스의 죽음이 여러분의 안녕이 되었다는 이유로 그의 죽음을 로마 인민의 우연한 행운이 아니라 밀로의 용기로 보아 달라 요청하지도 않을 것입니다. 하지만 클로디우스의 음모가 백일하에 드러난다면 그때에 저는 여러분에게 간청하고 간청할 것입니다. 심판인 여러분, 우리가 다른 것들은 차치하고라도, 적들의 무모한 칼끝에서 밀로의 생명을 무사히 지키는 것 하나만은 우리에게 허락되기를 간청합니다.

Ⅲ 7 여러분의 사문회에 고유한 부분에 대한 변론으로 제가 넘어가기 전에, 원로원에서 정적들에 의하여, 또는 집회에서 불량한 자들에 의하여, 또는 방금 고발자들에 의해 발설된 것들을 저는 논박해야 한다고 생각합니다. 이는 모든 오해를 제거한 후에야 이번 재판의 사안을 여러분이 분명하게 볼 수 있기 때문입니다. 그들은 사람을 살해했다고 자백한 자를 살려 두는 것이 가당치 않다고 주장합니다. 도대체 어느 나라의 어떤 어리석은 사람들이 이렇게 주장한단 말입니까? 확실히 최초의 사형 재판이었던 용맹한 자 마르쿠스 호라티우스[1]의 재판을 알고 있는 이 나라에서, 로마가 아직 왕으로부터 자유를 얻지 못했을 때, 그럼에도 불구하고 그는 로마 인민의 민회에 의하여 무죄방면되었는데, 직접 누이를 살해했다고 그가 자백했음에도 그러했습니다.

아니면 다음을 모르는 자가 있습니까?

8 살인 관련 사문회에서 흔히 살인을 저질렀다는 것이 전

---

1   호라티우스는 알바롱가의 쿠리아티우스 삼형제를 살해한 후, 슬퍼하는 그들의 누이까지 살해했다. 이에 사형이 선고되었으나 민회에 상소하여 방면되었다.

적으로 부인당하거나, 저질렀으되 정당하고 적법하다고 변호하는 것을 말입니다. 혹시라도 여러분이 푸블리우스 아프리카누스가 정신 나간 사람이었다고 생각하는 사람은 없을 것입니다. 집회에서 호민관 가이우스 카르보에 의해 티베리우스 그락쿠스의 죽음에 관하여 어떻게 생각하느냐고 도발적인 질문을 받았을 때, 그는 적법하게 살해된 것으로 보인다고 대답했습니다. 흉악한 시민의 살해가 무도한 일이라면, 유명한 세르빌리우스 아할라도,[2] 푸블리우스 나시카도, 루키우스 오피미우스도,[3] 가이우스 마리우스도,[4] 제가 집정관 재임 시 원로원도 모두 무도하다 할 것입니다. 심판인 여러분, 매우 박식한 사람들이 전해 주는 것처럼, 아버지의 원수를 갚기 위하여 어머니를 살해했던 자가, 사람들의 판단은 갈렸지만, 지혜의 여신의 신성한 판결로 무죄방면된 것은 이유가 없지 않습니다.[5] **9** 12표법이 야간 절도는 어떤 경우이든(무장 여부를 불문하고), 주간 절도는 흉기로 자신을 방어한 경우에 살해해도 처벌받지 않는다는 것을 규정했다면,[6] 때로 법률이 우리에게 살해의 검이 제공하는 것을 안다면, 누군가 살해된 경우 무조건 처벌받아야만 한다고 생각하는 자가 누

2   기원전 439년 왕이 되려 한다는 이유로 술피키우스 마일리우스를 살해했다.
3   기원전 121년 가이우스 그락쿠스를 살해했다.
4   기원전 100년 혁명의 지도자 사투르니누스와 글라우키아를 진압했다.
5   아이스퀼로스의 『자비로운 여신들(Eumenides)』에서 아가멤논과 클뤼타임네스트라의 아들 오레스테스는 아테네 여신의 결정으로 무죄방면되었다.
6   Tab. VIII. 14. 여타의 것들로 말하자면 …… (법률 제정) 십인관은 현행 절도범의 경우, 주간에 절도를 했고 자신의 무기를 가지고 방어하지 않은 한, 자유인은 태(笞)에 처하고 절도의 피해자에게 (노예로서) 부여된다; 노예는 …… 태(笞)에 처하고 (타르페이우스) 암반에서 밀어 떨어뜨린다고 명하였다. 최병조 옮김, 「십이표법(대역)」, 『로마법 연구(I)』(서울대학교출판부, 1995), 24쪽 참조.

구입니까?

Ⅳ 그리고 만약에 정당하게 사람을 살해할 상황이 있다면, 그런 경우는 많긴 한데, 무력에 무력으로 방어할 때 살인도 확실히 정당할 뿐만 아니라 필연적입니다. 사령관 가이우스 마리우스의 부대에 군사대장으로 배속된 사령관의 친척이 병사를 추행하려 했고, 피해를 당한 병사는 그를 죽였습니다. 선량한 청년은 수치를 견디기보다 위험을 감수하기로 했던 것입니다. 그래서 위대한 사내 가이우스 마리우스는 청년의 죄를 사하여 처벌의 위험에서 벗어나게 해 주었습니다.

10 암살자와 강도에게 가한 죽음이 어떻게 부당한 죽음이겠습니까? 우리의 경호원은 무엇을 의미하며, 호신용 검은 또 무엇을 의미합니까? 만약 그것들을 어떤 식으로든 사용해선 안 된다면, 그것들의 소지도 안 될 일입니다. 심판인 여러분, 이것은 명문화된 법이 아니라 자연법입니다. 이것은 우리가 배우고 물려받고 읽은 것이 아니라, 자연에서 포착하고 길어 내고 추출해 낸 것입니다. 우리가 그 법을 배운 것이 아니라 그 법에 따라 우리 자신이 만들어졌고, 그 법에 따라 교육받은 것이 아니라 이미 몸속에 부어져 있는 것입니다. 만일 우리의 생명이 위험에 노출되거나 강도나 정적들의 무력이나 무기에 맞닥뜨리게 된다면, 안녕을 도모하기 위한 모든 수단은 정당한 것입니다. **11** 법은 무기 사이에서 침묵합니다. 법은 자기를 기다리지 말라고 명합니다. 법을 기다리는 사람은 정의를 얻기보다 불의를 당하기 때문입니다. 아주 현명하게도 어떤 식으로 침묵하며 방어할 권한을 주는 법은, 사람을 죽이는 것을 금하는 것 자체가 아니라 사람을 죽이기 위하여 무기를 드는 것을 금하는 법은, 무기가 아

니라 동기를 물어, 방어하기 위하여 무기를 든 사람이 사람을 죽이기 위해서 무기를 들었다고 판단하지는 않습니다. 심판인 여러분, 그러므로 이것을 소송에서 고려하십시오. 여러분이 암살자를 죽이는 것이 정당함을 잊지 않고 기억한다면, 저는 저의 변론을 입증할 수 있음을 의심하지 않습니다.

V 12 원로원이 푸블리우스 클로디우스의 살해 사건을 반국가적인 것으로 판결했다고 밀로의 정적들이 종종 제기하곤 합니다. 하지만 원로원은 살인 사건을 단지 결의만이 아니라 열의로써 정당하다고 판단했습니다. 얼마나 자주 이 사안이 원로원에서 다루어졌으며, 원로원 전체의 얼마나 많은 동의가 있었으며, 얼마나 많이 공개 토론을 거쳐 투표로써 다루어졌단 말입니까! 실로 그때 그렇게 의사당을 가득 메운 원로원 의원 가운데 밀로 사건을 정당하다 하지 않은 원로원 의원은 네다섯 명도 안 되었습니다. 불에 그슬린 호민관은 중단된 집회에서 매일, 그런 결의가 원로원의 뜻이 아니라 제 뜻대로라고, 저의 폭력 때문이라고 악의적으로 고발하곤 했습니다. 실로 만약 커다란 국가적 공적 때문에 얻은 것을 좋게 권위라고 부르거나, 혹은 노고 때문에 선량한 사람들에게 미치는 것을 영향력이라 부르지 않고, 다만 폭력이라고 부른다면, 우리가 이를 선량한 사람들의 안녕을 위해 폭도들의 광기에 대항하는 데 행사하는 한, 그렇게 불러도 상관없습니다.

13 이 사문회가 불공평한 것은 아니지만, 원로원은 사문회를 새로 창설해야 한다고 생각하지 않았습니다. 왜냐하면 살해와 폭력에 관한 법률과 사문회가 이미 존재했기 때문입니다. 또한 푸블리우스 클로디우스의 죽음은 원로원에 새로운 사문회를 만

들 정도의 비탄과 애도를 가져다주지도 않았기 때문입니다. 그의 불경한 음란죄[7]를 판결할 권한을 빼앗긴 원로원이 그의 죽음을 판결할 새로운 재판 절차를 만들 것이라 생각하는 사람은 누구입니까? 그렇다면 왜 원로원은 원로원 의사당의 방화, 마르쿠스 레피두스의 가택 침탈, 이번 살인 사건을 반국가적이라고 결의했습니까? 왜냐하면 반국가적인 것이 아니더라도 결코 폭력이 자유로운 국가에서 시민 간에는 용인되어서는 안 되기 때문입니다.**14** 그럴 일이 있기를 바라는 것은 아니지만, 정당방위는 간혹 불가피한 것입니다. 티베리우스 그락쿠스가 살해된 날, 혹은 가이우스 그락쿠스 혹은 사투르니누스의 무장 세력이 진압되던 날, 국가가 이를 진압했지만, 국가에 해를 끼치지 않았다면 그런 일은 없었을 것입니다.

VI 저는, 이번 살해 사건이 아피우스 대로에서 범해졌고, 방어한 자가 반국가 행위를 한 것이 아니며, 이 사안에 폭력과 음모가 있음이 분명하므로, 이 사건을 저는 저의 의사를 표하여 심판에 맡겼습니다. 만약 광기 어린 호민관이 원로원의 의사가 실행되는 것을 허용했다면, 새로운 사문회는 필요 없었을 것입니다. 원로원은 예전의 법률로 사건을 다루되, 다만 비상 심리 절차를 두기로 결의했습니다. 모든 이의 잘못을 다 제시할 필요는 없으니 접어 두고, 누군지 모르는 이의 요청에 따라 표결이 나뉘었습니다. 이리하여 원로원의 남은 권위마저 매수된 호민관의 거부권 행사로 소멸했습니다.

15 그나이우스 폼페이우스의 요청 아래 사실과 원인이 판단

---

7   푸블리우스 클로디우스는 여인들에게만 허락된 보나 여신의 축전에 난입한 적이 있다.

되었습니다. 아피우스 대로에서 행해진 푸블리우스 클로디우스 살해 사건의 판단을 그가 제안했습니다. 그렇다면 왜 그가 제안했겠습니까? 왜냐하면 문제를 조사하기 위한 것입니다. 무엇이 조사되어야 합니까? 범행 여부입니까? 그것은 명백합니다. 누구에 의해서 범해졌는지입니까? 그것도 확실합니다. 폼페이우스는 사실의 자백에도 불구하고 법률 문제에 대한 방어는 가능하다는 점을 알고 있었습니다. 그는 우리가 자백하는 것을 알았기 때문에, 자백한 자가 무죄방면될 경우가 없다면 여러분에게 사문회가 열리도록 명하지 않았을 것이고, 피고인에게 불리한 글자[8]뿐만 아니라 유리한 글자[9]를 부여하지 않았을 것입니다. 그나이우스 폼페이우스는 밀로를 해롭게 할 생각은 전혀 없으며, 심리에서 여러분이 유념해야 할 것을 정한 것처럼 보이지도 않습니다. 자백한 자에게 처벌이 아니라 방어의 기회를 준 사람은, 사망 자체가 아니라 사망의 이유가 심사되어야 한다고 생각한 것입니다. **16** 이제 곧 그 자신이 확실히 말을 할 것입니다. 그의 자발적 결정이, 푸블리우스 클로디우스를 위한 것인지 아니면 정황을 살피기 위한 것인지 말입니다.

VII 고귀한 혈통 귀족, 원로원의 수호자이자 이러한 시국에는 흡사 두호인이며, 여기 계신 용감한 심판인 마르쿠스 카토의 외삼촌, 호민관 마르쿠스 드루수스가 자신의 집에서 살해당했습니다.[10] 하지만 그의 죽음에 관한 아무런 인민의 의사가 물어진 바 없고, 아무런 사문회도 원로원에 의하여 결정된 바 없습

---

8   'Condemno(나는 유죄판결한다)'를 의미하는 'C'를 가리킨다.
9   'Absolvo(나는 무죄방면한다)'를 의미하는 'A'를 가리킨다.
10 이탈리아 주민들에게까지 투표권을 확대시키는 법률을 제안한 후다.

니다. 집에서 쉬고 있던 푸블리우스 아프리카누스에게 그 밤에 폭력이 가해졌을 때, 얼마나 큰 슬픔이 이 나라를 사로잡았는지 우리 조상들에게서 듣고 있습니까? 그때 누가 탄식하지 않았으며, 누가 슬픔으로 불타오르지 않았습니까? 가능하다면 영원불멸하길 바랐던 스키피오의 죽음이 기대와 달리 필연적이었음에 슬픔은 불타올랐습니다. 그에 따라 아프리카누스의 죽음에 관한 사문회가 설치되었습니까? 확실히 없었습니다. **17** 어째서 그랬습니까? 왜냐하면 저명인이 살해된 것과 무명인이 살해된 것은 범죄에 있어 다르지 않기 때문입니다. 최상층에 속하는 사람과 최하층에 속하는 사람의 생전의 지위에 차이가 있다고 합시다. 하지만 악행으로 가해진 죽음은 동일한 형벌과 동일한 법률로 다루어져야 합니다. 혹여 집정관을 역임한 부친을 살해한 것이 천한 신분의 부친을 살해한 것보다 더 중한 존속살해죄가 된다면 모를까, 또는 푸블리우스 클로디우스의 죽음이 자신의 조상들의 묘소 기념물[11] 안에서 살해당했다는 사실 때문에 더욱 끔찍한 사건이 된다면 모를까, 또는 저들에 의하여 종종 말해지는 바, 아피우스 카이쿠스가 길을 닦은 이유가 인민이 사용하도록 하기 위함이 아니라 그곳에서 자신의 후손이 처벌받지 않고 노상강도짓을 행하도록 하기 위한 것이었다면 모를까, 달리 다루어질 이유는 없습니다.

18 그렇다면 아피우스 대로에서 푸블리우스 클로디우스가 부유한 로마 기사 마르쿠스 파피리우스를 살해했을 때, 그 범죄는 처벌받지 않았어야 합니다. 왜냐하면 혈통 귀족인 자가 자기

---

11   아피우스 대로변에 있는 클라우디우스 가문의 묘소에서 살해당했다.

가문의 묘소 기념물에서 로마 기사 신분에 속하는 자를 살해했기 때문입니다. 이제 아피우스라는 이름이 얼마나 많은 비극을 불러일으키고 있단 말입니까! 이전에 훌륭하고 무고한 사람들의 피로 젖어도 침묵하던 아피우스 대로를, 저 강도와 살해범의 피로 물들여진 후에 얼마나 많이 언급됩니까? 그러나 그럴 이유가 무엇입니까? 카스토르 신전에서 푸블리우스 클로디우스의 노예 한 명이 체포되었는데, 클로디우스는 그 노예를 그나이우스 폼페이우스를 살해하기 위하여 배치했습니다. 자백한 노예의 양손에서 단도를 빼앗았습니다. 그 이후로 폼페이우스는 로마광장과 원로원과 공중을 피했습니다. 그는 자신을 법률과 재판상의 권리가 아니라 대문과 담벽으로 보호했습니다.

19 그때 어떤 법안 제안이 있었으며, 어떤 새로운 사문회가 결정되었습니까? 이번 사안이 사건과 사람과 시점에서 그럴 만하다면, 분명 모든 점에서 저번 사안이 더욱 그럴 만했습니다. 음모자가 로마광장과 바로 이 원로원 현관에도 배치되었습니다. 그의 생명에 국가의 안위가 달려 있는 그러한 사람의 목숨이 노려지고 있었습니다. 나아가 그 시점은 그 한 사람이 죽는다면 이 나라뿐만 아니라 모든 민족이 몰락할 시점이었습니다. 혹시라도 미수에 그쳤다는 이유로 처벌받지 않아야만 했다면 모를까, 사람의 생각이 아니라 일의 결과가 법률에 의해서 제재되어야 하는 것입니다. 다행히 미수에 그쳤지만, 그럼에도 불구하고 확실히 처벌받아야만 했습니다. **20** 심판인 여러분, 몇 번이나 제가 푸블리우스 클로디우스의 공격과 피가 흐르는 손에서 도망쳤단 말입니까! 그것들로부터 만약 저의 운이나 국가의 운이 저를 구하지 못했다면, 도대체 누가 저의 죽음에 관한 사문

회를 요구했겠습니까?

VIII 우리가 드루수스, 아프리카누스, 폼페이우스를 푸블리우스 클로디우스와 견준다면 어리석은 일입니다. 저들의 죽음은 감내할 수 있었지만, 푸블리우스 클로디우스의 죽음은 누구도 침착하게 감당할 수 없습니다. 원로원은 슬퍼하고, 기사 계층은 애도하고, 국가 전체가 침울에 빠졌고, 자치도시들은 재를 뒤집어쓰고, 식민시들은 괴로워하고, 대지마저 그토록 호의적이고 건전하며 온화했던 시민을 그리워하고 있습니다.

21 심판인 여러분, 이것이 폼페이우스가 사문회를 열어야겠다고 생각한 이유는 아니었고, 현명하고 깊고도 신적인 정신을 가진 그는 다른 많은 것들을 보았습니다. 클로디우스는 정적이었고 밀로는 친구였습니다. 모든 사람이 함께 즐거워하는 중에 폼페이우스 자신도 기뻐했겠지만, 그는 회복된 우정과 신의에 악영향을 끼칠까 두려워하기도 했습니다. 폼페이우스는 다른 많은 것들을 보았지만, 특히 자신은 가혹하게 제안했으나 여러분이 용감하게 재판할 것임을 보았습니다. 그래서 폼페이우스는 더없이 찬란한 계층으로부터 빛나는 사람을 선발했고, 일부 사람들이 반복해서 말하는바 심판인들을 선발할 때 저의 친구들을 배제하지 않았습니다. 아주 정의로운 그는 그것을 애초 생각조차 하지도 않았고, 물론 원했더라도 선량한 사람들을 선발하자면 그렇게 할 수 없었을 것입니다. 저의 영향력은, 많은 사람과의 친교가 불가능한 이상 좁을 수밖에 없지만, 몇몇 친구에게만 국한되지 않습니다. 제가 무언가를 할 수 있는 것은, 국가가 우리를 선량한 사람들과 연결시켜 주었기 때문입니다. 폼페이우스는 귀족 중에서 가장 훌륭한 사람을 선발했고, 이것이 무

엇보다도 신의와 관련 있다고 생각했을 때, 저의 반대파만을 선발할 수는 없었을 것입니다.

22 루키우스 도미티우스여, 당신이 사문회를 지휘하는 것을 폼페이우스가 매우 원했다는 것에 비추어 볼 때, 그는 오로지 정의와 위엄, 인정과 신의만을 추구한 것입니다. 폼페이우스는, 재판 지휘자가 집정관 역임자이어야 한다고 법안 제출을 했습니다. 제가 믿기로 폼페이우스는 최고 지도층 시민의 임무가 대중의 경박함, 불온한 자들의 부주의함을 방지하는 것이라고 여겼기 때문입니다. 그는 당신을 집정관 역임자 중에서 최적임자로서 당신을 선출했습니다. 왜냐하면 당신은 대중의 광기를 얼마나 경멸하는지를 이미 어렸을 때부터 대단한 예화를 보여 주었던 사람이기 때문입니다.

IX 23 그러므로 심판인 여러분, 어쨌든 사건과 범죄를 이제 우리가 다루기 위해서, 사실에 관한 모든 자백이 있었고, 또 우리 입장에 대해 우리의 기대와 다른 것이 원로원에서 결정된 바 없으며, 법률 제안자가 사실에 대한 논쟁이 없음에도 이에 대한 법률 문제를 따져 보기를 원하고, 그리하여 법률 제안자에 의해 선발된 심판인과 이것을 공정하고 현명하게 결정할 지휘자가 사문회를 지휘하게 되었을 때, 남은 사항은 둘 중 누가 매복 공격을 했는지 말고는 없습니다. 쟁점 사항인 이 점을 여러분이 쉽게 파악할 수 있도록, 어떤 일이 있었는지 설명하는 동안 이를 주의 깊게 경청하기를 간청합니다.

24 푸블리우스 클로디우스는 법무관직에서 온갖 악행을 일삼아 나라를 혼란에 빠뜨리기로 작정했을 때, 그리고 작년에 민회가 연기되어 자신이 몇 달 동안만 법무관직을 수행할 수밖에

없음을 알게 되었을 때, 여타 사람들처럼 관직을 바라보는 사람이 아닌 그는 뛰어난 덕을 갖춘 루키우스 파울루스가 동료 법무관이 되는 걸 피하기 위해, 국론을 분열시키는 데 필요한 온전한 임기를 얻기 위해서 갑자기 그해 출마를 포기하고 이듬해로, 일반적인 사유인 어떤 경건심 때문이 아니라, 그의 말처럼 나라를 전복시킬 온전하고 꽉 찬 법무관직 임기를 얻기 위해 이듬해로 출마를 미루었습니다.

25 밀로가 집정관이 된다면 자신의 법무관직이 불완전하고 빈약할 것이라는 생각이 클로디우스에게 떠올랐습니다. 밀로가 앞으로 로마 인민의 최고 동의로 집정관이 되리라는 사실을 그는 알고 있었습니다. 그래서 그는 밀로의 경쟁자들을 거들었으며, 그들의 의사와 무관하게 혼자 선거운동을 지휘하고, 그가 자주 얘기했던 바처럼 전체 선거를 자신의 어깨에 짊어지려 했습니다. 구민회를 소집하고 일을 주선했으며, 불량 시민을 모집해 새로운 콜리누스 분구[12]를 만들었습니다. 그가 많은 것을 휘젓고 다닐수록 오히려 밀로는 점점 세력이 커졌습니다. 온갖 범행을 서슴지 않는 그가, 더없이 훌륭한 사람인 자신의 정적이 집정관으로 선출될 것이 확실함을 알게 되었을 때, 그리고 그것이 풍문이 아니라 로마 인민의 투표로써 자주 선언되었음을 알았을 때, 그는 공공연히 밀로를 죽이겠다고 대놓고 말하기 시작했습니다. **26** 그는, 공공의 숲을 황폐화시켰고 에트루리아를 휘저었던 거칠고 야만스러운 노예들을 아펜니노 산맥에서 데리고 왔는데, 당신들은 그들을 보았습니다. 이는 널리 잘 알려진 사실

---

12 은유적인 표현이다. 콜리누스 분구는 로마의 네 개 도시 분구 가운데 가장 악명 높은 곳이었다.

입니다. 실로 그는 밀로에게 집정관직은 뺏을 수 없으나 목숨은 뺏을 수 있다고 공공연히 자주 말했습니다. 이를 그는 자주 원로원에서 보여 주었고, 집회에서 말했습니다. 심지어 용감한 사람 마르쿠스 파보니우스가 클로디우스에게 밀로가 멀쩡히 살아 있는데 무슨 희망으로 설치느냐고 물었을 때, 그는 밀로가 사흘이나 길어야 나흘 이내에 죽을 것이라고까지 말했습니다. 그의 목소리를 여기 있는 마르쿠스 카토에게 파보니우스가 곧장 전했습니다.

X 27 그동안에 클로디우스는 (이것은 또한 라누비움 사람들에게서 어렵지 않게 알아낸 것인데) 제관 임명을 위한 1월 18일의 라누비움 여행이 라누비움의 독재관인 밀로에게 연례적이고 법에 정한바 필수적임을 알았을 때, 즉시 전날 로마에서 떠났습니다. 이는 자신의 농장에, 사실관계로 확인되는바, 밀로를 공격할 매복을 준비하려는 것이었습니다. 클로디우스는 광란에 휩싸인 집회를 두고 떠나게 되었는데, 그의 광기는 그날 개최될 집회를 그리워했습니다. 그는 분명 악행의 장소와 시간을 맞추기 위해서가 아니라면 결코 집회를 두고 떠나지 않았을 것입니다.

28 한편 밀로는 그날 원로원이 해산될 때까지 원로원에 있었고, 그후 귀가하여 신발과 옷을 갈아입고, 여자들이 늘 그렇듯 부인이 준비를 하는 동안 잠시 머물렀다가 출발했는데, 그 시점은 이미 클로디우스가 로마로 오고자 했다면 되돌아왔었을 때였습니다. 클로디우스가 밀로와 중간에 만났는데, 클로디우스는 말을 타고 있었고 마차도 없었고 짐도 없었고 보통 그러했듯이 희랍인 수행원들도, 늘 동행하곤 했던 아내도 없었습니다. 여행이 아니었습니다. 반면 고발자들이 살해 목적으로 길을 나섰

다고 주장하는 여기 매복자는 부인과 함께 마차를 타고 있었고 두꺼운 외투를 입고 있었으며, 이동에 큰 걸림돌이 되는 여성적이고 섬세한 시녀와 시동을 대동하고 있었습니다. **29** 밀로는 클로디우스의 농장 앞에서 클로디우스를 주간 11경[13]에 만났습니다. 그때 곧바로 다수가 옆에서 무기를 들고 밀로를 기습했습니다. 정면을 공격한 사람들은 마부를 살해했습니다. 마부가 외투를 벗어 던지고 마차에서 뛰어내려 용감하게 자신을 방어했을 때, 클로디우스의 일행은 칼을 빼들고 일부는 마차로 밀로를 등 뒤에서 공격하려고 돌진했고, 일부는 밀로가 이미 죽었다고 믿고 뒤따르던 노예들을 죽이기 시작했습니다. 주인에 대한 충성심이 대단하고 확고한 노예들 가운데 일부는 살해당했고, 일부는 마차 옆에서 전투가 벌어지고 있음을 알았으나 주인을 돕지 못하고 있다가, 밀로가 살해되었음을 클로디우스에게 듣고 또 그렇게 믿고, 밀로의 노예들은 주인이 명령을 내린 것도 아닌데, 주인이 알고 있는 것도 아니고 가까이 있는 것도 아닌데, 누구라도 자신의 노예들이 이러한 상황에서 그렇게 해 주기 원할 그런 일을 행했습니다. 이것을 제가 말하는 이유는 공공연하게 범죄의 혐의점을 해소하기 위해서가 아니라 실제로 그러했기 때문입니다.

XI 30 심판인 여러분, 제가 말한 것과 같이 사건이 진행되었습니다. 매복했던 음모자는 패배했고, 폭력은 무력으로 제압되었고, 아니 오히려 무모함은 용맹에 의해 물리쳐졌습니다. 저는 국가가 얻은 것이 무엇인지, 당신들이 얻은 것이 무엇인지, 그

---

13 오늘날 오후 3시경.

리고 모든 선량한 사람이 얻은 것이 무엇인지 말하지 않겠습니다. 진정으로 이것이, 국가와 당신들을 구함으로써만 자신을 구원할 수 있을 운명을 타고난 밀로에게 이득이었는지 여부도 말하지 않겠습니다. 만약 이것이 정당한 것이 아니라면, 저는 변론하지 않았을 것입니다. 그러나 이성이 문명인들에게, 필연성이 야만인들에게, 관습이 모든 민족에게, 본성이 맹수들에게, 그들이 사용할 수 있는 모든 수단을 동원하여 모든 폭력에서 몸과 머리, 그리고 생명을 지키도록 가르쳐 주었을 때, 여러분은 이런 행동을 잘못된 것이라고 판단할 수 없습니다. 강도를 만난 모든 사람이 강도의 무기에 의해서든, 아니면 여러분의 재판에 의해서든 반드시 파멸되어야 한다고 여러분이 판단하지 않는다면 말입니다.

31 만약 그가 그렇게 판단했더라면, 그 순간 푸블리우스 클로디우스에게 목숨을 내놓는 것이 분명히 밀로에게는 더 나았을 것입니다. 그것이 한 번도 아니고 처음도 아니었는데, 클로디우스에게 넘겨 주지 않았기 때문에 당신들에 의해서 참형당하는 것보다 말입니다. 그러나 여러분 중 아무도 그와 같이 생각하지 않는다면, 이제 재판의 대상이 되는 것은 우리가 자백하는 것처럼 클로디우스가 살해되었는지 여부가 아니라 다른 많은 사건에도 자주 문제가 되고 있는 정당성 여부입니다. 음모가 행해졌다는 것, 그리고 원로원이 이를 반국가적 행동으로 판단했다는 것은 분명한데, 어느 쪽에 의하여 음모가 행해졌는지는 아직 불분명합니다. 그러므로 이 점에 관해 사문회가 설치되도록 법률이 통과되었고, 원로원은 사람이 아니라 사건을 견책했고 폼페이우스는 사실 문제에 관한 법률 문제를 다룰 사문회를 개

최했습니다.

XII 그렇다면 둘 중 누가 누구에게 음모를 꾸몄는지 외에 다른 무엇이 재판의 대상이 된단 말입니까? 분명 없습니다. 만약 밀로가 클로디우스에게 했다면 밀로는 처벌되어야 합니다. 클로디우스가 밀로에게 했다면, 우리를 죄에서 풀어 주어야 합니다.

32 그렇다면 클로디우스가 밀로에게 음모를 꾸몄다는 것이 어떻게 입증될 수 있습니까? 실로 그토록 극악무도한 짐승에게는 살해할 이유가 있었고, 밀로의 죽음으로 기대되는 많은 희망과 유익이 있다는 점은 제시하는 것으로도 충분합니다. 그러므로 카시우스의 "누구에게 이득인가?"의 기준을 이 사람들에게 적용해 봅시다.[14] 선량한 사람들은 어떤 이득에 의해서도 범죄로 이끌리지 않는 반면, 불량한 자들은 사소한 이득으로도 종종 범죄로 이끌리는 법입니다. 밀로가 살해될 경우 클로디우스가 얻으려 했던 것은, 어떠한 악행도 용납하지 않을 사람을 집정관으로 모시지 않고, 돕지는 않더라도 최소한 묵인해 줄 사람을 집정관으로 두고 자신이 생각해 놓은 미친 짓을 마음껏 저지를 수 있다고 확신하며 법무관직을 역임할 수 있게 되는 것입니다. 클로디우스가 계산했던 바대로, 그들은 클로디우스에게 매우 큰 은전을 빚지고 있다고 생각했고, 따라서 클로디우스의 이러한 시도를 할 수 있더라도 억제하지 않을 것입니다. 설령 그들이 억제하려 할지라도 그들은 아마도 이미 오랜 세월을 거치며 견고해진 그의 극악한 오만방자함을 꺾을 수 없을지 모릅니다.

33 심판인 여러분, 실로 여러분만 모릅니까? 여러분은 객으

14　기원전 137년 호민관을 지낸 루키우스 카시우스 롱기누스를 말한다. 1장 '로스키우스 변호연설' 각주 31번 참조.

로 이 도시에 살고 있단 말입니까? 여러분의 귀는 딴 곳에 가 있습니까? 이렇게 널리 퍼진 시민의 소문에 전혀 귀 기울이지 않는단 말입니까? 그가 어떤 법률을 (그것들을 도시의 불씨나 나라의 재앙이 아니라 법률이라고 부른다면) 우리 모두에게 낙인찍으려 했는지, 그 소문 말입니다. 가져오십시오! 청컨대 섹스투스 클로디우스[15]여, 당신이 집에서 꺼내 왔고 전투와 야간 소요 한가운데서 마치 팔라디움[16]처럼 꺼내 왔다고 사람들이 말하는 당신들의 법률이 담긴 책꿰를 가져오십시오! 당신은 그것을 호민관의 훌륭한 임무와 도구로서, 당신 뜻대로 호민관직을 수행할 호민관을 만나면 그에게 넘겨 주려고 가지고 있습니다. 그는 모든 이를 겁줄 때의 눈초리로 저를 째려봅니다. 불에 타던 원로원 의사당[17]이 눈에 선합니다!

XIII 어떻습니까? 섹스투스여, 당신은 제가 당신에게 화가 났다고 생각합니까? 당신은 저의 강력한 정적을, 저의 인간애가 요청하는 것보다 훨씬 더 잔인하게 처벌했습니다. 당신은 푸블리우스 클로디우스의 피 묻은 시신을 집에서 길바닥으로 끌어내, 초상과 유족과 장례행렬과 조사도 없이 버려 두었고, 더없이 불길한 화장목에서 반쯤 탄 시신을 밤에는 개가 뜯어먹도록 놓아 두었습니다. 그렇게 당신은 추악한 행동이었지만 아무튼 저의 정적에게 당신의 잔인함을 보여 주었기에, 저는 이를 칭찬할 수는 없지만, 확실히 화 낼 필요도 없다고 생각합니다.

---

15 클로디우스의 해방노예로 추정된다.
16 난공불락의 트로이아를 지키던 팔라스 여신의 동상. 하늘에서 내려왔다고 전해지고, 아이네아스가 도시가 파괴될 때 꺼내 왔다고 전해진다.
17 집회 도중 원로원 의사당에 불을 지른 방화 사건을 가리킨다.

34 심판인 여러분, 여러분은 밀로의 살해가 클로디우스에게 어떤 이득이 되는지를 들었습니다. 이제는 밀로에게 주의를 기울여 주십시오. 클로디우스의 죽음이 밀로에게 무슨 이득입니까? 밀로가 그것을 했을, 아니 원했을 이유가 무엇입니까? "집정관을 희망하는 밀로에게 클로디우스가 걸림돌이 되었다." 클로디우스의 방해에도, 아니 오히려 방해 때문에 밀로는 집정관이 되었고, 저보다는 오히려 클로디우스 때문에 표를 더 많이 얻었습니다. 심판인 여러분, 여러분이 저와 국가를 위해 행한 밀로의 공적들을 생생하게 기억했고, 또 여러분을 움직였다고 생각되는 저의 기도와 눈물도 효과가 있었지만, 무엇보다 닥쳐올 위험에 대한 두려움이 주효했던 것입니다. 시민 가운데, 고삐 풀린 클로디우스의 법무관직을 격변의 두려움 없이 받아들인 사람이 누가 있습니까? 여러분은 법무관직을 단속할 용기와 능력을 갖춘 집정관이 없다면 고삐 풀린 법무관직을 보게 되리라 생각했던 것입니다. 로마 인민 전체가 밀로만이 그런 집정관임을 알았을 때, 누가 투표로써 자신을 두려움에서, 국가를 위험에서 해방시키길 주저했겠습니까? 지금 클로디우스가 제거되었고, 밀로는 일상적인 것들로 자신의 권위를 지키는 데 힘쓰게 되었습니다. 클로디우스의 미친 짓을 저지함으로써 날로 높이 오르던 밀로의 특별한 영광이 이제 클로디우스의 죽음으로 추진력을 잃었기 때문입니다. 여러분은 그 시민을 두려워하지 않게 되었지만, 밀로는 용기를 발휘할 기회, 집정관직의 득표 기회, 자기 영광의 영원한 원천을 잃었습니다. 밀로의 집정관직은 클로디우스가 살아 있었을 때 군건했지만, 오히려 클로디우스가 죽자 마침내 흔들리기 시작했습니다. 따라서 클로디우스의 죽음

은 밀로에게 이득이 되지 않을 뿐만 아니라, 오히려 손해입니다.

35 "하지만 큰 증오심 때문에, 격분 때문에 저질렀고, 정적(政敵)이자 불의의 복수자로, 나아가 고통의 처벌자로 저질렀다." 어떻습니까? 만약 이것들이 밀로보다 클로디우스에게 더 컸다는 것을 말하지 않고, 이것들에 클로디우스는 큰 영향을 받았지만 밀로는 크게 영향받지 않았다고 말한다면, 여러분은 어떻게 말하겠습니까? 모든 흉악한 사람들에 대한 정치적 증오를 제외하고, 밀로가 소산이 풍부한 자기 명예의 경작지인 클로디우스를 무엇 때문에 증오했겠습니까? 반면 클로디우스는 저의 안녕을 지키던 방어자를, 광기의 박해자를, 자기 무력의 정복자를, 마지막으로 자기의 고발인을 증오했습니다. 클로디우스는 생전에 폭력에 관한 플로티우스법에 따라 밀로에게 고발당했습니다. 저 참주가 도대체 어떤 심정이었다고 여러분은 생각하십니까? 클로디우스에게 얼마나 큰 증오가 있었다고, 불의한 자에게 어떤 정당한 증오가 있었다고 여러분은 믿습니까?

XIV 36 남은 논점을 얘기하자면, 천성과 습관이 한 사람을 변호하는 반면 그 동일한 것이 다른 한 사람을 고발합니다. "클로디우스는 무슨 일이든 결코 폭력을 행사하지 않았지만, 밀로는 모든 일에 폭력을 행사했다." 어떻습니까? 심판인 여러분, 여러분이 슬퍼하는 가운데 도시를 떠나면서 제가 두려워했던 것이 노예와 무기와 폭력이 아니고 재판입니까? 제가 부당하게 쫓겨난 것 말고 저의 복권에 어떤 정당한 이유가 달리 있었습니까? 클로디우스가 저에게 재판일을 통고했고, 벌금을 부과했고, 반역죄로 소송을 하고자 했을 때, 여러분을 상대로 한 훌륭한 재판이 아닌 저를 상대로 벌어진 악의적 재판을 두려워해야 했습니다. 하지만 저는 위험을 감수하며 노예와 빈민, 그리고 범죄자들의 폭력에서 제가 지켜 낸 시민들이 저 때문에 폭력에 노출되는 것을 바라지 않았습니다.

37 저는 알고 있었습니다. 국가의 빛이자 자랑인 여기 퀸투스 호르텐시우스가 제 옆에 있었을 때 노예들의 손에 죽을 뻔했다는 것을 말입니다. 그 소요에서 원로원 의원인 더없이 훌륭한 가이우스 비비에누스는 호르텐시우스와 함께 있다 매를 맞아 목숨을 잃었습니다. 카틸리나에게 물려받은 클로디우스의 칼은 이후 언제 멈춘 적이 있습니까? 그의 칼은 우리를 겨누고 있었고, 여러분이 저를 위해서 그의 칼에 굴복하는 걸 저는 참을 수 없습니다. 그 칼은 폼페이우스를 향해서 음모를 꾸몄고, 자신 가문의 이름을 딴 기념물인 아피우스 대로를 파피리우스의 죽음으로써 피로 물들였습니다. 이어 한참 뒤에 방향을 바꿔 저를 향했던 것입니다. 최근에도 여러분이 아시다시피 왕궁[18] 근처에서 저는 그 칼에 죽을 뻔했습니다.

38 무엇이 밀로와 유사합니까? 밀로의 폭력은 전적으로, 푸블리우스 클로디우스를 법정으로 끌고 갈 수 없었기 때문에 그의 폭력이 국가를 장악하지 못하도록 막는 데 국한되었습니다. 만약 밀로가 그의 살해를 원했다면 얼마나 크고 많은 기회가, 얼마나 훌륭한 기회가 있었습니까! 클로디우스가 집과 집안의 신을 공격하고 밀로가 이를 막을 때, 그때 정당하게 복수할 수 있지 않았습니까? 훌륭하고 용감한 동료 푸블리우스 세스티우스가 부상당했을 때, 더없이 훌륭한 퀸투스 파브리키우스가 저

---

18 누마 왕의 왕궁으로 알려져 있다.

의 귀환에 관하여 법을 제안했다는 이유로 두들겨 맞고 광장에서 끔찍하게 살해되었을 때, 더없이 정의롭고 용감한 법무관 루키우스 카이킬리우스의 집이 공격을 받았을 때, 저의 귀환에 관한 법률이 통과되던 그날에, 저의 무사 귀환을 환영하여 뜻을 같이한 이탈리아 전체가 밀로의 복수를 자신의 칭찬으로 여기고 훌륭함으로 기꺼이 인정했을 그날에 말입니다.

XV 39 하지만 어떤 시대입니까? 저명하고 용감한 사람, 집정관이면서 클로디우스의 정적, 악행에 대한 복수자, 원로원의 방어자, 여러분 의사의 수호자, 공공의 두호인, 제 안녕의 복구자인 푸블리우스 렌툴루스, 그리고 일곱 명의 법무관, 여덟 명의 호민관이 그의 적이었고 저의 방어자였습니다. 그나이우스 폼페이우스는 제 귀환의 주창자이자 주도자이고, 그의 원수입니다. 저의 귀환에 관한 폼페이우스의 견해를 원로원 전체가 아주 심중하고 훌륭한 것으로 따랐으며, 폼페이우스는 로마 인민을 격려했고 카푸아에서 저에 관한 결정을 했고, 그의 신의를 갈구하던 전 이탈리아에 신호를 주어 저의 복귀를 위해 회합하도록 했습니다. 클로디우스를 상대하던 모든 시민의 혐오가 저에 대한 그리움으로 불탔는데, 그를 누군가 죽였다면 불처벌이 아니라 오히려 포상을 논의했을 정도였습니다.

40 그때 밀로는 자제하며 푸블리우스 클로디우스를 법정으로 두 번 불렀는데, 폭력에 호소하지는 않았습니다. 어떻습니까? 푸블리우스 클로디우스가 사인(私人)[19]인 밀로를 피고인으로 민회에 고발했을 때,[20] 밀로를 변호하던 그나이우스 폼페이

---

19 당시 그는 관직에서 물러나 있었다.
20 기원전 56년 초 법무관이 없어서 예외적으로 민회로 소추하게 되었다.

우스를 상대로 폭력이 가해졌을 때, 그때 그를 제거할 얼마나 좋은 기회와 명분이 있었습니까? 그런데 최근 마르쿠스 안토니우스가 안녕의 희망을 선량한 사람들 모두에게 주고 귀족 자제로서 나랏일의 중요한 역할을 용감하게 떠맡았을 때, 그리고 재판의 올가미를 피하고 있는 짐승을 마침내 그물에 가두었을 때, 불멸의 신들이여, 얼마나 좋은 기회이고, 얼마나 좋은 시점이었습니까? 클로디우스가 도망쳐 계단 아래 몸을 숨겼을 때, 밀로는 미움을 사지 않고 마르쿠스 안토니우스는 큰 명예를 얻으며, 골칫거리를 제거하는 것은 얼마나 대단한 일이었습니까? **41** 어떻습니까? 마르스 연병장의 민회에서 얼마나 자주 기회가 있었습니까? 그가 경내에 침입해서 검을 뽑고 돌을 던질 일을 꾸몄을 때, 그후 갑자기 밀로의 등장에 겁을 먹고 티베리스 강 쪽으로 도망갔을 때, 여러분들을 포함한 선량한 사람들 모두가 밀로로 하여금 자유롭게 용맹을 발휘하도록 결의했을 때 말입니다.

XVI 그러므로 모든 사람이 동의할 때도 죽이기를 원치 않았는데 몇몇 사람이 불평했다고 밀로가 그를 죽이려고 했겠습니까? 적법하게 좋은 기회와 유리한 시기에 처벌받지 않을 때도 감행하지 않던 것을, 불법하게 좋지 못한 기회와 불리한 시기에 극형의 위험을 감수하면서 살해하려 했겠습니까? **42** 심판인 여러분, 집정관 선거와 선거일이 다가왔을 때 (저는 선거가 얼마나 두려운 것인지, 얼마나 큰 걱정거리인지를 잘 압니다.) 우리는 공개적 비판은 물론 비공식적 판단에조차 두려워하고, 헛소리와 거짓된 하찮은 소문에도 두려움에 떨고, 모두의 눈과 귀를 주시하는 그러한 때라면 더욱 말입니다. 왜냐하면 시민들의 호의와 동조처럼 무르고 가벼우며, 그토록 깨지기 쉽고 유동적인 것은 없는

바, 후보자들의 부적절한 일에 화를 낼 뿐만 아니라 올바른 행동에도 혐오를 느끼기 때문입니다.

43 그런데 정녕 마르스 연병장의 그날을 기다리고 기다리던 밀로가 피 묻은 손으로 자신의 사악함과 범죄를 자백하며 고귀한 백인대의 조점관 앞에 나섰단 말입니까? 얼마나 믿기 어려운 일입니까? 반면 이것은, 밀로가 살해되면 권좌에 오르리라 생각했던 클로디우스의 경우 분명합니다. 어떻습니까? 얼마나 대단한 무모함의 정점입니까! 심판인 여러분, 죄를 짓고도 처벌받지 않는다는 희망이 얼마나 큰 유혹이라는 것을 누가 모르겠습니까? 따라서 어느 쪽에 무모함이 있습니까? 언젠가 기필코 벌어졌을 훌륭한 사건의 피고인으로 여기 온 밀로입니까? 아니면 자연의 관점에서 도리에 맞거나 법률의 관점에서 허용되는 일체를 무시하고 재판과 형벌을 모욕하던 클로디우스입니까?

44 제가 입증하고 반박할 것이 무엇이 더 있습니까? 퀸투스 페틸리우스여, 저는 훌륭하고 용맹한 시민인 당신을 부릅니다. 카토여, 저는 당신을 증인으로 세웁니다. 저는 신령한 힘 덕분에 당신들을 심판인으로 모시게 되었습니다. 당신들은 클로디우스가 파보니우스에게 말한 것을 들었습니다. 클로디우스는 밀로를 앞으로 사흘 안에 죽일 것이라고 말했습니다. 사흘이 지나 그가 말했던 대로 행해졌습니다. 자기 생각을 드러내기를 주저하지 않는 그런 자가 무엇을 했을지는 자명하지 않습니까?

XVII 45 따라서 그가 어떻게 날짜를 모를 수 있겠습니까? 저는 방금 전에 분명하게 말했습니다. 라누비움의 독재관으로서 그가 주관할 제의가 정해져 있음을 알아내는 것은 클로디우스에게 일도 아니었습니다. 클로디우스가 출발한 그날, 밀로가 라누비움으로 출발해야만 한다는 것을 그는 알고 있었습니다. 그래서 그는 앞서 갔습니다. 그런데 그날은 어떤 날입니까? 제가 앞서 말했듯이 그날은 클로디우스가 매수한 호민관에 의해 선동된 광란의 집회가 있던 날이었습니다. 계획된 범행을 위해 급하지 않았다면 클로디우스는 그날을, 집회를, 함성을 결코 내버리지 않았을 것입니다. 클로디우스에게는 떠날 이유가 결코 없었고, 오히려 남아 있을 이유만 있었습니다. 밀로에게는 남아 있을 이유가 없었으며, 떠날 이유는 필연적이기까지 했습니다. 밀로가 그날 아피우스 대로로 나설 것임을 클로디우스는 알았지만, 밀로는 클로디우스가 그럴 것이라고 짐작조차 할 수 없었다면, 어떻습니까?

46 먼저 저는 밀로가 그것을 어떻게 짐작할 수 있었겠는지 묻는 것입니다. 여러분은 이것을 클로디우스에게 물을 필요는 없습니다. 그가 절친한 친구 티투스 파티나에게만 물어봤더라도, 바로 그날 라누비움에서 독재관 밀로가 제관을 임명했어야 함을 알 수 있었을 것이기 때문입니다. 그것을 아주 쉽게 알 수 있을 다른 사람도 많이 있었는데, 모든 라누비움 사람으로부터도 알 수 있었습니다. 밀로는 클로디우스의 귀환에 관해 누구에게 물었단 말입니까? 그가 노예에게 물었다고 칩시다. 좋습니다. 백보 양부해서, 제 친구 퀸투스 아리우스가 말했듯이, 그가 돈으로 매수한 노예에게 물었다고 칩시다. 하지만 당신들이 부른 증인의 증언을 읽어 보십시오. 클로디우스의 절친한 친구이자 동시에 당시 동행자였던 인테람나 사람 가이우스 카우시니우스 스콜라의 증언에 따르면, 푸블리우스 클로디우스는 그날 알바누스에 머물 예정이었는데 건축가 퀴로스가 사망했다는 급

보를 듣고는 돌연 로마를 향해 떠나기로 결정했다고 합니다. 푸블리우스 클로디우스의 동행자였던 가이우스 클로디우스도 똑같이 말했습니다.

XVIII 47 심판인 여러분, 이런 증언으로 얼마나 많은 의문이 해소되었는지 보십시오. 우선 밀로는 확실히 혐의를 벗었는바, 아피우스 대로에서 클로디우스를 암살하려는 계획을 가지고 길을 떠나지 않았습니다. 만약 클로디우스가 밀로를 만나러 나오지 않았다면 전혀 그럴 수가 없었습니다. 다음으로 (저와 관련된 일 또한 처리하지 못할 이유가 없습니다.) 심판인 여러분, 이 사문회를 지지하며 살해는 밀로의 손에 의해 이루어졌지만, 다른 더 큰 배후가 있다고 주장하는 사람들을 여러분은 알고 있습니다. 확실히 하찮고 타락한 그들은 저를 강도와 암살자로 묘사합니다. 그들은 그들이 세운 증인에 의해서, 그날 클로디우스가 퀴로스에 관한 소식을 듣지 않았더라면 로마로 되돌아가지 않았을 것이라고 증언함으로써 스스로 논박되었습니다. 저는 한숨을 돌렸고 혐의를 벗었습니다. **48** 저는 제가 생각조차 할 수 없던 바를 계획했다고 의심받을 이유는 없습니다.

이제 나머지를 살펴봅시다. 이런 반론이 있습니다. "클로디우스는 음모에 관해 생각한 바가 없는데, 왜냐하면 그가 알바누스에 머물 예정이었기 때문이다." 만약 별장을 살해를 위한 출발지로 삼지 않았다면, 그 말이 맞습니다. 퀴로스의 죽음을 전했다고 하는 사람이 그 소식을 전한 게 아니라, 밀로가 접근하고 있다는 소식을 전했다는 사실을 저는 압니다. 그가 임종 직전의 퀴로스를 두고 로마를 떠난 마당에 퀴로스에 관해 전할 것이 무엇이 더 있겠습니까? 저도 함께 유언을 봉인했고 클로디우스와 함께 증인으로 임종을 함께했습니다. 그는 유언장을 작성하여 공개하며 클로디우스와 저를 상속인으로 적었습니다. 전날 주간 3경[21]에 숨을 몰아쉬던 사람을 두고 떠난 그에게, 퀴로스가 죽었다는 소식을 다음 날 주간 10경[22]에 클로디우스에게 전한단 말입니까?

XIX 49 그렇다고 칩시다. 그런데 그가 로마로 서두른 이유는 무엇이여, 야간 여정을 감행한 이유는 무엇입니까? 그가 상속인 이었다는 사실이 서두른 이유였습니까? 그렇다면 서두를 필요는 없었습니다. 다음으로 무엇인가 이유가 있었더라도, 도대체 그날 밤에 와야 얻을 수 있었고 다음 날 아침에 로마로 왔더라면 놓칠 그런 것은 무엇입니까? 클로디우스가 로마로의 밤길을 추구하기보다 피해야 했던 것처럼, 밀로는, 만약 그가 음모자라면, 클로디우스가 로마로 밤에 올 것을 알았다면, 그렇다면 숨어서 기다려야만 했다는 것입니다.

50 그렇다면 그는 클로디우스를 한밤중에, 그것도 강도떼가 넘쳐 나는 장소에서 살해했다는 것입니다. 부인했어도 믿지 않을 사람은 없을 밀로가, 자백했더라도 모두가 무사하기를 바랐을 그런 사람이 말입니다. 우선 침묵하는 고독도 밀로를 고발하지 않고 눈먼 밤도 밀로를 보여 주지 않던 그때, 강도떼를 숨겨 주던 장소 자체기 범행에 도움을 주었다고 합시다. 다음으로 클로디우스에게 해를 입고, 강탈당하고, 재산을 빼앗긴 사람들이 의심을 샀다고 칩시다. 마지막으로 모든 에트루리아 전체가 피고인으로 소환되었다고 합시다.

21   오늘날 오전 9시경.
22   오늘날 오후 2시경.

51 그런데 바로 그날 분명 클로디우스는 아리키아에서 귀경하다 알바누스 별장으로 방향을 틀었습니다. 그런데 밀로가, 클로디우스가 아리키아에 있었다는 사실을 알았다고 할 때, 그럼에도 불구하고 비록 바로 그날 로마로 그가 되돌아오기를 원할지라도, 귀경 도중 자신의 별장으로 되돌아갈 것까지 추측해야만 했습니다. 클로디우스가 별장에 가지 못하도록 왜 먼저 공격하지 않았습니까? 그리고 클로디우스가 밤에 지나가게 될 장소에 왜 매복해 있지 않았습니까?

52 모든 것이 분명하다는 것을, 심판인 여러분, 저는 압니다. 오히려 밀로에게는 클로디우스가 살아 있는 것이 더욱 유리했다는 점, 클로디우스에게는 그가 원하는 것을 얻기 위해 밀로의 죽음을 매우 바랐다는 점, 밀로에 대한 클로디우스의 증오는 매우 거셌던 반면, 클로디우스에 대한 밀로의 증오는 전무했다는 점, 클로디우스는 습관적으로 늘 폭력을 사용했으며 밀로는 습관적으로 오로지 폭력을 막기 위해 폭력을 사용했다는 점, 클로디우스에 의해서 밀로의 죽음이 항상 예견되었고 공표되었으나 밀로로부터는 어떤 것도 들리지 않았다는 점, 밀로의 출발일은 클로디우스에게 알려져 있었으나 클로디우스의 귀경일은 밀로에게 알려져 있지 않았다는 점, 밀로의 여정은 필연적이었으나 클로디우스의 여정은 오히려 불필요했다는 점, 밀로는 그날 자기가 로마를 떠날 날짜를 공표했으나 클로디우스는 자신이 귀환 날짜를 숨겼다는 점, 밀로는 어떤 계획도 바꾸지 않았지만 클로디우스는 계획을 바꿀 이유를 꾸며 냈다는 점, 밀로가 음모를 꾸몄다면 그는 밤에 로마 인근에서 기다렸어야 했지만, 클로디우스는 밀로가 아니더라도 밤길을 두려워할 이유가 있었다는

점이 그렇습니다.

XX 53 이제 논쟁의 핵심이라 할 수 있는, 그들이 접전을 벌인 음모의 장소가 두 사람 중 누구에게 유리했는지 살펴봅시다. 심판인 여러분, 길게 따져 보고 생각해 볼 필요가 있겠습니까? 클로디우스의 농장 앞에서, 건장한 사람 1000명도 머무를 수 있는 엄청난 하부 공간이 있는 별장 앞에서, 클로디우스의 적은 자신이 더 우위에 있다고 생각했겠습니까? 그 장소를 전투의 최적지로 선택했겠습니까? 아니면 장소의 이점을 활용하여 기다리던 사람이 그 장소를 선택했겠습니까? 심판인 여러분, 언제나 더없이 강력한 힘을 가진 사실 자체가 진실을 말해 줍니다.

54 사건을 말로 듣지 않고 그림으로 그려 본다 하더라도 두 사람 중에 누가 음모자이고 두 사람 중 누가 나쁜 일을 생각하지 않았는지 명백할 것입니다. 그중 한 사람은 외투를 쓰고 마차를 타고 있었고 부인을 대동했습니다. 이것들 중에 무엇이 장애가 되지 않겠습니까? 옷, 마차, 동반자 모두 장애가 되지 않겠습니까? 전투에 무엇이 이보다 더 불편하겠습니까? 외투에 싸여 있고, 마차로 방해를 받고, 부인이 옆에 거의 붙어 있었으니 말입니다. 저 사람을 보십시오. 우선 그는 자기의 별장에서 갑자기 뛰어나왔습니다. 무슨 이유가 있었습니까? 저녁에 나왔습니다. 무슨 필요가 있었습니까? 늦은 시각에 나왔습니다. 어떻게 그럴 수 있습니까? 왜 하필 그 시간에 나왔습니까? "폼페이우스의 별장을 방문했다." 폼페이우스를 만나려 했습니까? 그는 폼페이우스가 알시움에 있음을 알고 있었습니다. 별장을 살펴보기 위해서입니까? 그 별장을 천 번은 보았을 것입니다. 그렇다면 무엇이었습니까? 지체하다가 그 늦은 시각에 나온 이유가

무엇입니까? 누군가 오기를 기다리며 자리를 뜨지 않았던 것입니다.

XXI 55 이제 강도의 홀가분한 여장(旅裝)과 밀로의 거추장스러운 여장을 비교해 봅시다. 강도는 항상 처를 동반하더니 그때는 옆에 없었습니다. 늘 마차로만 다니더니 그때는 말을 타고 갔습니다. 심지어 에트루리아의 요새로 서둘러 갈 때조차 희랍 출신 길동무를 늘 대동하더니 그때는 길동무로 필수 인원만 대동했습니다. 밀로는 전에는 아니었는데 그때는 하필 부인의 소년악단과 여러 여종을 데리고 있었습니다. 곁에 늘 창녀들, 남창들, 포주들을 데리고 다녔던 클로디우스가 그때는 아무도 데리고 있지 않고, 사람들이 사내 중에 사내만을 뽑았다고 말할 그런 사람들만을 데리고 갔습니다.

그렇다면 그런 그가 왜 패했습니까? 여행자가 늘 강도에게 살해당하는 것은 아니고, 강도도 여행자에게 적지 않이 살해당합니다. 더군다나 준비한 클로디우스가 무방비의 사람들을 공격했지만, 계집 같은[23] 클로디우스가 남자에게 덤빈 격입니다. **56** 실로 클로디우스에 비추어 밀로는 아무리 무방비더라도 전혀 무방비일 수는 없었습니다. 밀로는 푸블리우스 클로디우스에게 자신의 살해가 얼마나 중요한 일인지, 얼마나 그에게 큰 증오가 있었는지, 그리고 그가 얼마나 무모한 사람이었는지를 늘 염두에 두고 있었습니다. 그런 이유에서 그는 큰 보상으로 자신에게 주어지고 거의 덤으로 사는 것으로 생각했던 자신의 삶을 호위대와 경호원 없이는 결코 위험을 무릅쓰지 않았습니다. 우연

---

23 여자들에게만 참석이 허락된 보나 여신의 축전을 몰래 훔쳐본 클로디우스의 행각을 암시하고 있다.

을 추가하고, 싸움의 불확실한 결과를 추가합시다. 덤벼드는 약탈자들을 때로 피해자들의 손으로 쓰러뜨리는 공평한 군신(軍神) 마르스를 추가합시다. 대낮부터 먹고 마시고 졸다가 나온 우두머리의 무지를 추가합시다. 클로디우스는 등 뒤에서 적을 무시했고, 밀로의 후미 동행자들은 전혀 생각지 않았지만, 밀로의 충복들은 분노를 불태우며 주인이 죽었다는 생각으로 절망하여 클로디우스에게서 살해의 대가를 받아 냈습니다.

57 밀로가 노예들을 해방한 이유가 무엇입니까? 어쩌면 그는 고발당할까 봐, 노예들이 고문을 이겨 내지 못할까 봐, 고문을 통해서 아피우스 대로에서 푸블리우스 클로디우스를 밀로의 노예들이 살해했다고 자백할까 봐 두려워했을 수 있습니다. 하지만 밀로가 두려워할 이유가 무엇입니까? 묻는 것이 무엇입니까? 그가 살해했는지를 묻습니까? 살해했습니다. 정당하게입니까, 불법하게입니까? 그것은 고문을 통할 문제가 아닙니다. 사실 문제는 고문대에서, 법률 문제는 재판에서 다루어지는 법입니다.

XXII 그러므로 이제 재판에서 다루어야 할 바를 다룹시다. 고문으로 밝혀내고자 하는 바는 인정합니다. 왜 밀로가 충분한 포상을 내리지 않았느냐가 아니라, 왜 노예들을 해방시켰느냐고 따진다면, 그것은 소송 상대방을 공격할 줄 모르는 무능입니다. **58** 모든 일에 한결같고 소신껏 발언하는 여기 마르쿠스 카토는, 그의 권위로 진정되기는 했지만 소란스러운 집회에서, 주인의 목숨을 구한 노예는 해방만이 아니라 온갖 포상을 받을 충분한 자격이 있었다고 말했습니다. 어떤 포상인들 주인의 목숨을 구한 그렇게 헌신적이고 선량하고 충직한 노예들에게 충분할 수 있겠습니까? 어떤 포상도 충복들 덕분에 자신의 피와 상처로 잔인무도한 적의 마음과 눈을 만족시키지 않은 것만큼 클 수 없습니다. 그가 그들을 해방시키지 않았다면, 주인을 지킨 자들, 악행의 복수자들, 죽음의 방어자들은 고문에 넘겨져야 했을지도 모릅니다. 밀로는 이런 불행 중에서 자신에게 어떤 일이 닥쳤는지는 걱정하지 않고, 다만 자신의 노예들에게 합당한 보상이 치러졌다는 것을 더없이 흡족하게 생각했습니다.

59 하지만 자유의 여신 신전 뜰에서 개정된 지난 사흘간의 고문이 밀로를 압박하고 있습니다. 누구 노예들의 고문입니까? "푸블리우스 클로디우스 노예들의 고문이다." 누가 요청했습니까? "아피우스다." 누가 소환했습니까? "아피우스다." 어디에 있던 이들을 소환했습니까? "아피우스 집에 있었다." 선한 신들이여! 무엇이 이보다 가혹할 수 있습니까? 어떤 법률로도 주인을 상대로 그의 노예를 고문할 수 없습니다. 클로디우스를 상대로 있었던 불경죄를 제외하고 말입니다. 클로디우스는 신(神)에 가까이 다가가, 거의 신의 반열에 올랐나 봅니다. 그의 죽음을 마치 신성 침해에 관한 사문회처럼 다루니 말입니다.[24] 우리 선조들은 주인에게 불리하도록 노예를 고문하지 않도록 막았는데, 진실이 밝혀질 수 없었기 때문이 아니라, 그것이 부적절하고 주인의 죽음 자체보다 더 개탄스러운 일이기 때문입니다. 피고인에 대해 고발인의 노예가 신문받는 경우 진실이 밝혀질 수 있습니까?

60 이것이 무슨 사문회이며, 어떤 종류의 사문회가 이렇습

---

24 노예들은 주인이 신에 대한 불경죄를 저질렀을 때에만 주인에게 불리한 증언을 할 수 있었으므로, 클로디우스의 노예들의 심리는 클로디우스를 마치 신으로 취급하는 것이다.

니까? "여보시오, 당신, 루피오!²⁵ 위증하지 마시오. 클로디우스가 밀로에게 음모를 꾸몄소?" "꾸몄다." 그에게 십자가형이 분명합니다. "꾸미지 않았다." 그에게 자유가 기대됩니다. 이보다 더 뻔한 사문회가 있겠습니까? 갑자기 끌려 나와 고신(拷訊)당한 이들은 누구와도 대화하지 못하도록 격리되어 갇혀 있었습니다. 그들은 백일 동안 고발인의 수중에 있었고 바로 그 고발인에 의해서 소환당했습니다. 이보다 완벽한 고신을 찾을 수 있겠습니까? 이보다 흠잡을 데 없는 고신을 찾을 수 있겠습니까?

XXIII 61 그런데 만약 여러분이 사태 자체가 그렇게 많은 명확한 증거와 징표로 드러났고, 밀로가 당시 맑고 온전한 정신으로 범죄에 물들지도 두려움에 떨지도 않고, 양심의 가책 없이 로마로 되돌아온 사실을 충분히 알지 못하더라도, 맹세코, 다음을 기억해 주십시오. 원로원 의사당이 불타고 있을 때 광장에 들어설 정도로 밀로가 얼마나 빨리 귀환했는지를, 그때 그가 얼마나 당당했으며, 어떤 표정으로 어떤 발언을 했는지를 말입니다. 밀로는 민회뿐만 아니라 원로원에 처분을 맡겼고, 원로원뿐만 아니라 공적 경호와 무력에 몸을 맡겼고, 그뿐만 아니라 원로원이 그에게 나라 전체를, 이탈리아의 모든 장정을, 로마 인민의 전체 무력을 위탁했던 폼페이우스의 명령에도 복종하고 있습니다. 만약에 그가 자기 사건에 확신이 없었다면, 특히 모든 것을 듣고, 많은 것을 우려하고, 많은 것들을 의심하고 적지 않은 것을 믿는 폼페이우스에게 자신을 맡기지는 않았을 것입니다. 양심의 힘은 대단히 큽니다. 심판인 여러분, 양심은 양쪽으

---

25 클로디우스의 노예 중 한 명을 가상의 이름으로 부르며, 뻔한 대답을 유도한다.

로 큰 힘을 발휘하여, 무죄한 사람들에게는 두려워하지 않을 힘을 주고, 죄를 진 사람에게는 처벌이 눈앞에 어른거리게 합니다.

62 실로 확실한 근거가 있었기에 밀로의 행동은 언제나 원로원에서 인정받았습니다. 더없이 현명한 원로원 의원들은 사건 설명과 침착함, 변론의 일관성을 보았습니다. 심판인 여러분, 클로디우스가 살해되었다는 소식이 알려졌을 때, 밀로의 적뿐만 아니라 밀로를 잘 모르는 적지 않은 사람들이 했던 말과 의견을 여러분은 잊었습니까? **63** 그들은 밀로가 로마로 돌아오지 않을 것이라고 말했습니다. 그들은 밀로가 분노에 격앙되어 불타는 증오로 정적을 살해했고, 정적의 피로 증오심을 충족시킨 다음 차분하게 조국을 떠나기로 결심했으며, 클로디우스의 살해를 그럴 가치가 있는 일로 생각했다고 말했습니다. 또는 만약 클로디우스의 살해로 밀로가 조국을 해방하길 원했다면, 용감한 사람은 위험을 감수하더라도 로마 인민에게 안녕을 가져다 주었을 때 차분하게 법률에 복종하고 자신은 영원한 명예를 누리는 한편, 자신이 얻은 이것들을 여러분에게 누리도록 주저없이 나누어 주리라 그들은 생각했습니다. 심지어 카틸리나와 그의 짐승을 많은 사람이 언급했습니다. "그는 분출할 것이고 어떤 장소를 차지할 것이고 조국에 전쟁을 감행할 것이다." 그렇다면 국가에 훌륭한 업적을 쌓은 시민들은 불쌍할 뿐입니다. 그들의 더없이 고귀한 업적은 망각되고 심지어 추악한 것을 꾸몄다고 의심받습니다. **64** 하지만 지금까지 그들이 했던 말은 사실이 아니었습니다. 만약 밀로가 무엇인가를 떳떳하고 진실되게 변론할 수 없는 짓을 저질렀다면 그것은 사실일 수 있겠지만, 그것들은 사실이 아니었습니다.

XXIV 어떻습니까? 나중에 그에게 덧붙여진 것을, 사소한 잘못에도 가책을 느끼는 그를 크게 흔들어 놓는 것을 그는 어떻게, 불멸의 신이여, 어떻게 견뎠겠습니까? 잘못을 저질렀는지 여부를 떠나 용감한 사람의 큰 배포가 아니면 무시할 수 없는 것을 그는 무시했고 하찮게 여겼습니다. 다수의 방패와 칼과 창, 재갈까지도 포착될 수 있다는 고발이 있었습니다. 또 시내의 각 구역과 골목마다 밀로가 세내지 않은 집이 없다는 고발도 있었습니다. 티베리스 강을 따라 오크리쿨룸 별장으로 무기가 옮겨졌다, 카피톨리움 언덕의 집은 방패가 쌓여 있다, 도시를 불태우기 위해서 준비된 불화살들로 모든 것이 가득 찼다고도 했습니다. 이것들이 단지 고발에 그치지 않았으며 대부분 신뢰를 얻었습니다. 조사받기도 전에 받아들여졌던 것입니다.

65 저는 그나이우스 폼페이우스의 놀라운 주도면밀함을 칭찬하곤 했습니다. 제가 생각하는 것을, 심판인 여러분, 말하고자 합니다. 수많은 나랏일 전체를 맡은 사람들은 너무 많은 것을 들어야만 하고, 듣지 않을 수 없습니다. 심지어 누군지 모르겠으나, 대경기장 옆에서 희생 제물을 받아 운영하는 선술집의 주인 리키니우스의 말조차 들어야만 합니다. 그의 말에 따르면 밀로의 노예들이 그에게 술에 취해서 자신들이 그나이우스 폼페이우스를 살해하기로 맹세했다고 자백했고, 이어 그들 중 한 명이 고변하지 못하게 칼로 그를 찔렀다고 합니다. 이 말은 별장에 있던 폼페이우스에게 보고되었습니다. 저도 맨 처음 와 달라는 요청을 받은 사람 중 한 명입니다. 친구들의 판단에 따라 사안이 원로원에 회부되었습니다. 저와 조국의 수호자가 그런 의심에 두려워하는 것을 보고 저는 놀라지 않을 수 없었으며, 또한

술집 주인의 말을 믿고 노예들의 맹세를 듣고, 옆구리에 살짝 긁힌 것으로 보이는 상처를 검투사에게 찔린 것으로 여기는 것에 경악했습니다.

66 실로 제 생각에 폼페이우스는, 두려워해야 할 것뿐만 아니라 여러분이 두려워하지 않도록 온갖 것을 두려워하는 사람이라기보다 다만 조심스러운 사람이었습니다. 저명하고 용맹한 가이우스 카이사르의 집이 한밤중에 한참 동안 공격을 당했다는 소문이 돌았습니다. 하지만 아무도 그런 분주한 움직임을 듣지도 보지도 못했습니다. 하지만 폼페이우스는 그런 보고를 계속 들었습니다. 저토록 뛰어난 용기를 가진 그나이우스 폼페이우스가 겁쟁이라고는 추호도 의심할 수 없습니다. 저는 국사 전체를 짊어진 사람에게 지나친 주도면밀함도 나쁘지 않다고 생각합니다. 최근 카피톨리움 언덕에서 개최된 만장한 원로원에서 밀로가 창을 가지고 있었다고 말하는 원로원 의원도 있었습니다. 시민이자 사내로서 자신의 삶이 신뢰를 얻지 못하자, 밀로는 더없이 경건한 신전에서 옷을 모두 벗었습니다. 아무 말 없이 그는 사실이 모든 것을 말하도록 했습니다. 모든 것이 거짓이고 시기로 지어낸 것임이 밝혀졌습니다. 그럼에도 지금까지 밀로는 두려움의 대상이 되고 있습니다.

XXV 67 클로디우스 관련 죄목을 우리가 무서워하는 것이 아닙니다. 우리가 전율하면서 두려워하는 것은, 그나이우스 폼페이우스여, 당신이 새겨듣도록 당신을 부르는데, 당신의, 거듭 말하건대, 당신이 품고 있는 의심입니다. 만일 당신이 밀로를 두려워한다면, 이 사람이 당신의 목숨과 관련해서 무도하게 현재 뭔가를 생각하고 있거나 과거에 뭔가를 도모했다고 당신이 생각한다면, 당신의 몇몇 징병관이 말했듯이 이탈리아의 징병이, 무구들이, 카피톨리움 언덕의 주둔부대들이, 초병들이, 보초들이, 당신의 신변과 자택을 지키는 선발된 기병대가 모두 밀로의 공격에 대비한 것이라면, 그리고 이 모든 것이 이 한 사람을 위해서 마련되고 의도된 것이라면, 이 사람에게 확실히 실로 큰 힘과 믿을 수 없을 큰 용기, 한 사람의 것이라고 생각하기 어려울 정도의 힘과 권세가 이 사람 안에 있는 것으로 보입니다. 만일 실로 이 한 사람을 상대로 뛰어난 지휘관이 임명되고 국가 전체가 무장을 했으니 말입니다.

68 그러나 누가 모르겠습니까? 국사의 아프고 취약한 모든 부분이 당신에게 맡겨졌고, 당신은 모든 부분을 무기로 치유하고 견고하게 만들고 있습니다. 만일 기회가 주어졌다면, 밀로는 분명 당신에게 입증했을 것입니다. 누가 누구에게 소중한 것보다 당신이 그에게 소중하다는 것, 그가 당신의 명예를 위해서 어떤 위험도 감수했다는 것, 끔찍한 역병 같은 존재와 그가 자주 당신의 명예를 위하여 싸웠다는 것, 그의 호민관직이 당신에게 소중한 저의 안녕을 위해 당신 뜻에 따라 수행되었다는 것, 당신이 그를 목숨이 달린 위험에서 변호했다는 것, 법무관직 선거에서는 당신의 조력을 받았다는 것, 언제나 희망했던 두 명의 절친한 친구를, 당신의 도움 덕분에 당신을, 그의 도움 덕분에 저를 친구로 얻게 되었다는 것을 말입니다. 만일 그가 이것들을 입증하지 못한다면, 그리고 당신에게 그러한 의심이 결코 뽑힐 수 없을 정도로 아주 깊숙이 박혀 있다면, 밀로를 죽이지 않고는 이탈리아가 징병에서, 도시가 무기에서 결코 해방될 수가 없다면, 타고난 대로 그리고 배운 대로 그는 주저 없이 조국을 떠

났을 것입니다. 마그누스[26]여, 지금 그렇지만, 당신을 증인으로 세웠을 것입니다.

XXVI 69 당신은 인생이 얼마나 쉽게 바뀌고 변하는지, 운명이 얼마나 크게 소용돌이치는지, 우정이 어떻게 배신당하는지, 상황에 따른 위선은 얼마나 큰지, 위험에 처했을 때 가까운 사람들조차도 얼마나 쉽게 외면하는지를 알고 있습니다. 올 것입니다. 확실히 그때가 올 것입니다. 장차 그날이 밝아 올 것입니다. 바라건대 당신 재산은 무사하더라도, 경험을 통해서 얼마나 자주 우리에게 일어나는, 알아야 하는 우리 모두의 격변 속에서, 당신이 가장 절친한 자의 호의를, 가장 진중한 자의 신의를, 유사 이래 단한 명 용감한 사람의 도량을 그리워할 때가 말입니다.

70 누가 이것을 믿겠습니까? 공법(公法)과 조상들의 관습과 국사에 능통한 여기 그나이우스 폼페이우스에게 원로원이 "국가가 불익을 당하지 않도록 살피라."[27]고 했을 때, 이 짧은 문구로 집정관들이 늘 충분히 무장하고 다른 이들은 무장하지 못하는 상황에서, 군대가 가진 그가, 징집권을 가진 그가, 폭력으로 재판 자체를 파괴하려는 자[28]의 음모를 깨부술 재판을 기다렸다는 것을 누가 믿겠습니까? 폼페이우스는 충분히 판단했는바, 거짓으로 저러한 것들이 밀로에게 전가되었음을 말입니다. 또 폼페이우스가 제안한 법률은 제 생각에 밀로를 여러분이 무죄방면해야 하고, 모두가 인정하는바 그렇게 해도 좋다는 뜻입니다.

---

26 폼페이우스.
27 비상 원로원 의결(senatus consultum ultimum)을 말한다. 이것은 집정관에게 비상 시 무력 사용 권한을 부여했다.
28 밀로가 쓰고 있는 누명이다.

71 실로 그가 공적 경호 군대에 둘러싸여 앉아 있다는 것은, 폼페이우스가 여러분에게 두려움을 가하려는 뜻이 아닙니다. (조상들의 관습과 자신의 권한으로 처벌할 수 있는 자를 여러분이 유죄로 판결을 하도록 강요하는 것보다 폼페이우스의 위신을 손상하는 일이 무엇이겠습니까?) 아니, 그것은 보호를 위한 것입니다. 이는 어제의 집회와 달리 여러분이 자유롭게 재판할 수 있음을 여러분에게 알리기 위함입니다.

XXVII 72 심판인 여러분, 클로디우스 관련 고발에 저는 흔들리지 않았으며, 여러분이 클로디우스의 죽음을 어떻게 생각할지 모를 만큼 제가 정신이 없거나 무감각하지도 않습니다. 제가 변론했지만, 만약 제가 클로디우스 살해의 변론을 맡지 않았다면, 저는 밀로에게 공개적으로 자랑스럽게 떠벌리고 다니라고 했을 것입니다. "나는 살해했다. 살해했다. 그러나 가산을 탕진하면서까지 곡물가를 낮춰서 지나치게 민중을 포섭하여 왕권을 노린다는 의심을 샀던 스푸리우스 마일리우스를 살해한 것이 아니고, 소요를 통해서 동료 호민관의 직책을 박탈했던 티베리우스 그락쿠스를 살해한 것도 아니다. 이 둘의 살해자들은 이름의 영광을 세상에 남겼다. 내가 살해한 사람은 (밀로는 위험을 무릅쓰고 조국을 해방시켰을 때) 신전 좌대에서 무도한 간통 행각[29]을 하다 귀부인들에게 발각된 자이며, **73** 원로원이 처벌로써 종교 의례가 정화되어야 한다고 의결했던 자이며, 루키우스 루쿨루스가 사문회에서 선서하여 친누이와 추악한 사통을 저지르는 것을 보았다고 한 사람이며, 원로원과 로마 인민과 모든 종족이

---

29 클로디우스는 보나 여신의 축전에서 카이사르의 부인 폼페이아와 간통했다는 혐의를 받았다.

도시와 시민의 두호인으로 선언한 시민[30]을 무장한 노예들로 쫓아냈던 사람이며, 왕국[31]을 주었다가 빼앗고 마음에 드는 사람들에게 세상을 나누어 주었던 사람이며, 로마광장에서 아주 많은 살육이 벌어졌을 때 탁월한 덕과 영광을 지닌 시민[32]을 무력으로 집에 감금했던 자이며, 악행이든 욕정이든 결코 불경을 아랑곳하지 않는 사람이며, 공적 문서에 기록된 선거인 명부를 없애기 위해 뉨파 여신들의 신전을 방화했던 사람이며, **74** 또 법률도 무시하고 시민법도 무시하고 소유지의 경계도 무시하고 소송을 남발하면서 부당한 권리를 주장하기 위해 신성도금을 걸고 타인의 토지를 청구하는 것이 아니라 군영을 세우고 군대를 동원하여 군기를 앞세워서 요구했던 사람이며, 에트루리아 사람들뿐만 아니라 (왜냐하면 그는 그들을 마음속 깊이 경멸했기 때문에) 더없이 용감하고 훌륭한 심판인 푸블리우스 바리우스를 무기와 군대로 소유지에서 쫓아내려고 시도했던 사람이며, 건축가와 측량사를 데리고 많은 사람들의 별장과 정원을 휘젓고 다녔던 사람이며, 야니쿨룸과 알프스까지 차지하려는 야망을 가진 사람이며, 빛나고 용감한 로마 기사 마크루스 파코니우스에게서 프릴리우스 호수의 섬을 자기에게 달라고 요청했으나 관철하지 못하자 갑자기 작은 배로 섬에 목재와 석회와 자갈과 모래를 날라 주인이 강 건너에서 보고 있는 가운데 남의 땅에 건축물을 세우기를 주저하지 않은 사람이다. 여기 사내 티투스 푸르파니우스에게, 불멸의 신들이여! **75** (창녀 스칸티아는 말할 것도

---

30 키케로 자신을 가리킨다.
31 로마의 한 속주.
32 그나이우스 폼페이우스.

없고 청년 푸블리우스 아피니우스에 대해 뭘 말하는가? 이들에게 이들 소유의 정원을 넘겨주지 않는다고 죽음으로 위협했다.) 만약 자기가 요청한 만큼의 돈을 주지 않는다면 죽여서 집을 보낼 것이라고 말하여 여기 훌륭한 사내의 분노를 샀던 사람이며, 나와는 신뢰와 호의로 긴밀하게 연결된 그의 가형 아피우스를 부재중에 소유지에서 축출했던 사람이며, 여동생 집의 현관 앞에 담을 세우고 집터를 닦아 여동생에게서 현관뿐만 아니라 출입구까지 빼앗은 사람이다."

XXVIII 76 하지만 이것들은 이제 실로 참아 줄 수 있는 것으로 보였습니다. 비록 국가나 사인(私人)에 대해, 멀리 떨어진 사람들이나 가까운 사람들에게, 남들이나 식구들에게 무차별적으로 돌진함에도 불구하고, 무슨 이유인지는 모르겠으나 하도 겪다 보니 국가의 인내심이 놀라울 정도로 굳어지고 무감각해졌나 봅니다. 그러나 지금 막 닥쳐오는 임박한 것은 어떻게 물리치거나 참아 낼 수 있겠습니까? 만약 클로디우스가 통치권을 얻었다면, 동맹시와 이민족과 왕과 분봉왕은 제외하겠습니다만, 여러분의 소유지나 집이나 돈 대신 저들의 것을 공격하라고 여러분은 서원하게 되었을 것입니다. 제가 돈을 언급했습니까? 돈뿐만 아니라 여러분의 자식과, 하늘에 맹세코, 여러분의 부인에 대해 그는 고삐 풀린 욕망을 제어하지 않았을 것입니다. 여러분은 저것들이 모두 명백하고 모든 사람에게 알려지고 포착되었는데도, 그가 온 나라와 모든 사람의 재산을 차지할 목적으로 노예 군대를 수도 로마에서 징집했을 것이라는 것이 단지 상상이라고 생각합니까?

77 그런 이유로 만일 티투스 안니우스 밀로가 피 묻은 칼을

들고 "청컨대, 시민들아, 여기 와서 들으라. 푸블리우스 클로디우스를 내가 죽였다. 이제껏 어떤 법률과 판결로도 재갈을 물릴 수 없었던 광기를 제압했다. 이 칼로, 그리고 이 손으로 당신들의 목에서 그를 치웠다. 그래서 나 하나를 희생함으로써 정의와 공정함과 법률과 자유와 염치와 정숙함이 이 나라에 남게 되었다."라고 외쳤다면, 실로 이를 어떻게 나라가 감당했을까 싶습니다. 왜냐하면 그랬다면, 지금 인정도 않고 칭찬하지도 않지만, 유사 이래 최초로 티투스 안니우스 밀로가 최대의 국가 이익을 선사했음을, 로마 인민과 이탈리아 전체와 모든 민족이 기뻐한다고 말하고 느끼지 않을 사람이 있었겠습니까? 저는 로마 인민의 옛 기쁨을 판단할 위치는 아니지만, 지금 우리 시대는 최고사령관의 혁혁한 승리를 보고 있는바, 이들 중에 어떤 것도 그토록 오래, 그토록 많은 즐거움을 가져다주지는 못했을 것입니다.

78 심판인 여러분, 이 점을 기억하십시오. 여러분과 여러분의 자손들이 나라의 많은 경사(慶事)를 보기를 희망합니다. 이런 일들을 겪을 때마다 항상 여러분은, 만약 푸블리우스 클로디우스가 살아 있다면, 여러분은 어떤 경사도 볼 수 없었으리라 판단하게 될 것입니다. 저는 가장 크고, 제가 믿거니와, 가장 실현 가능성이 큰 희망에 끌립니다. 이런 훌륭한 분이 집정관으로 재임하는, 사람들의 방종이 억제되고 욕심이 사라지고 법률과 재판이 바로 서는 올해에 국가가 회생할 것이라는 희망 말입니다. 푸블리우스 클로디우스가 살아 있었더라도, 이것을 얻을 수 있었으리라 생각하는 사람은 정신 나간 사람이 아니겠습니까? 어떻습니까? 여러분이 사적으로나 공적으로 보유하는 것에 대해, 저 미치광이가 지배했다면, 영원한 소유권을 보장받을 수 있었

겠습니까?

XXIX 심판인 여러분, 정적에 대한 적의로 불타올라 되는 대로 진실이 아닌 말을 쏟아내는 것으로 보일까 저는 두렵지 않습니다. 실로 제 증오도 특별한 것임에는 분명하지만, 그가 모두의 공적(公敵)이라 제 증오는 평균 정도에 머물 뿐입니다. 그의 악행이 어느 정도였는지, 그의 파괴 행위가 얼마나 심각했는지는 말은커녕 제대로 상상조차 할 수 없습니다.

79 심판인 여러분, 이렇게도 한번 생각해 보십시오. (우리의 상상력은 자유롭고 또 우리가 눈으로 보고 분간하는 것처럼 상상만으로 원하는 것을 볼 수 있습니다.) 여러분 마음속으로 상상하십시오. 상상으로 제가 드리는 상황을 그려 보십시오. 푸블리우스 클로디우스가 다시 살아나는 조건으로 여러분이 밀로를 무죄방면하도록 만든다는 것을 말입니다. 여러분의 그 두려운 표정은 무엇입니까? 클로디우스는 죽어 공허한 상상 속에서도 여러분을 떨게 하는데, 살아 있다면 여러분에게 대체 얼마만큼 위해를 가했겠습니까? 어떻습니까? 만일 다른 누구도 할 수 없던 것을 이룰 수 있는 능력과 천운을 타고난 그나이우스 폼페이우스가 만일, 제 말대로 해 보십시오. 푸블리우스 클로디우스의 죽음에 관한 사문회를 제안하든지 아니면 클로디우스를 하계에서 부활시키든지, 둘 중 하나를 할 수 있다면, 여러분 생각에 그가 어떤 선택을 했겠습니까? 우정 때문에 그를 지하에서 부르기를 원했을지는 몰라도, 나라를 위해서는 부르지 않았을 것입니다. 어떤 자의 죽음에 대한 복수자로 앉아 있는 여러분은 그의 목숨이 되돌려질 수 있다고 상상은 하지만 그것을 원하진 않을 것입니다. 어떤 자의 살해에 관한 사문회가 설치되었습니다만, 법으로 부활

시킬 수 있더라도 그런 법은 결코 제정되지 않을 그런 사람입니다. 이런 자를 살해한 사람은 사람들을 해방시킨 사람인데, 그가 자백함으로써 처벌을 두려워해야 합니까?

80 희랍 사람들은 참주를 주살(誅殺)한 자들에게 신적인 명예를 부여했습니다. (그것은 저도 직접 아테나이나 다른 희랍 도시에서 보았습니다. 얼마나 굉장한 제사가 그런 사람들에게 봉헌되었는지, 얼마나 멋진 찬가와 송가가 불렸는지! 그들은 불멸의 신에 상응하는 의식과 추도로써 경배를 받습니다.) 여러분은 위대한 국민의 수호자, 엄청난 악의 응징자에게 아무런 명예를 수여하지 않을뿐더러, 오히려 처벌을 받도록 놔둔단 말입니까? 제가 말하는바, 모든 이의 자유를 위해 자백이 아니라 고함으로 소리쳐 자랑해야 할 바이며, 했다면 떳떳하게 자백할 그런 일입니다.

XXX 81 행위를 부인하지 않고 다만 용서를 구하고는 있지만, 칭찬의 포상까지도 요구해야 마땅할 행위를 두고 자백을 주저했겠습니까? 만약 자기 목숨이 아니라 여러분의 방어자였음에 여러분이 고마워한다고 그가 생각했다면, 특히 그와 같은 자백에 여러분이 고마워하기를 원했다면, 최고 관직을 얻었을 텐데 말입니다. 만일 그런 행위를 여러분이 잘못되었다고 생각하고 (자신의 안녕을 추구하는 것을 누가 잘못된 일로 여기겠습니까?) 용감한 사람의 탁월함이 시민들에게 고마움을 얻지 못한다면, 그는 은혜를 모르는 도시 공동체에서 대범하고 망설임 없이 떠날 것입니다. 다른 사람들을 기쁘게 한 자는 홀로 슬퍼하는데, 다른 사람들은 기뻐하는 것보다 배은망덕한 일이 있겠습니까?

82 하지만 조국의 반역자를 타도하는 가운데 영광이 장차 우리의 것이 될 것이기 때문에, 항상 우리는 모두 위험과 미움 또

한 우리 것으로 생각하는 그런 마음가짐입니다. 저에게 어떤 칭찬이 주어졌겠습니까? 제가 집정관으로서 여러분과 여러분의 자식을 위해 그렇게 큰일을 감행하며, 만약 제가 큰 고민 없이 하고자 하는 바를 해야 한다고 생각했는데 말입니다. 만약 두려워할 위험이 없다면, 여자라도 악행을 저지르는 위험한 시민을 살해하지 않았겠습니까? 미움, 죽음, 형벌을 무릅쓰고 망설임 없이 국가를 방어하는 사람, 바로 그런 사람이 진정한 사내라고 여겨져야 합니다. 국가에 크게 공헌한 시민에게 포상하는 것은 은혜를 아는 인민의 의무이고, 형벌을 받더라도 용감하게 행한 바를 절대 후회하지 않는 것은 용감한 사람의 덕목입니다.

83 그런 이유로 티투스 안니우스 밀로는 아할라, 나시카, 오피미우스, 마리우스, 그리고 제가 했던 그런 자백을 했을 것이고, 만약 국가가 고마워했다면 기뻐했을 것입니다. 고마워하지 않았다면, 그럼에도 불구하고 불행한 운명을 자신의 양심으로 버텼을 것입니다.

그러나 심판인 여러분, 로마 인민의 운명과 여러분의 행운과 불멸의 신들은 이런 은전에 대해 마땅히 감사해야 한다고 생각합니다. 아무도 달리 판단할 수 없을 것입니다. 혹 신령과 신성이 존재하지 않는다고 생각하는 자[33]라면, 우리 통치권의 위대함에도, 저기 태양에도, 천체의 움직임에도, 만물의 변화와 질서에도, 그리고 매우 중대한 것인바, 성사와 종교의식과 조점을 극진히 숭상하여 후손들에게 물려준 우리 조상들의 지혜에도 전혀 감동받지 않는 자라면 모를까, 누구도 달리 생각하지 않을

---

33 에피쿠로스 학파.

것입니다.

XXXI 84 분명 신령한 힘은 존재합니다. 생명력과 판단력이 우리의 허약한 몸에 있는데, 아마도 보이지 않고 식별되지 않기 때문에 사람들은 그것을 믿지 않는 것이겠지만, 자연의 크고 굉장한 운동에 없을 수 없습니다. 예를 들어 우리의 지각과 예견, 이 사건의 변론을 가능하게 하는 우리의 마음이 분명히 어떠한 것인지, 어디에 있는지를 우리는 보고 지각할 수 있습니다. 그래서 이 도시에 종종 믿을 수 없는 행운과 도움을 가져다주었던 신령한 힘은 저 재앙을 파멸시키고 없애기 위해, 먼저 감히 용감무쌍한 사람에게 폭력과 칼로 덤벼들도록 마음에 충동을 불러일으켰고 (그가 이겼다면 그의 영원한 면벌과 방종이 있었겠지만) 결국 패하게 만들었던 것입니다.

85 심판인 여러분, 이런 일은 인간의 계획으로도, 불멸하는 신들의 가벼운 관심으로도 일어나지 않습니다. 하늘에 맹세코, 저 짐승이 쓰러지는 것을 목격한 바로 그 장소가 떨치고 일어나 자신의 권리를 그에게서 되찾아온 것으로 보입니다. 알바롱가의 언덕과 숲이여, 말하건대, 너희에게 간청하고 너희를 증인으로 내세웁니다. 로마 성소의 동료이자 형제인바, 알바롱가의 짓밟힌 제단이여, 그는 광기로 달려들어 신성한 숲을 밀어 버리고 미친 듯한 건물 기둥을 세워 너희를 짓눌렀습니다. 너희 성소는 번성했고, 너희 신령함은 강력했는데, 그가 온갖 악행으로 그것을 더럽혀 버렸습니다. 신성한 유피테르여, 당신의 호수와 숲과 성역을 종종 추악한 사통과 악행으로 더럽힌 그를 처벌하려고 당신은 높은 라티움 언덕에서 마침내 눈을 떴습니다. 너희를 위해, 너희를 위해, 너희가 보는 앞에서 늦었으나 정당하고 마땅한

처벌이 이루어졌습니다.

86 아마도 우리가 이런 일이 우연히 일어났다고 말하는 것이 아니라면 이건 신령의 뜻입니다. 무엇보다도 훌륭하고 영예로운 청년 티투스 세르티우스 갈루스의 땅을 지키는 보나 여신의 신전 바로 앞에서, 그러니까 보나 여신 바로 앞에서 교전이 벌어지자 그는 제일 먼저 상처를 입고 처참하게 죽었는바, 지난날 추잡한 판결로 그가 받은 무죄방면은 이런 엄청난 처벌을 위한 유예로 보일 정도였습니다.

XXXII 바로 이런 신들의 분노는 또한 클로디우스의 동료들에게 광기를 불어넣어 그들은 초상도 없이, 만가도 없이, 추도제도 없이, 만장 행렬도 없이, 호곡도 없이, 송덕도 없이, 장례식도 없이, 피와 진흙으로 뒤범벅된 그를 심지어 정적조차 용인하는 장례식 마지막 날의 의식도 없이 화장해 버렸습니다. 믿거니와, 저명인사들의 초상이 끔찍한 살인자의 장례 행렬을 장식으로 뒤따르는 것을, 또 살아서 처벌받을 장소 이외의 다른 곳에서 그의 주검이 훼손되는 것을 하늘은 용납하지 않았습니다.

87 하늘에 맹세코, 그때 로마 인민의 운명은 저에게 가혹하고 잔인해 보였습니다. 그토록 오랫동안 클로디우스가 이 나라를 모욕하는 것을 내버려 뒀기 때문입니다. 그는 사통으로 신성한 종교를 더럽혔고, 원로원의 준엄한 결정을 어겼고, 돈을 써서 공공연히 재판을 매수했고, 호민관직에 있으면서 원로원을 괴롭혔고, 국가의 안녕을 위해 신분 전체의 동의로써 행해진 것을 깨뜨렸고, 저를 조국에서 추방하고 재산을 몰수하게 했고, 집을 불태우고 저의 자식들과 아내를 괴롭혔고, 그나이우스 폼페이우스에게 불경한 전쟁을 선포하고 정무관과 사인(私人)의 살

인을 저질렀고, 제 동생의 집을 불태우고 에트루리아를 짓밟았고, 많은 사람의 집과 재산을 빼앗았습니다. 그리고 그는 사람들을 억압하고 협박했습니다. 그의 광기를 로마와 이탈리아와 속주와 왕국들은 제압할 수 없었습니다. 그는 자신의 집에서 우리를 우리 노예들의 노예로 팔아 버리는 법률을 새겨 넣었습니다. 실로 누구의 재산이든 마음에 둔 재산을 그는 그해 안에 자신의 것이 되리라 생각했습니다. **88** 밀로 외에는 누구도 그의 계획에 맞선 사람이 없었습니다. 맞설 가능성 있는 사람은 화해를 통해 끌어들여 막았으며, 카이사르의 권력이 자기 것이라고 말하고 다녔고, 저의 몰락을 계기로 선량한 시민들의 마음을 모욕했습니다. 밀로만이 그에게 대항했습니다.

XXXIII 제가 앞서 말했듯이, 이때 불멸의 신들은 패악하고도 광기 어린 그에게, 여기 제 의뢰인을 해치기 위해 매복을 감행할 생각을 불어넣었습니다. 그렇지 않았다면 역병 같은 그가 소멸될 수 없었을 것이고, 국가는 공권력을 동원하여 그를 응징하지 않았을 것입니다. 믿거니와, 그가 법무관이 되었다면, 원로원이 그의 권한을 잘도 정지시켰겠습니다. 그런 일을 하는 것이 관행임에도, 원로원은 그가 사인(私人)이었을 때조차 어떤 조치도 취하지 않았습니다. **89** 집정관들이 법무관을 제지할 만큼 용감했습니까? 우선 그는 밀로를 죽이고 자기 사람들을 집정관으로 만들었을 것입니다. 또한 집정관의 권한이 호민관인 그에 의해 휘둘렸던 것을 기억하는 집정관이 법무관인 그 앞에서 어찌 힘을 쓸 수 있었겠습니까? 클로디우스는 모든 것을 제압하고, 모든 것을 장악하고, 모든 것을 독차지했을 것입니다. 클로디우스의 여타 법률과 함께 그의 집에서 발견된바, 듣도 보도 못한 법률로 그는 우리들의 노예들을 해방시켜 자신의 해방노예로 삼았을 것입니다. 마지막으로 불멸의 신들이 나약한 그로 하여금 용감무쌍한 밀로를 살해할 생각을 불어넣지 않았다면, 오늘날 여러분의 이 나라는 없었을 것입니다.

90 만일 그가 법무관, 나아가 집정관이고, 그가 살아 있는 동안은 이 신전과 건물 벽이 아직 멀쩡하게 서 있고 그의 집정관직을 지켜볼 수 있었다고 할 때, 그는 살아가며 어떤 악행인들 저지르지 않았겠습니까? 그의 사후에도 수하 중의 한 명인 섹스투스 클로디우스가 원로원 의사당을 불태운 것을 보면 말입니다. 그 방화보다 비참하고 가혹하고 비통한 것을 본 적이 있습니까? 신성과 국권과 지성의 전당이자 공론의 장이며, 수도 로마의 머리, 동맹시의 제단, 모든 민족의 안식처, 전 인민이 원로원 계층 하나만을 위해 마련한 자리가 무지한 폭도에 의해 침탈된 것이 아니라 (이것도 비참한 일이지만) 한 사람에 의하여 불타고, 소멸되고, 모독당한 것입니다. 그의 부하가 그를 화장하며 그렇게 엄청난 일을 저질렀으니, 그의 선봉은 과연 산 그를 위해 못 할 짓이 무엇이겠습니까? 그의 부하는 특히 원로원 의사당에 그의 시신을 던져 넣음으로써, 그는 살아서 전복시켰던 의사당을 죽어서 불태웠습니다.

91 아피우스 대로에 관해서는 다투면서, 의사당에 관해서는 침묵하려는 사람들도 있습니다. 또 그의 시신에 속수무책 원로원이 당했는데, 그가 살았을 때 로마광장이 지켜질 수 있다고 생각하는 사람들도 있습니다. 일으켜 세우십시오. 망자 속에 있는 그를, 여러분이 할 수 있다면, 깨우십시오. 매장되지 않은 그가 가져온 광기조차 견뎌내지 못한 여러분이, 살아 있는 그가

가져올 공격을 격퇴할 수 있겠습니까? 횃불을 들고 원로원 의사당으로, 몽둥이를 들고 카스토르 사당으로 달려갔던, 또 칼을 들고 로마광장 여기저기에서 난동을 부렸던 자들을 여러분이 막아 내지 못했는데도 말입니다. 여러분은 로마 인민이 살육되는 것을 지켜보았습니다. 그리고 우리나라에서 가장 용맹한, 소임에 극히 충실한, 선량한 시민들의 의사와 원로원의 권위에 복종하는, 밀로가 당한 특별한 미움 혹은 행운에 있어 믿을 수 없는 신의를 보여 준, 신적인 호민관 마르쿠스 카일리우스가 청중 앞에서 연설하던 그때 그 대중 집회가 칼로 방해되는 것 또한 목도했습니다.

XXXIV 92 이제 사안에 관해 충분히 많은 것을, 사안 외적인 것 또한 어쩌면 지나치게 많이 말씀드렸습니다. 심판인 여러분, 밀로 본인은 청하지 않았으나, 밀로의 반대에도 불구하고 제가 요청하는 선처를 여러분이 용맹한 자에게 베풀어 줄 것을 부탁하고 간청하는 일 외에 무엇이 남았겠습니까? 여러분이 우리가 모두 눈물을 흘리는 가운데 밀로의 눈물을 전혀 보지 못했더라도, 시종일관 같은 표정과 목소리와 확고하고 흔들림 없는 진술을 보고 있더라도, 이것 때문에 용서를 아끼지는 마십시오. 어쩌면 오히려 도움이 필요할지 모르겠습니다. 왜냐하면 최하층 인간의 여건과 운명을 목격하는 검투사 경기에서 두려워 떨며 애원하고 살려 달라고 간청하는 사람들은 경멸하면서, 강하고 용맹하며 과감하게 죽음에 몸을 맡기는 사람들을 살려 주기를 원한다면, 그리고 선처를 베풀어 달라고 조르는 사람보다 선처 따위는 요구하지 않는 사람들을 좀 더 동정한다면, 하물며 용맹한 시민들에게는 얼마나 더 큰 도움을 우리가 주어야 한단 말입니까!

93 심판인 여러분, 제가 계속해서 듣는, 밀로가 매일 수시로 내뱉는 체념이 저를 맥 빠지게 합니다. 그는 말합니다. "안녕히 계시오! 안녕히 계시오, 동포 시민 여러분! 평안과 번창과 만복을 기원하오. 나의 아름다운 도시, 나의 사랑스러운 조국이 건재하기를! 조국이 나를 어떻게 대하든지, 나에게는 허락되지 않은 바, 조국의 평화를 나 없이 나를 위해서 누리기를 바라오. 난 이만 물러나 떠나오. 장차 좋은 국가를 누리는 것이 나에게 허락되지 않았지만, 나는 적어도 나쁜 국가는 벗어날 것이고, 질서 있고 자유로운 공동체[34]에 도달하자마자 그곳에서 쉴 것이오."

94 그는 말합니다. "오! 나의 헛된 노고여! 배신당한 희망이여! 무익한 계획이여! 나라가 억압당할 때, 풍전등화와 같은 원로원을 위해, 무기력한 로마 기사 신분을 위해, 클로디우스의 무력으로 모든 영향력을 잃은 선량한 사람들을 위해 헌신하며 나는 한 번이라도 선량한 사람들이 나를 편들지 않을 것이라 생각했던 적이 있었던가?"(밀로는 저와 누차 이야기를 나누었습니다.) "내가 당신을 조국에 되돌려주었을 때,[35] 조국에 나를 위한 자리가 없으리라고 생각했겠는가? 우리가 따랐던 원로원은 이제 어디에 있는가? 당신의 잘난 로마 기사 신분은 어디에 있는가?" 그는 말합니다. "지방 자치시들의 열렬한 지지는 어디에 있고, 이탈리아의 목소리는 어디에 있으며, 많은 이들에게 도움이 되

---

34 이 변론에서 밀로가 유죄판결을 받고 망명을 떠난 마실리아(Massilia, 오늘날 마르세유)를 말한다.

35 기원전 57년 키케로가 망명으로부터 귀환할 수 있도록 밀로가 도와준 것을 말한다. 이때 진 정치적 빚으로 키케로가 밀로의 변호에 나선 것으로 보인다.

었던 마르쿠스 툴리우스여, 마지막으로 당신의 목소리와 변론은 어디에 있는가? 당신을 위하여 여러 차례 죽음을 무릅쓴 나에게만 그것이 아무런 도움을 주지 않을 수 있단 말인가?"

XXXV 95 심판인 여러분, 하지만 그는 제가 지금 하는 것처럼 울면서 이런 말을 했던 것은 아니라, 여러분이 지금 보는 것과 같은 담담한 표정으로 말했습니다. 그는 감사할 줄 모르는 시민을 위해 그런 일들을 했던 것이 아니라 모든 위험에 겁먹고 떨고 있는 시민을 위해 그랬다고 말했습니다. 푸블리우스 클로디우스가 앞장선 가운데 여러분의 번영을 위협하는 저열한 대중을, 그는 여러분 삶의 안전을 위해 회유했다고 상기합니다. 그는 자기의 용기로 대중을 통제했을 뿐만 아니라, 자기 재산 중 세 개를 팔아 대중을 달랬습니다. 또한 그가 검투 시합으로 대중에게 오락을 제공했을 때, 그런 탁월한 국가적 공헌에도 여러분 원로원 의원의 호의를 잃는 것을 두려워하지 않습니다. 이런 때에 그는 원로원의 호의를 자주 느꼈다고 말했고, 운명이 어떻게 되든지 간에, 자기는 여러분과 여러분 신분의 인사와 지지와 격려의 말을 늘 간직하겠다고 말했습니다.

96 당선 공고인의 목소리는 실제로도 없었고 바라지도 않았지만, 그가 유일하게 원했던 인민 전체의 투표로 자신이 집정관으로 선포되었음을 그는 기억합니다. 이런 공격이 그를 상처 입히게 될 때, 그를 막아서는 것은 혐의일 뿐이지 범죄 행위는 아님을 그는 지금 기억합니다. 그는 다음과 같이 참된 말을 덧붙입니다. "용감하고 지혜로운 사람들은 흔히 올바른 행위에 대한 보상보다 올바른 행위 자체를 추구한다. 조국을 위험에서 구하는 것이 실로 사내가 할 수 있는 가장 훌륭한 일이라면, 나는 내

인생에서 가장 훌륭한 일을 했다. 그런 일로 동료 시민의 인정을 받으면 행복하지만, 그렇지 못하더라도 불행하지는 않다. **97** 만약 보상을 고려해야 한다면, 덕에 대한 모든 보상 중에 가장 큰 것은 명예다. 명예만이 짧은 인생을 후손의 기억으로 보상하고, 명예 덕분에 우리는 곁에 없어도 곁에 있는 것이고, 죽었어도 살아 있는 것이다. 끝으로 명예만이 사람들을 하늘에 올려놓는 계단이다."

98 그는 말합니다. "로마 인민은 항상, 모든 종족은 항상 나에 관해 말할 것이고, 후손도 모두 침묵하지 않을 것이다. 지금 이 순간 나의 정적들이 나를 증오하는 온갖 횃불들을 던질지라도, 나는 사람들이 모이는 곳마다 감사와 축하와 온갖 격려의 말로 찬양받는다. 에트루리아에서 치러졌거나 치러질 축제일은 생략하겠다. 오늘은 푸블리우스 클로디우스가 죽은 지 백일하고도 하루인 것 같다. 그에 관한 소문뿐만 아니라 기쁨도 로마 인민이 지배하는 영토 끝까지 퍼졌다." 그는 말합니다. "이 때문에 나는 내 몸이 어디에 있어도 신경 쓰지 않는다. 내 이름의 영광은 어느 땅에나 있고, 거기에서 영원히 거할 것이기 때문이다."

XXXVI 99 당신은 이것들을 자주 나에게 이 사람들이 없었을 때 얘기했지만, 사람들이 듣고 있을 때 이런 말을, 밀로여, 당신에게 하겠습니다. "실로 당신이 그렇게 훌륭한 용기를 지녔고, 이는 아무리 칭찬해도 부족하지만, 당신의 훌륭함이 커다란 만큼 당신과 헤어지려니 더욱 가슴이 아픕니다. 만약 제게서 당신이 떠난다면, 마음을 달랠 불평과 분노마저 제게 그런 큰 상처를 입힌 사람들에게 퍼부을 수 없을 것입니다. 왜냐하면 당신을 내게서 빼앗아 간 것이 정적이 아니라 더없이 친한 사람들이고, 언제 한번이라도 제게 나쁘게 대했던 사람이 아니라 더없이 잘해 주었던 사람들이었기 때문입니다." 심판인 여러분, 이토록 큰 고통은 저에게 다시 없을 것입니다. 어떤 고통이 이것보다 더 클 수 있겠습니까? 여태까지 얼마나 저를 후대했는지를 여러분이 망각했다 싶을 정도의 다시 없을 그런 고통입니다. 만일 여러분이 실로 이런 망각에 사로잡혔다면, 혹은 여러분이 저에 대해 언짢은 마음이라면, 왜 제 머리에 대고 풀지 않습니까? 밀로에게 풀 일이 아닙니다. 이렇게 큰 불행을 목격하기 전에 제가 일을 당했다면, 저의 삶은 유복했을 것입니다.

100 지금 유일한 위안이 저에게 남아 있는데, 티투스 안니우스여, 제가 당신에게 사랑과 지지와 신의라는 의무를 저버린 적이 없다는 것입니다. 저는 당신을 위해 권력자들의 미움을 자초했습니다. 저는 당신 정적의 공격을 제 몸을 던져 막았습니다. 저는 당신을 위해 여러 사람들에게 청원자로서 몸을 굽혔습니다. 저와 제 자식들의 재산을 당신과 위기의 시간을 함께하는 데 쏟았습니다. 마지막으로 바로 오늘 만약 어떤 무력이 준비되었다면, 목숨을 건 싸움이 벌어진다면, 저는 기꺼이 받아들이겠습니다. 이제 무엇이 더 남았겠습니까? 당신이 저를 잘 대해 준 것에 보답하기 위해서 제가 할 수 있는 것은 당신의 운명이 무엇이건 간에 당신의 운명을 저의 운명으로 받아들이는 것 외에 무엇이 더 있겠습니까? 저는 주저하지 않습니다. 거부하지 않습니다. 그리고 여러분에게 요구합니다, 심판인 여러분. 저에게 보여 준 여러분의 호의는 이 사람의 안녕으로 커지거나, 이 사람의 추방과 함께 사라질 것을 여러분이 명심하도록 요구합니다.

XXXVII 101 저의 눈물에 밀로는 움직이지 않습니다. 그는 밀을 수 없을 정도로 강인한 정신력을 가진 사람입니다. 그는 용기만 있다면 그곳은 유배지가 아니라고 생각합니다. 또 죽음은 자연적 한계일 뿐 형벌이 아니라고 생각합니다. 이 의뢰인은 타고난 자신의 정신을 가지고 있습니다. 심판인 여러분, 여러분은 어떤 정신을 가지고 있습니까? 대체 어떤 정신을 가질 것입니까? 밀로에 대한 기억만 간직한 채, 그는 내칠 것입니까? 그의 용기를 받아들일 곳으로 세상 어디에 그가 태어난 이곳보다 적합한 곳이 있겠습니까? 심판인 여러분! 여러분에게 제가 간청합니다. 나라를 위해 많은 피를 흘린 더없이 용감한 여러분에게 간청합니다. 불굴의 시민이 위험에 빠진 이때 여러분에게 간청합니다. 백인대장이여, 그리고 병사들이여! 여러분이 지켜보고 무장하고 이 재판을 지휘하는 가운데, 이런 엄청난 용기가 이 도시에서 축출되고 추방되고 쫓겨나야겠습니까?**102** 저는 참으로 가련합니다. 불행합니다. 밀로여, 당신은 이 사람들을 통해 저를 조국에 복귀할 수 있게 했습니다. 저는 같은 사람들을 통해 당신의 추방을 막을 수 없단 말입니까? 당신을 또 한 분의 아버지라 생각하고 있는 저의 자식들에게 제가 무어라 말할 수 있겠습니까? 지금은 여기에 없는 아우 퀸투스여, 어려운 시절을 함께한 너에게 내가 무어라 말할 수 있겠느냐? 밀로가 저의 안녕을 구원할 때의 사람들을 통해 제가 밀로의 안녕을 도모하지 못했다고 대답해야 합니까? 그렇게 하지 못한 이유가 무엇이라고 말해야 합니까? 모든 종족이 지지할 이유 때문입니다. 누구 때문에 그렇게 하지 못했다고 말해야 합니까? 특히 푸블리우스 클로디우스의 죽음으로 평안을 얻은 사람들 때문입니다. 누가 간청했음에도 그렇게 되었습니까? 제가 했음에도 그렇게 되었습니다.

103 심판인 여러분, 공동체 파멸의 징후를 제가 추적하고 적발하고 폭로하고 제거했을 때,[36] 저는 극악한 악행을 도모했으며, 엄청난 무도함을 저 자신에게 저질렀던 것입니까? 그것이 화근이 되어 저와 제 동지들에게 이런 고통이 미치고 있습니다. 여러분은 제가 되돌아오길 왜 원한 것입니까? 저를 복귀시켜 준 사람이 축출되는 것을 제가 지켜보길 원한 것입니까? 여러분에게 간원합니다. 제발 저의 추방보다 귀향이 저에게 더 큰 고통이 되게 하지 마십시오. 저를 복귀시켜 준 사람과 헤어지게 된다면 제가 어찌 진정 복귀했다 생각할 수 있겠습니까?

XXXVIII 원컨대, 불멸의 신들께서 이렇게 해 주시기를 바랍니다. (조국에는 죄송한 말인데, 제가 도리를 다해 밀로를 변호하는 것이 조국에는 반역적으로 들리지 않을까 두렵습니다.) 원컨대 제가 이런 상황을 보느니, 차라리 푸블리우스 클로디우스가 살아나고 나아가 법무관, 집정관, 독재관이기를 바랍니다! **104** 불멸의 신들이여! 용감한 사람을, 이 사내를, 심판인 여러분, 여러분이 지켜 주시기 바랍니다. 그는 말합니다. "무슨 소리인가? 결코 아니다. 정녕 클로디우스는 마땅한 형벌을 받았다. 그렇게 되어야 한다면, 내가 부당한 형벌을 받도록 하겠다." 조국의 아들, 혹은 조국을 위해 태어난 바로 이 사람이 조국이 아닌 어떤 곳에서 죽어야 한단 말입니까? 여러분은 이 사람이 남긴 정신의 기념비는 품으면서도, 육신의 묘소는 이탈리아에 두는 것을 용인하지 않

---

36 카틸리나 탄핵 사건을 말한다(3장 '카틸리나 탄핵연설' 참조). 키케로는 카틸리나 사건을 처리하면서 사람들의 반감을 샀는데, 지금 자신의 의뢰인이 된 밀로에게 사람들이 그 반감을 표출하는 것은 아닐까 염려하고 있다.

는 것입니까? 우리가 추방하면 모든 도시가 받아 줄 그를 자신의 판단으로 이 도시에서 추방할 사람이 누구란 말입니까?

105 이 사람을 맞이하게 될 땅은 복되도다! 그를 내친 땅은 배은망덕한 나라이며, 그를 잃은 땅은 불행한 나라입니다. 이제 마치겠습니다. 저는 눈물 때문에 이제 더는 말을 할 수 없고, 의뢰인은 읍소로 변호하는 것을 금지합니다. 심판인 여러분, 저는 여러분이 평결할 때 용기를 내어 평결하길 여러분에게 간청하고 탄원합니다. 여러분의 용기, 정의, 신의를, 제가 믿거니와, 심판인단 선정 절차에서 최대한 더없이 훌륭하고 현명하며 용감한 사람[37]을 선발했던 사람이 크게 인정해 줄 것입니다.

---

37   그나이우스 폼페이우스.

뒷이야기

키케로 주석가 아스코니우스는 밀로 연설 이후의 상황을 전해 준다. 밀로는 유죄판결을 받았다. 심판인들 가운데 밀로에게 호의적인 사람들도 있었지만, 대부분은 클로디우스의 지지자들이 조장한 험악한 분위기에 위축되었던 것으로 보인다.

밀로는 유죄판결이 내려지기도 전에 이미 망명길에 올랐다. 심판인들은 결국 38 대 13이라는 압도적인 표차로 밀로에게 유죄판결을 내렸는데, 그 이유는 자신의 노예들이 클로디우스를 살해한 것을 알았든 몰랐든 간에 책임을 져야 한다고 판단했기 때문이다. 그리하여 밀로는 마실리아로 추방되었고, 그 밖의 여타 죄목들에 대해서도 반대파들은 손쉽게 유죄 판결을 얻어 낼 수 있었다. 밀로의 노예 무리를 이끌고 클로디우스 지지 세력과 실력 대결에 나섰던 노예 사우페이우스는 그 후에 기소되었는데, 키케로가 변호하여 한 표 차이로 방면되었다.

밀로에게 내려진 처벌은 시민권 박탈과 추방이었다. 이후 폼페이우스는 밀로를 뇌물, 불법 단체 결성, 폭력 등의 혐의로 다시 기소했고 유죄판결을 내렸다. 밀로의 재산은 경매 처분되었다. 밀로는 로마의 영향권에서 벗어나 갈리아 지방의 마실리아(마르세유)에 정착했으며 마실리아의 시민으로 생을 마감했다. 나중에 키케로는 밀로 연설을 수정하여 출판했고 밀로에게 출판본을 보냈다. 이에 밀로가 키케로에게 이렇게 답했다.

키케로가 법정에서 제대로 연설하지 못한 것이 오히려 나에게 다행스러운 일이었다. 만약 그의 변호가 성공했다면 나는 마실리아의 진미 노랑촉수를 맛보지 못했을 것이다.

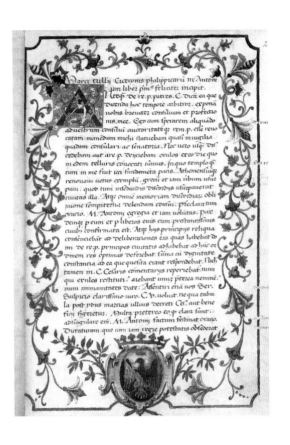

「필립포스 탄핵연설」15세기 판본 키케로가 안토니우스 탄핵 연설에 붙인 이 제목은 기원전 4세기 희랍 연설가 데모스테네스가 마케도니아의 제국주의 야욕에 대항하기 위해 필립포스 왕을 탄핵한 연설에서 따온 것이다.

7 희랍의
전범에 따라
독재에 맞서다

국기 문란:

필립포스 연설

(안토니우스 탄핵연설)

이 연설은 카이사르가 암살된 해인 기원전 44년 9월 2일에 콩코르디아 신전에서 개최된 원로원 회의에서 안토니우스를 탄핵하기 위하여 행한 것이다. 당시 회의 주재자는 카이사르의 빈자리를 보충하게 된 집정관 돌라벨라였고, 동료 집정관이었던 안토니우스는 불참했다.

기원전 44년 3월 15일 카이사르가 암살당한 뒤 로마공화정은 혼란에 빠진다. '조국의 해방자'로 추앙받던 카이사르 암살자들은 막상 거사가 성사된 후 민심의 싸늘한 반응을 대하고 당황하던 중, 안토니우스와의 극적인 타협 끝에 로마를 떠나 속주의 임지로 부임하게 된다. 안토니우스는 카이사르 사후 초기에는 독재관직 폐지를 약속하는 등 원로원에 우호적인 모습을 보였으나, 시간이 지나면서 돌라벨라와 야합하여 정치적 야욕을 드러낸다. 그리하여 로마를 떠나 속주를 돌아다니며 군대와 지지 세력을 모으고, 원로원과 민회를 무력으로 겁박하여 자신들에게 유리한 법률을 통과시키는 등 국정을 어지럽힌다.

안토니우스의 전횡에 낙담한 키케로는 같은 해 7월 17일 사절의 자유권을 이용하여 로마를 떠나 희랍으로 가던 중 레기움에서 하룻밤을 머물게 된다. 그리고 그곳에서 전해 받은 안토니우스의 유화적인 집회 연설문 및 브루투스와 카시우스의 포고문을 읽으면서, 장차 정국 혼란이 해소될 것에 대한 일말의 희망을 품으며 로마로 귀환을 결심한다. 그러나 로마로 되돌아오는 여정 중에 8월 17일 벨레아에서 브루투스를 만나, 보름 전(8월 1일) 원로원 회의에서 루키우스 피소(죽은 카이사르의 장인)의 연설이 전혀 지지를 받지 못했다는 참담한 소식을 접하게 된다. 이에 키케로는 피소의 연설에 힘을 보태기 위해 서둘러 8월 31일 로마에 도착한다.

죽은 카이사르에 대한 감사제를 안건으로 안토니우스가 소집한 9월 1일 원로원 회의에 키케로는 건강상의 이유로 불참하는데, 이에 대하여 안토니우스는 키케로에게 협박성 발언을 한다. 반면 다음 날 열린 원로원 회의에서는 안토니우스가 불참하는데, 바로 이날 키케로는 매우 절제되고 차분한 어조로 1차 필립포스 탄핵연설을 하게 된다.

이 연설에서 키케로는 자신이 지난 한 달 보름간 로마를 떠났다가 돌아온 이유를 설명한 뒤, 한편으로는 그간 안토니우스와 돌라벨라의 치적을 언급하면서 다른 한편으로는 그들이 저지른 전횡에 대하여 결연한 어조로 탄핵한다. 그리고 정국 안정을 위해 진정성이 의심스러우나 많은 사람의 이해관계가 얽힌 카이사르 문건의 효력을 원칙적으로는 유지시키되, 다만 생전에 카이사르가 통과시킨 법률에 반하는 문건의 경우에는 그 효력을 인정해서는 안 된다고 주장한다.

'필립포스 연설'이라는 제목은 희랍 연설가 데모스테네스가 기원전 351~341년 마케도니아의 필립포스 왕을 탄핵한 연설에서 제목을 따온 것이다. 처음에 키케로는 브루투스와의 편지에서 농담 삼아 연설 제목으로 '필립포스 연설'을 제안했는데, 브루투스는 이에 찬동했다. 기원전 44년 9월 2일 1차 필립포스 연설을 시작으로 43년 4월 21일까지 총 열네 편의 연설문이 작성된다. 주로 원로원에서 행한 연설문이지만 민회에서 행한 것도 있고, 청중에 따라 연설문의 분량과 양식도 다르다. 정적에 대한 비난과 탄핵을 내용으로 담고 있는 필립포스 연설에서, 로마 최고의 연설가이자 정치가인 키케로의 면모를 찾아볼 수 있다.

필립포스 연설

| 1 원로원 의원 여러분, 지금 이 시점에서 논의해야 한다고 생각하는 국사(國事)에 관해 발언하기에 앞서, 여러분께 저의 출경(出京)과 귀경에 관한 소회를 간략히 말씀드릴까 합니다.

저는 우리나라에 원로원의 권고와 권위가 언젠가 수복되기를 바라면서, 집정관 역임자이자 원로원 의원인 제가 일종의 불침번을 서야 한다고 생각했습니다. 텔루스 신전에 원로원이 소집된 이래[1] 저는 어디로도 물러나 있지 않았고 한시도 국사(國事)에서 눈을 뗀 적이 없습니다. 그 신전에서 저는 힘 닿는 데까지 평화의 기초를 놓았으며 아테나이 사람들의 선례를 따르자고 주장했습니다. 저는 희랍어 단어[2]를 사용했는데, 그것은 불화를 진정시키는 데 아테나이에서 예전에 사용되었던 것으로, 저는 모든 불화의 기억이 영원한 망각으로 소멸하여야 한다고

---

1   기원전 44년 3월 17일 카이사르 암살 후 첫 번째로 소집된 원로원 회의를 가리킨다.
2   '사면'을 뜻하는 희랍어 '암네스티아(ἀμνηστία)'를 의미한다.

생각했습니다.

2 당시 마르쿠스 안토니우스의 연설은 훌륭했고, 그의 의지 또한 탁월했습니다. 마침내 그는 자신과 자신의 자식[3]까지 걸고 매우 뛰어난 시민과 내전 종식의 의지를 확인했습니다. 그리고 이러한 시작에 부합하게 이후의 일도 처리되었습니다. 평소에는 사저에서 국사에 관한 회의를 열던 안토니우스는 텔루스 신전으로 국가 주요 인사들을 불러 모았습니다. 원로원 의원 계층에게 안토니우스는 아주 훌륭한 일을 제안했습니다. 당시에는 가이우스 카이사르의 문건이 공표된 것 외에는 미공개 상태에 있었습니다. 안토니우스는 질의에 매우 일관되게 답변했습니다. **3** 추방자 중에 돌아온 자가 있습니까? 그는 한 사람[4] 말고는 없다고 답변했습니다. 어떤 면세 특혜가 부여된 경우가 있습니까? "없습니다." 그가 답변했습니다. 심지어 그는 원로원이 고명한 세르비우스 술피키우스[5]에게 동의해 주기를 원했는데, 그것은 카이사르의 결정이나 은전(恩典)을 기록한 3월 15일 이전의 공시[6]만을 유효한 것으로 보자는 것이었습니다.

많은 훌륭한 일은 그냥 넘어가겠습니다. 왜냐하면 연설이 마르쿠스 안토니우스의 특출난 업적으로 재촉하기 때문입니다. 그는 왕의 권한과 권능을 가지게 된 독재관직을 나라로부터 뿌

---

3 안토니우스와 풀비아의 아들로 안틸루스를 가리킨다. 안토니우스는 자신의 선의를 보장하기 위하여 열 살배기 안틸루스를 볼모로 제공한다.

4 섹스투스 클로일리우스(Sextus Cloelius)를 말한다. 그는 키케로의 정적 푸블리우스 클로디우스 풀케르(P. Clodius Pulcher)의 심복으로 기원전 52년에 유죄판결을 받았다.

5 기원전 51년 집정관을 역임했으며 유명한 법률가다.

6 공공장소, 특히 카피톨리움 언덕에 게시되는 청동판을 가리킨다.

리째 폐지하자고 제안했습니다.[7] 이 안건에 관하여 우리는 어떤 의견도 개진한 적이 없었습니다. 그는 자신이 원하는 내용의 원로원 의결안을 작성하여 가지고 왔습니다. 그의 발의안이 낭독되었을 때 우리는 매우 열렬한 지지를 보냈고, 강력한 의지를 담은 발언에 대해 그에게 의결로써 감사를 표했습니다.

Ⅱ4 왕정이 사라졌을 뿐만 아니라 장차 왕정 복귀의 가능성마저 없어짐으로써, 그러니까 적법할 때도 있었던 독재관직을 그가 최근 종신독재관의 기억 때문에 명칭까지 완전히 국헌에서 지워 버림으로써 국가의 자유를 위한 큰 담보를 제공하고자 했을 때 나라의 앞날에 서광이 비치는 듯했습니다.5 며칠 후 원로원은 살육의 위험에서 해방되었습니다. 가이우스 마리우스의 이름을 참칭했던 도망 노예[8]에게 갈고리가 채워졌습니다. 이 모든 것을 그는 동료 집정관과 공동으로 집행했습니다. 물론 돌라벨라가 단독으로 행한 것도 있었지만, 동료 집정관이 부재중이지 않았다면 그들이 공동으로 집행했을 것이라 믿습니다. 도시에 끝없는 해악이 하루가 다르게 퍼져 갈 때, 아직 치르지 못한[9] 장례식을 거행하려는 자들이 화장목을 광장에 쌓았을 때, 또 날마다 수를 더해 가는 방탕자들이 동류의 노예들과 함께 도

---

7   이로써 안토니우스는 잠재적 경쟁자가 그의 집정관직을 제압할 독재관직에 취임하는 것을 미연에 방지하고자 했다.

8   가이우스 마리우스와 부인 율리아의 손자라고 자칭했던 자로, 그는 살해된 독재관을 위한 신적 의례를 개시하자는 운동을 주도했다. 안토니우스는 그를 즉결로 4월 13일경에 처형했는데, 이는 카이사르를 표방하는 데 있어 경쟁자가 생기는 것을 원치 않았기 때문이다. 처형된 죄인의 시신은 갈고리에 꿰어서 끌려다닌 후 티베리스 강(현재 테베레 강)에 던져졌다.

9   광장에 임시로 장작더미를 쌓아 두었는데, 안토니우스의 장례연설로 비통함에 빠진 폭도들이 카이사르의 화장을 위해 사용했다.

시의 가옥과 신전들을 위협했을 때, 돌라벨라는 그런 오만방자한 노예들과 불온 무도한 자유인들을 처벌했고, 저 저주받은 기둥[10]을 철거했습니다. 하루 만에 사태가 그렇게 급전된 것에 저는 매우 경탄했습니다.

6 그런데 원로원이 소집된 6월 1일에 모든 것이 바뀌었습니다. 모든 안건이 원로원을 거치지 않고, 많은 중요한 안건이 민회에 회부되었으나 그 자리에 인민은 없었으며 인민의 뜻은 배제된 채 처리되었습니다. 집정관 당선인[11]들은 원로원에 등원하지 않겠노라고 말했고, 집정관들도 공공 집회와 모든 사석에서 굴종의 멍에를 벗겨 낸 해방자들[12]이라고 칭송했던 이들은 이제 도시에 없었고, 원로원이 매우 세심하게 배려했던 퇴역병들은 기존의 재산을 지키기 위해서가 아니라 새로운 전리품을 얻으려는 희망으로 선동되었습니다. 저는 그런 일들을 직접 목도하기보다는 차라리 멀리서 전해 듣기를 원했으므로, 그리고 사절로서 출경의 자유권이 있었으므로,[13] 다음 해 첫 원로원 소집일로 예상되는 정월 초하루에 돌아올 마음으로 로마를 떠났던 것입니다.[14]

III 7 원로원 의원 여러분, 저는 출경 이유를 설명했습니다.

---

10 기원전 44년 4월에 광장에 카이사르에게 기념비가 세워졌고, 그곳에서 화장되었다.

11 기원전 43년에 집정관으로 당선된 가이우스 비비우스 판사와 아울루스 히르티우스를 말한다.

12 마르쿠스 브루투스와 가이우스 카시우스를 말한다.

13 쉬리아 속주 총독으로 부임이 예정된 돌라벨라는 기원전 44년 6월 키케로를 사절로 임명했는데, 이로써 키케로는 허가 없이도 이탈리아를 떠날 수 있었다.

14 즉 안토니우스의 집정관 임기가 종료되는 날이며 원로원이 안토니우스의 폭정에서 벗어나게 되는 날을 의미한다.

이제 더 놀라운 귀경 이유를 간략히 설명하고자 합니다. 브룬디시움을 경유하여 희랍으로 가는 잘 닦인 길을 어떤 이유에서[15] 피해, 8월 I일에 쉬라쿠사이에 도착했습니다. 왜냐하면 그 도시에서 희랍으로 가는 길이 예로부터 칭송받았기 때문입니다. 그 도시는 저와 매우 밀접한 관계에 있었고 그곳 사람들은 저를 붙잡아 두려고 했지만 저는 하루 이상은 머물 수 없었습니다. 만약 제가 머무른다면 저의 갑작스러운 방문이 지인들에게 어떤 의혹을 초래할 수도 있지 않을까 저어했던 것입니다.[16] 바람은 저를 시킬리아에서 레기움 지방의 레우코페트라 곳으로 데려갔고, 저는 그곳에서 바다를 건너기 위해 승선했지만, 그리 멀리 가지 못해 남풍 때문에 승선했던 그곳으로 회항했습니다. 8 한밤중에 돌아와 동행했던 친구 푸블리우스 발레리우스의 별장에 머물렀고, 다음 날 순풍을 기다리며 그의 집에 있었을 때, 많은 수의 레기움 지방시 시민들이 저를 찾아왔는데, 그들 중에는 로마에서 돌아온 자들도 있었습니다. 그들에게서 저는 처음으로 마르쿠스 안토니우스의 집회 연설문[17]을 받아 보았는데, 그것을 다 읽고 마음에 흡족하여 저는 비로소 귀경을 생각하기 시작했습니다. 그리 많은 시간이 지나지 않아 브루투스와 카시우스의

---

15 키케로는 안토니우스가 마케도니아로부터 이탈리아로 이동시킨 군대와 브룬디시움에서 만나게 될 것을 염려했다.

16 키케로는 기원전 75년 시킬리아에서 재무관을 역임했고, 시킬리아와의 인연은 기원전 70년 베레스 소추 때까지 거슬러 올라간다. 한편 안토니우스는 얼마 전 시킬리아인들에게 로마 시민권을 부여함으로써 환심을 사려 했다.(「아티쿠스에게 보내는 서한」 14.12.1.)

17 아마도 7월 중순경 카이사르에게 과도한 명예를 부여하려는 옥타비아누스의 계획을 좌절시켰을 때 안토니우스가 행한 연설일 것이다.

포고문도 전해 받았는데, 아마도 개인적 친분 이상으로 국사(國事)의 관점에서 그들을 아꼈기 때문인지, 제가 보기에 그것은 매우 공정해 보였습니다. 그들은 부언하기를 (대개 좋은 소식을 전하려는 자는 소식을 더욱 기쁘게 만들기 위해 무엇인가 덧붙이곤 합니다.) 일이 타결될 것이고, 8월 초하루에 전체 원로원 회의가 있을 것이며, 안토니우스는 그를 부추기는 나쁜 자들과의 관계를 끊을 것이고, 갈리아 속주들[18]을 단념할 것이며 원로원의 권위를 따를 것이라고 했습니다.

IV 9 그 순간 저는 노(櫓)와 바람을 재촉하여 서둘러 귀경하려는 열망에 불탔는데, 제때 도착하지 못할까 그런 것이 아니고 늦게 도착하여 국가에 축하 인사를 전할 기회를 놓칠까 걱정했기 때문입니다. 그래서 저는 재빨리 벨리아[19]로 배를 타고 가서 브루투스를 만났습니다. 제가 얼마나 마음이 아팠는지는 말하지 않겠는데, 브루투스가 떠나온 수도로 돌아가고 있는 저 자신과, 그가 안전할 수 없었던 곳에서 안전하길 원하는 저 자신이 부끄럽게 느껴졌기 때문입니다. 그러나 실로 제가 보기에 그는 동요하던 저와는 달랐습니다. 그는 위대하고 훌륭한 자신의 행위에 대해 자부심을 가지고 있었고, 자신에게 닥친 일이 아니라 여러분에게 닥친 일 때문에 상당한 불만을 토로했습니다.

10 그때 브루투스에게 처음 듣게 되었는바, 8월 초하루에 원로원에서 루키우스 피소의 연설이 있었으며, 피소는 (제가 브루투스에게 들었던바) 자신을 지지했어야 할 사람들로부터도 지지를 받지 못했으며, 그럼에도 불구하고 브루투스의 증언과 (누구

---

18 알프스 이북 갈리아(Gallia Transalpina)와 갈리아 코마타(Gallia Comata)를 말한다.
19 희랍어로는 엘레아라고 한다.

의 증언이 이보다 더 큰 권위를 가질 수 있습니까?) 나중에 제가 알게 된 모든 칭찬에 따르면, 제가 보기에 피소는 이로써 큰 명예를 얻었습니다. 따라서 저는 출석한 의원들에게서 지지를 얻지 못했던 피소에게 지지를 보내기 위해 급히 서둘렀습니다. 이는 무엇인가를 얻기 위해서가 아니라 (저는 그것을 바라지도 않았고 보장할 수도 없었습니다.) 설령 인간의 운명상 어떤 일이 저에게 닥칠지 모르겠으나 (많은 일이 본성과 심지어 운명을 뛰어넘어 닥쳐옵니다.) 다만 오늘의 제 목소리를 국가에 대한 영원한 의지를 담아 국가 측 증언으로 남기기 위함이었습니다.

11 원로원 의원 여러분, 저는 출경과 귀경, 이 두 가지 결정의 이유를 여러분께서 받아들였다고 믿기에, 이제 국사(國事)를 논하고자 합니다. 다만 시작하기에 앞서 잠시, 어제 있었던 마르쿠스 안토니우스의 폭언을 질책할까 합니다. 그의 친구이자 그로부터 몇 가지 도움을 받은 저는 친구의 본분을 유지해야 한다고 생각해 왔기 때문입니다.

V 도대체 어제 이토록 지독할 정도로 저에게 원로원 출석을 강제했던 이유가 무엇입니까? 저만 불출석했단 말입니까? 여러분도 종종 원로원에 불출석하지 않습니까? 아니면 심지어 환자까지 출석해야 할 정도의 중대한 사안이 논의되었습니까? 제가 믿거니와 힌니발이 성문에 들이닥쳤거나, 노령으로 눈이 먼 아피우스[20]까지 논의를 위해 출석했다고 역사에 기록된 퓌로스와의 강화조약이라도 논의되었나 봅니다.

12 사실 감사 축전 안건이 제출되었을 뿐이며, 그런 안건의

---

20 아피우스 클라우디우스 카이쿠스는 기원전 279년 노령에 불구하고 원로원에 출석했다.

경우 의결을 위한 원로원 의원이 부족하지 않습니다. 원로원 의원은 출석 담보금 때문이 아니라, 명예를 기릴 분들에 대한 고마움 때문에 출석하지 않을 수 없기 때문입니다. 개선식 안건이 제출된 경우에도 마찬가지입니다. 집정관들은 개회 정족수에 대해 걱정하지 않으며, 불출석은 거의 원로원 의원의 재량에 맡겨집니다. 저는 그런 관례를 알고 있었고, 여행으로 피곤했으며 몸 상태도 좋지 않았기 때문에, 우정을 위해 안토니우스에게 이를 인편으로 알렸습니다. 그런데 안토니우스는 여러분이 듣는 가운데 철거꾼들을 데리고 직접 저의 집으로 오겠노라고 말했습니다. 이것은 실로 과도한 분노이며 심히 무절제한 발언입니다. 도대체 이는 어떤 악행에 대한 형벌입니까? 어찌 원로원 의결에 기하여 공금으로 건축된 가옥을 집행인을 시켜 철거하겠다고 감히 원로원 의원 앞에 공언한단 말입니까?[21] 도대체 이제껏 누가 그토록 큰 불이익을 내걸고 원로원 의원을 소집했습니까? 담보금과 벌과금이 전부 아닙니까?

만약 제가 이 자리에 나와서 어떤 의견을 개진할지 알았다면, 그는 분명 소집의 가혹성을 다소 완화했을 것입니다. VI 13 원로원 의원 여러분, 여러분은 마지못해 따랐지만, 위령제[22]와 감사 축전을 뒤섞는 그런 속죄할 수 없는 불경을 우리나라에 도입하는 데, 즉 망자에게[23] 감사 축전을 올리자는 데 제가 어쩔 수

---

21 기원전 57년 키케로가 망명에서 돌아온 후 그의 가옥은 팔라티움 언덕의 원래 집터에 원로원의 보조금으로 재건되었다.

22 파렌탈리아(Parentalia)는 죽은 자에게 제물이 바쳐지는 위령제(2월 13일~21일)를 가리킨다. 안토니우스는 살아 있는 사람을 위한 감사 축전에서 죽은 카이사르를 위한 위령제를 지내자고 제안했다.

23 키케로는 카이사르의 신성을 단호하게 거부한다.

없이 동의했을 거라 생각하십니까? 저는 망자에게 그럴 수는 없다고 단언합니다. 혹시 루키우스 브루투스에게라면 그럴 수도 있을지 모릅니다. 나라를 왕정에서 해방했고, 그의 용기와 행적을 닮은 약 500년 뒤의 후손[24]을 남긴 분에게라면 말입니다. 그렇지 않을진대, 제사를 받을 무덤이 어딘가에[25] 존재하는 망자에게, 그를 불멸의 신들과 그 신성의 반열에 올려놓고 공적으로 감사 축전을 지낼 수는 없는 노릇입니다. 원로원 의원 여러분, 제가 어제 출석했다면 저는 진정 그렇게 말했을 것이고, 만약 전쟁이든, 질병이든, 기근이든, 나라에 중대한 사변이 일어났다면 로마 인민에게 제 생각을 어렵지 않게 이해시켰을 것입니다. 실제로 이런 사변 중의 일부는 이미 발생했고 일부는 임박했습니다. 저는 불멸의 신들께서 이런 불경을 용서해 주시길 빕니다. 로마 인민은 이를 옳게 여기지 않았고, 원로원은 마지못해 결정했습니다.

14 어떻습니까? 나라가 당한 여타 악재에 관해 발언하는 것이 허용되지 않는단 말입니까? 저는 품위를 지키고 죽음을 초개(草芥)처럼 여기며 언제나 그럴 것입니다. 원로원 회의장에 들어올 권리가 제게 있는 한, 저는 제가 한 발언이 초래할 위험을 마다치 않겠습니다. 원로원 의원 여러분, 8월 1일 회의에 제가 출석할 수 있었다면 얼마나 좋았겠습니까! 어떤 이득 때문이 아니라, 집정관직에 걸맞고 국사를 돌볼 만한 집정관 역임자가 그 자리에 단 한 명밖에 없었던 참사가 일어나지 않도록 말입니다. 하

---

24   카이사르를 암살한 해방자 마르쿠스 브루투스를 말한다.
25   상당수의 사본은 usquam(어딘가에) 대신 nusquam(아무 데도 아닌)으로 읽는다. 그러나 카이사르의 유골이 매장된 무덤이 실재한다는 점에서 여기서는 전자로 읽는다.

지만 그런 일이 벌어지고 말았고, 이 일로 저는 큰 고통을 받았습니다. 로마 인민의 매우 큰 지지를 받는 분들이 최선의 의견을 제안했던 루키우스 피소를 지지하지 않는 일이 벌어졌던 것입니다. 최상위 신분 계층에 올라 국사(國事)를 능멸하라고 로마 인민이 우리를 집정관으로 선출했단 말입니까? 집정관 역임자 중 누구도 루키우스 피소에게 목소리는커녕 표정으로조차 지지를 표하지 않았습니다. **15** 화 있을진저! 그런 자발적 노예짓이 웬 말입니까? 어쩔 수 없었을 때도 있었지만,[26] '지금은 그렇지 않습니다.' 저는 발언권을 가진 집정관 역임자들 모두에게[27] 이것을 바라는 것이 아닙니다. 저는 일부의 침묵은 용서하지만,[28] 다른 이들에게는 목소리를 요구하는 것입니다. 발언했어야 할 분들이 (그 자체로 수치스럽게 될 두려움 때문은 아닐 테고) 이런저런 핑계로 품위에 걸맞지 않은 행동을 한 게 아니냐는 로마 인민의 의혹을 사게 된 것은 실로 유감입니다.[29]

VII 이러한 이유로 저는 먼저 피소에게 큰 신세를 졌음을 고백하며 그에게 매우 큰 감사를 표합니다. 피소는 어떻게 하면 출세할 수 있을지가 아니라 어떻게 하면 자신이 해야 할 바를 할 수 있을지를 생각했기 때문입니다. 다음으로 여러분께, 원로원 의원 여러분, 비록 여러분께서 제 연설과 주장에 동의하지 않으실지라도, 지금까지 그랬던 것처럼, 너그러이 제 이야기를

---

26 카이사르의 독재관 시절.

27 집정관을 역임한 원로원 의원은 첫 번째로 발언권을 얻는다.

28 안토니우스와 밀접한 관계에 있는 자들, 가령 그의 외삼촌 루키우스 카이사르와 그의 삼촌 가이우스 안토니우스 등을 가리킨다.

29 안토니우스의 회유와 압력을 암시한다.

경청해 주시길 청합니다.

16 우선 저는 카이사르 문건이 유지되어야 한다고 생각합니다. 그것을 승인하기 때문이 아니라 (도대체 누가 그걸 할 수 있단 말입니까?) 평화와 안녕이 최우선으로 고려되어야 한다고 생각하기 때문입니다. 저는 오늘 마르쿠스 안토니우스가 자기 변호인들[30] 없이 이곳에 출석해서 (어제 저는 그에게 병가를 허락받지 못했는데, 그는 오늘 병가를 냈나 봅니다.) 저에게, 정확히 말하자면 여러분에게, 원로원 의원 여러분, 어떤 방식으로 카이사르 문건의 진위를 입증할지 알려 주길 희망했습니다. 그게 아니라면, 안토니우스 혼자서 제출한 (제출한 것도 아니고 구두로만 언급한) 초안 형식과 자필 문서와 수첩으로 존재하는 카이사르 문건이 유효하겠습니까? 카이사르 본인이 인민의 명령이자 영원한 법률로 동판에 새긴 것까지 무효가 될 판인데 그것들이 유효하단 말입니까?

17 실로 저는 카이사르 법률만큼 카이사르 문건이 효력이 있다고 생각하지 않습니다. 만약 카이사르가 누군가에게 무엇인가를 약속했다고 치더라도, 카이사르 본인이 이행할 수 없었던 것이 과연 확정된 약속이겠습니까? 그는 많은 사람과 맺은 수많은 약속을 이행하지 않았습니다. 그런데 생전의 카이사르가 생애를 통틀이 부여했던 은전보다 훨씬 더 많은 은전의 약속이 카이사르 사후에 나왔습니다. 그러나 저는 그것을 변경하지도 않고 흔들지도 않을 것입니다. 오히려 저는 기막힌 내용의 카이사르 문건을 최고의 열의로 옹호합니다. 바라건대, 옵스 신

---

30 안토니우스의 무장 호위병을 조롱조로 표현한 말이다.

전에 돈이 남아 있기를 바랄 뿐입니다![31] 피 묻은 돈이지만, 정당한 주인에게 반환되지 않은 요즘 같은 정국에는 반드시 남아 있어야 할 그 돈 말입니다.[32] 하지만 카이사르 문건에 그와 같이 되어 있었다면 그마저도 탕진하라고 합시다.

18 토가 입은[33] 시민이 권능과 통치권을 가지고 행한 공적 행위라고 적실히 말할 수 있는 것이 무엇입니까? 법률 아니겠습니까? 그락쿠스 문건을 요청해 보십시오. 셈프로니우스법을 내올 것입니다. 술라 문건을 요청해 보십시오. 코르넬리우스법을 내올 것입니다. 어떠합니까? 폼페이우스의 세 번째 집정관직은 어떤 문건에 규정된 것입니까? 분명 법률에 규정된 것입니다. 어떤 사람이 카이사르에게 수도 로마에서 토가를 입고 무엇을 했는지를 물었다면, 그는 많고도 훌륭한 법률을 제정했다고 대답했을 것입니다. 자필 문서의 경우 그는 수정하거나 아예 제출하지 않거나 제출했더라도 자신의 문건에 포함시키지는 않았을 테지만, 아무튼 저는 그걸 인정하겠으며, 심지어 형식 불문하고 묵인하겠습니다. 하지만 그로 인해 가장 중요한 형식, 다시 말해 법률 형식의 카이사르 문건까지 무효화되는 건 용납될 수 없다고 저는 생각합니다.

VIII 19 대리 법무관 관할 속주는 1년의 임기를, 대리 집정관 관할 속주는 2년의 임기를 초과할 수 없다는 법률보다 어떤 법

---

31 그중 일부는 폼페이우스의 몰수 재산이었다.

32 대개 몰수된 재산을 경매를 통해 처분하여 얻은 돈이며, 법대로라면 옵스 신전에 보관되어야 했다. 옵스 신전에 보관된 공금에 대한 안토니우스와 돌라벨라의 횡령은 카이사르가 죽은 직후부터 이루어졌다.

33 평시 상황을 말한다.

률이 더 훌륭하고 더 공익에 부합하며 심지어 국가의 최성기 때 조차 더 자주 요구되었단 말입니까? 이 법률이 폐지된다면 카이사르 문건이 보전될 수 있으리라 여러분은 생각하십니까?[34] 어떻습니까? 공포된 제3십인회 법률[35]로 인해 재판 관련 모든 카이사르 법률이 무효화되지 않겠습니까? 카이사르 법률은 전복시키면서 카이사르 문건은 옹호한단 말입니까? 카이사르가 비망록에 적어 둔 것은 불공정하거나 무익할지라도 그의 문건으로 여겨 옹호해야 한다고 하면서, 백인대 민회에 제출된 법률은 카이사르 문건으로 여기지 않는다는 것입니까?

20 그렇다면 제3십인회란 어떤 것입니까? 안토니우스가 대답합니다. "백인대장들로 구성되었습니다." 어떻습니까? 이미 심판인직이 평민 계층에게 율리우스법, 심지어 그보다 앞서 폼페이우스법과 아우렐리우스법에 따라 개방되어 있지 않습니까?[36] 그가 대답합니다. "재산 요건상 제한이 있었습니다." 그러나 그 제한 조건은 백인대장뿐만 아니라 기사 신분에게도 마찬가지입니다. 각 계층에서 제일 용맹하고 훌륭한 지도자급 인사가 사건을 재판하고 있으며 또 재판했던 것입니다. 그가 말합니다. "저는 그들을 문제 삼는 게 아닙니다. 지도자급 인사라면 누

---

34 안토니우스와 그의 측근에게 유리하게 속주 충독의 임기를 연장해 주는 법률이 통과될 경우, 이것은 카이사르 법률을 폐지하는 것이라는 것을 키케로는 암시힌디.

35 기원전 46년 카이사르는 재판 권한을 세 개의 십인회에서 두 개의 십인회(원로원 의원과 기사 신분으로 구성)로 제한했는데 카이사르 사후 안토니우스는 더 낮은 계층으로 구성된 제3십인회에게 재판권을 부여하는 내용의 법률을 공포하였다.

36 기원전 70년 아우렐리우스법(lex Aurelia iudiciaria)에 따라 상설 배심 법정은 원로원 의원, 기사 신분, 전쟁세 선납자 계층(tribuni aerarii, 기사 신분 수준의 부유한 평민 계층)으로 동등하게 구성되었다. 기원전 55년 폼페이우스법은 세 계층에서 최상위 재산 상태의 시민이 배심원이 되도록 규정했다.

구든지 재판하게 합시다." 하지만 좀 더 세련되게 "말을 타고 장교로 군복무할 자격을 갖춘[37] 자는 누구든지"라고 제안하더라도 누구도 받아들이지 않을 것입니다. 심판인의 경우에 재산뿐만 아니라 품격도 모두 고려되어야 하기 때문입니다. 그가 말합니다. "저는 그런 것들은 문제 삼지 않습니다. 저는 종달새 군단 보병들[38]로 구성된 심판인을 추가합니다. 그렇지 않다면 우리 측 사람들[39]은 자신이 안전할 수 없다고 주장하기 때문입니다." 뜬금없이 당신들이 심판인직에 소환한 자들의 불명예스러움을 보십시오! 제3십인회 관련 법률안의 문제점은 소신껏 재판하지 못할 자들이 재판을 하게 된다는 것입니다. 불멸의 신들이여, 이 법률을 고안했던 자들이 얼마나 큰 오류에 빠져 있단 말입니까? 비천하게 보이는 자는 천할수록 더욱 가혹하게 재판함으로써 자신의 비천함을 씻어 내려 할 것이고, 그리하여 자신을 창피한 십인회에 넣은 건 잘못이며 자신은 고귀한 십인회에 어울릴 사람임을 입증하려고 애쓸 것입니다.

IX 21 또 다른 법률이 공포되었습니다. 그것은 폭력과 존엄 침해로 유죄판결을 받은 자들이 원하는 경우 민회에 상소하는 것을 인정하는 것입니다. 이것이 도대체 법률입니까? 아니면 모든 법률의 형해화입니까? 오늘날 저런 내용의 법률을 제안하는 이해 당사자는 누구입니까? 저런 법률에 따르면 누구도 피고인

---

37 장교들(부관, 군사 보좌관, 지휘관)은 주로 기사 신분에서 나왔지만, 최상위 재산 상태에 있는 자가 아닐 수도 있었고, 따라서 이전 법에 따르면 심판인 자격이 없을 수도 있었다.
38 알프스 이북 갈리아 지방에서 카이사르가 징집한 군단이며, 나중에 이들에게는 로마 시민권이 부여되었다.
39 안토니우스 자신과 그의 추종자들을 말한다.

이 아니며, 피고인이 되리라고 생각할 수 없습니다. 왜냐하면 무장 범행이 결코 재판에 소환되지 않을 것이기 때문입니다. "하지만 친민중적 조치입니다." 바라건대 진정 친민중적인 것을 생각하시기 바랍니다! 지금 모든 시민은 한마음과 한목소리로 국가 안녕을 바라고 있습니다. 그렇다면 아주 추하여 전혀 지지받지 못할 법률을 적극적으로 제출한 의도는 무엇입니까? 폭력으로 로마 인민의 존엄을 훼손한 죄목으로 유죄판결을 받은 자가 적법하게 유죄판결까지 받은 폭력을 다시 행사하게 되는 것보다 더 추한 것이 있겠습니까?

22 저 법률에 대한 논의가 왜 필요합니까? 저 법률은 누구든지 상소하라는 것입니다. 그 의도와 결과는 전적으로 누구도 피고인이 되지 못하게 하는 것입니다. 왜냐하면 유죄판결을 받은 피고인에게 매수된 대중의 위협을 감수할 만큼 정신 나간 소추인이 과연 있겠으며, 감히 피고인에게 유죄판결을 내리고 나서 매수된 자들에게 즉시 끌려 나갈 그런 정신 나간 심판인이 있겠습니까? 따라서 저 법률은 단순히 상소권을 부여하는 것이 아니고, 특히 국가 안보와 관련된 두 개의 법률, 두 개의 사문회(查問會)를 사문화시키는 것입니다. 이것이 젊은이들로 하여금 난동꾼, 반도(叛徒), 위험 시민이 되기 원하도록 조장하는 것 외에 달리 무엇이란 말입니까? 폭력과 존엄 침해에 관한 두 개의 사문회가 폐지된다면, 호민관의 광기가 야기하지 않을 재앙은 무엇입니까?

23 이것은 폭력으로 유죄판결을 받은 자와 존엄 침해로 유죄판결을 받은 자에게 수화불통(水火不通)[40]을 명하는 카이사르

---

40 추방형의 일종.

법률에 변경을 가하는 것이 아닙니까? 그리하여 저런 자들에게 상소권을 준다면, 카이사르 문건이 무효화되는 것 아닙니까? 원로원 의원 여러분, 실로 저는 카이사르 문건을 결코 인정한 바가 없지만, 그럼에도 그것이 화합을 위해 인정되어야 한다고 생각했으며, 그리하여 여러분이 알다시피 카이사르 사후 안출되고 게시된 것들은 물론, 나아가 이 시점에 카이사르 생전에 제안된 법률은 결코 무효화되어서는 안 된다고 생각합니다.

X 24 유배 갔던 사람들의 귀환이 죽은 카이사르에 의해 이루어졌습니다. 개인만이 아니라 민족과 전체 속주민에 대한 시민권 부여가 죽은 카이사르에 의해 이루어졌습니다.[41] 셀 수 없는 면세특권으로 인한 조세 폐지가 죽은 카이사르에 의해 이루어졌습니다. 아주 잘난 한 개인의 주도로 그의 사저에서 안출된 이런 조치들을 우리는 받아 들고 있습니다. 어떻게 생각하십니까? 그리하여 카이사르 문건을 옹호한다는 우리가, 여러분이 지켜보는 가운데 카이사르 자신이 낭독했고 공표했고 제출했던 속주 관련 법률과 재판 관련 법률, 카이사르 본인이 그 제정을 자랑스러워했고 그것들로 국가를 지킬 수 있다고 생각했던, 말하자면, 카이사르 법률을 폐기해야 합니까? **25** 하지만 적어도 공포 절차를 밟은 법률[42]에 대해서는 이의를 제기할 수는 있습니다. 하지만 방금 제정되었다고 하는 법률에는 이의 제기조차 허용되지 않습니다. 그것들은 전혀 공포 절차도 없이 작성이 채

---

41 이는 과장된 언급이다. 로마 시민권이 부여된 유일한 속주는 시킬리아인데, 그곳은 이미 대부분의 사람이 시민권을 보유하고 있었고 크레타인들은 '자유인' 신분만 부여받았다.

42 앞서 언급한 심판인단에 제3십인회를 추가하는 법률과 폭력죄와 존엄침해죄로 유죄판결을 받은 자에게 상소를 허용하는 법률을 가리킨다.

되기도 전에 제정되어 버렸습니다.

원로원 의원 여러분, 저는 묻습니다. 좋은 호민관을 두고 저나 여러분이 악법을 두려워할 이유가 있겠습니까? 우리에게는 거부권을 행사하고, 신성함으로 국가를 방어할 호민관이 있습니다. 우리는 두려움을 떨쳐 내야만 합니다. 누군가 말합니다. "무슨 거부권과 무슨 신성함을 말씀하는 것입니까?" 당연히 국가의 안녕에 관련한 것들입니다. "그것들을 잊고 있었군요. 너무 낡고 어리석은 것들이라고 봅니다. 로마광장은 봉쇄될 것이고, 모든 입구는 폐쇄될 것이며, 무장한 병사들이 요처에 배치될 것입니다."

26 그렇다면 어떻습니까? 그런 식으로 공포되었다고 그것이 곧바로 법률이 됩니까? 믿건대 여러분은 이런 법 문구[43]를 청동판에 새겨야 한다고 명할 것입니다. '집정관들은 법에 따라 법안을 민회 의결에 회부했다.' 바로 이 법안 회부권을 우리가 조상들에게 물려받은 것 아닙니까? '인민이 법에 따라 가결했다.' 어떤 인민입니까? 민회에 못 들어가게 막힌 인민입니까? 어떤 법에 따라입니까? 무기와 폭력으로 완전히 무력화된 법에 따라입니까? 저는 장차 일어날 일을 말하는 것입니다. 피할 수 있는 것들을 미리 말해 두는 것이 친구 된 도리이기 때문입니다. 그런 일이 일어나지 않게 함으로써 제 주장을 반박하십시오. 저는 여러분의 소관인 법률 공포를 말하고 있습니다. 흠결을 지적합니다. 없애십시오. 무기와 폭력을 고발합니다. 제거하십시오.

XI 27 돌라벨라여, 국가를 위해 발언하는 저에게 당신들이 화

---

43 로마인들은 민회에서 가결된 법률의 첫머리에 '집정관들은 법에 따라 법안을 민회 의결에 회부했다.'와 '인민이 법에 따라 가결했다.'를 새겨 넣었다고 한다.

를 내서는 안 될 것입니다. 물론 당신이 실제로 그렇게 하리라고는 생각하지 않습니다. 당신이 융통성 있는 사람이라는 걸 알고 있습니다. 사람들의 말에 따르면 당신의 동료 집정관 안토니우스는 현 상황이 자신에게 유리하다고 보고 있습니다. 부드럽게 말하자면 그가 자기 조부들과 외숙의 집정관직[44]을 본받았으면 그에게 더욱 유리했을 것입니다. 저는 그가 신경질적으로 변했다고 듣고 있습니다. 그가 욱하여 무장하지 않게 조심해야 함을 알고 있습니다. 칼을 쓰고서도 처벌받지 않는 게 현 시국이라지만, 저는 제가 생각하는 공평한 정의를 제안할까 합니다. 마르쿠스 안토니우스도 그걸 거절하지 않으리라 생각합니다. 그것이 그의 생애나 행실에 모욕적인 발언이 된다면, 저는 그와 최악의 정적이 되는 것도 사양치 않겠습니다. 하지만 제가 나랏일에서 늘 견지했던 모습을 유지하여 국사(國事)에 관해 생각하는 바를 자유롭게 발언하더라도, 우선 화를 내지 말라고 그에게 간청합니다. 하지만 이 간청이 실패하여 그가 화를 내게 된다면, 다음으로 일반 시민한테 내듯 그렇게 화를 내라고 간청합니다. 그의 말대로 자신을 방어하기 위해서라면 필요에 따라 무기를 들어야 합니다. 하지만 국가를 위해 소신을 말하는 자들에게 무기로 해를 가하지는 맙시다. 무엇이 이런 제안보다 공평할 수 있겠습니까?

28 그의 측근들이 저에게 말한 바에 따르면, 그의 심기를 건드리는 모든 연설에, 심지어 아무런 모욕적인 언사가 포함되지 않은 경우에도, 그가 크게 격분한다고 하던데, 우리는 친구의 성

---

44 기원전 99년 집정관 마르쿠스 안토니우스, 기원전 90년 집정관 루키우스 율리우스 카이사르는 조부와 외조부, 기원전 64년 집정관 루키우스 율리우스 카이사르는 외숙이다.

질을 견뎌 낼 것입니다. 같은 측근들에게 저는 들었습니다. "카이사르의 장인이기 때문에 피소에게 허용된 바가 카이사르의 정적인 당신에게는 허용되지 않을 것이오." 그들은 동시에 조심해야 할 바를 일러 주었습니다. "원로원 불출석의 사유로 와병은 죽음이나 다름없소."

XII 29 불멸의 신들께 맹세코, 돌라벨라, 당신은 제게 아주 소중한 사람이지만 저는 당신을 지켜보면서 당신 둘 모두의 잘못에 침묵할 수 없습니다. 귀 얇은 사람들이 믿는 것처럼, 명문 귀족이자 큰일을 추구하는 당신들이, 위대하고 고명한 사람들이 늘 경멸하던 돈이나 폭압, 로마 인민들이 결코 참지 못하는 권력을 갈망했다고 저는 믿지 않습니다. 저는 시민들의 존경과 명예를 갈망했다고 믿습니다. 그런데 명예란 최고 귀족 모두와 대중의 증언을 통해 인정된 올바른 업적의 칭송이며 공적 헌신의 명성입니다.

30 돌라벨라여, 당신이 누구보다 잘 알고 있을 이것은 접어 두고, 올바른 업적의 열매가 무엇인지를 말하고자 합니다. 당신 생애 중 가장 기쁜 날로 회상할 수 있는 날이 언제입니까? 로마 광장을 정화하고, 운집해 있던 불경한 자들을 해산시키고, 악행의 주모자들을 처벌하고, 수도 로마를 화재와 살육의 공포로부터 해방시킨 후 집으로 돌아간 그날이 아니겠습니까? 그때 당신에게 칭송과 감사의 표시로 열렬한 지지를 보내지 않았던 계층이, 가문이, 마지막으로 신분이 있었습니까? 제가 시켜서 당신이 이런 일을 했다고 생각한 선량한 시민들은[45] 저에게도 감사

---

45   3장 '카틸리나 탄핵연설' 각주 2번 참조.

를 표했으며, 저는 당신 덕분에 축하를 받았습니다. 청컨대 돌라벨라여, 극장에서 이루어졌던 의견의 일치를 기억하십시오. 모두는 당신이 예전에 저지른 일 때문에 가졌던 반감[46]을 버리기로 했고, 새로운 은전으로 오래된 고통의 기억을 내던지기로 결의했습니다. 31 푸블리우스 돌라벨라여, 말하는 저도 참으로 고통스러운데, 당신은 이것을, 이렇게 큰 명예를 내던지고도 마음이 편할 수 있습니까?

XIII 그런데 마르쿠스 안토니우스여! 당신은 (여기 없지만 불러 봅니다.) 텔루스 신전에서 원로원이 소집된 그 하루가 최근 몇 달보다 (저와 다르게 일부는 최근 몇 달 당신이 행복했을 것으로 생각하지만) 훨씬 좋았다 생각하지 않습니까? 화합을 위한 얼마나 훌륭한 연설이었습니까! 당신 덕분에 그날 얼마나 큰 공포에서 원로원이, 얼마나 큰 근심에서 나라가 해방되었습니까! 당신은 돌라벨라와 정적 관계를 해소했고, 조점관으로서 당신이 로마 인민에게 통고했던 조점[47]을 잊었고, 그날 처음으로 돌라벨라가 당신의 동료 집정관임을 인정했고, 당신의 어린 아들을 친히 카피톨리움 언덕으로 보내 평화의 보증으로 삼았습니다. 32 그날보다 원로원이 더 기뻐했던 날은 언제이며, 그날보다 로마 인민이 더 기뻐했던 날은 언제입니까? 그날만큼 로마 인민들이 집회에 많이 모인 날은 한 번도 없었습니다. 그때 마침내 용감한 사

---

46 돌라벨라는 기원전 47년에 호민관으로 있을 때 채무 탕감을 주장했다가 실패하여 폭동을 초래했다.
47 돌라벨라의 집정관 당선을 무효로 만들기 위해 안토니우스가 제출한 조점 내용을 가리킨다.

람들[48]에 의하여 우리는 해방된 것으로 보였습니다. 왜냐하면 그들이 원했던 것처럼 해방 뒤에 평화가 뒤따랐기 때문입니다.

다음 날도, 그다음 날도, 또 그다음 날도, 이어지는 그다음 날도 계속 당신은 말하자면 선물을 나라에 매일 쉬지 않고 가져다주었습니다. 그중 가장 큰 것은 독재관 호칭을 철폐한 것입니다. 이렇게 당신에 의해, 다른 누구도 아닌 당신에 의해 영원한 오명이 죽은 카이사르에게 씌워졌습니다. 마르쿠스 만리우스 한 사람의 악행 때문에 만리우스 씨족의 결정으로 귀족 만리우스 중 누구도 이름으로 '마르쿠스'를 쓸 수 없게 된 것처럼,[49] 그렇게 당신은 독재관이던 한 사람의 증오 때문에 독재관 호칭 자체를 없애 버렸던 것입니다. **33** 국가의 안녕을 위해 이렇게 큰일을 하고 나서 당신은 당신의 행운, 위엄, 명성, 명예에 기뻐하지 않았습니까? 그렇다면 이처럼 돌변한 연유는 무엇입니까? 당신이 물욕에 사로잡혔다고 생각할 수 없습니다. 비록 저마다 다른 생각을 말하지만, 그것들이 모두 반드시 신빙성이 있는 것은 아닙니다. 왜냐하면 저는 당신에게서 어떠한 추잡한 것도, 어떠한 천박한 것도 볼 수 없기 때문입니다. 물론 집안사람들이 타락시키는 경우가 없지는 않습니다.[50] 하지만 저는 당신의 굳건함을 알고 있었습니다. 물론 당신이 잘못 자체는 물론이려니와 그런

---

48 카이사르를 암살한 브루투스 일파를 가리킨다.

49 마르쿠스 만리우스는 전제 권력을 노렸다는 혐의로 기원전 384년에 살해되었다. 만리우스 씨족의 결정으로 만리우스 집안은 이후 마르쿠스를 이름으로 쓰지 못했다.

50 안토니우스의 아내 풀비아를 가리킨다. 그녀의 탐욕과 부패한 처사는 이어지는 필립포스 연설에서 여러 번 비판받는다. 그리고 안토니우스의 동생 루키우스도 포함된다. 그는 안토니우스 자신도 위원으로 있었던 농지 배분 7인위원회 의장으로 임명된 것을 기화로 권력을 휘두른다.

의혹마저 피할 수 있었다면 더없이 좋았을 것입니다.

XIV 제가 염려하는 바는 당신이 영예의 참된 길을 망각한 채, 당신 혼자가 우리 모두보다 강한 것을 영예로 생각하지 않을까 하는 것이며, 동료 시민들에게 사랑받는 것보다 그들을 두렵게 하는 것을 선호하지 않을까 하는 것입니다. 만약 이렇게 생각한다면, 당신은 영예의 길을 잘못 알고 있는 것입니다. 소중한 시민이 되는 것, 국가에 공헌하는 것, 칭송받는 것, 존경받는 것, 사랑받는 것이야말로 영예의 길입니다. 실로 두려움과 증오의 대상이 되는 것은 반감과 혐오의 미약하고 덧없는 길입니다.[34] "두려워하기만 한다면 나를 증오해도 상관없다." 극 중에서도 이렇게 말했던 사람[51]은 파멸의 길을 걸었음을 우리는 알고 있습니다. 마르쿠스 안토니우스여! 당신의 조부[52]를 상기하기를 바랍니다! 그분에 대해 당신은 저에게 많은 걸 매우 자주 들었습니다. 당신은 그분이 무장 경호원을 멋대로 대동함으로써 두려움의 대상이 되면서까지 불멸을 얻고자 했다고 생각합니까? 자유에 있어 다른 이들과 동등하고, 위엄에 있어 누구보다 탁월한 것이 그분이 추구했던 삶이고 또 그분은 그런 삶을 성공적으로 살아 냈습니다. 당신 조부의 성공적인 삶은 말할 것도 없고, 저는 그분을 처참하게 살해한 루키우스 킨나의 독재 권력보다는, 비록 잔혹하게 죽임을 당했을지라도 그분의 최후를 선택하겠습니다.

---

51 인용된 대사는 아키우스, 「아트레우스」(비극 단편 203). 아트레우스는 뮈케네의 왕이자, 아가멤논과 메넬라오스 형제의 아버지다.

52 기원전 99년 집정관을 지낸 마르쿠스 안토니우스는 유명한 연설가였으며, 기원전 87년에 사망했다. 키케로는 그를 자신의 『연설가에 대하여』에 화자로 등장시킨다.

35 과연 말로써 제가 당신의 생각을 바꿀 수 있겠습니까? 가이우스 카이사르의 몰락을 보고서도 사랑받기가 아니라 두려움의 대상이 되는 것을 여전히 원한다면, 누가 무슨 말을 한들 무슨 소용이 있겠습니까! 카이사르가 행복한 인생이었다고 생각하는 사람은 참으로 가련한 사람입니다. 자신의 살해자에게 처벌이 아니라 최고의 명예를 안겨 주게 될 그런 삶은 결코 행복한 삶이라 할 수 없습니다.

그러므로 청컨대 돌이키십시오. 그리고 당신의 조상들을 바라보십시오. 그리고 당신이 태어난 것을 동료 시민들이 기뻐하도록 국가를 다스리십시오. 국가 없이는 누구도 행복할 수 없고 이름을 떨칠 수 없으며 안전할 수도 없습니다. **XV 36** 로마 인민들이 당신 둘에 대하여 많은 비판을 하고 있음에도 당신들이 충분히 변화되지 않음을 유감스럽게 생각합니다. 검투사 경기에서 무수한 시민의 함성은 어떻습니까? 로마 인민이 노래하던 시구는 어떠합니까? 폼페이우스 조각상[53]에게 보내는 무한한 갈채는 어떻습니까? 당신들에게 반대하는 두 명의 호민관[54]은 어떻습니까? 이것들이 로마 인민 전체의 믿을 수 없을 만큼 일치된 의사를 보여 주는 데 부족하단 말입니까? 어떻습니까? 아폴로 축전[55]의 갈채 소리가, 아니 정확하게는 로마 인민의 증언과

---

53 아마도 기원전 44년 암살 직전 카이사르에 의해 연단에 복구된 폼페이우스 조각상일 것으로 추정된다.

54 두 명이 아니고 세 명이다. 티베리우스 칸누티우스(Ti. Cannutius), 루키우스 카시우스 롱기누스(L. Cassius Longinus)와 데키무스 카르풀레누스(Decimus Carfulenus)를 말한다.

55 도시 법무관 마르쿠스 브루투스가 주관한 행사로 기원전 44년 7월 6일에 시작했다. 로마 시에서의 적대적인 분위기로 인해 브루투스가 직접 주관하는 것이 안전하지 못하자,

판단이 당신들에게 보기에 충분히 크게 들리지 않았단 말입니까? 무력에 의지하지 않고도 로마 인민의 골수와 심중에 영원히 남은 분들은 복되도다! 혹시 그때 박수갈채를 받았고, 60년의 세월이 흐른 지금[56] 승리의 종려나무를 받은 사람이 아키우스일 뿐, 브루투스는 아니라고 생각하는 것입니까? 브루투스는 자신이 주관한 축전에는 참석하지 않았지만, 저 화려한 구경거리를 선사한 브루투스에게 로마 인민은 열렬한 지지를 보냈고, 조국의 해방자의 불참에 끊이지 않는 갈채와 함성으로 아쉬움을 달래고 있습니다.

37 개인적으로 저는 저런 갈채를, 특히 선동가들로 인한 경우, 늘 경멸했던 사람입니다. 하지만 상류층, 중류층, 하류층, 요컨대 모두가 하나같이 갈채를 보내고, 앞서 인민의 동의를 얻곤 하던 자들이 쫓겨나는 것을 보면서, 저는 그것은 단순한 갈채가 아니라 심판이라고 생각합니다. 만일 당신들이 매우 엄중한 이런 심판을 가벼이 여긴다면, 그것은 또한 로마 인민에게 아울루스 히르티우스의 생명이 소중했음을[57] 알면서도 이를 가벼이 여기는 것이 아니겠습니까? 그는 로마 인민에게 사랑받던 존재였고 현재도 그러합니다. 그는 친구들에게 기쁨이고, 그 누구보다 큰 기쁨이었으며, 가족들에게 소중한 사람이고, 그 누구보다 소중한 사람이었습니다. 우리가 기억하는 한, 누구를 두고 선량한

같은 해에 법무관이었던 안토니우스의 동생 가이우스에게 맡겨졌다.

56 기원전 104년 아키우스의 『테레우스』가 초연되었고, 60년이 지난 기원전 44년 7월에 그의 비극이 재상연되었다.

57 히르티우스는 중병에 걸려 건강이 위중한 상태였다. 독재관 카이사르의 암살 이후 히르티우스는 가이우스 비비우스 판사와 함께 기원전 43년 집정관으로 당선되었다.

시민들이 그처럼 크게 우려했겠으며 그처럼 크게 걱정했었습니까? 분명 그랬던 적이 없었습니다.38 그렇다면 어떻습니까? 불멸하는 신들의 이름을 걸고 당신들은 이것이 어떤 의미인지 이해하지 못합니까? 어떠합니까? 우국충정을 보여 주는 사람들을 그렇게 크게 존경하는 로마 인민이 당신들의 생애에 대하여는 어떻게 생각할지 생각해 본 적 있습니까?

원로원 의원 여러분, 저는 이로써 귀경의 성과를 얻었는데, 왜냐하면 어떤 변고가 뒤따르든 간에 제 발언으로 저의 한결같은 확고함이 증명되었기 때문이며, 여러분이 너그럽고 성실하게 경청해 주셨기 때문입니다. 만약 앞으로 더 자주 저와 여러분에게 위험 없이 발언할 기회가 생긴다면, 저는 그 기회를 이용하겠습니다. 만약 그럴 기회가 없다면, 최대한 저는 저 자신을 위해서라기보다 국가를 위해 제 목숨을 지켜 낼 것입니다. 나이로나 명예로나 저는 살 만큼 살았습니다. 제 남은 삶에 무엇인가 덧붙여져야 한다면, 저를 위해서가 아니라 여러분과 국가를 위해 덧붙여져야 할 것입니다.

뒷이야기

기원전 44년 9월 2일에 행한 1차 연설을 시작으로 기원전 43년 4월 21일 원로원 연설까지 총 열네 차례에 걸쳐 키케로는 안토니우스를 탄핵하고 원로원의 권위를 회복시키기 위해 '필립포스 연설'을 하였으나 결국 실패한다.

안토니우스와 옥타비아누스의 정치적 타협과 레피두스와의 연합으로 2차 삼두정치가 시작된다. 그들은 5년 임기의 집정관 권력을 가지는 삼두정치를 입법화한 후, 키케로를 포함하여 그들의 정적과 잠재적 경쟁자들을 국가의 적으로 선포한다.

결국 키케로는 그해(기원전 43년) 12월 7일 옥타비아누스의 묵인 아래 안토니우스가 보낸 병사들에게 자신의 별장에서 붙잡혀 참수를 당하게 된다. 안토니우스는 자신을 탄핵하는 내용의 연설문을 썼던 키케로의 손을 절단하여 머리와 함께 로마광장에 게시함으로써 키케로에게 복수함과 동시에 2차 삼두정에 반대하는 자들에게 경고를 보낸다.(플루타르코스, 『비교 열전』, '키케로' 부분 48 이하 참조.)

혼란한 정국 속에 옥타비아누스가 안토니우스와의 전쟁에서 승리하고 정권을 차지함으로써, 로마는 원수정이라는 새로운 정치체제를 맞이하게 된다.

참고 문헌

J. H. Freese(trans.), Cicero, Pro Sexto Roscio Amerino, Loeb Classical Library, Harvard University Press, 1930.

L. H. G. Greenwood(trans.), Cicero, The Verrine Orations, Loeb Classical Library, Harvard University Press, 1928.

C. Macdonald(trans.), Cicero, In Catilinam, Pro Murena, Harvard University Press, 1977.

N. H. Watts(trans.), Cicero, Pro Archia, Harvard University Press, 1923.

N. H. Watts(trans.), Cicero, Pro Milone, Harvard University Press, 1931/1953.

D. R. Shackleton(trans.), Cicero, Philippics 1~6, Harvard University Press, 2009.

A. C. Clark, M. Tulli Ciceronis Orationes, Pro Archia, Oxford, 1911.

A. C. Clark, M. Tulli Ciceronis Orationes, Pro Milone, Philippicae I~XIV, Oxford, 1901/1918.

A. C. Clark, M. Tulli Ciceronis Orationes, Pro Sex. Roscio, In Catilinam, Pro Murena, Oxford, 1905.

G. Peterson, M. Tulli Ciceronis Orationes, In C. Verrem, Oxford, 1907/1917.

D. Klose, Marcus Tullius Cicero, Vier Reden gegen Catilina, Reclam, 1972.

저자 연보

BC 106년 —— 1월 3일 로마에서 남동쪽으로 100킬로미터 떨어진 아르피눔에서, 마르쿠스 툴리우스 키케로와 헬비아의 두 아들 중 장남으로 태어난다. 그의 집안은 기사계급(귀족과 평민의 중간)에 속했다.

BC 104년 —— 가이우스 마리우스가 두 번째로 집정관에 선출되어 로마 군대를 개혁한다.

BC 89년 —— 동맹시 시민에게 로마 시민권을 부여하는 법을 제안한 호민관 드루수스가 암살당했다는 소문이 퍼지자, 분개한 남부 이탈리아에서 동맹시 전쟁(91~88년)이 시작된다. 키케로는 동맹시 전쟁에 참전하여 기원전 89년에 그나이우스 폼페이우스 스트라보(삼두정치 폼페이우스의 부친) 아래에서, 88년에 술라 아래에서 복무한다.

키케로는 조점관 퀸투스 무키우스 스카이볼라에게서 법학을 배운다.

BC 88년 —— 키케로는 1차 미트리다테스 전쟁(88~85년)을 피해 로마를 찾은 아카데미아의 수장 라리사의 필론에게 희랍 철학을 배운다.

술라가 로마를 장악하자, 마리우스는 로마를 떠나 루키우스 코르넬리우스 킨나에게로 간다.

BC 87년 —— 키케로는 대제관 퀸투스 무키우스 스카이볼라(조점관 스카이볼라의 조카)에게 법학을 배운다.

술라가 미트리다테스 전쟁의 사령관으로 희랍에 파견된 동안 마리우스와 집정관 킨나가 로마를 장악하고 반대파의 재산을 몰수한다.

술라의 두상

BC 86년 —— 마리우스가 일곱 번째 집정관직 수행 도중 사망한다.

BC 85년 —— 술라가 미트리다테스 전쟁을 평화협정으로 마무리한다.

BC 84년 —— 킨나가 네 번째로 집정관에 선출되었으며, 술라를 제압하기 위해 군대
를 움직이다가 반란자들에 의해 살해당한다.

BC 83년 —— 2차 미트리다테스 전쟁(83~81년) 시작. 술라는 로마로 돌아가고, 소아시
아에 남은 루키우스 리키니우스 무레나가 같은 이름의 아들과 함께 미
트리다테스 왕을 공격한다.

BC 82~81년 —— 내전에서 승리한 술라가 정권을 잡고 독재관으로서 개혁을 단행하
는 한편, 반대파의 재산을 몰수한다.

「푸블리우스 큉크티우스 변호(Pro Publio Quinctio)」.

BC 80년 —— 신참 변호인이던 키케로는 부친 살해 혐의로 고발된 섹스투스 로스키
우스의 변호를 맡아, 당시 최고 권력자 술라의 측근 크뤼소고누스에 맞
선다.

「섹스투스 로스키우스 변호연설(Pro Sexto Roscio Amerino)」.

「착상에 관하여(De inventione)」(91~80), 아라투스 작품을 번역한 「시인
아라투스의 천문(Aratea)」(91~80) 완성.

BC 79~77년 —— 키케로는 로스키우스 사건으로 신변에 두려움을 느끼고, 건강 악화
를 핑계로 희랍 여행을 떠난다. 2년 동안 아테나이, 로도스와 소아시아
를 주유한다. 로마에서 만난 적이 있던 에피쿠로스 철학자 파이드로스,
그리고 아카데미아 학파의 안티오코스를 아테나이에서 다시 만난다.
로도스에 머물면서 스토아 철학자 포세이도니오스와 수사학자 아폴로
니우스 몰론의 강의를 듣는다.

(술라는 79년 독재관에서 물러났으며, 78년에 사망한다.)

BC 76년 —— 키케로가 로마로 돌아온다.

「배우 퀸투스 로스키우스 변호(Pro Quinto Roscio comedo)」(77~66년).

BC 75년 —— 키케로는 재무관에 처음으로 출마하고, 시킬리아의 릴뤼바이움에서 재
무관직을 수행한다. 이로써 키케로는 원로원 위원이 된다.

BC 74년 —— 3차 미트리다테스 전쟁(74~63년) 시작. 사령관 루키우스 리키니우스 루쿨
루스(74~67년)의 휘하에서 루키우스 무레나가 부사령관으로 복무한다.

BC 73~71년 —— 베레스가 3년 동안 시킬리아 속주 총독직을 수행한다. 스파르타쿠
스의 노예 반란을 폼페이우스와 크라수스가 진압한다.

「마르쿠스 툴리우스 변호(Pro Marco Tullio)」(71년 또는 69년).

BC 70년 —— 폼페이우스와 크라수스가 처음
으로 함께 집정관직을 수행한다.
키케로가 시킬리아 속주 총독
을 지낸 가이우스 베레스를 탄
핵한다. 베레스의 모든 방해 공
작과 음모에 불구하고 탄핵에
성공함으로써 당대 최고 변호
인이라는 명예를 얻는다. 이 사
건은 로마 역사상 양민 수탈 관
련 사건으로서는 가장 큰 사건
이었다.
아우렐리우스 법이 통과되어

키케로의 흉상

재판 심판인의 3분의 2를 기사
신분 및 그에 상당하는 자들로 구성하게 된다.
「퀸투스 카이킬리우스에 대한 소추인 선정(In Quintum Caecilium oratio,
quae divinatio dicitur)」.
「가이우스 베레스 탄핵 제1공판(Actio prima in C. Verrem)」, 「가이우스 베
레스 탄핵 제2공판(Actio secunda in C. Verrem)」.

BC 69년 —— 키케로는 안찰관직을 수행한다.
「마르쿠스 폰테이우스 변호(Pro Marco Fonteio)」, 「아울루스 카이키나 변
호(Pro Aulo Caecina)」(71~68년경).

BC 67년 —— 루쿨루스는 미트리다테스 전쟁의 사령관직에서 해임된다. 가비니우스
법에 의해 폼페이우스가 해적 소탕 작전의 군령권을 받는다.

BC 66년 —— 키케로는 법무관직을 수행한다. 마닐리우스 법에 의해 폼페이우스에게
미트리다테스 전쟁의 군령권이 부여된다.
「그나이우스 폼페이우스 군령권(De imperio Gnaei Pompei)」(혹은 '마닐리우
스 법(Pro lege Manilia)'이라고도 한다.).
「아울루스 클루엔티우스 하비투스 변호(Pro Aulo Cluentio Habito)」.

BC 65년 —— 키케로의 아들 마르쿠스가 태어난다. 키케로의 동생 퀸투스가 안찰관직
을 수행한다.
「가이우스 코르넬리우스 변호(Pro Gaio Cornelio)」(유실).

BC 63년 —— 키케로는 가이우스 안토니우스와 함께 집정관직을 역임한다.

이때 카틸리나의 반역음모를 밝혀냈고, 카틸리나의 추종자 다섯 명을 체포한다. 이 사건을 계기로 원로원은 키케로에게 '국부(pater patriae)'라는 칭호를 부여한다. 집정관 선거에서 카틸리나의 경쟁자였으며 62년 집정관으로 선출된 무레나가 선거 후에 부정선거로 고발당하자, 키케로는 변호연설을 맡아 승소한다. 그리고 카틸리나 반역 연루자들의 처형이 집행(12월 5일)된다.

그런데 폼페이우스의 부관이었던 메텔루스 네포스가 호민관이 되어 키케로의 절차 위법 문제를 추궁(12월 10일)하기 시작한다. 키케로가 카틸리나의 추종자 다섯 명을 처벌하는 과정에서 로마 시민의 항소권을 무시하고 사형을 집행한 점을 문제 삼은 것이다.

미트리다테스 6세가 반란으로 사망한다.

「가이우스 라비리우스 반역사건 변호(Pro Gaio Rabirio perduellionis reo)」, 「농지법 1~4(De lege agraria)」.

「카틸리나 탄핵 1~4(Catilinae orationes IV)」.

「루키우스 무레나 변호(Pro Lucio Murena)」, 「오토에 대하여(De Othone)」(유실).

BC 62년 —— 키케로의 동생 퀸투스가 법무관직을 역임한다.

카틸리나와 반란자들은 전투에 패하고, 카틸리나는 사망한다.

「밀로 변호」에 등장하는 클로디우스가 카이사르 집에서 거행된, 여인들에게만 허락된 보나 여신(Dea Bona) 축제에서 추문을 일으킨다.

폼페이우스는 미트리다테스 전쟁을 성공적으로 완수하고 이탈리아로 귀환한다.

「푸블리우스 술라 변호(Pro Publio Sulla)」, 「시인 아르키아스 변호(Pro Archia poeta)」.

BC 61년 —— 원로원은 폼페이우스와 크라수스에 반대한다. 신성모독죄로 고발된 클로디우스는 뇌물을 써서 무죄 방면된다.

키케로의 동생 퀸투스가 아시아 속주의 총독으로 부임

카이사르와 폼페이우스(15세기 벽화)

(61~58년)한다.

「클로디우스와 쿠리오 탄핵(In Clodium et Curionem)」(단편).

BC 60년 ── 폼페이우스, 카이사르, 크라수스 세 명의 실권자들이 원로원에 대항하여 1차 삼두정치를 시작한다.

「집정관직 수행에 관하여(De consulatu suo)」(서사시, 단편).

BC 59년 ── 카이사르가 집정관직을 수행한다. 바티니우스 법에 의해 카이사르에게 알프스 이남 갈리아, 일뤼리쿰의 관할권이 부여되었고, 원로원은 여기 알프스 너머 갈리아까지 덧붙인다.

클로디우스가 평민 집안에 입양된다.

「루키우스 발레리우스 플라쿠스 변호(Pro Lucio Valerio Flacco)」.

BC 58년 ── 루키우스 칼푸르니우스 피소와 아울루스 가비니우스가 집정관직을 수행한다. 키케로는 1차 삼두정치에 참여키를 거부한다. 푸블리우스 클로디우스가 호민관에 취임한다. 클로디우스의 주도로 키케로가 카틸리나 사건 처리에서 절차를 무시했다는 명목으로 기소된다. 그리하여 키케로는 테살로니카로 망명길에 오른다.

카이사르는 갈리아 원정(58~50년)을 떠나 헬베티인들을 물리쳤다.

BC 57년 ── 키케로는 친구들의 도움으로 9월 4일 로마로 복귀한다.

폼페이우스가 로마의 곡물 공급 책임자가 된다.

키케로의 동생 퀸투스는 폼페이우스 휘하에서 복무(57~56년)한다.

「원로원 귀국 연설(Oratio cum senatui gratias egit)」, 「민회 귀국 연설(Oratio cum populo gratias egit)」.

「팔라티움 택지 문제(De domo sua ad pontifices)」.

BC 56년 ── 키케로가 삼두정치를 와해시키려고 노력한다.

「푸블리우스 바티니우스 탄핵(In Publium Vatinium)」, 「루키우스 코르넬리우스 발부스 변

율리우스 카이사르

호(Pro Lucio Cornelio Balbo)」,「푸블리우스 세스티우스 변호(Pro Publio Sestio)」,「마르쿠스 카일리우스 변호(Pro Marco Caelio)」,「집정관 관할 속주(De provinciis consularibus)」,「내장점에 관한 답변(De haruspicum responso in Publium Clodium)」.

BC 55년 ── 폼페이우스와 크라수스가 두 번째로 같이 집정관직을 수행한다. 카이사르의 갈리아 관할권이 5년 더 연장된다.

「루키우스 칼푸르니우스 피소 탄핵(In Lucium Calpurnium Pisonem)」.

『연설가에 대하여(De oratore)』.

『시민법을 학문으로 분류함에 관하여(De iure civili in artem redigendo)』 (유실).

BC 54년 ── 키케로의 동생 퀸투스가 갈리아에서 카이사르 아래 복무(54~52년)한다.

『법률론(De legibus)』 저술을 시작한다.

「마르쿠스 아이밀리우스 스카우루스 변호(Pro Marco Aemilio Scauro)」.

「가이우스 라비리우스 포스투무스 변호(Pro Gaio Rabirio Postumo)」.

「그나이우스 플랑키우스 변호(Pro Ganaeo Plancio)」.

「인생 역정에 관하여(De temporibus suis)」(서사시, 유실).

『연설의 구성요소(Partitiones oratoriae)』(55~44년경).

BC 53년 ── 크라수스가 파르티아 원정 중 전투에서 패하고 파르티아의 카르하이에서 살해된다. 키케로는 마르쿠스 크라수스를 대신하여 조점관에 선출된다.

BC 52년 ── 밀로가 클로디우스를 살해(1월 18일)하게 된다. 폼페이우스가 단독으로 집정관직에 취임하고, 키케로는 밀로를 변호(4월 7일)한다.

「티투스 안니우스 밀로 변호(Pro Tito Annio Milone)」.

BC 51년 ── 7월 31일 키케로는 킬리키아 속주 총독으로 부임하고, 동생 퀸투스는 키케로 아래 복무한다.

『국가론(De re publica)』(54~51년).

BC 50년 ── 키케로는 킬리키아 속주 총독직을 마치고 7월 30일 킬리키아를 떠나 11월 24일 이탈리아에 도착한다.

당대 최고의 연설가 중 한 명인 호르텐시우스가 사망한다.

BC 49년 ── 카이사르는 1월 루비콘 강을 건넜고, 내전이 발발한다. 카이사르가 독재정을 시작한다. 폼페이우스는 3월 17일 이탈리아를 떠났고, 3월 28일 카이사르가 키케로를 방문한다. 6월 7일 키케로는 폼페이우스를 쫓아 희랍으로 건너간다. 카이사르는 히스파니아에 주둔 중인 폼페이우스 군대를 물리친다.

BC 48년 —— 민중파 카이사르의 정치를 불신하던 키케로는, 폼페이우스와 함께 테살리아의 파르살리아에서 카이사르에 맞서 싸웠으나 8월 9일에 패한다. 이후 이집트로 망명했던 폼페이우스가 살해(9월 28일)당한다. 카이사르는 이집트를 방문하고, 키케로는 이탈리아로 돌아와 브룬디시움에 머문다.

『우정에 관하여』(15세기)

BC 47년 —— 이집트와 쉬리아와 아시아를 거쳐 9월에 귀국한 카이사르는 키케로와 키케로의 동생 퀸투스와 조카 퀸투스에게 관용을 베푼다. 로마로 돌아온 키케로는 카이사르의 독재를 피해 은거하며 철학 저술에 몰두한다.

BC 46년 —— 키케로는 아내 테렌티아와 이혼하고 푸브릴리아와 재혼한다.

폼페이우스의 지지자들이 탑수스 전투에서 패했으며(2월 6일), 카토는 자살한다.

『퀸투스 리가리우스 변호(Pro Quinto Ligario)』, 『마르쿠스 마르켈루스 변호(Pro Marco Marcello)』.

『브루투스(Brutus)』, 『최고의 연설가에 관하여(De optimo genere oratorum)』, 『스토아학파의 역설(Paradoxa stoicorum)』, 『연설가(Orator)』.

BC 45년 —— 키케로의 딸 툴리아가 1월에 아들을 출산했으나 2월에 사망한다. 키케로의 아들 마르쿠스는 아테나이에서 학업을 시작한다.

3월 17일 폼페이우스 지지자들이 문다 전투에서 패한다.

『데이오타루스 왕 변호(Pro rege Deiotaro)』, 『마리우스(Marius)』(45년 이전, 소서사시, 단편), 『위안의 글(Consolatio)』(단편).

『호르텐시우스(Hortensius)』.

『아카데미카(Academica)』.

『루쿨루스(Lucullus)』.

『최고선악론(De finibus bonorum et malorum)』.

『투스쿨룸 대화(Tusculanae Disputationes)』.

『신들의 본성에 관하여(De natura deorum)』.

플라톤의 작품을 번역한 『티마이오스(Timaeus)』(단편).

『친구들에게 보내는 서한』(14세기)

BC 44년 —— 카이사르와 안토니우스가 집정관에 취임했고, 카이사르는 종신 독재관이 된다(2월). 3월 15일 카이사르가 암살당하자, 옥타비아누스가 카이사르의 상속자로 지명된다. 키케로는 정계에 복귀한다. 키케로는 희랍으로 떠나기 위해 7월 17일 로마를 떠났으나, 8월 31일 급히 로마로 돌아온다. 9월 2일부터 이듬해까지 안토니우스에 맞서 로마 공화정을 지키기 위한 필립포스 연설을 행한다. 키케로는 43년 봄까지 로마공화정을 이끌며, 안토니우스와 더욱 심하게 대립한다.

『필립포스 연설 1~4(Orationes Philippicae)』(마르쿠스 안토니우스 탄핵연설).

『노년에 관하여(Cato maior De senectute)』.

『운명에 관하여(De fato)』.

『우정에 관하여(Laelius De amicitia)』.

『명예에 관하여(De Gloria)』.

『토피카(Topica)』.

『점술에 관하여(De Divinatione)』.

『의무론(De Officiis)』.

『덕에 관하여(De Virtute)』(단편).

『영광에 관하여 (De gloria)』(유실).

『아티쿠스에게 보내는 서한 (Epistulae ad Atticum)』(68~44년).

BC 43년 —— 키케로는 옥타비아누스를 이용하여 안토니우스를 제거하려고 한다. 내전이 발발하고, 안토니우스는 국가의 적으로 공포(4월)된다. 안토니우스가 무티나에서 옥타비아누스와 집정관 히르티우스와 판사에게 패하나 집정관들도 사망한다.

옥타비아누스가 집정관으로 선출되어 카이사르 암살자들의 처벌을 공언한다. 옥타비아누스는 안토니우스와 손잡고 레피두스와 함께 2차 삼두정치를 시작(11월)하고, 반대파에 대한 재산몰수를 단행한다.

12월 7일 키케로가 살해된다.

「필립포스 연설 5~14(Orationes Philippicae)」, 「친구들에게 보내는 서한(Epistulae ad familiares)」(62~43년), 「동생 퀸투스에게 보내는 서한(Epistulae ad Quintum fratrem)」(59~54년), 「브루투스에게 보내는 서한(Epistulae ad M. Brutum)」.

공화정 시대 로마의 형사소송절차

로마 형사사법은 로마가 왕정에서 공화정으로 돌아선 기원전 509년부터 법무관(praetor) 직이 창설된 기원전 366년까지 집정관(consul)이 직접 관할했다. 그 이후부터는 매년 선출된 로마의 대표적 사법담당 정무관인 법무관이 형사사법을 관할했다. 법무관은 집정관과는 달리 소위 '동료제'로 운영된 것은 아니고 각자 독자적으로 직무를 수행했다. 법무관 중에는 우선 시민담당 법무관 (praetor urbanus)이 있다. 그는 로마 시민 간의 법률 분쟁 해결을 맡았다. 그 외에도 외인담당 법무관(praetor peregrinus)이 있어 로마 시민과 비시민들 간 내지 비시민들 간의 법률 분쟁을 관할했다.

점차 재판을 위해 심판인들을 선정하는 과정이 체계를 갖추기 시작했다. 즉 매년 심판인들이 될 수 있는 사람들이 심판인 명부(album iudicum)에 등재되었다. 절차가 열리면 그 명부에서 법무관이 필요한 수의 심판인을 선발하여 선서를 시킴으로써 재판 절차를 주관하게 했다.

상설사문회

　본래 공화정기 로마에서 사문회는 특정 범죄만을 다루기 위한 것이고, 존속 기간도 기껏해야 1년이었다. 그러다가 기원전 149년 백인대 민회(comitia centuriata)에서 사문회의 상설을 결의했다고 한다. 물론 이 상설사문회(quaestio perpetua)도 특정 종류의 범죄마다 사문회들이 달리 존재했다. 상설 사문회의 심판인들은 그 사문회의 주재자인 법무관이 선임했다. 심판인 명부에 어떠한 계급이 들어가는지에 당시 정치 상황이 정확히 반영된다. 예컨대 가이우스 그락쿠스가 권력을 확실히 잡고 있을 때에는, 심판인 명부에 원로원 신분과, 기사 신분이 반반이었던 시기를 거쳐 결국 완전히 기사 신분만이 존재하게 되었다. 그러나 그락쿠스가 몰락하자, 곧바로 심판인 명부에 등재될 권리는 다시금 원로원 신분에게만 주어졌다. 그 후 부유한 평민 계층(tribuni aerarii)에게도 심판인 자격이 주어졌다가, 그 자격을 얼마 지나지 않아 카이사르가 삭제한 경우도 있다. 사문회의 장은 주로 법무관들 또는 1년 임기로 안찰관 역임자들 중에 선출된 사문회 심판관(iudices quaestionis)이 담당했다.

　상설사문회에서 다루어진 죄목들로는 반역(perduellio), 고권침해(maiestas laesa), 신전절도(sacrilegium), 공금횡령(peculatus), 부정선거(ambitus, 뇌물), 폭력(vis), 근친상간(incestum), 속주민수탈(repetundae, 부당수탈재산반환) 등이 있는데, 특히 술라는 위작(falsum, 화폐, 문서의 위변조와 위증을 포함함), 자살(刺殺) 및 독살, (존속)살해(parricidium) 등을 추가했다.

형사재판절차

　로마의 형사 절차는 대체로 피해자의 고발에 의하여 개시되었다. 그러나 고발은 다른 모든 시민도 할 수 있었다. 로마에는 대부분의 현대 문명국에서 갖추고 있는 검찰 제도가 없었기에, 형사소추는 사인의 몫이었다. 사인이 직접 절차를 이끌어 갈 수도 있었으나, 대부분의 경우 그를 대리하여 연설에 재능이 있는 전문 변호인(advocatus, patronus)이 법정에 나섰다. 고발인이 여럿인 경우에는 관할 법원의 예비선발 절차를 통하여 주된 고발인이 선정되었다.

　고발인(accusator, actor)은 근거를 대면서 사실관계를 법무관에게 진술한다. 이어서 법무관은 사실관계를 심사한 후 피고인도 소환하여 고발인으로 하여금 소추 내용을 다시 반복할 것(nominis delatio)을 요구한다. 이렇게 하여 절차는 비로소 상호 대립의 쟁송 형태를 갖추게 되고 소송 목록(nominis receptio)에 등재된다. 그 후 본 절차는 통상적으로 법무관의 피고인 신문(interrogatio)으로써 개시된다. 신문으로 피고인이 무죄라는 점이 명확하지 않거나 정당한 사유가 발견되지 않는 경우, 공판 기일이 잡힌다(diem dicere). 공판 기일에는 심판인 면전에서 심리(cognitio)가 이루어진다. 만일 피고인이 정당한 사유 없이 공판 기인에 출두하지 않는 경우(contumacia)에는, 그러한 불출두 자체가 혐의를 인정하는 효과를 발생시켜 그는 결석한 채로 유죄 판결을 받았다.

　양측 당사자들이 출두하면, 법정절차가 고발인 또는 그의 대리인에 의한 모두(冒頭) 연설로 시작한다. 그 다음에는 이에 대응하여 피고인 또는 그의 변호인(patronus)에 의한 반대 연설이 이어진다. 이어서 소송의 쌍방 당사자들은 사실과 관련하여 상호질의(altercatio, 쟁론)를 할 수 있었다. 그 다음에는 증거절차(probatio)가 열렸다. 증거로는 현재와 마찬가지로 인증과 물증이 모두 인정되었다. 인증은 선서 하의 증인의 진술 및 피고인의 자백이 있었고, 물증으로는 문서와 증거물이 있었다. 형사 절차에서 증인은 증언이 강제될(testimonii denuntiatio) 수도 있었다. 법정에서 조사 중에 진술을 보강하기 위하여 신체에 가해지는 폭력(고문 또는 고신(拷訊))이 물론 존재했는데, 그 대상은 노예(servus)와 해방노예(libertus)였다.

증거절차 종료 후 심판인들은 평의 없이 피고인의 유무죄에 관하여 결정했다.

이때 투표를 위하여 작은 패가 사용되었는데, 각 패에는 C자와 A자가 나란히 쓰여 있었다. C는 'Condemno'(나는 유죄판결한다.)의 준말이고, A는 'Absolvo'(나는 무죄방면한다.)의 준말이다. 각 심판인은 자신의 패에서 원치 않는 결과인 C나 A를 지움으로써 자신의 의사를 표시했다. 만일 그가 두 글자 모두를 지웠다면 기권 내지 무효가 되었다. 패가 수합되어 계산이 끝나면 재판 지휘자는 결과를 발표(pronuntiatio)했다. 집행은 즉시 이루어졌고, 로마에 더 높은 심급에 대한 상소 개념은 없었다. 사형선고를 받은 시민도 민회에 상소(provocatio)할 수 없었다. 단, 전시가 아닌 평시에, 고권을 갖는 정무관이 지휘하는 적법한 절차에 의하지 않고 시민이 사형 내지 사형에 준하는 중형을 받은 경우에는 상소할 수 있었다.

키케로 작품에서의 형사재판

『설득의 정치』에 담긴 연설들의 한 축은 원로원이나 민회와 같이 심의하고 결의하는 단체에서 행한 연설이고, 다른 축은 법정에서 상호쟁투 관계에 있는 일방 당사자를 위하여 또는 타방 당사자를 탄핵하기 위하여 이루어진 연설이다.

내란음모와 관련된 카틸리나 탄핵연설은 원로원 회의에서 행한 연설로서, 재판 절차가 관련되지는 않는다. 또 국기 문란과 관련된 안토니우스를 탄핵할 목적의 필립포스 연설도 원로원 회의에서 이루어진 연설로서, 일단 법정과는 무관하다. 시민 아르키아스의 시민권 확인 문제도 통상의 형사재판 문제는 아니다.

그리하여 결국 법률 문제가 첨예하게 대두되는 법정 연설로서는, 우선 로마에서 대표적인 사문회 사안으로 인정되었던 양민 수탈과 관련된 베레스 탄핵연설이 있다. 그 밖에 부정선거 혐의를 받는 무레나 변호연설 또한 로마 형사재판의 전형적인 예이며, 로스키우스의 존속살해 사건, 정적 클로디우스를 살해했다는 혐의를 받는 밀로의 사안도 이에 속한다.

옮긴이의 말

.

우리나라에서 키케로 연설문이 번역된 것은 사실상 이번이 처음이다. 간혹 한둘이 수사학적 관심에서 시도된 예가 있으나, '키케로 연설문 읽기'에는 많이 부족하다. 로마 고전 문헌학이 당연한 임무에 태만한 까닭이다. 문학과 철학, 로마법과 로마사 등 폭넓은 관심과 연구 가운데 키케로 연설문들의 완역을 기대한다.

키케로 연설문 선집 번역을 맡겨 준 서울대학교 인문대 장재성 학장님과 강상진 기획부학장님께 감사를 드린다. 이 책은 번역 기금을 마련해 주신 박맹호 회장님의 혜안과 민음사의 기획으로 출간하게 되었다. 또한 고전 읽기의 확산을 위해 애쓰시는 서울대 기초교육원 안병직 원장님께도 감사의 뜻을 전한다. 키케로 연설문 강독에 참가한 울산대학교 국문과 배수찬 교수님, 양세규 씨에게도 감사한다. 그리고 무엇보다도 서울대학교 법학전문대학원 최병조 교수님의 연구 업적과 가르침이 있었기에 키케로 연설문의 번역이 가능했음을 밝혀 둔다.

번역자 일동

소통의 문화를 만드는 설득의 수사학
금태섭(변호사)

법정이라는 무대의 눈부신 주인공

법률가라면 누구든지 법정에서 눈부신 변론으로 승리하는 장면을 상상하며 산다. 법이 다루는 영역이 다양해지면서 실제로 재판에 참석하지 않고 협상이나 계약서 작성 등에만 관여하는 변호사도 많아졌지만, 법정에 서서 상대방과 불꽃 튀는 논쟁을 벌이고 판사나 배심원을 설득해서 승소를 얻어내는 것은 법률가들에게 원초적인 꿈이다.

그 전범(典範)이 키케로다. 키케로는 많은 정치 연설 이외에도 현대 법정에서도 흔히 볼 수 있는 사건들에서 때로는 검사와 같은 역할을 맡아 피고인을 탄핵하기도 하고 때로는 사형선고에 직면한 가해자의 무죄를 주장하기도 했다. 그 과정에서 그는 오늘날도 유효한 각종 변론 기법을 만들어 냈고, 심판자들을 설득하는 설득의 체계를 만들었다.

전형적인 형사사건인 섹스투스 로스키우스의 존속살해 사

건을 보자. 로마에서 저녁을 먹고 집으로 돌아가던 거부(巨富) 로스키우스가 노상에서 살해된다. 당대의 권력자들은 그가 소유했던 열세 개의 농장을 몰수하고 그의 아들을 살인범으로 고발한다. 상속재산을 모두 잃고 목숨마저 경각에 달린 피고인을 위해 변호인으로 나선 젊은 키케로는 변론 경험이 일천한 신참이었다. 그러나 그는 절묘한 변론으로 판정을 맡은 심판인들을 무죄 선고로 유도한다.

변론의 시작 부분에서 키케로는 개략적인 사건 내용을 설명하고 피고인의 곤궁한 처지를 호소한다. 아버지가 소유한 농장을 관리하며 성실하게 살아가던 피고인은 이 사건으로 졸지에 부친도 잃고 살아갈 터전마저 빼앗겼다. 키케로는 피고인이 아버지의 죽음으로 아무것도 얻은 것이 없고 오히려 이전보다 어려운 상황에 놓이게 되었다는 점을 부각시킴으로써 범행을 저지를 동기가 없다는 점을 강조한다. 그러나 이러한 방어적인 변론만으로 무죄를 받아내기는 쉽지 않다. 피고인이 법정에 서게 되었다는 것은 고발인 측에서도 유죄를 입증할 증거를 제출했다는 것을 의미하기 때문이다.

여기에서 키케로는 현대 배심재판에서 흔히 볼 수 있는 전략을 구사한다. 피고인 이외에 범인이 될 수 있는 제3자를 내세우는 것이다. 그가 제시한 사람은 살인 사건 이후에 피살자의 재산을 차지한 친척 티투스 로스키우스다. 키케로는 "누구에게 이득인가?(Cui bono?)"라는 물음을 심판원들에게 던짐으로써 피고인이 진범이 아닐 수 있다는 의혹을 심는다. 키케로의 변론은 이렇다.

심판인 여러분, 둘 중 누가 섹스투스 로스키우스를 죽였는지 고민하는 일이 남았습니다. 살해로 부자가 된 사람입니까? 아니면 가난해진 사람입니까? 살해 전에 가난했던 사람입니까? 아니면 살해 후에 몹시 가난해진 사람입니까? 탐욕에 불타 친척을 공격한 사람입니까? 아니면 평생 금전 이득은 모르고 노동의 대가만을 알았던 사람입니까?

여기서 주목해야 할 점은 키케로가 진범이 누구인지 확실히 증명할 필요는 없다는 것이다. 이 재판은 엄연히 피고인의 유무죄를 가리는 것이지, 만일 피고인에게 죄가 없을 경우 진범이 누구인지를 밝혀내는 절차는 아니다. 제3자에 대한 유죄 증거를 제출해야 하는 것도 아니다. 그러나 단지 피고인의 혐의를 부인하는 방어적인 입장에서 벗어나 적극적으로 다른 사람이 범인일 가능성을 제시하는 것은 심판원들의 심증을 흔들어 놓을 수 있는 좋은 계기가 된다. 키케로는 피살자의 친척인 티투스 로스키우스에게 있을 수 있는 범행 동기, 범행의 기회, 수상한 정황을 연속해서 거론함으로써 심판원들로 하여금 피고인 외에 다른 사람이 살인을 저질렀을 수 있다는 생각을 갖게 만든다.

다음으로는 충분한 조사가 이루어지지 않았다는 것을 근거로 고발자들을 공격한다. 구체적으로는 사건 현장에 있던 피살자의 노예들에 대한 신문을 요구했는데 거절당했다는 사실을 공개한다. 이러한 변론은 단순히 유죄의 증거가 불충분하다는 의미를 넘어 심판원들로 하여금 유죄 판결을 하지 않는 것에 대한 심리적 부담을 덜어 주는 요소로 작용하게 된다. 원래 재판은 그 재판을 받는 피고인을 유죄로 인정할 만한 충분한 증거가 있는지 여부를 살피는 것이다. 증거가 부족하면 무죄를 선고하면 된다. 무죄 판결을 받았다고 해서 반드시 피고인이 억울하다는 점이 명확히 증명되었다는 뜻은 아니다. 단지 유죄로 인정할 만한 증거가 부족하다는 의미에 불과하다.

그런데 살인 사건과 같은 중대한 사건의 재판을 담당한 사람들은 무의식중에 피고인의 유무죄를 분명히 가려야 한다는 생각을 갖기 쉽다. 그러다 보면 무죄라는 명백한 증거가 없는 경우에 유죄로 기울게 될 위험이 생긴다. 여기서 키케로는 충분한 조사가 이루어지지 않았다는 점을 지적함으로써, 만약 피고인이 실제로는 진범인데 풀려나는 사태가 벌어진다고 하더라도 그것은 심판원들의 잘못이 아니라 고발자들이 부실하게 조사를 했기 때문이라는 점을 부각시키는 것이다.

변론의 마지막 부분에서 키케로는 피고인이 단지 무죄 판결을 받아 목숨을 구하는 것을 원할 뿐 몰수된 재산에 대해서는 아무런 욕심도 없고 순순히 포기하겠다고 얘기함으로써 다시 한 번 심판자들의 부담을 덜어 준다. 논리적으로만 본다면 피고인이 무죄 판결을 받는 것과 몰수된 상속재산을 되찾는 것은 전혀 관련이 없다. 그러나 역시 현실의 법정에서 판결을 내려야 하는 입장에 있는 심판원들은 부친을 살해했다는 중대한 혐의로 고발당한 사람을 풀어주는 데 주저하게 된다. 키케로의 변론은 이 점을 고려해서 나온 것이다. 이러한 체계적인 변론 끝에 섹스투스 로스키우스는 무죄판결을 받는다.

또한 정적인 클로디우스를 살해했다는 혐의로 고발당한 밀로 사건을 보자. 키케로는 살인 자체는 인정하면서도 정당방위라는 주장을 내세워 무죄판결을 이끌어 내려는 시도를 한다. 경호원, 호신용 검 등의 존재를 통해 '정당한 살인'이라는 개념이 있을 수 있음을 일깨우고, 사건의 쟁점을 밀로가 정적을 살해했는지 여부로부터 범행 당시 누가 매복 공격을 시작한 것인지로 이동시키는 전략은 눈부실 정도다.

설득의 달인이 나와야 한다

두 밀레니엄도 더 지난 유럽에서 아직도 키케로가 중요한 배움의 대상이 되고 있는 이유는 무엇일까? 키케로는 당시 로마의 사회정치적 맥락에서 대표적인 합리주의자로 평가받는다. 계급간 극한 대립 속에서 키케로는 좌우 이념에 흔들리지 않고 냉정하게, 무엇이 이득인가를 생각했다. 시민이 이성적 판단과 윤리의식을 갖추고, 힘과 무력이 아닌 연설과 설득으로 공존하는 사회를 만들고자 했던 것이다.

지금 우리가 키케로에 귀를 기울여야 하는 이유는 바로 이 때문이다. 아직 정치 리더십이 토론과 설득의 문화 위에 서지 못한 우리 사회는 키케로에게서 배울 것이 많다. 토론과 설득의 꽃인 연설은 폐쇄적이고 억압적이고 권위적인 사회를 바꿀 것이다. 말로 설득하고 합리적으로 토론하는 연설은 백화제방의 어느 꽃보다 아름답기 때문이다.

키케로를 조명하려는 작업은 늦었지만, 시의적절한 획기적인 기획이다. 교육과정에서 말과 글을 통한 논리적인 의견 개진 방법을 가르치고, 사회 전반적으로 토론과 설득으로 문제를 해결하는 원칙을 세우는 일은 우리 사회에서 반드시 필요한 일이다. 나아가 우리나라 정치계에 좌우 대립에 앞서 합리성이 자리 잡는 데 키케로는 유용한 교재가 될 수 있다. 법고창신(法古創新)을 우리의 모토로 삼는다면 어찌 키케로의 연설문을 21세기 한국 사회에 원용하길 주저하겠는가? 로마인들이 고민했고 해결하려고 분투했던 문제는 우리에게도 여전히 현재진행형이다. 우리 사회에도 키케로와 같은 설득의 달인이 나와야 한다.

키케로의 삶은 한 편의 드라마다. 권력자와 대립하는 일이 잦았고 적대적인 상황에서 변론을 해야 하는 경우도 많았기 때문에, 키케로도 패소의 쓴맛을 경험해야 했다. 또 카이사르가 암살당한 후에는 권력을 독점하려는 안토니우스에 맞서 자신의 정치적 운명은 물론 문자 그대로 목숨까지 걸고 수회에 걸쳐 치열한 탄핵연설을 한다. 그러나 키케로의 열정은 무위에 그치고, 안토니우스가 보낸 병사들에 의해 비참한 최후를 맞게 된다. 그토록 뛰어난 변론가이자 국부로 추앙받던 영웅이 마지막에는 안토니우스 탄핵에 실패하고 암살당한 일은 역사의 아이러니다.

키케로의 연설문은 현대 법정에서도 충분히 통할 논리로 가득 차 있으며, 지금도 여전히 탐독할 가치가 있다. 변론을 업으로 하는 사람의 입장에서 보면, 오로지 치밀한 논리와 감동적인 호소를 통해 자신의 이상을 이루려 했던 키케로의 인생 자체도 매우 흥미진진하다. 논리와 설득의 중요성을 아는 분들, 말의 힘에 관심이 있는 분들께 일독을 권한다.

색인

퀸투스 루타티우스 카툴루스

(Q. Lutatius Catulus Capitolinus, 기원전 120~61년)

기원전 87년 자살한 카툴루스의 아들로, 기원전 78년 집정관을 지냈다. 술라를 도와 마리우스에게 복수했다.

— 113, 235, 243쪽

마르쿠스 리비우스 드루수스

(M. Livius Drusus, 기원전 91년 사망)

기원전 91년 호민관을 지냈다. 가이우스 그락쿠스처럼 이탈리아 연맹에 시민권을 부여하는 법안을 제출하고자 했으나 실패했다. 그의 암살을 계기로 동맹시전쟁(기원전 91~88년)이 발발했다.

— 236, 266, 269쪽

푸블리우스 리키니우스 크라수스

(P. Licinius Crassus Dives, 기원전 87년 사망)

기원전 97년 집정관을, 기원전 89년 호구감찰관을 지냈다. 제1차 삼두정치를 한 마르쿠스 리키니우스 크라수스의 아버지다.

— 239쪽

루키우스 리키니우스 크라수스

(L. Licinius Crassus, 기원전 140~91년)

기원전 95년 집정관을 지냈다. 당대 유명한 연설가로 키케로를 가르쳤으며, 키케로의 「연설가에 대하여」와 「브루투스」에서 뛰어난 연설가로 묘사된 인물이다.

— 235쪽

루키우스 리키니우스 크라수스

(L. Licinius Crassus, 기원전 115~53년)

기원전 70년, 55년 집정관을 지냈다. 카이사르와 폼페이우스와 함께 제1차 삼두정치를 했다. 술라 편을 지지했으며 스파르타쿠스 노예반란을 진압했다.

— 144, 168, 197, 256쪽

루키우스 리키니우스 루쿨루스

(L. Licinius Lucullus, 기원전 118~57/56년)

기원전 74년 집정관을 지냈다. 미트리다테스 전투의 지휘권을 기원전 66년 폼페이우스에게 빼앗겼으며, 공직에서 물러난 후 죽을 때까지 사치로 악명을 얻었다.

마르쿠스 리키니우스 루쿨루스

(M. Licinius Lucullus, 기원전 116~56년)

기원전 73년 집정관을 지냈다. 카틸리나 반역 사건 당시 키케로를 지지했다. 루키우스 루쿨루스(기원전 74년 집정관)의 동생으로 테렌티우스 바로에게 입양되었다. 기원전 71년 대리 집정관으로 로마 국경을 도나우 강과 흑해 동쪽까지 확장한 공로를 원로원에게 인정받았다. 62년 시인 아울루스 리키니우스 아르키아스를 키케로가 변론할 때 중요한 증인이었다.

루키우스 리키니우스 무레나

(L. Licinius Murena, 기원전 1세기)

기원전 62년 키케로의 후임으로 집정관을 지냈다.

가이우스 마리우스

(C. Marius, 기원전 157~86년)

라티움 남부의 아르피눔 출신으로 평민파 수장. 기원전 107년과 104~100년, 86년 집정관을 지냈다. 로마 군대를 개혁하고 술라에게 밀려 아프리카로 도망갔다가 기원전 87년 술라를 밀어내고 로마로 복귀했다.

마르쿠스 만리우스

(M. Manlius, 기원전 384년 사망)

기원전 392년 집정관을 지냈다. 전제 권력을 노렸다는 혐의로 기원전 384년에 살해당했다. 만리우스 씨족의 결정으로 만리우스 집안은 이후 마르쿠스를 이름으로 쓰지 않는다.

푸블리우스 무키우스 스카이볼라

(P. Mucius Scaevola, 기원전 115년 사망)

기원전 133년 집정관을 지냈다. 유명한 법률가로, 티베리우스 그락쿠스와 스키피오 나시카가 농지개혁을 두고 충돌할 때 집정관으로 있었다.

퀸투스 무키우스 스카이볼라

(Q. Mucius Scaevola Pontifex, 기원전 82년 사망)

기원전 95년 집정관을 지냈다. 기원전 89년부터 대제관을 지냈다. 기원전 97년 (또는 기원전 94년) 아시아의 속주 총독이었다. 유명한 연설가이자 법률가였다. 마리우스와 술라의 중간에서 화해를 주선하려고 노력했으며, 기원전 82년에 술라에게 넘어가지 못하도록 마리우스파에 의해 살해당했다.

― 30, 31쪽

루키우스 뭄미우스

(L. Mummius, 기원전 2세기)

기원전 146년 집정관을 지냈다. 그는 코린토스를 기원전 146년 점령했고, 희랍을 아카이아 속주라는 이름으로 로마에 병합했다.

― 184쪽

마르쿠스 발레리우스 메살라 루푸스

(M. Valerius Messalla Rufus, 기원전 104/3~26년)

기원전 53년 집정관을 지냈다. 연설가 호르텐시우스의 조카다. 기원전 61년 법무관을 지냈다.

― 82쪽

루키우스 볼카키우스 툴루스

(L. Volcacius Tullus, 기원전 108년 이전 출생. 49년 이후 사망)

기원전 66년 집정관을 지냈다.

― 132쪽

가이우스 베레스

(C. Verres, 기원전 120년경~43년)

시킬리아 총독으로 악명이 높았다.

― 90~119, 327쪽

가이우스 비비우스 판사

(C. Vibius Pansa, 기원전 43년 4월 23일 사망)

기원전 43년 집정관을 지냈다. 카이사르를 지지했으나 카이사르 사망 이후 공화정 회복을 지지했다.

― 326, 346쪽

루키우스 세르기우스 카틸리나

(L. Sergius Catilina, 기원전 108년~62년)

로마의 정치가로 카틸리나 반역사건으로 유명하다. 그는 로마공화정과 원로원을 전복시키려고 시도했으나, 키케로에 의해 저지당했다.

가이우스 세르빌리우스 스트룩투스 아할라

(C. Servilius Structus Ahala, 기원전 5세기)

독재관 킨키나투스의 기병 장관이었다. 기원전 439년 불법적으로 권력을 추구했다는 혐의를 받은 스 푸리우스 마일리우스를 처형했다.

티베리우스 셈프로니우스 그락쿠스

(T. Sempronius Gracchus, 기원전 163~133년)

기원전 133년 호민관으로 있으면서 농지법을 통해 농지개혁을 시도했다. 132년 호민관 선출 과정에서 귀족파의 공격을 받아 살해당했다.

가이우스 셈프로니우스 그락쿠스

(C. Sempronius Gracchus, 기원전 154~121년)

티베리우스 셈프로니우스 그락쿠스의 동생으로, 기원전 123년과 122년 호민관을 역임했으며, 농지개혁 등을 추진하다가 살해당했다. 그가 기원전 123년 제출한 셈프로니우스법에 따라 기사 신분이 심판인으로 참여했으나, 기원전 80년 술라는 다시 심판인 자격을 원로원 신분으로 제한했다.

가이우스 술키피우스 갈루스

(C. Sulcipius Gallus, 기원전 146년경 사망)

기원전 166년 집정관을 지냈다. 천문학에 조예가 깊었다. 기원전 168년 6월 21일 저녁 개기월식을 예측한 것으로 유명하다.

세르비우스 술키피우스 루푸스

(Servius Sulpicius Rufus, 기원전 106~43년)

기원전 51년 집정관을 지냈다. 유명한 법률가이며 연설가. 기원전 43년 무티나에 머물던 마르쿠스 안토니우스에게 원로원 사절로 파견되었으며, 사절 임무 중

병사했다.

— 324쪽

마르쿠스 아우렐리우스 코타

(M. Aurelius Cotta, 기원전 1세기)

기원전 74년 집정관을 지냈다. 리키니우스 루쿨루스와 함께 미트리다테스 전쟁에 참여했다. 이때 코타는 칼케돈에서 비튀니아를 침공한 미트리다테스 왕을 맞아 싸웠지만 크게 패했다.

— 186쪽

루키우스 아이밀리우스 파울루스

(L. Aemilius Paulus Macedonicus, 기원전 229~160년)

기원전 182년과 168년 집정관을 지냈다. 기원전 168년 마케도니아의 페르세스 왕을 퓌드나 전투에서 물리쳤고, 이듬해 개선식을 거행했다. 그의 큰아들은 퀸투스 파비우스 막시무스에게 입양되어 퀸투스 파비우스 막시무스(기원전 121년 집정관)를 낳았다. 작은아들은 대(大) 스키피오의 아들에게 입양되어 흔히 소(小) 스키피오라고 불린다. 루키우스 아이밀리우스 파울루스의 둘째 딸은 퀸투스 아일리우스 투베로와 결혼하여 퀸투스 투베로를 낳았다.

— 184, 215, 271쪽

마르쿠스 아이밀리우스 스카우루스

(M. Aemilius Scaurus, 기원전 163~89년)

기원전 115년 집정관을 지냈고, 기원전 109년 호구감찰관이었다.

— 116, 172, 189, 235쪽

마니우스 아이밀리우스 레피두스

(M'. Aemilius Lepidus, 기원전 108년 이전 출생, 49~43년 사이에 사망)

기원전 66년 집정관을 지냈다.

— 132, 135쪽

마르쿠스 아이밀리우스 레피두스

(M. Aemilius Lepidus, 기원전 89년경~43년경)

기원전 46년, 42년 집정관을 지냈다. 안토니우스와 옥타비아누스와 함께 제2차 삼두정치를 했다.

— 257, 265, 348쪽

루키우스 아키우스

(L. Accius, 기원전 170~90년경)

로마의 시인이다. 기원전 170년 움브리아 지방의 피사우룸 출신으로 아버지는 해방노예였다. 키케로 작품에 중요한 단편들이 전해진다.

마니우스 아킬리우스 글라브리오

(M'. Acilius Glabrio, 기원전 1세기)

기원전 67년 집정관을 지냈다. 로마의 유명한 법률가 푸블리우스 무키우스 스카이볼라의 외손자다. 마르쿠스 아이밀리우스 스카우루스의 사위. 기원전 70년 베레스 사건 당시 법무관을 지냈다.

가이우스 아틸리우스 레굴루스

(C. Atilius Regulus Serranus, 기원전 3세기)

기원전 257년과 기원전 250년 집정관을 지냈다. 제1차 카르타고 전쟁에서 활약했다. 파종하던 중에 군사령관을 맡으라는 명령을 들었는데, 이에 '씨를 뿌리다'라는 말에서 유래한 '세라누스'라는 별명을 얻었다.

마르쿠스 안토니우스

(M. Antonius, 기원전 143~87년)

기원전 99년 집정관을 지냈다. 기원전 97년 호구감찰관이었다. 연설가로 유명했으며, 키케로는 그를 『연설가에 대하여』에 화자로 등장시켰다.

마르쿠스 안토니우스 휘브리다

(M. Antonius Hybrida, 기원전 1세기)

기원전 63년 키케로와 함께 집정관을 지냈다.

마르쿠스 안토니우스

(M. Antonius, 기원전 83년 1월 14일~30년 8월 1일)

기원전 49년 호민관을, 기원전 44년, 34년 집정관을 지냈다. 기원전 43년~33년까지 옥타비아누스와 레피두스와 함께 제2차 삼두정치를 했다.

퀸투스 엔니우스

(Q. Ennius, 기원전 239~169년)

라티움어로 쓰인 최초의 서사 시인으로 로마 운문의 아버지다. 칼라브리아의 루디아이에서 출생했다. 마르쿠스 풀비우스 노빌리오르의 피호민이었다. 엔니우스가 주로 사용했던 닥틸로스의 6음보 운율은 이후 로마 서사시의 일반적 운율이 되었다.

— 56, 183, 244, 247, 250쪽

루키우스 오피미우스

(L. Opimius, 기원전 2세기)

기원전 121년 집정관을 지냈다. 호민관 가이우스 그락쿠스가 개최한 집회를 공격했다.

— 126, 262, 303쪽

가이우스 옥타비아누스(나중의 아우구스투스)

(C. Octavianus, 기원전 63년 9월 23일~기원후 14년 8월 19일)

카이사르의 상속자이며, 로마 최초의 황제다. 안토니우스와 레피두스와 함께 제2차 삼두정치를 했다.

— 327, 348쪽

그나이우스 옥타비우스

(Cn. Octavius, 기원전 87년 사망)

기원전 87년 킨나와 함께 집정관을 지냈다. 술라의 지지자였다. 마리우스의 지원을 받고 카르보, 세르토리우스와 연합한 킨나에게 살해당했다.

— 226쪽

루키우스 유니우스 브루투스

(L. Iunius Brutus, 기원전 6세기)

기원전 509년 오만왕 타르퀴니우스를 축출하고 공화정을 수립했다. 기원전 509년 집정관을 지냈으며, 그는 로마공화정 최초의 집정관이다.

— 331쪽

데키무스 유니우스 브루투스

(D. Iunius Brutus, 기원전 180~113년)

기원전 138년 집정관을 지냈다. 기원전 137년 대리 집정관으로 루시타니아와 칼라이키아에서 전공을 세웠다.

— 250쪽

마르쿠스 유니우스 브루투스

(M. Iunius Brutus, 기원전 85~42년)

기원전 44년 법무관을 지냈다. 기원전 44년 3월 15일 카이사르를 암살했다.

루키우스 율리우스 카이사르

(L. Iulius Caesar, 기원전 135~87년)

기원전 90년 집정관을 지냈다. 딸 율리아가 제2차 삼두정치의 마르쿠스 안토니우스의 어머니다.

루키우스 율리우스 카이사르

(L. Iulius Caesar, 기원전 110~40년)

기원전 64년 집정관을 지냈다. 기원전 90년 집정관을 역임한 율리우스 카이사르의 아들이다. 제2차 삼두정치의 마르쿠스 안토니우스는 그의 조카다. 독재자 율리우스 카이사르의 암살 이후 원로원과 마르쿠스 안토니우스의 중재 역할을 담당했다.

가이우스 율리우스 카이사르

(C. Iulius Caesar, 기원전 100년 7월~44년 3월 15일)

기원전 59년, 49년, 48년, 46년, 45~44년 집정관을 지냈다. 48~47년, 46~44년에 독재관을, 44년 종신 독재관을 지냈다. 기원전 63~44년 수석 대제관을 지냈다.

루키우스 카시우스 롱기누스 라빌라

(L. Cassius Longinus Ravilla, 기원전 2세기 말)

기원전 127년 집정관을 지낸 후 기원전 125년 호구감찰관이 되었다. "Cui bono(누구에게 이득인가?)"라는 말로 유명하며, 법정에서 심판인으로 그가 보여준 엄격함은 널리 회자했다.

가이우스 카시우스 롱기누스

(C. Cassius Longinus, 기원전 85~42년)

기원전 44년 카이사르를 암살했다.

───── 320, 326, 327, 345쪽

카이킬리우스 스타티우스

(Caecilius Statius, 기원전 220~166년)

로마의 희극 작가다.

───── 35쪽

퀸투스 카이킬리우스 메텔루스 마케도니쿠스

(Q. Caecilius Metellus Macedonicus, 기원전 210~116/5년)

기원전 148년 법무관, 기원전 143년 집정관, 기원전 142년 기원전 131년 호구감찰관을 지냈다. 기원전 146년 마케도니아에서 필립포스 왕의 아들임을 주장하는 안드리스코스를 물리쳤다.

───── 184쪽

퀸투스 카이킬리우스 메텔루스 누미디쿠스

(Q. Caecilius Metellus Numidicus, 기원전 160~91년)

기원전 109년 집정관을 지냈다. 누미디아에서 벌어진 유구르타 전쟁의 사령관을 역임했다. 청렴함으로 유명하다.

───── 235쪽

카이킬리아 메텔라

(Caecilia Metella, 89년 사망)

기원전 123년 집정관을 지낸 퀸투스 카이킬리우스 메텔루스 발레아리쿠스의 딸이다. 기원전 98년 집정관을 지낸 퀸투스 카이킬리우스 메텔루스 네포스의 누이다. 기원전 117년 집정관을 지낸 루키우스 카이킬리우스 메텔루스 디아데마투스, 기원전 115년 집정관을 지낸 마르쿠스 카이킬리우스 메텔루스, 기원전 113년 집정관을 지낸 가이우스 카이킬리우스 메텔루스 카프라리우스의 조카다.

───── 22, 27, 82쪽

퀸투스 카이킬리우스 메텔루스 피우스

(Q. Caecilius Metellus Pius, 기원전 130~63년)

메텔루스 누미디쿠스의 외아들이다. 기원전 89년 법무관을 지냈다. 기원전 80년 술라와 함께 집정관을 역임했다. 술라를 지지했으며, 기원전 80년 술라와 함께 히스파니아 전선에 투입되었으며 71년 승전할 때까지 복무했다. 시인 아르키아스의 두호인이었다. 기원전 63년 그가 사망하자, 율리우스 카이사르는 그의 조점관 자리를 물려받았다.

퀸투스 카이킬리우스 메텔루스 켈레르

(Q. Caecilius Metellus Celer, 기원전 103년 혹은 100년 출생, 59년 초에 사망)

기원전 63년 법무관을, 기원전 60년 집정관을 지냈다.

마르쿠스 카이킬리우스 메텔루스

(M. Caecilius Metellus, 기원전 1세기)

기원전 69년 법무관을 지냈다.

퀸투스 카이킬리우스 메텔루스 네포스

(Q. Caecilius Metellus Nepos Iunior 기원전 100~55년)

기원전 62년 호민관을, 기원전 57년 집정관을 지냈다. 키케로가 카틸리나 사건 처리에서 저지른 불법을 기원전 63년 이래 계속해서 추궁했다. 기원전 57년에 키케로와 화해했고 키케로가 망명생활을 청산하고 로마로 복귀하는 데 동의했다.

퀸투스 칼리디우스

(Q. Calidius, 기원전 1세기)

기원전 99년 호민관을, 기원전 79년 히스파니아 총독을 지냈다. 총독 임기 후 수탈재산반환법에 의해 기소되었으며 심판인들은 뇌물을 받고 그에게 유죄판결을 내렸다.

루키우스 칼푸르니우스 피소

(L. Calpurnius Piso Frugi, 기원전 2세기)

기원전 149년 호민관을, 기원전 133년 집정관을 지냈다. 기원전 120년 호구감찰관을 지냈다.

루키우스 칼푸르니우스 피소

(L. Calpurnius Piso Caesoninus, 기원전 100년경~43년)

기원전 58년 집정관을 지냈다. 카이사르의 장인이었다.

푸블리우스 코르넬리우스 스키피오 아프리카누스

(P. Cornelius Scipio Africanus, 기원전 236~183년)

흔히 대(大)스키피오라고 알려져 있다. 기원전 205년, 194년 집정관을, 199년 호구감찰관을 지냈다. 제2차 카르타고 전쟁의 영웅으로 알려져 있다.

루키우스 코르넬리우스 스키피오 아시아티쿠스

(L. Cornelius Scipio Asiaticus, 기원전 183년 이후 사망)

기원전 190년 집정관을 지냈다. 대(大) 스키피오 아프리카누스의 동생이다.

푸블리우스 코르넬리우스 스키피오 아이밀리아누스 아프리카누스

(P. Cornelius Aemilianus Scipio Africanus, 기원전 185~129년)

기원전 147년과 134년에 집정관을 지냈다. 흔히 소(小)스키피오라고 불린다. 기원전 146년에 카르타고를, 기원전 133년에 누만티아를 정복했다. 조부와 똑같이 '아프리카누스'라는 별칭을 얻었다.

푸블리우스 코르넬리우스 스키피오 나시카

(P. Cornelius Scipio Nasica, 기원전 183~132년)

기원전 133년 호민관을, 기원전 138년 집정관을 지냈다. 대(大)스키피오의 손자다. 티베리우스 그락쿠스가 사망한 소요를 주동한 것으로 알려져 있다.

루키우스 코르넬리우스 킨나

(L. Cornelius Cinna, 기원전 84년 사망)

로마의 정치가이자 군사령관이었다. 기원전 87년, 86년, 85년, 84년 집정관을 지냈다. 술라와 마리우스가 대립할 때 마리우스 편에 가담했고, 술라 편에 의해 기원전 84년 살해되었다.

루키우스 코르넬리우스 술라

(L. Cornelius Sulla Felix, 기원전 138~78년)

기원전 88년 집정관을 지냈으며, 기원전 82년 영구 독재관에 임명되었다. 기원전 80년 집정관을 끝으로 돌연 정계를 은퇴하였다. 가이우스 그락쿠스가 기원전

123년 제출한 셈 프로니우스법에 따라 기사 신분이 심판인으로 참여했으나, 기원전 80년 술라는 다시 심판인 자격을 원로원 신분으로 제한했다.

푸블리우스 코르넬리우스 돌라벨라

(P. Cornelius Dolabella, 기원전 70년경~43년)

기원전 44년 카이사르가 살해된 후, 그를 대신하여 집정관직에 취임했다. 키케로의 사위였다.

마니우스 쿠리우스 덴타투스

(M'. Curius Dentatus, 기원전 270년 사망)

기원전 290년, 275년, 274년 집정관을 지냈고, 기원전 272년 호구감찰관이었다. 기원전 275년 에페이로스의 왕 퓌로스를 맞아 베네벤툼에서 승리를 거두었다.

루키우스 큉크티우스 킨키나투스

(Lucius Quinctius Cincinnatus, 기원전 519~430년)

기원전 460년 집정관을, 기원전 458년과 기원전 439년에는 독재관을 지냈다. 쟁기질하고 있다가 독재관으로 지명된 것으로 유명하다. 소박한 삶과 용기로 로마인들의 귀감이 된 인물이다.

티투스 큉크티우스 플라미니누스

(T. Quinctius Flaminius, 기원전 229~174년경)

기원전 198년 집정관을 지냈다. 그는 친희랍 성향의 사람으로 기원전 197년 마케도니아의 필립포스를 물리쳤고 기원전 196년 희랍의 자유를 선언했다. 필립포스를 물리친 공적을 기려 3년 뒤에 로마에서 대대적인 개선식을 거행했다. 기원전 189년 호구감찰관을 지냈다. 기원전 183년 도망 중인 한니발을 체포하는 임무를 띠고 비튀니아로 파견되었다.

마르쿠스 클라우디우스 마르켈루스

(M. Claudius Marcellus, 기원전 268~208년)

기원전 222년, 215년, 214년, 210년, 208년 집정관을 지냈다. 제2차 카르타고 전쟁에 대리 집정관으로 참전하여 기원전 211년 시라쿠사이를 함락시켰다.

—— 247쪽

아피우스 클라우디우스 카이쿠스

(Appius Claudius Caecus, 기원전 340~273년)?

기원전 307년과 296년 집정관을, 기원전 292년과 285년 독재관을 지냈다. 호구 감찰관 시절에 아피우스 대로를 건설했다.

—— 267, 329쪽

아피우스 클라우디우스 풀케르

(Appius Claudius Pulcher, 기원전 125년 이전 출생, 76년 사망)

기원전 89년 법무관을, 기원전 79년 집정관을 지냈다. 키케로의 정적 푸블리우스 클로디우스 풀케르의 아버지다.

—— 238쪽

마르쿠스 클라우디우스 마르켈루스

(M. Claudius Marcellus, 기원전 95년경~45년)

기원전 51년 집정관을 지냈다. 카이사르에게 정치적으로 강력하게 맞섰던 인물이다. 키케로는 카이사르에게 마르켈루스 사면을 요청하는 연설을 했다.

—— 136쪽

푸블리우스 클로디우스 풀케르

(P. Clodius Pulcher, 기원전 92~52년)

키케로의 정적이었다. 기원전 61년 시킬리아 총독을, 기원전 56년 안찰관을 지냈다.

—— 136, 253, 256~317, 324쪽

퀸투스 파비우스 막시무스

(Q. Fabius Maximus Cunctator, 기원전 280~203년)

기원전 233년, 228년, 215년, 214년, 209년 집정관을 지냈다. 한니발의 공격에 맞서서 지연작전을 펼쳤다.

—— 247쪽

가이우스 파피리우스 카르보

(C. Papirius Carbo, 기원전 82년 사망)

기원전 89년 호민관을 지냈다. 동맹시전쟁 당시 동료 호민관 실바누스와 함께 동맹 도시 시민들에게 시민권을 부여하는 법을 통과시켰다. 유명한 연설가였으며 마리우스파에 의해 살해당했다.

─── 236, 237, 262쪽

가이우스 파피우스

(C. Papius, 생몰연도 미상)

기원전 65년 호민관을 지냈다. 외인에 관한 파이우스법을 통과시켰다.

─── 231, 239쪽

마르쿠스 판니우스

(M. Fannius, 기원전 1세기)

기원전 86년 안찰관을 지냈으며, 기원전 85~81년 심판인(iudex quaestionis)으로 살인재판을 지휘했다. 기원전 80년 법무관을 지냈다.

─── 20, 21쪽

마르쿠스 포르키우스 카토

(M. Porcius Cato, 기원전 234~149년)

흔히 대(大)카토라고 알려져 있다. 기원전 195년 집정관을, 기원전 184년 호구감찰관을 지냈다. 근엄한 생활 방식과 외래 문물에 대한 배척으로 유명하다.

─── 172, 185, 203, 208, 236, 242, 247쪽

마르쿠스 포르키우스 카토

(M. Porcius Cato Uticensis, 기원전 95~46년)

대(大)카토의 증손자로 흔히 소(小)카토라고 불린다. 율리우스 카이사르의 대표적 정적으로, 탑수스 전투 후 기원전 46년 우티카에서 자결했다.

─── 163, 166, 170, 183, 188, 199, 201~209, 211, 218~220, 226, 236, 247, 266, 272, 282, 289쪽

퀸투스 폼페이우스

(Q. Pompeius, 기원전 2세기)

기원전 141년 집정관을 지냈다. 그는 폼페이우스 가문에서 최초로 집정관을 지낸 사람이다. 평민 출신으로는 최초로 기원전 131년 호구감찰관을 지냈다.

─── 172쪽

그나이우스 폼페이우스 마그누스

(Gn. Pompeius Magnus, 기원전 106년 9월 29일~48년 9월 28일)

로마의 정치가이자 군사령관이었다. 기원전 70년, 55년, 52년 집정관을 지냈다.

술라의 부관으로 술라의 사위가 되었으며, 술라 이후 귀족파를 대변했다. 크라수스와 카이사르와 함께 삼두정치 체제를 이끌었다.

루키우스 푸리우스 필루스
(L. Furius Philus, 기원전 2세기)

기원전 136년 집정관을 지냈다. 당대 유명한 연설가였으며, 스키피오 아이밀리아누스의 가까운 친구였다.

퀸투스 풀비우스 플라쿠스
(Q. Fulvius Flaccus, 기원전 205년경 사망)

기원전 237, 224, 212, 209년 집정관을 지냈다. 제2차 카르타고 전쟁(기원전 218~210년) 중 캄파니아 지역에서 전공을 세웠다.

마르쿠스 풀비우스 노빌리오르
(M. Fulvius Nobilior, 기원전 2세기)

기원전 189년 집정관을 지냈다. 아이톨리아를 점령했고 헤르쿨레스와 무사 여신들을 위한 신전을 지어 아이톨리아 점령 당시의 전리품들을 바쳤다. 시인 엔니우스의 두호인이었다.

마르쿠스 플라우티우스 실바누스
(M. Plautius Silvanus, 기원전 1세기)

기원전 89년 호민관으로 있었다. 동맹시 전쟁 당시 동료 호민관 카르보와 함께 동맹시 시민들에게 시민권을 부여하는 법을 통과시켰다.

루키우스 플로티우스 갈루스
(L. Plotius Gallus, 기원전 1세기)

기원전 1세기 말 로마에서 수사학을 최초로 가르쳤다.

루키우스 피나리우스 나타

(L. Pinarius Natta, 기원전 1세기)

무레나의 의붓아들이다. 키케로의 정적 푸블리우스 클로디우스 풀케르의 처남
이다.

퀸투스 호르텐시우스 호르탈루스

(Q. Hortensius Hortalus, 기원전 114~50년)

기원전 69년 집정관을 지냈다. 키케로와 더불어 로마 최고의 연설가로, 기원전
70년 베레스 탄핵 사건에서 베레스를 변호했다.

아울루스 히르티우스

(A. Hirtius, 기원전 90~43년)

기원전 43년 집정관을 지냈다. 카이사르를 지지했으나 카이사르 사망 이후 키케
로의 설득에 넘어가 원로원파가 되었다.

옮긴이

김남우

연세대학교 철학과를 졸업하고, 서울대학교 서양고전학협동과정에서 희랍 서정시를 공부했다. 독일 마인츠대학교에서 로마 서정시를 공부했고, 정암학당 연구원으로 서울대학교 등에서 희랍 문학과 로마 문학을 가르친다. 키케로의 『투스쿨룸 대화』, 마틴 호제의 『희랍 문학사』, 에라스무스의 『격언집』과 『우신예찬』, 토머스 모어의 『유토피아』, 헤르만 프랭켈의 『초기 희랍의 문학과 철학 1, 2』(공역), 니체의 『비극의 탄생』, 베르길리우스의 『아이네이스』, 『몸젠의 로마사』(공역) 등을 번역했다.

성중모

서울대학교 대학원 법학과에서 고전기 로마법의 소유물반환청구소송(rei vindicatio)에 관한 연구로 석사학위를, 독일 본대학교 법과대학에서 민법상 첨부에 의한 손해보상청구권의 학설사적 연구로 박사학위를 취득했다. 현재 서울시립대학교 법학전문대학원에서 민법을 담당하고 있으며, 민법, 로마법, 서양법사 분야에서 연구 및 강의를 하고 있다. 공역으로 『몸젠의 로마사』와 『한국 민법의 로마법적 배경과 기초』가 있다.

이선주

고려대학교 철학과를 졸업하고, 서울대학교 서양고전학협동과정에서 오비디우스 연구로 석사학위를 받았으며 박사과정을 수료했다. 현재 『세네카의 철학적 대화편』을 번역하고 있다.

임성진

서울대학교 정치학과를 졸업하고, 철학과에서 플라톤 연구로 석사학위를 받았으며 박사과정을 수료했다. 공군사관학교 전임강사를 역임했다. 논문으로 「트라시마코스 정의(正義) 규정의 일관성 고찰」, 「글라우콘의 도전」 등이 있다. 현재 『세네카의 철학적 대화편』을 번역하고 있다.

이상훈

한동대학교 법학부를 졸업하고, 서울대학교 법학과에서 민법 제702조(소비임치)의 연혁적 고찰로 법학석사를 받았으며 박사과정을 수료했다. 육군사관학교 법학 전임강사를 역임했다. 현재 로마법대전 중 『학설휘찬(Digesta)』의 주요 개소들을 번역하고 있다. 공역으로 법무부에서 출간한 『한국 민법의 로마법적 배경과 기초』가 있다.

설득의
정치

1판 1쇄 찍음 2015년 9월 15일
1판 5쇄 펴냄 2021년 10월 20일

지은이 마르쿠스 툴리우스 키케로
옮긴이 김남우, 성중모, 이선주, 임성진, 이상훈
발행인 박근섭, 박상준
편집인 양희정
펴낸곳 (주)민음사

출판등록 1966. 5. 19 (제16-490호)
(우편번호 06027) 서울특별시 강남구 도산대로 1길 62(신사동)
강남출판문화센터 5층 대표전화 02-515-2000
팩시밀리 02-515-2007 www.minumsa.com

* 잘못 만들어진 책은 구입처에서 교환해 드립니다.